21 世纪公共管理系列教材

# 公文写作与处理

赵国俊　编著



中国人民大学出版社
·北京·

# 21 世纪公共管理系列教材专家指导小组成员

（以姓氏笔画为序）

# 出版说明

现代意义上的公共行政与公共管理的研究和教育开始于20世纪初的西方。时至今日，随着公共管理职业化的发展，公共行政和公共管理的研究和教育事业在西方发达国家方兴未艾。从20世纪80年代开始，适应公共管理改革与发展和培养公共管理人才的需要，我国的公共行政与公共管理研究和教育，在经历了发展的挫折之后，开始了恢复和重建的工作。经过20多年的发展，特别是公共管理一级学科的设置和我国公共管理硕士（MPA）专业学位研究生教育的启动，以及高校公共管理本科专业的大量开设，公共管理已成为当代中国社会科学和管理科学领域教学与研究的一个充满生机活力和具有远大发展前景的学科。

为了适应新形势发展的需要，更好地研究、指导、管理高等学校公共管理的教学科研工作，2001年4月，教育部公共管理类学科教学指导委员会成立，并于2001年12月在广州召开了第一届全委会。参会委员就学科发展方向、课程设置问题进行了充分的讨论，很多委员认为应根据新形势下学科发展的需要，对目前公共管理类的课程设置进行调整，按计划年内拿出调整方案。目前，公共管理本科教育发展很快，编写反映本学科最新研究成果、与时俱进的、具有创新性的、高质量的本科教材迫在眉睫。

在教育部公共管理类学科教学指导委员会的指导、支持下，在对很多院校的公共管理类本科专业课程设置进行调研和对一些院校的课程设置情况、设置方向进行座谈的基础上，结合现有的教育部关于公共管理类本科四个方向（行政管理、公共事业管理、劳动与社会保障、土地资源管理）的课程设置情况，中国人民大学出版社组织全国著名专家，计划从2003年上半年开始，在2年内，陆续出版21世纪公共管理系列本科教材和教育部“十五”规划教材。

本套教材涉及公共基础课、专业基础课和选修课三部分的20多门课程。本套教材立足本科教学的需要，从本科教育的特点出发，从公共管理和公共行政教育的特点出发，在教材编写和内容安排上，强调基础知识、基本理论、基本技能；同时，也尽可能地体现创新性、前沿性的特点。

参加本套教材编写的有中国人民大学、北京大学、清华大学、复旦大学、中山大学、厦门大学、武汉大学、吉林大学、东北大学、西北大学等国内十几所著名大学的具有丰富教学和科研经验的教授专家，我们期望通过这种强强联合、优势互补、资源共享的方式，出版高质量的、权威性的精品教材。此外，为了保证教材的质量，更好地反映公共管理本科教学的特点，中国人民大学出版社邀请有关专家成立了21世纪公共管理系列教材专家指导小组。

公共管理的实践是不断变化和发展的，变革与发展是当代世界范围内公共管理的主题。随着公共管理实践的不断发展，公共管理学科研究的范围、主题和内容也在不断地发展和变化。这就要求公共管理教育以及相关的教材在方方面面都应该不断地更新。我们还会根据变化了的环境和要求，对教材的编写工作以及教材本身作适当调整。望广大读者不断反馈信息，对这套教材提出批评、建议，以便于我们不断修订、完善。

**中国人民大学出版社**

2003年5月

# 前　言

公文是公共管理的重要工具之一。系统全面地了解与公文相关的基本知识，掌握公文写作与处理的基本要求、基本原理和方法，对公共管理机构的各级各类工作人员而言，都是重要和必要的。有鉴于此，我们将《公文写作与处理》列入“21世纪公共管理系列教材”。

本书分为12章，分别从公文及其功能效用，公文的分类与公文文种，公文体式与稿本，公文语言，公文写作要则，规范性公文的写作，领导指导性公文的写作，公布性公文的写作，陈述呈请性公文的写作，函、意见和会议纪要的写作，公文处理概述，公文处理程序与方法等方面，介绍了公文写作与处理的基本原理、基本要求和基本方法。

本书在编写过程中，力求内容系统、结构合理、例举得当、深入浅出，符合国家有关法律法规和制度规范。为了方便教学，使“教”与“学”都更符合学习掌握公文知识和培养公文写作与处理基本能力的规律，相关各章中附设了若干“例文”、“阅读材料”、“思考题”和“练习题”，还附录了部分练习题参考答案要点。

本书既适合在职人员自学，也适合高等学校本科行政管理、公共事业管理、档案学等专业，以及公共管理硕士（MPA）专业等作为教材使用，还可以作为国家公务员培训用书。

由于本书作者的水平有限，书中肯定有不少错漏之处，恳望读者批评。

**编写者**

2010 年 11 月 5 日

公共管理系列教材

# 目录

# 第 1 章 公文及其功能效用

本章阐释了公文的基本概念，分析了公文的基本特征、公文的功能及其主要表现，介绍了公文的现行效用和历史效用、公文效用的范围、公文效用的等级、公文效用的生成条件。

**本章学习要点**

- 公文的基本特征
- 公文的功能及其主要表现
- 公文的效用

## 1.1 公　　文

### 1.1.1 文件及其基本属性

文件是一种普遍存在的社会现象，人类进入文明社会之后，就在处理公私事务的过程中普遍而频繁地大量形成和使用文件。而在当今社会，每一个组织、每一个个体在处理绝大多数事务的过程中都需要与文件发生联系，需要形成或使用不同种类的文件。无论是个体从生至死，从学习、工作到生活，还是一个组织从建立到消亡，从日常运作到形成重大决策、采取重要行动，其间几乎都有文件的存在，都有文件在发挥着作用。在处理各种私人事务（包括家庭、宗族事务等在内）过程中形成和使用的文件，就是私人文件，可以简称为私文；在处理各种公共事务过程中形成和使用的文件，就是公务文件，通常就简称为公文。

文件是普遍存在的，无论是私文还是公文都在普遍和大量地形成与使用着，然而究竟应当怎样正确地认识和解释这种现象，给其以科学的定义，却是一个虽有理论意义和实用价值，但又长期未能解决的课题。对于公务文件而言，解决这样一个问题尤其显得重要和必要，因为在公务活动中，能不能准确认定一些记录和材料为公文事关重大，常常是界定“是”与“非”、“为”与“不为”的关键所在。

如前所述，公文实际上是文件的一个主要的门类，因此，要定义公文，首先还是要搞清楚什么是文件。

国内外的许多社会组织和专家学者都提出过对文件概念的定义或说明。由于看问题的角度不同，强调的重点不同，认识水平也存在很大的差异，因此，他们对文件概念的表达各不相同，更没有哪一种提法得到社会的普遍认可。这一点在我国的表现尤其突出，因为迄今尚没有一个权威性组织正式提出科学意义上的完整的文件定义。这种状况自然给我们认识文件，研究和解决一些实际问题带来了一定的困难。但这些出自众多角度、其说不一的文件定义却能帮助我们进一步全面且比较深刻地认识文件的基本属性。综合目前国内外有一定代表性的文件定义或说明可以看出，文件有如下几方面的基本属性：

1. 文件是一种信息记录

信息记录就是以一定的记录手段将信息记载于一定的物质载体后所形成的信息与物质载体的复合体，它的主要功能就在于使信息具备可以打破时间、空间的限制被有效传递的性质，使本来不会运动的信息能随着具有运动特性的物质的有目的的运动而在空间上由此及彼，在时间上从现在到未来或从过去到现在。

在我们生活的这个世界上，有许多种应人们传递交流信息的需要而形成的信息记录，图书、情报资料、报刊都在此列，文件也包含其间。

（1）无论是图书、报刊、情报资料还是文件，它们都含有一定量的信息内容，也就是要能给人们带来对客观事物的某些认识，而如果没有这些信息内容，它们都将失去存在的价值。

（2）无论是图书、报刊、情报资料还是文件，所包含的信息最终都负载到物质形态的载体之上。现在，这种物质载体主要是纸张和各种磁性材料（如磁带、磁盘、磁鼓等）、感光材料（如胶片等）及一些复合材料（如光盘），而在历史上，兽骨、金石、竹木、缣帛等物质材料也都发挥过重要作用。物质形态的载体不仅保证了信息具有良好的复原性，使人们通过信息符号迅速、准确地获取信息内容，同时还能使信息同这些稳定性强、寿命长的物质载体一样被较长久地留存，使信息传递的空间距离、时间距离能最大限度地延伸，更好、更多地为人们所利用。

2. 文件为直接处理各种社会事务的需要而形成和被使用

文件与图书、报刊、情报资料一样，是信息记录，但它又是一种独具特点的信息记录，这些特点首先就反映在其形成和使用方面。

文件以外的其他信息记录的形成和使用目的，或者是为了系统地传播知识，如教科书、专著等；或者是供人欣赏，给人以教益或娱乐，如小说及其他文艺作品等；或者是要传递交流动态性新情况、新知识，如新闻报道、情报资料等。而文件的形成和使用目的则与它们有明显的不同，它不为传播知识，也不为提供参考性的材料，而是为了直接处理各种社会事务。换句话说，人们所以要形成文件、使用文件，就是要解决在社会生活中所遇到的各种问题。文件对这些问题的解决必须具有具体而直接的应用价值，它直接涉及这些问题，需要为解决这些问题提供有直接应用性的认识。

3. 文件直接形成于其所反映的社会活动中

文件在形成和使用目的方面的特点又给文件的形成过程带来影响，使其具有一定特色，即作为直接处理各种社会事务的特定社会活动的产物，文件就“同步”形成于这项社会活动的过程中，形成文件的活动就是这项社会活动的一个组成部分，文件不是、也不能被“追记”。只有如此，文件才能对解决特定社会问题具有直接的有用性、有效性，也只有如此，文件才比其他信息记录更具客观真实性，能在现实的直接有用性消失之后转化为档案，成为一种印证历史事实的真凭实据。

4. 文件具有法定的效用

效用就是效力、功用，实际上就是一个事物所能产生的影响或结果。文件的一个特点，就是它的效力功用是法定的，必须受各种成文的或不成文的“法”的约束，同时又受到这些“法”的保护。

文件的效用主要包括两个方面：一是现行效用，又可以称之为执行效用，指文件在一定的时间、空间和人员范围内，对有关机构或个人的行为产生的强制性影响；二是历史效用，指文件对印证历史事实所产生的权威性影响。

文件的效用主要源于文件作者是法定的，作为其权力和意志代表的文件在法定的范围内将产生受法的强制力保护的效力功用；文件中有部分内容或标记（印章或签署等）可为作者的真实性、合法性提供证据；文件的形成和处理须履行法定的程序手续，因此能为其合法性、有效性、真实准确性提供一定的保障。

5. 文件具有规范的体式

信息记录的体式具体包括文体、结构和格式三个方面的内容。文体是指信息记录的体裁、样式；结构是指信息记录的数据构成，即这一信息记录中用来表达信息内容的数据符号的组成情况；格式则是指关于数据符号在物质载体上如何排列的规定。

为了提高使用效果，多数信息记录不需要体式方面的整齐划一，相反，“标新立异”以赋予其更繁复无穷多样性及变化，常常是许多文艺作品和其他一些书籍、报刊资料的特征或追求。但同样是为了提高使用效果，文件却讲求在体式方面具有更强的规范性，需要用一种社会普遍认可的“约定俗成”，甚至用法律法规、规章标准的形式对其文体、结构和格式予以规范，尽可能减少这些方面的多样性，这就又构成了文件区别于其他信息记录的一大特点。

文件的这一特点与其直接的使用目的和所能产生的效用密切相关。文件不是供欣赏的，它对人们行为的影响又具有直接和强制的性质，因此，它不需要以新异、富于变化的体式吸引读者、影响读者；相反，更快、更准确、更简明便利地去写、去读，以拿出更多的时间去办事、去处理问题才是文件所需要的，而规范甚至是划一的体式正可为此提供保障。

从以上对文件属性的归纳中我们可以这样来认识文件：文件是在人类社会活动中为处理各种事务的需要而直接形成和使用的具有规范体式与法定效用的信息记录。

需要说明的是，目前社会上对于同文件相关的“文书”一词是否与“文件”表达同一概念持有不同的意见。一类意见认为二者表达的不是同一概念。在具体看法上，一种认为文件是文书的属概念，文书是书面文字形式的文件；另一种则认为文书是文件的属概念，文件是正规的文书。另外一类意见认为文书与文件所表达的是完全相同的概念，两者在本质上毫无区别。我们倾向于后一类意见，这两个词所表达的确实是同一概念，硬性地将其割裂为两个概念，不仅在理论上和实践上都是困难的，而且也是有害的。概念的异名性在自然语言中是一种普遍现象，人们可以有时称这类事物为甲，有时称之为乙，有的主要是交际场合、交际效果的需要，有的则完全是一种习惯。“文件”和“文书”两词的使用就带有这种色彩。比如，人们习惯称历史上的文件为“文书”，现代的为“文件”；称总体为“文书”：“我们一直从事文书工作”，对个体则又称“文件”：“我正在处理一份文件”……这些不同的确存在，但仅仅是一种称谓习惯，并不代表本质上的区别。有鉴于此，本书中所使用的“文件”、“文书”两词所表达的内涵是完全相同的，之所以两词并用，有时用“文件”，有时又换称“文书”，完全是顾及人们的称谓习惯。

### 1.1.2　公文的基本特征

公文是文件的一个主要门类，有了我们对公文上位概念的认识，再来回答什么是公文就比较容易了。如果我们需要用“属加种差”的定义方法来给公文概念作一个说明性定义，只要比较准确全面地回答公文是一种什么样的文件，或者说回答公文是独具什么特征的文件就行了。如此，我们可以尝试这样定义公文：公文是国家机构与其他社会组织在公务活动中为行使职权、实施管理而制发的具有法定效用和体式的文件。实际上，这个定义揭示了公文有别于私文的基本特征，这些特征包括：

1. 由法定作者制发

公文的作者就是公文的制发者。所谓法定作者，指依法成立并能以自己名义依法行使职权和依法承担义务的国家机构与其他社会组织（以下统称为机关），公文必须以这些机关的名义或其法定代表人的名义制发，而不是以任何个人、家庭、宗族的名义。“法定”还表现在发文名义的非任意性方面，即不是以个人、家庭和宗族名义，如果不是法律所允许的也不行，否则这些“公文”依旧不是有效的公文。如《国家行政机关公文处理办法》① 第十五条规定：“部门内设机构除办公厅（室）外不得对外正式行文”，因此，用行政机关内设机构名义（办公厅室除外）对外正式制发的公文就是无效的。

2. 直接形成并作用于其所反映的公务活动中

公文是直接形成并作用于其所反映的公务活动中的，对解决各种公共性事务具有应用价值。它用于行使公共权利，处理公务，办公事，而不是私事，必须姓“公”而不姓“私”。如果用公文办私事，公文就不成其为公文，将失去其实际的有效性。

3. 具有法定的现实执行效用

公文的执行效用指对有关方面行为的强制性影响。公文直接形成于内容所针对的现行公务活动中，对受文者及其他有关方面的行为将产生为法律法规所规定

---

①　2000年8月24日由中华人民共和国国务院发布。

的不同程度的强制性影响，如：在规定的时间、空间范围和机构、人员范围内，强制执行内容；强制阅读、办理；强制复文；等等。公文的法定现行执行效用不是“约定俗成”的，而是必须真真切切为成文法所规定的。在我国宪法、法律、法规中均有对公文现行执行效用的明确规定，如《中华人民共和国宪法》第九十条规定，国务院“各部、各委员会根据法律和国务院的行政法规、决定、命令，在本部门的权限内，发布命令、指示和规章”。

4. 具有法定的体式

为了维护公文的权威性、准确性与有效性，方便公文的写作与处理，国家有关机构以法规形式，对公文的文体、结构、格式进行了统一规范，公文制发者必须认真遵循这些规范。如我国行政机关公文的文体是 1951 年政务院颁布的《公文处理暂行办法》所规定的①；结构格式为《公文处理暂行办法》及国务院历次修订颁布的《国家行政机关公文处理暂行办法》、《国家行政机关公文处理办法》所规定。2000 年 8 月 24 日中华人民共和国国务院发布的《国家行政机关公文处理办法》规定：“公文中各组成部分的标识规则，参照《国家行政机关公文格式》国家标准执行”，这实际上就是使推荐性国家标准《国家行政机关公文格式》(GB/T 9704—1999) 的相关内容具有“法规”性质。

5. 必须履行法定的程序

公文是公务机构郑重意志的表示，公文的制发是一个由众多公务人员参与的群体工作行为和过程，为保证公文的严肃性、合法性、有效性，国家有关机构规定了各类公文的生成程序，必须履行这些程序，公文才能产生法定效用。《中华人民共和国宪法》、《中华人民共和国立法法》、《行政法规制定程序条例》、《规章制定程序条例》、《国家行政机关公务处理办法》等法律法规中均有相关规定。

## 1.2 公文的功能

### 1.2.1 公文的功能

功能即有利的作用，正确地认识公文的有利作用有助于我们在实践中扬其所长，避其所短，兴其利而除其弊。在实际工作中我们经常能看到种种滥用或当用而不用公文的倾向，或者是动辄文来文往，或者是完全弃文不用，其结果往往均未有效地达到目的，相反还带来了对工作效率和工作质量的损害。究其原因是多

① 1951 年 9 月 29 日政务院发布的《公文处理暂行办法》明确规定：“公文以语体文为原则。”

方面的，但其中之一就在于人们对文件功能的认识有所偏失。那么，文件有利的作用究竟是什么呢?

要回答这个问题，需要我们回顾一下作为文件属概念（即上位概念）的信息记录的功能。信息记录的功能就在于它能使本来不具备运动特性的信息具有可传递性，使信息既能跨越空间的限制由此及彼，又能不转瞬即逝，而是随物质形态的信息载体的有效存在打破时间的限制，将信息稳定不变地从现在传递给未来，从过去传递给现在。作为信息记录的一种，文件当然具有这种功能。但作为信息记录中的一种不可为其他形式（书籍、报刊、情报资料）所替代的特殊形式，文件一定会有其他信息记录形式所不具备的特殊功能。

通过对文件特点和人们使用文件规律的分析，我们发现，文件在传递两种具有特殊性质的信息方面具有其他信息记录形式所没有的特殊“本领”。这两种信息是权威性信息和凭证性信息。

所谓权威性信息是指对受讯者的行为具有强制性影响的信息。这类信息的显著特征是信息的有效接受率主要取决于发讯方的权威性地位，权威越高，接受率越高。在实际社会生活中，若要将这类信息有效地传递出去，一个重要的前提条件就是在传递信息内容的同时能将发讯方真实的身份、法定的权威也传递出去。我们知道，文件具有以特定形式（印章、签署、履行法定程序手续）证实作者的真实合法身份的特点，因此，用文件传递权威性信息必然更有效果，其他信息记录形式则均因不具备这样的前提条件而相形见绌。

所谓凭证性信息是指从法律意义上能对有关事物的性质、状态提供有效证据的信息。这类信息的显著特征是信息的有效接受率主要取决于信息自身的真实可靠程度，以及发讯方能否承担相应的法律责任。在实际社会生活中若要将这类信息有效地传递出去，也需要有一个前提条件，这就是在传递信息内容的同时要能将对信息真实可靠性承担法律责任的责任者的真实身份，以及对信息内容真实性的保证也传递出去。我们知道，文件内容的法定责任者正是文件的作者，作者必须为文件内容即信息的真实性承担法律责任，而文件中的部分内容或标记正可对作者的真实性、合法性提供法律保障；文件直接形成于其所反映的社会活动中，为处理具体社会事务而不是主要为构成凭证而形成，文件具有法定效力，能在法律强制力约束和保护下对具体社会事务的形成发展产生强制性影响等一系列特点，也为其信息的真实可靠性提供了保障，因此，用文件传递凭证信息也比用其他信息记录形式更有效。

从以上的分析中，我们可以得出这样的结论：文件的功能就在于能有效地打破时间与空间的限制，传递处理社会事务过程中所需要的权威性、凭证性信息。

作为文件中的一个主要门类，公文的功能同样在此，它也是在传递权威性、凭证性信息方面具备有效性，同时，由于它的作者、体式、效用、生成程序都是法定的，因此，它在传递权威性、凭证性信息方面的有效性更强，也更有保障。

### 1.2.2　公文功能的主要表现

正是由于文件在传递权威性、凭证性信息方面更具有效性，所以，它才在人类社会生活的特定领域中得到普遍应用，在处理私人（个人、家庭、宗族）事务中能够发挥沟通联系、规范行为、解决纷争、印证事实、记录历史的作用，在公务活动中成为法律规范的体现形式，成为上传下达、协商联系的工具，教育激励的生动教材，印证事实的真凭实据，记录历史、传承文明的社会记忆。

公文可以更加有效地传递权威性、凭证性信息的功能，主要表现在如下方面：

（1）公文用于传达贯彻党和国家的方针政策与各项指令，在公务活动中发挥领导与指导的作用，是加强集中领导、维护政令统一、保证工作步伐整齐一致的有效形式。

（2）公文是下级机关请示、报告工作，反映情况，沟通自下而上纵向联系的基本手段。公文使下情上达，为领导机关制定决策提供依据，同时，有利于对发生的问题及时予以处理。

（3）公文用于发布行政法规与规章，在国家行政管理与维护社会主义建设秩序方面发挥着规范作用。它使国家各项管理活动有法可依、有规可循，从而逐步实现法制化、规范化。

（4）公文是沟通机关之间横向联系的纽带。它比其他信息沟通形式具有更强的精确性、权威性与凭证性。通过公文，机关之间能够相互交流信息、商洽事务，在工作上实现协调与配合。

（5）公文具有较强的政策性、理论性，在各项事业中发挥着阐明事理、启发觉悟和提高认识水平的宣传教育作用，是教育干部和群众的好教材。

（6）公文是公务活动的真实记录。它印证了公文作者的合法身份，记录了各项管理活动的性质、状态，因此具有重要的凭证作用。

（7）公文是社会的记忆，它全面而客观地记录了一个个事务的处理过程与结果，记录了一个个单位、一个个地区的历史，从整体上反映了一个国家、一个民族的文明发展进程，是最具权威性的社会记忆。

# 1.3　公文的效用

## 1.3.1　公文的现行效用和历史效用

从总体上讲，公文在其生命周期中一般要经历形成制作、现实作用、暂时保存、永久保存四个阶段，而对具体每一份公文而言，视其不同的实际价值，则既可能完整地经历四个阶段，也可能只经历其中的两个或三个阶段。之所以如此，主要是由于一部分公文既具有现行效用又具有历史效用，而另外一部分公文则只有现行效用而无历史效用，或没有完整的历史效用。

公文的现行效用，又称为执行效用，是指公文在一定的时间、空间、机构和人员范围内，对机构或个人行为产生的约束力、强制执行力和其他强制性影响。对于公文中的规范性文件、领导指导性文件和一部分公布性文件来说，这种强制性影响主要表现为在作者法定权限所及范围内的机构或个人必须将作者的意志转化为自己的具体行为，而且是受其约束的行为。对于公文中的陈述呈请性文件和商洽性、证明性文件来说，这种强制性影响主要表现为规定的受文者阅读、处理文件的行为将受到强制，必须按要求阅读、了解确认或复文等。

公文的现行效用是法定的，也就是说，公文对相关机构和人员行为的强制性影响都是为各种法律、法规、规章和其他具有强制力的成文“法”所规定的，有关机构或人员既受其约束又受其保护。规定范围内的机构或个人不遵守公文的约束，不执行公文的内容，拒不接受公文的强制性影响的，都将是违法的，作者或其他有关机构可以依法采取各种强制性措施或请司法机构采取司法强制措施，强制其遵守、执行。

公文的历史效用是指其对印证历史事实、反映历史发展过程所产生的权威性影响。公文是在其所反映的社会活动中为处理各种事务的需要，并作为这项活动的“副产品”而直接形成的，它对这些活动产生过强制性的影响，因而是历史发展的真实记录，对印证历史事实有令人高度信服的凭据价值，对反映历史发展的情况及规律性有广泛而可靠的原始情报价值。很多公文都具有历史效用，因而这些文件在处理完毕后均可经立卷归档转化为档案，其中一部分还因其具有永久留存价值而作为重要的历史文化财富由档案机构永久保存。由此可见，公文的历史效用是其转化为档案的内在依据。

公文的历史效用也是法定的，《档案法》以及国家有关机构以法规或规章形式确定的“文件立卷归档范围”、“案卷保管期限划分办法”即有对相关文件历史效用的明确认定。

### 1.3.2 公文现行效用的范围

真正的公文都有现行效用，但任何公文都只能在特定的时间、空间、机构和人员范围内产生这种效用。

1. 公文现行效用的时间范围

公文现行效用的时间范围是指公文有效的时间限度。这一限度是由公文生效时间和公文失效时间规定的。

(1) 公文的生效时间。

公文的生效时间即公文现行效用时间范围的起点，通常有如下几种情况：

1) 公文自形成之日起生效。即以文件上标注的成文时间为准，多数公文均如此。

2) 公文自通过或批准日起生效。即以文件上标注的法定机构讨论通过或核准批示的时间为准。

3) 公文自公布日起生效。多数规范性公文均如此。

4) 以公文自身规定的时间为生效时间。一些需在实施前做广泛解释宣传或其他各种条件准备工作，或因多种原因自发布之日后一段时间内难以为有关组织、个人知晓的规范性公文常采用这种形式。

5) 以其他公文规定的时间为生效时间。一些需以特殊形式，履行受社会有关方面公平监督确认程序的公文常采用这种形式。

6) 以公文送达规定受文者的时间为生效时间。采用这种形式常出于维护受文者特殊法定权益的目的。

需要说明的是，在确定公文生效时间时需处理好公文效用在时间方面的溯及力问题，即公文中的各种约束是否溯及既往，是否对公文生效前的事项予以追溯。对规范性公文而言，一般实行不溯及既往的原则。这项原则的含义一是指对文件生效前的事项不得追溯，二是指新文件未生效前公民已取得合法权益或发生当时规定不受处罚的行为的，不会因施行新文件而丧失或变更。但若公文中明文规定溯及既往，则文件就具有溯及既往的效用。对规范性公文以外的其他公文而言，除在文中指明不溯及既往外，均溯及既往，许多领导指导性公文的重要使命就是要纠正文件制发前的各种“偏向”。

(2) 公文的失效时间。

公文的失效时间即公文现行效用时间范围的终点，通常有如下几种情况：

1) 公文本身规定了停止生效的日期，到期自行终止。

2）由其他合法公文规定文件现行效用的终止日期。

3）效力等级高的有效公文生效后，与之相抵触的效力等级低的公文一律即行失效。

4）公文被具有法定权利的机关依法定程序明令废止、撤销而失效。

5）公文随相应新公文依法生效而全部失效或部分失效。

6）公文针对的事物本身具有明确的有效期限，逾期文件自然失效。如国家规定的高等学校年度招生办法，只在处理该年度招生问题时生效。

7）公文针对的社会事实已完全消灭或公文规定的任务已完成的，公文自然失效。

8）公文制发机关不复存在，又无其他合法机构继承其相应职能的，机关被撤销之日起公文失效。

9）不具备反复适用性质的公文（除规范性公文外，多数文件均不具备这种性质）所针对的事务已一次性处置完毕，除法律、法规或其他有效文件有专门规定外，公文不再适用于处置同类事务，自行失效。

10）不同作者就同一事项前后制发有不同规范性内容的公文，除法律法规有特别规定外，效用等级低的公文全部或部分失效。若公文的效用等级完全相同，一般由双方作者共同的上级机关或司法机构作出裁断，撤销、废止公文或纠正其中不一致的内容。

2. 公文现行效用的空间范围

公文现行效用的空间范围是指公文有效的作用领域范围。对于公文总体而言，其有效的空间范围就是其作者受法律约束和保护的权利、利益、义务、责任所及的空间领域。在我国国内通常有如下具体情况：

（1）宪法、法律、行政法规和由国务院各部门制定的规章等以及其他由中央国家机关及其部门制发的带有规范性的公文在全国范围内生效，但另有规定的例外（如有些法律的效力范围可超出国家管理的领域之外，也可以仅限定于特定区域内）；地方性法规和地方规章等与其他由地方国家机关及其部门制发的带有规范性的公文在本行政区域内生效；民族自治地方的自治条例在本自治区域内生效。

（2）由公文本身依法明确规定。多数领导指导性公文即如此。

（3）由有关法律、法规和规章予以明确规定。

（4）由有关法定机构依法予以认定，如一些证明类、记录类文件。

（5）以文件内容针对对象的法定责任、义务、权利所及的范围为准。如一部分领导指导性公文在不言自明的情况下常采用这种方式处理。

3. 公文现行效用的机构范围

公文现行效用的机构范围是指公文现行效用所及包括哪些国家机关、企事业组织、人民团体和其他社会组织。在我国国内通常有如下情况：

（1）宪法、法律对一切国家机构和社会组织产生效力。

（2）行政立法性的规范性公文对作为行政相对方的一切社会组织发生效力。即对行政机关本身及其上级和下级、同级机关均有效力（上级机关依法予以撤销者例外）；对其他国家机构如国家权力机关、检察机关、审判机关也在未因其违法、失当而依法予以撤销或宣布不适用、不执行的情况下产生效力；任何企事业组织、人民团体等都必须遵守行政立法。

（3）公文本身依法予以明确规定。

（4）以公文本身依法正确标明的主送机关为准。

（5）以公文本身依法正确标明的一切受文者（包括主送对象和抄送对象在内）为准。

（6）以法律、法规和其他效用等级高的公文中的规定为准。

（7）以依法应为作者实现或保护法定权益的机关为准。如证明类、记录类文件等。

4. 公文现行效用的人员范围

公文现行效用的人员范围，即公文现行效用所及包括哪些个人。在我国通常有如下情况：

（1）宪法、法律、行政法规和国务院各部门制定的规章效用所及，包括全国公民及处于本国境内的外国人和无国籍人。

（2）地方性法规和规章效用所及，只包括该地方的个人。

（3）各国家机构和社会组织内部制发的基本规范性公文效用所及，包括全体组成人员。

（4）由公文本身依法明确规定。

（5）由法律法规和其他效用等级高的公文予以规定。

### 1.3.3 公文现行效用的等级

不同作者制发的公文，其现行效用在层次上也是有高低之别的，低等级公文的效用大都源生于高等级公文，因此，无论其内容还是形式均不得与其抵触。在不同效用等级的公文有不一致规范性内容时，除特例外，应适用和执行效用等级高的。

在规范性公文中，效用等级最高的是全国人民代表大会制定的宪法，其次是全国人民代表大会及其常委会制定的法律，再次是由国务院制定的行政法规，又次是由省级权力机关（人民代表大会）制定的地方性法规、自治条例等，接着是由国务院各部门制定的规章等，然后是省级人民政府制定或批准的地方规章等，其后依此类推，按统辖权的大小排列文件效用等级，依次为：省辖市（州、区、地）、县（旗、市）、乡（镇、区）。同一辖区内权力机关规范性公文的效用等级高于同级人民政府的规范性公文。

《中华人民共和国立法法》第八十六条规定：地方性法规与部门规章之间对同一事项的规定不一致，不能确定如何适用时，由国务院提出意见，国务院认为应当适用地方性法规的，应当决定在该地方适用地方性法规的规定；认为应当适用部门规章的，应当提请全国人民代表大会常务委员会裁决。部门规章之间、部门规章与地方政府规章之间对同一事项的规定不一致时，由国务院裁决。根据授权制定的法规与法律规定不一致，不能确定如何适用时，由全国人民代表大会常务委员会裁决。

国家机构以外的其他社会组织制定的规范性公文的效用等级一般均低于国家机构制定的规范性公文的效用等级。在这些社会组织内部，不同级别组织制定的规范性公文的效用等级也不同，同级组织中权力机构（或类似性质的，如代表大会、职工大会、董事会等）制定的规范性公文的效用等级高于执行机构制定的规范性公文的效用等级。

规范性公文之外的其他通用公文，按作者组织系统或专业系统的归属及法定级别和权限确定现行效用的等级。在同一组织系统或专业系统内部，作者级别越高，公文效用等级越高。在组织系统、专业系统外部，公文效用等级主要取决于作者的法定权限，权限高的效用等级高，有权的高于无权的。专用公文的效用等级大都由权威性机构以法规规章的形式予以明确规定，有的则需要遵从本领域内公认的习惯、惯例。

必须说明的是，在我国，由中国共产党各级组织制发的公文在效用等级方面具有一定的特殊性：其所制发的规范性公文分别是全党和党内不同级别的具体组织内部全体党员的行为准则与规范；其所制发的以执政党法定地位为支持的，表明其各项方针、政策、原则的领导指导性文件则不仅对党内，而且对全国各项事业、各项工作有法定的决定性影响，同级党组织在法定范围内制发的此类文件的效用等级要高于同级国家机构和其他社会组织制发的领导指导性文件。中国共产党各级组织同样必须在宪法和法律范围内活动。

### 1.3.4 公文现行效用的生成条件

公文现行效用的生成不是任意的，必须具备一定的必要条件。一般说来分为实质要件和形式要件两个方面。

1. 公文生效的实质要件

（1）公文的作者必须依法存在，享有与文件内容相一致的法定权利，能以自己的名义和行为享有、承担、履行同文件产生的实际后果相适应的法定权利、责任和义务。

（2）公文的内容必须合法，不得与宪法、法律和其他效用等级高的文件相抵触，应与相同效用等级的文件协调一致。

（3）公文的内容必须限于作者的法定权限范围内，越权无效。

（4）公文内容必须为作者真实意思的表示。

2. 公文生效的形式要件

（1）公文的形成或处理必须履行法定的程序手续，符合法定的时限规定。

（2）公文的体式应规范、完整、正确，有法定体式的必须按其制作。

（3）公文中必须有能对作者合法性、真实性、权力范围，以及对作者意思表示和文件形成过程的真实性提供证据的内容或标记符号。

（4）公文中须有准确反映文件现行效用时间范围的标记，至少应反映出文件的生效时间。

## 本章小结

公文是公务文件的简称，是文件中的一个主要门类，它有一系列区别于其他事物的特征。公文的功能就是指它的有利作用，这些作用有不同的具体表现。公文的效用是指公文对特定对象所产生的实际影响，也就是效力、功用。公文的效用是具体的、有区别的，每类文件的效用等级不同，效用范围不同，产生效用的条件也有所区别。即便是同一文件，在其存在的不同阶段，效用的性质也是各不相同的。

## 关键术语

公文　文件　信息记录　效用　现行效用　历史效用　体式　文书　公文的作者　公文的功能　权威性信息　凭证性信息　凭证作用　社会记忆　执行效用　公文现行效用的时间范围　公文的生效时间

公文的失效时间　　公文现行效用的空间范围　　公文现行效用的机构范围
公文现行效用的人员范围　　公文现行效用的等级　　公文生效的实质要件
公文生效的形式要件

## 思考题

1. 怎样理解文件的基本概念？

2. 公文的基本特征是什么，这些特征对公文功能效用有什么影响？

3. 公文的基本功能是什么，具体表现在哪些方面？

4. 公文的效用是什么，怎样理解公文现行效用的范围和等级？

5. 所有公文都有对对方工作行为的强制性影响吗？如是，具体表现在哪些方面？

6. 公文生效的要件是什么？

# 第2章 公文分类与公文文种

本章介绍了公文分类的作用，以及若干有实际应用价值的公文分类的结果，介绍了公文文种的功用，选择公文文种的基本要求与方法，以及常用公文文种的适用范围，对若干常用公文文种相互间的区别进行了分析。

**本章学习要点**

- 公文分类依据与方法
- 常用公文文种的适用范围
- 公文文种的选择依据与方法

## 2.1 公文分类

### 2.1.1 公文分类的作用

公文的广泛应用性使众多的公文带有种种共同属性，同时也使它们在来源、性质、具体用途等方面存在诸多的差别。承认这种差别并据此对公文进行科学的分门别类，既有助于我们正确认识公文这一特定的事物，更有利于我们有针对性地、更恰当有效地去使用它们，发挥其更大的效能。

分类中的“分”即划分、鉴定、描述和命名；“类”即在某一点上彼此相同的一组事物。“分类”就是要“同其同、异其异”，按一定的标准有秩序地区分和排列类群。公文分类就是遵循逻辑学的原理和方法，对公文的各种类群进行划分和命名。公文的具体形态很复杂，而且千变万化，各不相同，如果不予以分类，便无从认识每一种公文的基本面貌和它们产生效用的内在基本规律，无论对人们“写”、“读”还是利用公文都非常不利，也会妨碍人们快捷方便地学习掌握公文知识，使人们难以更有效地驾驭这种应用范围广、应用频率高的信息沟通工具。

### 2.1.2　有实用价值的公文分类

依据不同的标准，可从多角度对公文进行类别划分，而对我们学习掌握不同公文基本特点和产生效用规律性而言，更有实用价值的分类有如下几种：

1. 根据形成和使用的具体公务活动领域的不同，公文可分为通用公文与专用公文两类

（1）通用公文指党、政、军机关和人民团体、企业、事业单位及其他社会组织在公务活动中普遍形成与使用的公文。像通知、通报、报告、请示、函等就属于通用公文。

（2）专用公文指在一定的专业机关或专门的业务活动领域内，因特殊需要而专门形成和使用的公文。像照会、国书等就属于专用公文，是由有外交权的机关在外交领域专门形成、专门使用的。

2. 根据制发公文的机关传递公文方向的不同，可将公文分为上行文、下行文、平行文三类

（1）上行文指向所属上级机关发出的公文。所属上级机关是指与自己同属一个组织系统或专业系统，级别高于自己的机关。国务院各部委向国务院的发文，省财政厅向财政部的发文，都是典型的上行文。

（2）下行文指向所属的下级机关发出的公文。所属下级机关是指与自己同属一个组织系统或专业系统，级别低于自己的机关。省政府向本省财政厅的发文，省财政厅向省属各市县财政局的发文，都是典型的下行文。

（3）平行文指向同一组织系统或专业系统中的同级机关以及向非同一组织系统或专业系统中的不相隶属的任何级别的机关发出的公文。省政府各厅局之间制发的公文，全国各省、自治区、直辖市财政厅局之间制发的公文，地方行政系统

与军队系统任何机关之间相互制发的公文，都是平行文。

3. 根据内容性质的差异，公文可分为规范性、领导指导性、公布性、陈述呈请性、商洽性、证明性公文等数类

（1）规范性公文。指以强制力推行的用以规定各种行为规范的法规、规章等。

（2）领导指导性公文。指由领导指导机关制发的用于颁布法规、规章，指导、布置工作，阐明领导指导原则的公文。国务院对全国行政系统制发的命令、决定、指示等都是典型的领导指导性公文。

（3）公布性公文。指内容可直接向国内或国内外公开发布的公文。如通告、公告等都属于公布性公文，它们的内容不涉及秘密，且不必通过组织或专业系统层层下达，可直接通过张贴、登报、广播、电视等方式使各方面周知。

（4）陈述呈请性公文。指向所属上级机关陈述情况，汇报工作，提出建议，请求指示或批准的公文。如请示、报告等。

（5）商洽性公文。指无传递方向限制而内容多为平等协商讨论一般事项的函件等。

（6）证明性公文。指以对某组织或个人的身份、使命、资历的介绍和对有关各方面就共同完成一个目标而需要获取与履行的权利、利益、义务、责任的规定，以及对某些事件的证实为内容，作为专门凭据的公文。如介绍信、证明信等。

4. 根据公文涉及秘密的程度，可分为对外公开、限国内公开、内部使用、秘密、机密、绝密公文等六类

（1）对外公开的公文。指不涉及任何秘密，可对国内外公之于众的公文。

（2）限国内公开的公文。指虽不涉密，但不宜或不必向国外公布，而只需在国内公开发布的公文。

（3）内部使用的公文。指虽不涉密，但不宜或不必对社会公开，只限在本机关或组织系统或专业系统内部使用的公文。

（4）秘密公文。指含有一般的秘密，泄露会使国家或团体的安全和利益遭受损害的公文。

（5）机密公文。指含有重要的秘密，泄露会使国家或团体的安全和利益遭受严重损害的公文。

（6）绝密公文。指含有最重要的秘密，泄露会使国家或团体的安全和利益遭受特别严重损害的公文。

5. 根据对公文处理时间方面的限制和要求，公文可分为平件、急件、特急件三类

（1）平件。指无特殊时间要求，需按工作常规依次传递处理的公文。

（2）急件。指内容较重要且紧急，需优先迅速传递处理的公文。

（3）特急件。指内容重要且特殊紧急，需打破工作常规，随到随优先迅速传递处理的公文。

6. 在机关内，根据来源可将公文分为收文、发文两类

（1）收文。指本机关收到的来自外部的公文。

（2）发文。指由本机关制成发往外部的或只供内部使用的公文。

## 2.2　公文文种及其功用

### 2.2.1　公文文种

每一类公文都可以根据实际需要，依照一定的标准再具体分为若干种。为了使各种公文都能有稳定的性质、特定的用途，并使更多的人都能对这些性质和用途有准确的了解，以便正确有效地形成和办理公文，客观上需要人们对常用的每一种公文都赋予一个能概括表明其性质、用途的统一规范的称谓，这种称谓就是文种。

### 2.2.2　公文文种的功用

由于文种是经过统一规范的，称谓统一，含义精确，准确揭示了作者的权限、作者与主要受文者的工作关系、行文的目的和要求，表明了公文的具体用途，因此，正确选择并在公文上标明文种，将会给公文的形成和办理带来便利，并有助于维护公文的严肃性和有效性。

有了文种，首先为公文的形成者带来了方便，使其在撰写、制作、传递时能有针对性地、分门别类地采用不同的原则、方法和手段去创制能最有效解决特定问题的公文，并将其迅速、准确地投入生效过程。比如，某行政机关需要以制发公文方式发布一项强制性的行政措施，在没有文种的情况下，要达到使社会各相关方面不折不扣地遵照施行的目的，对公文怎么写、写什么会无所适从，需要在各种各样的复杂备选方案中，反复衡量和尝试，不仅费时费力、降低效率，甚至还会招致失效、失败的结果。而在有了文种的情况下，人们将从无数实践中总结完善出的，在发布强制性行政措施时公文写什么、怎么写的最佳经验确定化，并

将这种内容、样式的公文直接命名为“命令”，明确规定“命令”可以用于表达什么内容，谁可以在什么情况下使用它，那么，公文制发机关就可以迅速选用“命令”去发布强制性的行政措施，不仅快捷，而且更为有效。

其次，有了文种，更为公文的有效办理创造了便利条件，因为它可以帮助人们不必阅读全文即可一目了然地了解具体公文的性质、公文对自己行为的影响，从而迅速确定办理这一公文的基本方法、程序与需采取的有关措施。如果没有公文文种，那么受文者接到公文后，必须阅读全文，才会准确了解这份公文与自己是否相关，相关的程度怎样，自己的行为必须受它怎样的一种影响，自己必须认真执行还是参考，是复文还是可以“搁置”。这当然会牺牲机关各级各类工作人员大量的工作时间，影响公务处理的质量。而如果有了文种，受文者只需看这份文件中标明的文种，就可以清楚对方与自己是什么工作关系——领导、指导，还是不相隶属；自己居于领导、指导位置，还是被领导、被指导位置，或者是平行地位——从而迅速了解文件内容与自己的相关程度，决定自己“为”还是“不为”，如果要“为”的话，需要怎样“为”。

# 2.3 公文文种的选择

## 2.3.1 公文文种选择的基本要求

文种是公文不可缺少的组成部分，撰写公文时务必正确选定文种，因为不用、错用或生造文种不仅会给公文的撰写制作带来困难或麻烦，更主要的是它们将给公文的效用带来损害。因此，选择公文文种必须注意严格遵守有关规范，特别是要严格遵循国家有关领导机关及本组织系统、专业系统领导指导机关关于公文文种的使用规则，从其规范过的文种中选取自己所需要的，即规范地选择文种，选择规范的文种。一定要做到：

1. 不生造文种，更不用生造的“文种”

规范性是文种产生实际功用的保证，如果使用含义不能为人们所广泛了解的生造的“文种”，受文者就不能通过它来快捷准确地认识文件的性质、作者的权限及公文对自己的影响，从而使文种失去存在的价值，同时还会因此而削弱公文的效用，使作者难以实现制发公文的目的。如该用“请示”解决的事项用了生造的“请示报告”，法定的强制对方批复的效用就有可能不存在，公文在受文者手中就可以批复也可以不批复。再如不用“指示”去布置工作而使用生造的“安排”，那么受文者就既可以将其理解为必须执行的指示，也可以将其理解为一种可执行也可不执行或有保留执行的建议，其结果无疑会妨碍统一政令全面有效地实施。

2. 避免错用文种

每一文种均有自己的特殊性质，均有自己特定的适用范围，如果因不能正确予以把握而用错文种，将会造成不良后果。轻则使受文者误解作者意图，例如，用“函”去强制规范受文者行为，或用“指示”同对方商洽工作，都会使受文者难以明确作者的真实意愿；重则延误工作甚至构成侵权、越权的严重错误，如该用“请示”时错用了“报告”，请示事项往往得不到批复，有关工作自然会被延误办理，而如果超越自己的权限，在无使用命令的法定权限的情况下错用了“命令”，那么，不仅公文无效，而且制发公文的行为本身已构成一种违法越权行为。

### 2.3.2 公文文种选用的依据

选择公文文种的依据主要有三个方面：一是看作者与主要受文者间的工作关系；二是看作者的法定权限；三是看行文目的、行文要求和表现公文主题的需要。

1. 根据作者与主要受文者间的工作关系选择文种

根据作者与主要受文者间的工作关系选择文种，就是要求明确双方间本来的工作关系，选取为这种关系所允许的文种：只有双方存在领导与被领导关系、指导与被指导关系时，才可以分别选用下行文种或上行文种；如果双方存在的只是平行关系（同系统中的同级机关之间）或不相隶属关系（非同一系统的任何机关之间），只能选用平行文种。

2. 根据作者的法定权限选择文种

根据作者的法定权限选择文种，就是要明确作者的法定职责权力范围，选择与之相符合的文种。之所以如此，是因为有一部分公文文种对使用者的权限有明确的规定，只有具备相应地位和权利的机关才能选用。如“命令”是一种领导指导性公文，但并非一切处于领导地位的机关都可以使用。除军队系统之外，只有那些宪法和其他有关法律明确规定有权发布命令的机关才能使用。如果不按作者的法定权限选择文种，特别是选用了超越自身权限的文种，就将构成越权行为，公文自然也会因失去法律保护而失效。

3. 根据行文目的、要求和表现公文主题的需要选择文种

根据行文目的、要求和表现公文主题的需要选择文种，就是在相同性质的文种中，选取有助于实现目的和要求，有助于使主题得到正确、鲜明表现的具体文种。在公文文种体系中，有一部分是性质相近或相同但具体用途各异的，它们分

别适用于表现不同的公文主题，适用于表明不同的行文目的和对公文阅读、办理、答复、执行等方面的不同要求。如同属上行文的“报告”和“请示”，虽性质相同，但在表现主题、表明行文目的和要求方面却有不同的功用。“报告”用于向上级机关汇报工作、反映情况、回答询问、提出建议，但不能表现带请示事项的主题内容；“请示”可用于向上级机关请求指示或批准，但不能用于不带请示事项的工作情况汇报。“报告”可提出请求审阅批示或转发等方面的要求，但不能用于请示上级允许“自己”去做什么，也不能请上级务必答复；“请示”则可以提出请求上级务必予以指示或答复的要求。由此可见，在行文目的、要求和主题不同时，必须注意在性质相同或相近的文种中正确地选取与之最相适合的那一种，否则，不仅公文主题难以表达，更会直接影响行文目的和要求的实现。如该用“请示”时偏偏选用了“报告”，那么请求上级回复并依此开展工作的目的就可能无法实现，因为“报告”不能要求上级复文，因此上级机关收到公文后，可以回复，也可以不回复，这样，需办理的事务就有可能被延误。

## 2.4 常用公文文种及其适用范围

每一文种所代表的实际上就是一个具有特定功用的公文种类，它们有着各不相同的适用范围。

### 2.4.1 规范性公文

规范性公文的一般特点是：公文是作者单方面意志的表示，其规范作用的成立与否不以对方是否同意为前提，其有效的时间限度和空间、人员限度取决于作者的法定权限及规范的内容，有极强的约束力，就算是下级机关制发的，规定范围内的上级机关也要受其约束（当然，也可以依法撤销或废止这些公文）；公文所针对的问题是多次反复出现的，各项规范是反复适用的，其所涉及的是多数人而非特定具体人的具有普遍性的事务和问题；公文的生效程序严格而规范，大都需经会议通过并在一定范围内公布后方生效；在效用方面，一般实行“不溯既往”和“后法推翻前法”的原则，即除特殊情况外，公文效力所及只针对正式成文（生效）之后出现的有关事物，新公文生效后，与其规定不一致的“旧公文”即行废止，以新公文为准；语言运用更加讲究高度的准确、概括、简洁、通信、规范。

规范性公文中的具体种类主要有：

1. 条例

对于党的领导机关而言，条例可作为党内规章的名称；对于国家权力机关而言，条例可作为国家法律、地方性法规、自治地方有关法规文件的名称；对于国家行政机关而言，条例可作为国务院制定的行政法规的名称。

2. 规定

可作为国家法律、地方性法规、行政法规和规章以及机关内部规章制度的名称。用于对某一方面的工作作部分的规定。

3. 办法

可作为国家法律、地方性法规、行政法规和规章以及机关内部规章制度的名称。用于对某一项工作作具体的规定，如确立具体的活动规则，提出处理问题的精细准则与程序规范，确定执行有关法律、法规、规章的方法措施，补充完善其他法律、法规、规章等。

4. 细则

细则也常称为实施细则，是由法定机构为保证重要规范性公文得到全面、具体的实施而作出的具体解释和细致的补充规定。

5. 章程

用于规定某个组织的性质、宗旨、组成人员、组织结构和活动规则。

6. 规程

用于规定带一定技术性特点的某一工作程序过程和活动规则。

7. 制度

用于规定在工作中人们的行为所应达到的标准。

### 2.4.2　领导指导性公文

领导指导性公文的一般特点是：公文内容对规定受文者的行为具有强制约束力，规定范围内的机关及有关个人必须认真遵行；公文所针对的问题带有一定的随机性，涉及特定的问题、特定的人，一般不具有普遍性；有效期一般不长，时过境迁公文即失去执行效用；与规范性公文相比生效程序相对简约，除决定、决议等之外，只要发文机关的法定代表对公文的效用予以确认（如签发），即为有效；在效用方面，一般“溯及既往”，即公文的效力所及不仅针对成文之后出现的有关事务和问题，而且包括成文之前出现的问题，受文者应根据作者要求纠正有关偏向，采取措施弥补不足；严格遵行一文一事原则；语言运用更加讲求简明、郑重、规范。

领导指导性公文中常用的具体种类有：

1. 命令

用于为法律明确授予制发权的机关依照有关法律规定发布法规和规章；宣布施行重大强制性行政措施；奖惩有关人员；撤销下级机关不适当的决定。

2. 指示

用于向下级机关布置工作，阐明工作活动的指导原则。

3. 决定

用于对重要事项或重大行动作出安排。实践中常用于：确定实施重要政策；确定召开重要会议；确定建立或撤销重要机构或组织；确定重要的人事任免、表彰与处分事项；确定参加或脱离某一组织；确定给予或撤销荣誉称号；确定赋予、免除或剥夺特定对象的有关权利、义务、利益、能力；确定对重要事务的原则立场；依照规定的程序批准或撤销有关议案或其他公文等。

4. 批复

用于答复下级机关的请示事项。实践中主要用于：应下级机关请求向其布置工作、交代任务，阐明开展工作活动的指导原则与方法措施；表明对于下级机关提请审查批准的各种工作方案的明确态度和意见。

5. 通报

用于向下级机关和有关人员表彰先进，批评错误，传达重要精神或者情况。实践中常用于：总结推广先进典型的经验；褒扬先进模范事迹；总结并要求借鉴吸取具有较普遍借鉴意义的各种教训；批评具有一定典型性的错误思想、错误观念、错误做法、错误行为；传达有关方面对某些事物的宗旨、主要意义、实质内容等方面的认识；告知性质重要、涉及面较宽的事物的动态、动向。

6. 通知

用于批转有关下级机关的公文；转发上级机关或不相隶属机关的公文；发布规范性公文；传达要求下级机关办理和有关单位需要周知或者共同执行的事项；任免和聘用干部。

### 2.4.3 公布性公文

公布性公文的一般特点是：公文的形成就是为了使社会各界直接知晓；直接受文者包括法人和自然人；内容不涉及秘密和个人隐私；内容主要包括“应知”、“应遵”两类事项；有效适用期限虽不如规范性公文长，但比一般的领导指导性公文要长；公文公布形式多样，可直接张贴、广播，也可在报刊上发表；语言表达讲求通俗易懂、简要明确。

公布性公文中常用的具体种类有：

1. 公告

用于地位较高、影响较大的机关向国内外宣布重要事项或法定事项。实践中常用于：依法宣布颁行实施重要法律；宣布作出重要决定，如形成或实施重要政策、召开重要会议等；告知出现重大人事变动；告知发生为世人瞩目的重要事件，如重要领导人病危、逝世，重要领导人出访等；依照国际法或国际惯例发布需国内外周知或遵行的事项，如要求有关方面在境外公海海域、空域于特殊情况下实行规避等。

2. 公报

其适用范围与公告基本相同，在实践中常用于需要有关方面更详尽了解相关重要事项的场合，如：宣布召开重要会议或告知重要会议的情况；告知涉及国计民生的重要事项的基本情况；公布重要事件的情况；宣布重要决定及其形成过程；公布重要的统计数据；等等。

3. 通告

用于各类机关在一定范围内公布需有关人员遵守或周知的事项。实践中常具体用于：宣布新的立场观点；公布准备广泛施行的，与所辖区域内绝大多数人关系密切的政策、措施或要求；公布要求有关人员共同遵守执行的事项或规范；公布需广大人民群众共同关注、广泛周知的重要消息等。

### 2.4.4　陈述呈请性公文

陈述呈请性公文的一般特点是：公文的传递方向是自下而上的；公文的强制执行效用仅表现为对受文者阅处公文的行为有强制性影响，不能强制对方执行公文的内容；行文需满足诸多条件限制；语言运用需更加讲求得体。

陈述呈请性公文中常用的具体种类有：

1. 请示

用于向上级领导指导机关请求指示或批准。实践中主要用于有所呈请，即：请求上级允许自己（包括自己的下属）做些什么并务必给予答复的情况下：请求上级明确有关方针、政策或要求；请求上级指示处置重大问题或因无原则规定难以处理的问题的原则与方法；请求上级允许根据具体情况变通处理有关问题；请求上级协调与有关方面的复杂矛盾关系；请求上级分配任务、布置工作；请求上级核准编制、经费；请求上级审批工作计划和其他方案；请求上级任免有关干部；请求上级审定有关项目；请求上级审查批准本机关制定的并需由其审批后方能生效的重要规范性公文；请求上级批准按规定必须履行审批程序的其他事项等。

2. 报告

用于向上级领导指导机关汇报工作，反映情况，提出意见或建议，答复上级机关的询问。实践中常具体用于：向上级反映工作的进展情况；反映工作中出现的有关情况、动向或问题；汇报有关政策法令或指示的执行情况和有关任务的完成情况；提出纠正有关偏向的具体意见和建议；提出转发公文的建议；答复上级机关的询问；检讨工作中的错误；依照报告制度的规定汇报各方面的综合情况及工作计划；将有关事项或公文报送上级机关备案等。

3. 议案

用于各级人民政府（须以政府而非政府部门名义）按照法律程序向同级人民代表大会或人民代表大会常务委员会提请审议事项。在实践中提请审议的事项均需具备重要性质，主要包括：提请审议制定或修改有关法律、法规或规章；提请审议设立或撤并机构或组织；提请审议重要的人事任免；提请审议有关方针政策；提请审议变动行政区划；提请审议批准签订国际条约等。

### 2.4.5 商洽性公文

商洽性公文的具体种类主要包括各种函，其特点是：公文是作者意愿的一种郑重、正式的表示，内容涉及一般的具体事项；作者与受文者之间均以平等协商身份和态度商洽、讨论或转达有关问题及意见；作者对受文者的强制性约束作用的成立一般不以自身的权威为依据或条件，如答复平级或不相隶属机关请求批准的事项，请对方遵行有关要求时，需指明作者的意见和要求均以授权机关的意见或有关法律法规为依据。

函的主要适用范围是：同一系统的同级机关之间、非同一系统（既非同一组织系统，又非同一专业系统）的任何机关之间商洽工作、询问和答复问题，向有关主管部门请求批准等。实践中常具体用于：就一些具体事项进行联系和协商；相互征询和表明有关意向、态度和意见；向被有关机关授权代行审批某些事项的业务主管部门请求批准，以及这些部门对此类请求的答复等。

### 2.4.6 证明性公文

证明性公文的一般特点是：公文的制发目的就在于形成法律意义上的凭证依据；公文的传递方向不受严格限制，既可上行、下行，也可以平行；与商洽性公文相似，其有关强制约束力的存在更直接地源于有关法律法规的力量。

证明性公文中常用的种类有：

1. 证明信

用于为印证有关事实（如身份、经历、过程等）提供证据。

2. 介绍信

用于证实有关工作人员的身份、使命等。

3. 协议书（合同）

一种书面契约，用于由当事双方（或多方）为共同达到一定目的，明确并证实相互间的责任、权利、利益关系。

### 2.4.7　其他公文

1. 意见

适用于对重要问题提出见解和处理办法。

在行政系统，“意见”可以用作上行文、下行文和平行文。作为上行文，应按请示性公文的程序和要求办理。所提意见如涉及其他部门职权范围内的事项，主办部门应当主动与有关部门协商，取得一致意见后方可行文；如有分歧，主办部门的主要负责人应当出面协调，仍不能取得一致时，主办部门可以列明各方理据，提出建设性意见，并与有关部门会签后报请上级机关决定。上级机关应当对下级机关报送的“意见”作出处理或给予答复。作为下行文，文中对贯彻执行有明确要求的，下级机关应遵照执行；无明确要求的，下级机关可参照执行。作为平行文，提出的意见仅供对方参考。

在党的系统，“意见”主要用作下行文。

2. 会议纪要

用于记载和传达会议情况与议定事项。

## 2.5　若干常用公文文种的辨析

由于目前我国各种类型机关常用文种的数量较多，因此实际工作中容易在性质、用途相近或相似的若干文种的选用上出现错用、误用，从而影响公文效用的成立与发挥，为此有必要认真辨析这些文种间的区别。

### 2.5.1　“条例”、“规定”、“办法”间的区别

“条例”与“规定”和“办法”相比，主要特点是：所涉及事务和问题的性质更重要；范围比较宽；内容高度概括；有效的时间与空间范围广阔；稳定性

强；对制定与发布机关的地位有较严格的限制，如行政系统只有国务院有权使用，“国务院各部门和地方人民政府制定的规章不得称‘条例’”[①]；一般属于自主的规范性公文，即自身即可创造新的法律规范。

“规定”的特点是：使用范围广泛，对制定和发布机关的地位无严格限制；所涉及事务和问题不如条例重大，范围相对窄一些；内容详尽具体，针对性强；一般既可是自主的规范性公文，也可以是补充的规范性公文[②]，还可以是执行的规范性公文。[③] 但从实际使用情况看，“规定”更适合作为自主的和补充的规范性公文。

“办法”比“规定”所涉及的事务和问题的规模与性质要更小一些，强制性相对弱一些；针对性更强，内容也更加详尽、具体且精细，更重视直接的可操作性；除了一部分为自主的规范性公文外，大部分为执行的规范性公文，如各种“实施办法”即均具备这种性质。

### 2.5.2 “决定”与“命令”的区别

“决定”与“命令”的不同点主要在于：在使用权限方面，“命令”非常严格，“决定”则可较普遍地使用；在适用方面，“命令”涉及的是特定的具体事务，“决定”则既涉及这类事务，也涉及一部分非特定的、具有普遍性的、反复发生的事务，公文本身也反复适用，即具有规范性公文的一些特点；在表达方面，“命令”高度简洁，只表达作者的意志和要求，“决定”则既表达意志、要求，又阐发一定的道理，交代执行方面的要求，指明界定有关事物的标准等。

### 2.5.3 “指示”与“命令”的区别

“指示”与“命令”的不同主要在于：“指示”的使用权限规定没有“命令”严格，上级机关对下级机关均可下达“指示”；在效用方面，“命令”对受文者来说必须无条件坚决执行，“指示”有时则在必须无条件执行基本原则的前提下，允许受文者根据实际情况相对灵活地处置具体事务；在表达方面，“命令”只表达作者的意志和要求，“指示”则既表达作者意志，又注意阐发道理，指出具体

---

① 《行政法规制定程序条例》(国务院令第 321 号)。

② 补充的规范性公文，指为依法或根据授权补充其他规范性公文的内容而制定的公文，主要是对其加以细化和完善。

③ 执行的规范性公文，这种公文是直接为有效执行其他规范性公文而制定的，自身不创造新的规则，只是对这些公文在何种情况下适用作出具体限定，对有关概念和问题作出精细的解释说明。

任务、具体规则，以及实现目标的方法途径，还注意说明有关事物间的界限等。

### 2.5.4 “指示”与“决定”的区别

与“决定”相比，“指示”涉及的事物与问题更加具体和特定，其作用的范围也是特定的，不如“决定”那样更具普遍性，有效期限也比“决定”相对短一些；“指示”的内容比“决定”精细、具体，更强调可操作性、可执行性；“决定”对受文者来说是必须无条件坚决执行的，“指示”则在必须无条件坚决执行基本原则的前提下，允许根据实际情况灵活处置具体问题，甚至变通执行某些具体要求。

### 2.5.5 “通知”与“命令”、“决定”、“指示”的区别

与“命令”、“决定”、“指示”相比，“通知”的用途更加广泛，但权威性明显要弱一些，自身一般不创造新的规则，只是依法或根据上级要求向受文者转达上级机关的指示精神并予以具体化，告知应知或应办的事项，使一部分公文完成升格（批转）、生效（发布）、扩展有效范围（转发）的程序。

### 2.5.6 “批复”与“指示”（或指示性通知）的区别

“批复”实际上是一种被动的“指示”，在基本性质上与“指示”没有什么不同。二者之间的差别只在于：“批复”内容的针对性更强，所涉及的事务和问题以及人员更加特定、更加具体，问题也比较专指、单一；“批复”只用于回复请示的机关，一般不像“指示”那样具备普发性。

### 2.5.7 “通报”与“通知”的区别

“通报”与“通知”的不同点主要在于：“通报”不是像“通知”那样以具体的任务、详细的规范化要求和有关规则来指导与推动工作的，而是用典型事例、有关情况来传达意图，启发教育有关人员，指导有关方面的工作行为；“通报”有关执行方面的要求也比“通知”要原则化，甚至不涉及直接具体的执行要求；“通报”发送范围广泛，一般情况下，均直接下达给广泛范围内的各级各类工作人员。

### 2.5.8 “通报”与“处分决定”的区别

“通报”与“处分决定”有很大不同，首先是制发公文的目的不同。“通报”

是为了教育当事人，更是为了教育更多的人，指导和推动有关工作，“处分决定”则主要是为了正式确认有关的错误事实和合法有效的处分决定。其次，对象不同。“通报”的对象必须是具有典型性的人或事，“处分决定”则是针对所有须给予处分的人及事。再次，内容性质不同。“通报”介绍说明错误事实时具有较强的概括性和原则性，以能引出结论为度，“处分决定”中的这部分内容则具体而细微；“通报”中常含有要求其他有关人员记取教训，采取有关措施的基本内容，“处分决定”则无此类内容；“处分决定”中必须有明确的纪律处分意见，“通报”则不一定有。最后，发送范围不同。“通报”发送范围广泛，“处分决定”则一般只与当事人及有关方面见面，很少普发。

### 2.5.9 “通告”与“公告”的区别

“通告”与“公告”的不同点主要在于：“通告”仅对国内公布，其告知和约束的对象是作者统辖范围内的中国公民及有关的外籍人士，“公告”则对国内国外公布，其告知的对象极为广泛；“公告”的事项更加重大，应具备使世人知晓的意义，“通告”则不限于此类性质的内容；“公告”的作者地位大都较高，“通告”则没有此限；“公告”的内容主要是重要消息，除特例外不涉及强制性的执行要求，“通告”中则常涉及有关人员的应遵事项，有具体细致的行为规范和对公文的具体执行要求。

### 2.5.10 “通告”与“命令”、“指示”、“通知”的区别

“通告”与“命令”、“指示”、“通知”的区别主要在于：“通告”不涉及任何秘密；“通告”直接向公民个人公布，不像“命令”、“指示”、“通知”那样通常须按组织系统或专业系统逐层下达；“通告”的内容比“命令”细致具体，在文种使用上不像“命令”那样须受严格的权限限制；“通告”提出的规范是公民的行为规范，一般不像“指示”和“通知”那样涉及贯彻执行公文的要求，而主要提出公民应当遵守的具体事项；“通告”可依法自创有关规则，“通知”则主要是转达上级的指示精神并使之具体化。

### 2.5.11 “通告”与规范性公文的区别

“通告”的一部分内容也具有一定的规定性，但它却与规范性公文有很大不同：“通告”所涉及的主要是公民个人的行为规范，规范性公文则不限于此；“通告”中的规则更带有政策性而非法规性，因而稳定性不如规范性公文；“通告”

的内容详尽而具体，有一部分用于解释说明、阐发道理、叙述有关事实过程、指明有关事物间的界限、例举有关情况的成分，而这些成分在规范性公文中一般没有；“通告”效力的存在依赖于作者自身的法定管辖权，对在辖区内的公民有强制约束力；“通告”的生效程序比规范性公文简单，机关的法定责任者签发即生效，不必依靠制发“命令”、“通知”等完成其公布过程；“通告”的传递形式也比较简便和多样，张贴、广播、刊载等形式均可保证其有效。

### 2.5.12　“请示”与“报告”的区别

“请示”与“报告”的不同主要在于：“请示”在用于对上级机关有所呈请的情况下，可向其请求下达指示，请求其允许自己去做某一件事情，“报告”则用于汇报、反映情况、问题或建议，不能带有“呈请”事项；“请示”能强制对方复文，“报告”则不能，上级对“报告”可以复文，也可以不复文；“请示”必须是形成于事情发生之前，“报告”则可根据情况，既可在事前，也可以在事后或事情进行当中形成。

### 2.5.13　“请示”与“议案”的区别

“请示”与“议案”在基本性质上是相近或相同的，但也有一些区别：“议案”的作者是被严格限定的，受文者也是非常专指的，作为行政公文的“议案”作者须是各级人民政府，受文者只能是同级人民代表大会或其常务委员会，“请示”则可用于同一组织系统或专业系统的任何下级机关对上级机关有所呈请的情况下；“议案”所关涉的事项是提请国家权力机关审议的重大事项，“请示”所涉及的事项则不仅仅是重大事项；在效用上，“请示”可以强制对方回复意见、表明态度，但内容并不能强制执行，“议案”则在经审议通过后，具有法律约束力，要求有关机关或人员认真遵照执行。

### 2.5.14　“意见”与“请示”的区别

“意见”与“请示”之间的不同点主要在于：“意见”不是完全的上行文，在行政系统中，它还可以用作下行文和平行文；同为上行文，“意见”只能用于对重要问题提出见解和处理办法，“请示”则无此限制，对符合请示条件的所有请求指示和批准的事项均可涉及；“意见”必须对重要问题表态并提出处理问题的办法，“请示”则可以直接要求上级机关表态，提出解决问题的办法，自己可以提出，也可以不提；“意见”中所提意见如涉及其他部门职权范围内的事项，主办部门应当主动与有关部门协商，取得一致意见后方可行文，如有分歧，主办部门的主要负责人应当出面协调，仍不能取得一致时，主办部门可以列明各方理据，提出建设性意见，并与有关部门会签后报请上级机关决定，“请示”则无此限制。

### 2.5.15 “意见”与“报告”的区别

“意见”与“报告”之间的不同点主要在于：“意见”不是完全的上行文，它还可以用作下行文和平行文；“意见”只能用于对重要问题提出见解和处理办法，“报告”则无此限制；“意见”应当提出解决问题的对策建议，“报告”则主要是汇报工作，反映情况，答复上级询问，不涉及建议；“意见”可以强制上级机关复文并作出处理，“报告”则不能；“意见”在上级机关应按类似于“请示”的程序和要求办理，“报告”则另有办理程序和办理要求。

### 2.5.16 “会议纪要”与“决定”的区别

“会议纪要”与“会议决定”（决定）之间有如下不同：“会议纪要”一般不能独立对外发出，往往需要以“通知”等指明有效执行的范围与要求等，“决定”则可独立发出；“会议纪要”所记载的是会议的情况和议定事项，不一定必须如“决定”那样只针对重要重大事项；“会议纪要”不仅仅反映议定的事项，“决定”则必须是完全确定的决策而不必反映其他意见；“会议纪要”中的议定事项是有关与会各方确立的意见，只要有一方反对即不成立，“决定”的内容则可根据有关规则由与会者中的多数人确认并通过即为有效，产生法定效力；在表达方面，“会议纪要”需综合反映会议的全面情况，对有关意见和观点进行阐述，“决定”则一般无这些内容。

### 2.5.17 “会议纪要”与“会议记录”的区别

“会议纪要”通常需要在对“会议记录”等综合整理加工的基础上形成，但二者却有很大不同：“会议记录”是原始性的凭证性材料，可以有闻必录，“会议纪要”则必须对原始材料进行系统的整理加工，只录要点、重点；“会议记录”一般有凭据性，由有关责任者签字确认后即为有效，“会议纪要”则不仅有凭据性，往往还用于向上级或有关方面反映情况，指导下级机关的工作，因此，更讲究条理性，而且经与会各方反复讨论一致确认后方为有效。

## 本章小结

对公文进行科学的分门别类，有助于我们从外延进一步认识公文，为更好地驾驭和使用公文奠定必要的基础。公文文种是人们出于有效形成和办理公文的需要，赋予每一种公文能概括表明其性质、用途的统一规范的称谓。公文文种是公文的必备要素，了解每一种公文的性质、特点和适用范围，准确、规范地标注公文文种，有助于公文的完整、有效，有助于为公文的形成和办理创造有利条件。

## 关键术语

公文分类　通用公文　专用公文　上行文　下行文　平行文
规范性公文　领导指导性公文　公布性公文　陈述呈请性公文　商洽性公文
证明性公文　对外公开的公文　限国内公开的公文　内部使用的公文
秘密公文　机密公文　绝密公文　平件　急件　特急件　收文
发文　公文文种　工作关系　作者的法定权限　行文目的　行文要求
领导与被领导关系　指导与被指导关系　平行关系　不相隶属关系
条例　规定　办法　细则　章程　规程　制度　命令　指示
决定　批复　通报　通知　公告　公报　通告　请示　报告
议案　函　证明信　介绍信　协议书　意见　会议纪要

## 思考题

1. 公文分类的意义是什么?
2. 上行文是向一切比作者行政级别高的机关发出的公文吗，为什么?
3. 公布性公文是指经批准向国内外开放的公文吗，为什么?
4. 公文文种的功用是什么?
5. 选择公文文种的基本要求是什么?
6. 选择公文文种的主要依据是什么?

## 练习题

1. 根据下列各题所提供的素材，确定应选择的公文文种

（1）某市人民政府为了维护交通秩序，制发一公布性文件，将需遵守的有关事项告知全市各界。

（2）某市教育局为了加强对中小学教材采购工作的管理，将规范教材采购工作的若干措施安排行文告知全市各级教育行政管理部门和所有中小学。

（3）某省人民政府收到《某省人力资源和社会保障局关于进一步维护农民工合法权益问题的意见》以后，经研究认为文件针对的问题十分重要，文中的建议切实可行，决定对该文加注批语后下发施行，为此，制发一文件。

（4）某市人民政府行文同意下属某区人民政府关于设置政府信息公开中心的请示，并对该中心的基本职能和领导关系予以明确。

（5）某市人民政府为适应现代化城市建设的需要，拟在原某林场内建一座具有一定规模的植物园，为此，致文省人民政府，请求批准。

（6）某市人民政府就开展行政效能监察工作向所属下级机关行文，陈述该项工作的必要性，交代具体的工作任务及相关措施安排，并针对有关的步骤方法、政策界限、注意事项、报告方式与期限等提出具体要求。

（7）某省人民政府为适应科技进步的需要，强化对科技工作的领导，成立了省科技领导小组，特行文将此决定告知下一级人民政府及省政府各部门，并对该小组的性质、任务、组成、工作方式、办公地点等方面的情况予以说明。

（8）某市人民政府应本省人民政府的要求，行文汇报本市高新技术产业发展情况。

（9）某省人民政府批示转发省发展和改革委员会与省文化局制定的《某省文化产业发展十年规划》，要求省内各级人民政府认真贯彻执行。

（10）某市走私贩卖文物犯罪活动猖獗，使国家文化遗产遭到严重破坏，为坚决打击此类犯罪活动，该市人民政府向全市发出一公布性文件，重申国家有关法律、法规的内容，强调有关应知应遵事项。

（11）为将留学人员回国服务工作部际联席会议基本情况、主要精神和决定事项向国务院作汇报并向相关单位传达贯彻，联席会议办公室工作人员在会议记录及其他会议文件材料的基础上加工整理出一份正式文件。

（12）国务院根据全面落实依法治国基本方略，加快建设法治政府的需要，就加强市县两级政府依法行政作出安排。

(13) 国务委员、公安部部长×××签发嘉奖令，对重庆市公安局深入开展打黑除恶等专项工作予以通令嘉奖。

(14) 全国人大批准国务院总理代表国务院所作的《政府工作报告》并形成正式文件。

(15) 全国人民代表大会向国内外庄严宣告全国人民代表大会常务委员会委员长、副委员长、秘书长和委员的选举结果。

**2. 判断下列命题的正误并简述理由**

(1) 在行政系统，“函”是平行文。

(2) 在一份公文中需要向上级机关汇报工作、请求指示时，可以用“请示报告”。

(3) “绝密公文”是指含有重要的秘密，泄露会使国家或团体的安全和利益遭受严重损害的公文。

(4) 一份只有一个作者的公文，在甲机关属于发文，在乙机关就一定不再属于发文。

(5) 不涉密的公文都是公布性公文。

(6) 县文化局向县财政局请求批准拨付某项经费用“请示”。

(7) 文种是公文不可缺少的组成部分。

(8) 在行政系统，“意见”既可以是上行文，也可以是下行文，还可以是平行文。

(9) “函”的适用范围在党的系统和行政系统是有区别的。

(10) 行政规章不得用“办法”。

## 阅读材料

### 领导机关关于通用公文文种的规定

#### 1. 《中国共产党机关公文处理条例》中关于公文文种的有关条款

第二章　公文种类

第七条　党的机关公文种类主要有：

(一) 决议　用于经会议讨论通过的重要决策事项。

(二) 决定　用于对重要事项作出决策和安排。

(三) 指示　用于对下级机关布置工作，提出开展工作的原则和要求。

(四) 意见　用于对重要问题提出见解和处理办法。

(五) 通知　用于发布党内法规、任免干部、传达上级机关的指示、转发上级机关和不相隶属机关的公文、批转下级机关的公文、发布要求下级机关办理和有关单位共同执行或者周知的事项。

（六）通报　用于表彰先进、批评错误、传达重要精神、交流重要情况。

（七）公报　用于公开发布重要决定或者重大事件。

（八）报告　用于向上级机关汇报工作、反映情况、提出建议，答复上级机关的询问。

（九）请示　用于向上级机关请求指示、批准。

（十）批复　用于答复下级机关的请示。

（十一）条例　用于党的中央组织制定规范党组织的工作、活动和党员行为的规章制度。

（十二）规定　用于对特定范围内的工作和事务制定具有约束力的行为规范。

（十三）函　用于机关之间商洽工作、询问和答复问题，向无隶属关系的有关主管部门请求批准等。

（十四）会议纪要　用于记载会议主要精神和议定事项。

（中共中央办公厅一九九六年五月三日印发）

**2.《国家行政机关公文处理办法》中关于公文文种的有关条款**

第二章　公文种类

第九条　行政机关的公文种类主要有：

（一）命令（令）

适用于依照有关法律公布行政法规和规章；宣布施行重大强制性行政措施；嘉奖有关单位及人员。

（二）决定

适用于对重要事项或者重大行动做出安排，奖惩有关单位及人员，变更或者撤销下级机关不适当的决定事项。

（三）公告

适用于向国内外宣布重要事项或者法定事项。

（四）通告

适用于公布社会各有关方面应当遵守或者周知的事项。

（五）通知

适用于批转下级机关的公文，转发上级机关和不相隶属机关的公文，传达要求下级机关办理和需要有关单位周知或者执行的事项，任免人员。

（六）通报

适用于表彰先进，批评错误，传达重要精神或者情况。

（七）议案

适用于各级人民政府按照法律程序向同级人民代表大会或人民代表大会常务委员会提请审议事项。

（八）报告

适用于向上级机关汇报工作，反映情况，答复上级机关的询问。

（九）请示

适用于向上级机关请求指示、批准。

（十）批复

适用于答复下级机关的请示事项。

（十一）意见

适用于对重要问题提出见解和处理办法。

（十二）函

适用于不相隶属机关之间商洽工作，询问和答复问题，请求批准和答复审批事项。

（十三）会议纪要

适用于记载、传达会议情况和议定事项。

（国务院二〇〇〇年八月二十四日发布）

**3.《行政法规制定程序条例》中关于公文文种的有关条款**

第四条　行政法规的名称一般称“条例”，也可以称“规定”、“办法”等。国务院根据全国人民代表大会及其常务委员会的授权决定制定的行政法规，称“暂行条例”或者“暂行规定”。

国务院各部门和地方人民政府制定的规章不得称“条例”。

（国务院二〇〇一年十一月十六日发布）

**4.《规章制定程序条例》中关于公文文种的有关条款**

第六条　规章的名称一般称“规定”、“办法”，但不得称“条例”。

（国务院二〇〇一年十一月十六日发布）

**5.《国务院办公厅关于实施〈国家行政机关公文处理办法〉涉及的几个具体问题的处理意见》中关于公文文种的有关内容**

(1) 关于“意见”文种的使用。“意见”可以用于上行文、下行文和平行文。作为上行文，应按请示性公文的程序和要求办理。所提意见如涉及其他部门职权范围内的事项，主办部门应当主动与有关部门协商，取得一致意见后方可行文；如有分歧，主办部门的主要负责人应当出面协调，仍不能取得一致时，主办部门可以列明各方理据，提出建设性意见，并与有关部门会签后报请上级机关决定。

上级机关应当对下级机关报送的“意见”作出处理或给予答复。作为下行文，文中对贯彻执行有明确要求的，下级机关应遵照执行；无明确要求的，下级机关可参照执行。作为平行文，提出的意见供对方参考。

（2）关于“函”的效力。“函”作为主要文种之一，与其他主要文种同样具有由制发机关权限决定的法定效力。

（3）关于“命令”、“决定”和“通报”三个文种用于奖励时如何区分的问题。各级行政机关应当依据法律的规定和职权，根据奖励的性质、种类、级别、公示范围等具体情况，选择使用相应的文种。

（国务院办公厅二〇〇一年一月一日）

**6.《人大机关公文处理办法》中关于公文文种的有关条款**

第六条　人大机关的公文种类主要有：公告，决议，决定，法、条例、规则、实施办法，议案，建议、批评和意见，请示，批复，报告，通知，通报，函，意见，会议纪要等。

公告　适用于发布法律、地方性法规及其他重要事项。

决议　适用于经会议审议或讨论通过的重要事项。

决定　适用于对重要事项做出的决策和安排。

法、条例、规则、实施办法　适用于人大及其常委会审议通过的法律、地方性法规。

议案　适用于根据法律规定，依据法定程序，提案人向人大及其常委会提请审议的事项。

建议、批评和意见　适用于人大代表向人大及其常委会提出，由常委会的办事机构交由有关机关、组织研究处理并负责答复的事项。

请示　适用于请求指示、批准事项。

批复　适用于答复请示事项。

报告　适用于汇报工作、反映情况、提出建议等。

通知　适用于传达指示，转发公文，传达需要办理、执行或周知的事项，任免人员等。

通报　适用于表彰先进，批评错误，传达重要精神或者情况。

函　适用于不相隶属机关之间商洽工作、询问和答复问题；向有关主管部门提出请求事项等。

意见　适用于对议案或重要问题提出见解和处理办法等。

会议纪要　适用于记载、传达会议情况和议定事项。

（全国人大常委会办公厅二〇〇〇年十一月十五日印发）

**7.《中国人民解放军机关公文处理条例》中关于公文文种的有关条款**

第七条　军队机关公文种类分为：命令、通令、决定、指示、通知、通报、报告、请示、批复、函、通告、会议纪要。

第八条　军队机关公文按照下列规定使用：

（一）命令用于发布军事法规、军事规章，确定和调整体制编制，部署军事行动，调动部队，授予、变更和撤销部队番号，调配武器装备，任免干部，授予和晋升军衔，选取士官，授予荣誉称号等；

（二）通令用于依据《中国人民解放军纪律条令》宣布奖惩事项（不含授予荣誉称号）；

（三）决定用于对重要事项做出决策或者安排，变更或者撤销下级不适当的决定事项；

（四）指示用于向下级布置工作，明确工作原则和要求；

（五）通知用于传达需要下级执行和有关单位周知或者办理的事项，转发上级机关和不相隶属机关的公文，批转下级机关的公文；

（六）通报用于表彰先进，批评错误，传达重要精神或者重要情况；

（七）报告用于向上级机关汇报工作，反映情况和意见建议，回复询问；

（八）请示用于请求上级机关指示、批准事项；

（九）批复用于答复下级机关请示事项；

（十）函用于无隶属关系的机关之间商洽工作，询问、答复问题，通报情况；

（十一）通告用于向社会公布应当遵守或者周知的事项；

（十二）会议纪要用于记载会议主要情况和议定事项。

（中央军委二〇〇五年十月八日发布）

# 第3章 公文体式与稿本

本章介绍了公文体式（包括文体、结构、格式）方面的特点，以及我国党政军机关的相关规范性要求，介绍了公文生成过程中不同稿本（包括文稿、文本）的特征，对不同文稿文本的效用特点进行了分析。

**本章学习要点**

- 公文的文体特点
- 公文结构
- 公文格式规范
- 公文不同文稿、文本的特点和效用

## 3.1 公文文体

### 3.1.1 文体及其决定性因素

文体即文章的体裁。文章的体裁是由文章的主要表达方式所决定的，如以议论方式为主，就是议论文；以叙述、描写为主，就是记叙文；以说明方式为主，就是说明文。了解文章的文体归属，对于写好文章是非常重要和必要的。因为，写任何文章的过程都是运用语言工具表达信息的过程，而文体恰恰是表达要素中最宏观的部分，如果不了解要写的文章是怎样一种文体，写出的文章“文不逮意”就在所难免。有些人文化素养不低，写散文、诗歌很有文采，但开始写公文时却常出问题，不是冗长空泛，就是令人不知所云，甚至还要闹出笑话。这其中的主要原因之一，就是他们没有或较少接触过公文，对公文是一种什么样的文体缺乏了解，不清楚该如何表达才有效。他们所运用的表达方式往往与文章的实际需要不相符合：大段的场景描写，诗句式的抒情，追求引人入胜的气氛渲染，朦胧模糊的文学语言，对人物内心世界的素描道白，拟人、夸张、反语等辞格都在不该出现的地方出现了。

文章的体裁是由文章中的主要表达方式决定的，而文章的表达方式又是由文章的使用目的决定的。归根结底，文体归属取决于文章的使用目的及其所呈现出来的一系列特点。

人们使用公文的目的就是用书面语言表达用以反映意图和客观情况的公务信息，将其快捷有效地传递出去，并为受文者直接获取和理解，以在法律规定的时空范围内对受文者的认识和行为产生强制性影响。这一使用目的就使公文的表达必须具有：

（1）直接性——直接表意，使对方直接获取信息，不作文情渲染，以保证所获取的认识明确并节省时间。

（2）对现实的针对性——只表达对处理现实具体事务有价值的事与理。

（3）全面真实性——对现实的反映必须做到从本质、总体到现象、细节的全面真实，以便信息具备客观的真实性，保证受文者认识的正确与行为符合客观规律。

（4）事与理有机结合——为使信息有效，不仅需通过表达使对方明“事”，而且要达“理”，以自觉约束自己的行为，统一步调，主动工作。

（5）符号系统通用——为使信息能为受文者准确、快捷地获取，表达信息的书面语言符号必须有通用性，以保证双方能共同准确理解意图和认识事物。

### 3.1.2　公文的文体特点

由使用目的所决定的表达要求决定了公文属于一种以白话文为原则的，叙述、说明、议论三种表达方式兼用的特殊应用文体。

1. 公文具有应用文的基本属性，是一种应用文体

应用文就是指对人们的政治活动、生产活动和科学研究活动以及日常生活、学习具有直接应用性的文章。它与记叙文、说明文、议论文一起并列构成四大文体。应用文区别于其他文体的特殊属性主要有：直接应用性、全面真实性、结构格式的规范性。

应用文之所以被命名为应用文，就在于它自身具有直接应用性。任何文章都具有应用性，但唯有应用文的应用性是直接的。所谓“直接”，一是说它直接针对某一具体现实的事务形成，对解决这一事务具有明显的直接应用价值；二是指由于作者直接表意，使受文者不必经过一个文情感染过程就能明白晓畅地直接获得一定的认识。在这一点上，应用文与其他文体，特别是各种艺术文体形成鲜明对照。艺术文体都不是以直接解决某一具体现实事务为目的而形成并产生价值的，在表意上最忌直接，而讲究从主题到意图含而不露，力求创造一个曲折而自然的文情感染过程，使读者通过对优美的语言、起伏的文势以及曲折的情节的揣摩品味和广阔联想，自觉或不自觉地获得精神上的陶冶、艺术上的享受或者某种教育。

对公文来说，从形成到使用、从表达到阅读都需要而且必须有应用文的这种直接性，唯有如此，才能保证其在处理现实具体事务方面有实际效用，保证受文者能以最短的时间清楚明白、精确地获得认识，并按其要求去行动。

任何文章都应当是对客观现实的反映，一切文章都应当具备真实性。但是，应用文的真实性同其他艺术文体的真实性有很大的不同。它的真实是指从本质到现象、从总体到细节的全面真实，而不像艺术文体那样，只求本质、总体上真实，并为此可以虚构具体情节、人物，作艺术性的夸张。

应用文之所以具有全面真实的性质，也是由其被直接用于解决现实问题、处理具体事务的使用目的决定的。它要在有助于解决这样的具体事务方面体现直接价值，成为人们具体行为的依据。因此，如果只有本质上、总体上的真实，即把只要能够发生、可能发生的事都作为客观事实，甚至虚构或夸张细节，那么这种文章不仅无助于实事求是地解决具体事务，相反还会使人们的认识和行为背离客观规律性，在社会生活中四处碰壁。为此，有碍于全面真实的一些表达形式、修辞手法均在应用文中受到排斥。在公务活动中，人们处理任何事务都必须以事实为根据，为此，公文在反映具体事务时也必须全面真实，不容许有一丝一毫的虚构夸张。否则，将不具备客观真实性的信息传递出去，其后果或者使人产生错误认识，令决策失去科学性；或者将受文者的工作活动引入背离客观规律性的歧途，给工作造成损害。

直接处理现实具体事务的使用目的，以及可直接表意的特点，使应用文的结构、格式可以而且需要相对固定划一，具有规范性。应用文是以其直接有用性来吸引读者的，人们阅读应用文也主要不是为了欣赏，而是为了了解情况、处理具体事务。因此，为了使写作者撰写文章时，经济明快地使用语言，保证内容完整有效，同时也为了使阅读者读起来醒目快捷，理解准确全面，人们在应用文中不回避使用各种简明而质拙的程式化表达手法，特别表现为：起初是约定俗成，后来则有意识地靠一定强制力，对各种具体文章的结构、格式加以不同程度的规范，使结构相对固定、格式整齐划一，排斥以吸引读者兴趣为目的的“标新立异”。

公文的使用目的、表意手法是直接的，而且对规定的受文者而言，阅读文件的行为本身就具有强制性，因此，使公文结构格式规范化既更有积极意义，又具备更有利的条件。

可见，应用文的直接应用性、全面真实性、结构格式规范性三方面的基本属性均为公文所有，因此，公文是应用文的一种。

2. 公文又是一种独具一定特色的特殊应用文

公文是一种应用文，但却不是一般的应用文，它有一系列有别于一般应用文的特殊性。这种特殊性主要表现为：被强制规定采用白话文形式；兼用议论、说明、叙述三种表达方式。

（1）公文被强制规定采用白话文形式。

我国历史上，在新中国建立之前的很长时间范围内，公文都采用文言或半文言作为表达信息的符号系统。新中国建立后，一改这种传统。作为中央人民政府的政务院在20世纪50年代就以行政法规的形式明确规定：“公文以语体文为原则”①。

语体文即白话文，是现代汉语的书面形式。以行政法规的形式强制规定以白话文作为公文的符号系统，既使现代公文有别于古代和近代公文，同时也构成公文区别于其他应用文的特点之一。

以白话文作为公文的符号系统，是一个历史的进步，因为白话文接近口语，通俗而易懂，使用规则为社会上的绝大多数人所掌握，所以是一种通用性比文言强许多的符号系统。使用这个符号系统表达信息，有利于使文件扩大沟通范围，便于更多的人了解其内容，参政议政，共同管理社会事务。同时，与文言相比，白话文语法更加完备周密，语义更加确定，能保证受文者的理解与作者意图具有一致性。白话文还有新式标点的配合，更使表意简洁清晰。而这一切都构成使公

① 见《公文处理暂行办法》，1951年9月29日颁发。

文更有力地发挥其效用的基础。

（2）公文兼用议论、说明、叙述三种表达方式。

现代管理的一个特点是，既以事实为根据依法理事，又注意启发对方的觉悟，使之明理，用信息的权威性与真理性两个方面的威力使对方自觉服从、自觉行动。这就要求公文在表达上必须事、理结合。既有对人物、事件和环境所作的概括性交代，又有对客观事物性质、状态、特征等所进行的介绍和解说，同时还需要对客观事物进行科学的分析与评论，直接表明观点和立场。这三个方面正是叙述、说明、议论三种表达方式的功能。就公文的整体而言，这三个方面都是不能缺少的；对于每一具体文种而言，也大都是三者兼有并各有侧重。

在公文中，叙述常用于交代客观情况或引出事实根据；说明在使对方明确作者意图、认清客观事物的本质与状态方面作用显著；议论则在说明意义、阐发道理方面必不可少。因此，在主要需要以事实说服人而产生效用的文件中，如通报、报告、请示等，就以叙述作为主要表达方式；而在主要为表达作者意志、愿望的命令、决定、条例、规定、办法等文件中，说明就成为其表达方式的主体；在更多需要靠道理启发、说服对方的指示、通知等文件中，议论的使用带有普遍性，有时还成为文件内容的主要表达方式。

### 3.1.3 公文常用表达方式应用要点

表达方式是文章中反映客观事物的方法和手段，公文中常用的基本表达方式包括：议论、叙述、说明等。

1. 议论

议论就是写作者对客观事物进行分析和评论，以直接表明观点和态度。这是一种使用频率很高的基本表达方式。

议论由三个方面的要素构成：论点、论据和论证过程。论点即写作者提出的看法和主张必须正确、鲜明，也就是看法、主张必须符合实际，经得起时间检验和实践检验，同时，这些看法、主张还必须毫不含混，赞成什么，反对什么，清楚明确、坚定不移；论据即说明论点的材料（事实、道理）必须确凿、有力地证明论点；论证即用论据阐明论点的过程，论证要做到周至、严密、无懈可击，为此，一定要处理好论点与论据的关系，要以论点统率材料，以材料说明论点，切不可相互脱节、相互分离。

论证分为立论与驳论两大类，立论是以充分的论据从正面证明自己论点的正确性；驳论则是以有力的论据反驳论敌的论点，从而以破为立，证明自己论点的正确性。论证的方法有很多，比较常用的有：

（1）例证法。即在论证中举出具体实例加以说明的方法。这种方法运用广泛，效果较为理想。要注意的是，这种方法不能理解为观点加例子，应注重揭示论点与论据的内在联系，要真正做到有分析、有说理。

（2）喻证法。即运用比喻引出道理，说明论点的方法。恰当运用此法可收到深入浅出、形象生动的效果。要注意的是，运用这种方法时，比喻务必贴切、自然，绝不可有丝毫牵强。

（3）类比法。即根据两种事物在某些特征上的相似性，作出它们在其他特征上也可能相似的结论的论证方法。运用此法重在尽量抓住相似点，相似点越多，推出的道理就越有说服力。

（4）对比法。即把两种事物加以对照、比较，从而推导出其差异点的论证方法。运用此法能使互相对立或有明显区别的事物表现得极其分明，在对比中，正确观点更显示出其正确性。相同性质、不同性质的事物都可进行比较对照。

（5）反驳法。即通过否定对方的观点和看法，来阐明自己理由的驳论方法。它的优点是明快、有力，常能击中对方要害，使自己立于不败之地。驳斥的对象可以是对方的论点，也可以是对方的论据。

（6）归谬法。即首先假设对方论点是正确的，然后从这一论点加以引申、推论，从而得出极荒谬的结论，以驳倒对方论点的一种论证方法。此法辛辣、有力。运用此法常要与泼辣、犀利的语言相配合，使其富于幽默感，具有独特的风格。

2. 叙述

叙述，就是对人物、事件和环境所作的概括性的交代与表述。叙述分为顺叙、倒叙、插叙等数种。

（1）顺叙。按照事件发生发展的先后顺序进行交代和表述，是最基本、最常见的叙述方法。其优点在于符合人们一般的认识过程，能很容易地讲清事情的来龙去脉。机关实用文体大都采用这种方法叙事、交代人物、述说原委或列举事实。

（2）倒叙。一种把后发生的事放在前面、先发生的事放在后面述说的方法。先叙述的大都是结局、关键性情况或较动人的情节，后叙述的则是开头和经过。

（3）插叙。在顺叙过程中，根据需要让原来的叙述中断，插入另一些内容（追忆过去或补充说明有关内容）。

使用叙述这种表达方式时，一要注意要素齐全，时间、地点、人物、事件、原因、经过、结果都要说明白；二要注意保持线索的清晰；三要注意繁简得当，有的要概述，有的则要具体详尽，关键看内容与主题的关系。直接相关的要具体详尽，否则就应简要概述甚至一笔带过。当然，既为叙述，就必须是“概括性的交代和表述”，总体上都只作一般性的简明扼要的表达，以同形象生动地具体刻画和描绘事物、环境的描写相区别。

3. 说明

说明就是写作者对客观事物的性质、状态、特征、成因、构造、功能、用途所进行的介绍解说和阐释。其特点重在解释客观事物的属性，一般不表示作者的主张和思想感情倾向，具有客观解说的性质，同时，又必须是对客观规律的准确无误的科学阐述。

说明是机关实用文体写作过程中常用的基本表达方式，具体形式有多种：

（1）概说。即对客观事物所进行的总体性、概括性的介绍解说。其特点是只针对一般的、总体的情况，文字简约，概括性很强，表述时大都需遵循稳定的次序。

（2）界说。即给事物所下的定义，也就是针对事物最本质的属性和特征作出判断性的说明。界说要注意抓住一事物区别于其他事物的本质属性，掌握正确界定事物的逻辑原则与方法。

（3）解说。即对事物详尽的解释性说明，大都用于对概说与界说的具体化和补充、注解、阐释。解说时常需要对较复杂事物进行分类说明。解说时，可以使用举例、打比方、作比较、列数字、列表、制图等多种具体手段。

## 3.2 公文结构

公文结构指公文的组织构造。公文结构具有规范性和相对确定性：国家有关机关对公文的基本构成作出了规范性要求；基本组成部分为一切公文所必备，其他组成部分可视具体情况决定取舍。

### 3.2.1 公文的基本组成部分

公文的基本组成部分有：标题、正文、作者、成文日期、印章或签署、主题词。

1. 标题

一件公文用以与其他公文相区别的名称。其主要作用是：概括揭示为受文者所关注的几方面内容，使其能一目了然地准确了解公文性质、公文涉及的主要问题、公文权威性的大小及对自身行为的主要影响；为查找利用与管理公文提供一个检索标识，便于对公文的阅读、处理与编目管理等。

2. 正文

公文的主体部分。用于系统表达使受文者对特定事物获得明确认识所需要的信息。

3. 作者

制发公文并对其负全责的机关。其作用是表明公文的责任者和法定权威性，间接表明公文的空间效力范围（即对哪一特定地区或单位有法定效用）。

4. 成文日期

公文形成的具体时间，通常以领导者签发的时间为准，联合行文以最后签发机关领导人的签发日期为准，特殊情况下以会议通过的时间、印发时间、批准时间作为公文形成的时间。除在正文中明确规定公文生效执行日期的公文外，公文的形成日期即公文时间效力范围的起点，因此，日期也具有表明公文有效性的作用。

5. 印章或签署

印章实际上是指作为机关权力象征的印信在公文上留下的印记；签署则是指签发公文的领导人亲笔在正式发出的公文上所签注的姓名。印章或签署均为证实公文作者合法性、真实性及公文效力的标志。多数情况下，在公文上如没有印章或签署将被视为无效。

6. 主题词

用以揭示公文基本内容并经过规范化处理的名词术语。其作用是与标题等相配合，以进一步简要而准确地揭示公文内容，为主题检索法的运用提供检索标识，为以计算机等现代信息手段处理与管理公文和档案奠定基础。

### 3.2.2 公文的其他组成部分

公文的其他组成部分有：文头、发文字号、签发人、秘密等级、紧急程度、主送机关、附件及其标记、抄送机关、注释、印发说明等。

1. 文头

又称发文机关标识，用于强调公文责任归属和权威性的标记。一般由作者全称或规范简称后加“文件”二字构成。其作用是：强调公文责任归属者，唤起受文者对公文权威性的警觉，表明此件是郑重的正式公文，向受文者提示内容的重要性；表明文件性质或发送范围，通常以不同字体、字号、颜色、全称或简称等形式表示这些方面的区别。

2. 发文字号

由作者对其所制发的公文依次编排的顺序代码。其作用在于为检索和引用文件提供专指性较强的代号，为统计和管理公文提供依据。

3. 签发人

代表机关核准并签发文稿的领导人的姓名。在报告、请示等上行文中必须有此项目。其作用是表明公文的具体责任者，督导各级领导者认真严肃地履行职责，强化公文质量，并为直接联系工作，迅速有效地询问和答复有关问题提供便利。

4. 秘密等级

公文涉密程度标志。其作用是表明公文涉及秘密的程度与保密要求，唤起受文者警觉，提示其注意分别采取不同措施，确保秘密公文的安全。

5. 紧急程度

表明公文送达和办理时间要求的标志。其作用是维护公文时效，避免延误。

6. 主送机关

对所收受公文负实际办理、答复责任的机关的全称、规范简称或统称。其作用是概括表明公文效力所及的空间范围和人员范围。

7. 附件及其标记

附件指附属于公文正件的其他材料。其自身本来是一个相对独立的实体，一旦被一件正式公文规定为附件后，即为该公文的一个组成部分，如无专门说明，其效用与正件相同。为证实附件与正件的关系，需在公文正件上作出附件标记，即注明附件标题、件数、份数等。附件的作用是：使正件中的有关内容具体化、完善化；为受文者正确理解和执行公文提供依据或参考。

8. 抄送机关

对所收受公文一般无须承担直接办理、答复责任，而只需了解公文内容的机关的全称、规范简称或统称。其作用是与有关方面沟通情况，以便于取得了解、理解、支持和配合。

9. 注释

对正文中有关名词术语及有关事项的注解、说明。其作用是使正文更加简明。

10. 印发说明

对公文印制发出情况的介绍。其作用是为受文者与承印承发单位的联系提供便利，同时强化有关部门或工作人员的责任感。

# 3.3　公文格式

## 3.3.1　我国通用公文格式

公文格式是指组成公文的各部分文字符号在载体（纸张等）上排列的规定。公文格式具有较强的规范性：国家有关机关以法规、规章、标准等形式对其加以规范。规范的公文格式有利于维护公文的严肃性，方便对其进行阅读与传递、处理；有利于应用各种现代化信息技术处理与管理公文。

公文格式主要是对载体的规格尺寸、载体区域划分、公文各组成部分的排列次序与编排式样、文字符号的形体及尺寸等予以规范。

目前我国通用公文的格式一般为：

行政机关公文纸采用国际标准A4型（长297mm、宽210mm）；党的机关公文纸一般采用国内通用的16开型（长260mm、宽184mm），也可采用国际标准A4型。供张贴的公文的用纸幅面尺寸，可根据实际需要确定。

公文纸分为可用以书写、印刷文字、图形等符号的图文区与不允许出现任何符号的白边区两个区域。上白边（天头）和左白边（订口）应分别宽于下白边（地脚）和右白边（翻口）。

所有文字符号从上至下、自左而右依次横写横排（少数民族可按其习惯书写、排版）。正文的行长应与图文区宽度相等（即通栏排）。

左侧装订。

公文各组成部分的排序与编排式样请参见本章附录的“阅读材料”。

在公文撰写和印制过程中，各个组成部分的标注编排均需遵循一定的规范性要求，以保证公文结构完整正确、公文格式规范有效。

## 3.3.2　我国通用公文各组成部分的标注与编排

1. 秘密等级的标注与编排

撰写文稿时，应根据公文实际的涉密程度，用汉字“绝密”、“机密”、“秘密”分别予以标注，必要时还应后加“★”，注明保密期限（如机密★5年）。涉及国家秘密的公文如有具体保密期限应当明确标注，否则按照《国家秘密保密期限的规定》（国家保密局1990年第2号令）第九条执行，即“凡未标明或者未通知保密期限的国家秘密事项，其保密期限按照绝密级事项三十年、机密级事项二十年、秘密级事项十年认定”。

在正式发出的印制本上，秘密等级位于公文首页图文区右上角，一般用3号或4号黑体字印刷。

2. 紧急程度的标注与编排

撰写文稿时，根据实际情况分别在内容重要并紧急，需要迅速传递处理的公文上用汉字标注“急”；在内容重要并特殊紧急，需打破工作常规，随到随优先迅速传递处理的文件上用汉字标注“特急”。

在正式发出的印制本上，紧急程度位于秘密等级以下，字体字号与秘密等级的相同。

3. 文头的编排

撰写文稿时，应根据公文的性质、规格、发送范围确定需使用的文头类型。

在正式发出的印制本上，文头位于公文首页上端，以大号黑体字、黑变体字或标准体、宋体字套色（一般为红色，但也可根据需要用其他颜色）印制，居中排一行。联合行文的公文，一个作者占一行。

4. 发文字号的标注与编排

撰写文稿时，应在有关人员注发之后，依照发文字号登记册上的式样，依次标注作者代字、置于方括号中的年份号、顺序号。如中共中央2010年第一件发文即标作“中发〔2010〕1号”。一件公文只有一个发文字号。行政机关之间联合行文，标注主办机关的发文字号；与其他机关联合行文，原则上应使用排列在前机关的发文字号，也可以协商确定，但只能标注一个机关的发文字号。

在正式发出的印制本上，发文字号位于公文首页文头以下，居中；如有签发人时，应居左，两者排一行。发文字号下应居中印一条反线。

5. 签发人的编排

在正式发出的印制本上，签发人位于发文字号的同一行，居右侧。排印出“签发人：”字样后，排出签发人的姓名，字体字号与发文字号同。

6. 标题的标注与编排

撰写文稿时，应根据有关要求正确标注标题：

（1）结构要完整。公文标题通常由作者、事由、文种三部分构成，是一个以文种为中心词，以作者、事由为限定修饰成分的偏正词组。作者与事由间常用“关于”、“对”等介词连接组成一个介词结构，如：

《中共中央关于统一战线工作的指示》

《国务院关于在我国统一实行法定计量单位的命令》

撰写标题时，上述三个部分不得随意省略，否则会降低其专指性，使其不能有效区别于其他公文，给使用带来不便。只有一些规范性公文、公布性公文和内容为一般事务性质的公文可适当省略其中的一个或两个部分，如：

《中华人民共和国全国人民代表大会公告》（只有作者、文种）

《中华人民共和国科学技术进步奖励条例》（只有事由、文种）

《关于县级直接选举工作的总结报告》（只有事由、文种）

《通知》（内容为某节日放假时间安排）（只有文种）

（2）语意要确切。对标题的各部分的表达都应准确贴切：作者应用全称或规范简称；文种务必用统一规范的称谓；事由应贴切地概括出内容范围或直接揭示公文主题，不得出现歧义，所使用的词语应能精确表达确定的概念。

（3）文字应简练、醒目。标题的字数不能过多，一般不超过 50 字。标题中尽量不用标点符号，结尾不用标点符号。标题中出现另外公文的标题时，除法规、规章之外，不用书名号。

在正式发出的印制本上，标题位于公文首页签发人以下，居中排一行或数行，具体式样主要有齐肩形、正梯形、倒梯形、除号形等。分行时不得将属同一词的文字拆开分置两行。标题字体一般为宋体，字号要大于正文的字号。公文若是经会议讨论通过或批准的，应在标题下加题注，即在圆括号中居中排出“某年某月某日经某会议通过（或批准）”字样，字号应小于标题。

7. 主送机关的标注与编排

在撰写文稿时，应将收受并对本文负实际办理、答复责任的机关的全称、规范化简称或统称标出，标注时需注意：

（1）除了普发性公文外，一份公文（特别是上行文）只能以一个机关为主送机关，不能“多头主送”。

（2）除非领导者本人曾有要求，否则不能直接主送领导者，更不能同时直接主送几位领导者。

（3）应准确界定主送机关与抄送机关的区别，避免仅依据机关的级别而不是办理方面的责任确定受文机关中的主送与抄送机关。

（4）应正确标注受文机关的名称，注意其规范性、准确性，禁止使用不规范的简称或笼统含混的统称，以免造成公文无人承担实际办理责任的后果，从而削弱公文的效用。

在正式发出的印制本上，主送机关位于标题以下，从左至右顶格排列机关的名称，回行继续顶格，结尾用冒号。如主送机关不是一个，应按其性质、级别的轻重高低以及有关规定或惯例依次排列，机关名称之间用顿号、逗号或分号分隔。

8. 正文的编排

在正式发出的印制本上，正文位于主送机关以下，按自然段依次排列，每段起首空两格，回行顶格，常用3号仿宋体印刷。

9. 附件标记的标注与编排

在撰拟文稿时，应准确标注附件标记，注明其标题、件数、份数。

在正式发出的印制本上，附件标记必须位于正文以下、日期之上，正文之下空一行并空两格排出附件件号（只一件时不排）、标题、份数。每件一般占一行，字体、字号与正文同。

10. 作者、印章或签署的编排

作者位于正式发出文本的正文或附件标记下方，一般一个作者占一行。行政机关联合行文的，主办机关排列在前。行政机关与同级或相应的党的机关、军队机关、人民团体联合行文的，按照党、政、军、群的顺序排列。

签署位于正式发出的正本的右下方，一位领导者占一行，先排出机关名称、签署者职务，后空两格请领导者签注姓名。

印章位于正式发出的印制本正文的右下方，应上不压正文、下压日期。行政机关联合向上行文的，为简化手续和提高效率，由主办单位加盖印章即可。

11. 成文日期的标注与编排

在撰拟文稿时，应如实在相应栏目内标注完稿时间、审核时间、签发时间、会议通过或批准时间等，并注意标明完整确切的年、月、日。

在正式发出的印制本上，日期位于正文右下方，稍偏右排一行。一般排印文件的签发时间；签发后经较长时间方能印发的公文排印印发时间；须依法依制履行特殊批准生效程序的公文以题注形式排印会议讨论通过或批准的时间，并不在文末重复排印。日期的字体字号一般与正文字体字号相同。

12. 注释的编排

除个别简短的注释以正文夹注形式（在正文待解释说明的对象后用圆括号标出释文）编排外，注释大都编排在正式发出的印制本的末页日期的下方。每项说明为一个自然段，如有两项或两项以上说明，项前标明序号，并注意使正文中的序号和释文前的序号保持一致。

13. 主题词的标注与编排

撰写文稿时应在文中标明主题词，具体要求和做法是：

（1）全面审读公文，确认公文的主题内容，即确认公文涉及哪些事物和具体对象及问题。

（2）认真进行主题分析，找出公文涉及的主要对象，弄清其性质，弄清其归属哪方面问题，形成主题概念，对关键性语句准确、精练地进行主题概括。

(3) 在有关机关正式制发的《公文主题词表》中选取与公文主题概念相对应的最专指的主题词，其词形务必与词表中规定的词形相一致。

(4) 如在词表中没有与公文主题相对应、专指性强的主题词，要在词表中选取与公文主题直接相关、最邻近的主题词进行组配。组配后有多义性时，应放弃组配，直接采用反映公文主题上位概念的上位词。不能进行组配时，也采用最直接的上位词。

(5) 应有效把握对公文主题的标引深度，一份公文的主题词一般不超过5个。

(6) 主题词的排列次序应科学合理。一般应按主题词的含义，由小到大、从内容到形式排列。进行组配时应按以下次序：

1) 主体因素，即反映公文主题的关键性概念，如对象、材料、方法、过程、条件等，文中有几个并列的主体因素时，一般按语法关系和逻辑顺序排列。

2) 通用因素，即论述主题的一些通用概念，在主题中居次要地位，对主题起细分的作用。

3) 位置因素，即公文所涉及的事物、对象和问题所处的空间位置属性方面的概念，包括国家名、地区名、地名以及机构等方面的主题词。

4) 时间因素，即公文所涉及的事物、对象和问题存在的时间范围属性方面的概念，包括具体年份等方面的主题词。

5) 公文类型因素，即公文种类方面的概念，如命令、指示、报告等。

在正式对外发出的印制本上，主题词位于末页注释之下，通常排一行，起首顶格标“主题词：”字样，然后排印主题词，词间空一格。

14. 抄送机关的标注与编排

撰写文稿时，应根据需要标注出需要承担了解本文内容责任的机关（即抄送机关）的名称。标注时应注意：

(1) 应依据有关规定（见行文规则的有关部分）正确确认抄送的范围，既不漏发漏送，也不随意扩大范围滥抄滥送。

(2) 应认真分辨其与主送机关的不同点，按对方所承担的办理责任而不仅仅是行政级别的高低来确定受文者中的抄送机关。

(3) 应规范、准确地标注抄送对象的全称、规范简称或统称。

在正式发出的印制本上，抄送机关位于主题词以下，用两条与图文区宽度相等的平行反线作为界线，形成“抄送栏”。起首排印“抄送：”字样，而后，按机关的性质、级别和有关规定或惯例依次排印抄送机关的名称，其间用逗号分隔。

常用与正文字体、字号相同的文字印刷。

15. 印发说明的编排

在正式发出的印制本上，印发说明位于抄送栏以下、公文末页最下端，在图文区与下白边交界处画一条与抄送栏界线等长并平行的反线，形成“印发说明栏”，字行的首尾各空一格，常用与“抄送机关”字体、字号相同的文字印刷。

## 3.4 公文稿本

公文在其形成和使用过程中将有多种文稿与文本产生，这些文稿与文本在内容、外形和效用方面各不相同，正确地认识它们的特征不仅有助于我们正确形成公文、使用公文，充分发挥其现行效用，而且有利于我们正确认识和挖掘公文的历史价值，更大限度地实现其历史效用。

### 3.4.1 公文文稿

1. 草稿

草稿是在公文形成过程中草创的供进一步讨论、征求意见、修改审核、审批用的原始的非正式文稿，内容未正式确定，不具备公文的现行效用。草稿的外观特征是没有生效标志（签发、签署、用印等），文面上常见“讨论稿”、“征求意见稿”、“送审稿”、“修改稿”、“草稿”、“草案”、“初稿”、“二稿”、“三稿”等稿本标记，标记大都位于公文标题下方或右侧并常加括号。

重要公文的草稿因其可反映重要事务处理的详细过程和公文成文的完整过程而具备一定的历史效用，可作为立卷归档的对象。

2. 定稿

定稿是内容已确定、已履行法定生效程序的最后完成稿，具备正式公文的现行效用，是制作公文正本的标准依据。定稿一经确立，如不经法定责任者的认可，任何人不得再对其内容予以修改，否则无效。

定稿的外形特征是有生效标志，有的还标有“定稿”、“原本”、“最后完成稿”等稿本标记。

定稿不对外发出，而是供制作正本和留存备查用。

具备历史效用的公文的定稿，因其具有原始性和比正本、副本等更丰富的信息，而更具重要的凭证依据价值。

### 3.4.2　公文文本

1. 正本

正本是根据定稿制作的供主要受文者（如公文中的主送机关）使用的具有现行效用的正式文本，其现行效用与定稿等同，内容必须是对定稿的完整再现。

正本的外形特征是格式正规并有印章或签署等表明真实性、合法性、有效性的标志。在一些特殊公文上还标有“正本”字样的标记。

正本是供受文者使用的，因此受文者一方若需要留存该公文，即应留存正本。在法律意义上，正本比副本等更具证据价值，在历史研究中也更具权威性。

2. 试行本

试行本是规范性公文正本的一种特殊形式，在规定的试行期和试行空间范围、机构人员范围内具有正式公文的现行效用。试行本主要适用于作者认为公文内容经一段时间和一定范围内的实践检验后可能将被修订的情况下。

试行本的外形特征主要是在公文标题上加注稿本标记，一般是在文种后用括号注明“试行”字样。

3. 暂行本

暂行本也是规范性公文正本的一种特殊形式，在暂行期间具有正式公文的现行效用。暂行本常用于作者认为因时间紧迫，公文中有关内容有可能存在不够周详等方面缺欠，不长的一段时间后可能将被修订或确认的情况下。

暂行本的外形特征是在公文标题的文种前加注“暂行”字样，如《行政法规制定程序暂行条例》。

4. 修订本

修订本是规范性公文正本的另一种特殊形式，是已发布生效的公文，经实践检验重新予以修正补充后再发布施行的文本，自修订本生效之日起，原文本即行废止。

修订本的外形特征除与一般正本相同外，还需作出稿本标记，可在标题尾部标作“(修订本)”，也可在标题下做题注，即在圆括号内注有“某年某月某日修订”。

5. 副本

副本是指再现公文正本内容及全部或部分外形特征的公文复制本或正本的复份。副本供存查、知照用。

作为正本复份（与正本同时印刷）的副本与正本在外形上没有大的区别。这种副本只在送达对象和使用目的上不同于正本。正本送达主要受文者，供其直接办理；副本送达次要受文者，供其了解内容，或者由本机关留存备查、立卷归档。在效用方面，只要文中同样有各种法定的生效标记（用印、签署等），即具备现行效用。

### 3.4.3　不同文字稿本的效力

同一公文在形成过程中需要用两种或两种以上语文撰写和制作时，会形成不同文字的文稿或文本。在我国，以汉文和其他兄弟民族文字撰制的同一公文的不同文字的文稿、文本的效力完全等同。在涉外场合，公文中应对用何种不同国家和民族文字撰制，以及它们是否具有同等效力作出明确的规定，并应指明在理解上产生纠纷时以何种文字的文本为准。汉文在国际上是一种正式语文，用其制作的公文在国际上具有法律效力。

## 本章小结

在多数情况下，公文是一种文章，一种特殊的文章，在文体、结构、格式、稿本等方面形成了自己的特点，这些特点对公文写作有着很强的规定性，熟悉这些特色及其对写作所提出的要求是非常重要和必要的。

## 关键术语

公文体式　稿本　公文文体　文章的体裁　议论文　记叙文　说明文　辞格　表达方式　应用文体　直接应用性　全面真实　结构格式的规范性　语体文　白话文　议论　论点　论据　论证　立论　驳论　例证法　喻证法　类比法　对比法　反驳法　归谬法　叙述　顺叙　倒叙　插叙　说明　概说　界说　解说　公文结构　公文的基本组成部分　标题　正文　作者　成文日期　印章　签署　主题词　公文的其他组成部分　文头　发文字号　签发人　附件标记　印发说明　公文格式　国际标准 A4 型　国内通用的 16 开型　上白边　左白边　下白边　右白边　通栏　涉密程度　保密期限　主题分析　公文主题词表　标引深度　主体因素　通用因素　位置因素　时间因素　公文类型因素　滥抄滥送　抄送栏　公文文稿

草稿　　讨论稿　　征求意见稿　　送审稿　　修改稿　　草案　　初稿
稿本标记　　定稿　　原本　　最后完成稿　　正本　　试行本　　暂行本
修订本　　副本　　不同文字稿本的效力

## 思考题

1. 决定文体的主要因素是什么?
2. 公文的文体特点是什么，怎样在写作过程中有效把握这些特点?
3. 公文由哪两大部分构成，它们各有什么特点?
4. 公文各个组成部分的作用分别是什么?
5. 什么是公文格式，公文格式的主要特点是什么?
6. 公文形成和处理过程中会形成哪些主要文稿与文本，它们各有什么特点，在效用方面有什么区别?

## 练习题

1. 根据所提供的素材，拟写公文标题

(1) 全国人民代表大会常务委员会行文向国内外告知依法补选全国人民代表大会代表情况。

(2) 中华人民共和国中央军委主席发布文件，通令嘉奖参加国庆受阅的陆、海、空三军，武装警察部队和民兵、预备役部队全体指战员。

(3) 为了有效利用外资，引进先进技术，加快我国社会主义现代化建设，中共中央、国务院发布重要文件，明确提出进一步加强利用外资工作的政策安排。

(4) 国务院办公厅向各省、自治区、直辖市人民政府，国务院各部委、各直属机构行文，告知 2010 年元旦、春节、清明节、劳动节、端午节、中秋节和国庆节放假调休日期的具体安排。

(5) 2010 年 4 月，国务院根据全国部分城市房价、地价又出现过快上涨势头，投机性购房再度活跃的严重情况，作出坚决遏制部分城市房价过快上涨，切实解决城镇居民住房问题的政策安排，并将这一安排行文告知各省、自治区、直辖市人民政府，国务院各部委、各直属机构。

(6) 为深入贯彻科学发展观，完善司法行政工作机制，提高服务科学发展水平，司法部对现行部颁规章进行了全面清理，决定依法对《司法部企业设备管理暂行规定》等12件部颁规章予以废止。

(7) 按照《××市关于贯彻落实〈中华人民共和国政府信息公开条例〉实施意见》的要求，市财政局就2009年度信息公开工作情况向市政府作出书面汇报。

(8) ××市旅游局就进一步加强旅游行业管理若干问题提出系统的解决办法，行文向市政府请求批准。

(9) 国家税务总局向各省、自治区、直辖市和计划单列市国家税务局、地方税务局以及局内各单位行文，提出税务机关进一步推行办税公开工作的安排和要求。

(10) 国务院批示转发《中国证券监督管理委员会关于提高上市公司质量若干问题的报告》。

(11) 民政部向全国省部级社会组织业务主管单位发出文件，请求推荐全国先进社会组织，并将相关推荐材料送民政部民间组织管理局办公室。

(12) 教育部行文回复《上海市人民政府关于上海交通大学与上海第二医科大学合并事宜的函》。

(13) 卫生部以办公厅名义下发一份文件，将组织力量编写的《青海玉树地震灾区高原病综合防治指导方案》印发给有关方面。

(14) 建设部组织召开了全国城市规划工作会议，有关方面整理了会议记录、会议报告等相关文件材料，形成一份文件，全面反映了会议情况和议定事项。

(15) 国家安全生产监督管理总局、公安部向各省、自治区、直辖市及新疆生产建设兵团安全生产监督管理局，以及各公安厅（局）、有关中央企业行文，告知2010年7月16日18时许，辽宁省大连市大连保税区内的大连中石油国际储运有限公司原油罐区输油管道发生爆炸，造成原油大量泄漏并引起火灾的情况。文件介绍了事故单位基本情况及事故简要经过，分析了原因，提出深刻吸取事故教训，切实加强危险化学品各环节安全生产工作的要求。

2. 修改下列公文标题

(1) ×市×局关于批复某问题的函

(2) ×区教育局关于召开全区中小学校长工作会议的《通知》

(3) ×局关于走私贩私的指示

（4）×市人民政府转发国家×委2009年2号文件的通知
（5）×市×局关于全市上半年技术改造情况的反映
（6）同意你校关于建立行政学院的请示
（7）×省教育厅关于建全建立监考制度的指示
（8）×局关于信息资产核定工作结束总结报告
（9）××人文大学校长一号命令
（10）×市人民政府通报处理违纪公务员事

## 阅读材料

### 国家行政机关公文格式

前　言

本标准根据国务院发布的《国家行政机关公文处理办法》的有关规定对GB/T 9704—1988进行修订。本标准相对GB/T 9704—1988作如下修订：

…………

1　范围

本标准规定了国家行政机关公文通用的纸张要求、印制要求、公文中各要素排列顺序和标识规则。

本标准适用于国家各级行政机关制发的公文。其他机关公文可参照执行。

使用少数民族文字印制的公文，其格式可参照本标准按有关规定执行。

2　引用标准

下列标准所包含的条文，通过在本标准中引用而构成为本标准的条文。本标准出版时，所示版本均为有效。所有标准都会被修订，使用本标准的各方应探讨使用下列标准最新版本的可能性。

GB 148—1977　印刷、书写和绘图纸幅面尺寸

3　定义

本标准采用下列定义。

3.1　字　word

标识公文中横向距离的长度单位。一个字指一个汉字所占空间。

3.2　行　line

标识公文中纵向距离的长度单位。本标准以3号字高度加3号字高度7/8倍的距离为一基准行……

4　公文用纸主要技术指标

…………

5　公文用纸幅面及版面尺寸

5.1　公文用纸幅面尺寸

公文用纸采用GB/T 148中规定的A4型纸，其成品幅面尺寸为：210mm×297mm，尺寸的允许偏差见GB/T 148。

5.2　公文页边与版心尺寸

公文用纸天头（上白边）为：37mm±1mm

公文用纸订口（左白边）为：28mm±1mm

版心尺寸为：156mm×225mm（不含页码）

6　公文中图文的颜色

未作特殊说明公文中图文的颜色均为黑色。

7　排版规格与印制装订要求

7.1　排版规格

正文用3号仿宋体字……一般每面排22行，每行排28个字。

7.2　制版要求

版面干净无底灰，字迹清楚无断划，尺寸标准，版心不斜，误差不超过1mm。

7.3　印刷要求

双面印刷；页码套正，两面误差不得超过2mm。黑色油墨应达到色谱所标BL100%，红色油墨应达到色谱所标Y80%，M80%。印品着墨实、均匀；字面不花、不白、无断划。

7.4　装订要求

公文应左侧装订，不掉页。包本公文的封面与书芯不脱落，后背平整、不空。两页页码之间误差不超过4mm。骑马订或平订的订位为两钉钉锯外订眼距书芯上下各1/4处，允许误差±4mm。平订钉锯与书脊间的距离为3mm～5mm；无坏钉、漏钉、重钉，钉脚平伏牢固；后背不可散页明订。裁切成品尺寸误差±1mm，四角成90°，无毛茬或缺损。

8　公文中各要素标识规则

本标准将组成公文的各要素划分为眉首、主体、版记三部分。置于公文首页红色反线（宽度同版心，即156mm）以上的各要素统称眉首；置于红色反线（不含）以下至主题词（不含）之间的各要素统称主体；置于主题词以下的各要素统称版记。

8.1　眉首

8.1.1　公文份数序号

公文份数序号是将同一文稿印制若干份时每份公文的顺序编号。如需标识公文份数序号，用阿拉伯数码顶格标识在版心左上角第1行。

8.1.2　秘密等级和保密期限

如需标识秘密等级，用3号黑体字，顶格标识在版心右上角第1行，两字之间空1字；如需同时标识秘密等级和保密期限，用3号黑体字，顶格标识在版心右上角第1行，秘密等级和保密期限之间用“★”隔开。

8.1.3　紧急程度

如需标识紧急程度，用3号黑体字，顶格标识在版心右上角第1行，两字之间空1字；如需同时标识秘密等级与紧急程度，秘密等级顶格标识在版心右上角第1行，紧急程度顶格标识在版心右上角第2行。

8.1.4　发文机关标识

由发文机关全称或规范化简称后加“文件”组成；对一些特定的公文可只标识发文机关全称或规范化简称。发文机关标识上边缘至版心上边缘为25mm。对于上报的公文，发文机关标识上边缘至版心上边缘为80mm……

发文机关标识推荐使用小标宋体字，用红色标识。字号由发文机关以醒目美观为原则酌定，但一般应小于22mm×15mm（高×宽）。

联合行文时应使主办机关名称在前，“文件”二字置于发文机关名称右侧，上下居中排布；如联合行文机关过多，必须保证公文首页显示正文。

8.1.5　发文字号

发文字号由发文机关代字、年份和序号组成。发文机关标识下空2行，用3号仿宋体字，居中排布；年份、序号用阿拉伯数码标识；年份应标全称，用六角括号“〔〕”括入；序号不编虚位（即1不编为001），不加“第”字。

发文字号之下4mm处印一条与版心等宽的红色反线。

8.1.6　签发人

上报的公文需标识签发人姓名，平行排列于发文字号右侧。发文字号居左空1字，签发人姓名居右空1字；签发人用3号仿宋体字，签发人后标全角冒号，冒号后用3号楷体字标识签发人姓名。

如有多个签发人，主办单位签发人姓名置于第1行，其他签发人姓名从第2行起在主办单位签发人姓名之下按发文机关顺序依次顺排，下移红色反线，应使发文字号与最后一个签发人姓名处在同一行并使红色反线与之的距离为4mm。

8.2　主体

8.2.1　公文标题

红色反线下空2行，用2号小标宋体字，可分一行或多行居中排布；回行时，要做到词意完整，排列对称，间距恰当。

8.2.2　主送机关

标题下空1行，左侧顶格用3号仿宋体字标识，回行时仍顶格；最后一个主送机关名称后标全角冒号。如主送机关名称过多而使公文首页不能显示正文时，应将主送机关名称移至版记中的主题词之下、抄送之上，标识方法同抄送。

8.2.3　公文正文

主送机关名称下1行，每自然段左空2字，回行顶格。数字、年份不能回行。

8.2.4　附件

公文如有附件，在正文下空1行左空2字用3号仿宋体字标识“附件”，后标全角冒号和名称。附件如有序号使用阿拉伯数码（如“附件：1. ×××××”）；附件名称后不加标点符号。附件应与公文正文一起装订，并在附件左上角第1行顶格标识“附件”，有序号时标识序号；附件的序号和名称前后标识应一致。如附件与公文正文不能一起装订，应在附件左上角第1行顶格标识公文的发文字号并在其后标识附件（或带序号）。

8.2.5　成文日期

用汉字将年、月、日标全；“零”写为“〇”；成文日期的标识位置见8.2.6。

8.2.6　公文生效标识

8.2.6.1　单一发文印章

单一机关制发的公文在落款处不署发文机关名称，只标识成文日期。成文日期右空4字；加盖印章应上距正文1行之内，端正、居中下压成文日期，印章用红色。

当印章下弧无文字时，采用下套方式，即仅以下弧压在成文日期上；

当印章下弧有文字时，采用中套方式，即印章中心线压在成文日期上。

8.2.6.2　联合行文印章

当联合行文需加盖两个印章时，应将成文日期拉开，左右各空7字；主办机关印章在前；两个印章均压成文日期，印章用红色。只能采用同种加盖印章方式，以保证印章排列整齐。两印章间互不相交或相切，相距不超过3mm。

当联合行文需加盖3个以上印章时，为防止出现空白印章，应将各发文机关名称（可用简称）按加盖印章顺序排列在相应位置，并使用印章加盖或套印在其上。主办机关印章在前，每排最多排3个印章，两端不得超出版心；最后一排如余一个或两个印章，均居中排布；印章之间互不相交或相切；在最后一排印章之下右空2字标识成文日期。

8.2.6.3　特殊情况说明

当公文排版后所剩空白处不能容下印章位置时，应采取调整行距、字距的措施加以解决，务使印章与正文同处一面，不得采取标识“此页无正文”的方法解决。

8.2.7　附注

公文如有附注，用3号仿宋体字，居左空2字加圆括号标识在成文日期下1行。

8.3　版记

8.3.1　主题词

“主题词”用3号黑体字，居左顶格标识，后标全角冒号；词目用3号小标宋体字；词目之间空1字。

8.3.2　抄送机关

公文如有抄送机关，在主题词下1行；左右各空1字，用3号仿宋体字标识“抄送”，后标全角冒号；抄送机关间用逗号隔开，回行时与冒号后的抄送机关对齐；在最后一个抄送机关后标句号。如主送机关移至主题词之下，标识方法同抄送机关。

8.3.3　印发机关和印发日期

位于抄送机关之下（无抄送机关在主题词之下）占1行位置；用3号仿宋体字。印发机关左空1字，印发日期右空1字。印发日期以公文付印的日期为准，用阿拉伯数码标识。

8.3.4　版记中的反线

版记中各要素之下均加一条反线，宽度同版心。

8.3.5　版记的位置

版记应置于公文最后一面，版记的最后一个要素置于最后一行。

9　页码

用4号半角白体阿拉伯数码标识，置于版心下边缘之下1行，数码左右各放一条4号一字线，一字线距版心下边缘7mm。单页码居右空1字，双页码居左空1字。空白页和空白页以后的页不标识页码。

10　公文中表格

公文如需附表，对横排A4纸型表格，应将页码放在横表的左侧，单页码置于表的左下角，双页码置于表的左上角，单页码表头在订口一边，双页码表头在切口一边。

公文如需附A3纸型表格，且当最后一页为A3纸型表格时，封三、封四（可放分送，不放页码）应为空白，将A3纸型表格贴在封三前，不应贴在文件最后一页（封四）上。

11　公文的特定格式

11.1　信函式格式

发文机关名称上边缘距上页边的距离为30mm，推荐用小标宋体字，字号由发文机关酌定；发文机关全称下4mm处为一条武文线（上粗下细），距下页边20mm处为一条文武线（上细下粗），两条线长均为170mm。每行居中排28个字。首页不显示页码。发文机关名称及双线均印红色。发文字号置于武文线下1行版心右边缘顶格标识。发文字号下空1行标识公文标题。如需标识秘密等级或紧急程度，可置于武文线下1行版心左边缘顶格标识。两线之间其他要素的标识方法从本标准相应要素说明。

11.2　命令格式

命令标识由发文机关名称加“命令”或“令”组成，用红色小标宋体字，字号由发文机关酌定。命令标识上边缘距版心上边缘20mm，下边缘空2行居中标识令号；令号下空2行标识正文；正文下1行右空4字标识签发人签名章，签名章左空2字标识签发人职务；联合发布的命令或令的签发人职务应标识全称。在签发人签名章下空1行右空2字标识成文日期。其他要素从本标准相关要素说明。

11.3　会议纪要格式

会议纪要标识由“×××××会议纪要”组成。其标识位置同8.1.4，用红色小标宋体字，字号由发文机关酌定。会议纪要不加盖印章。其他要素从本标准相关要素说明。

12　式样

A4型公文用纸页边及版心尺寸见图1；公文首页版式见图2；上报公文首页版式见图3；公文末页版式见图4；联合行文公文末页版式1见图5；联合行文公文末页版式2见图6。

节选自《国家行政机关公文格式》(GB/T 9704—1999)，国家质量技术监督局1999年12月27日批准发布，2000年1月1日实施。

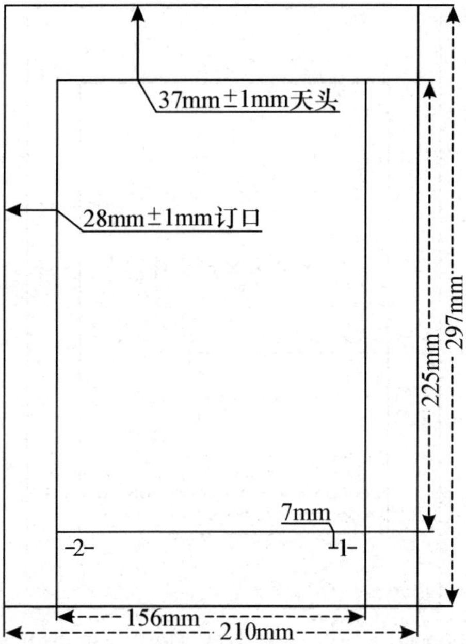


**图 1　A4 型公文用纸页边及版心尺寸**

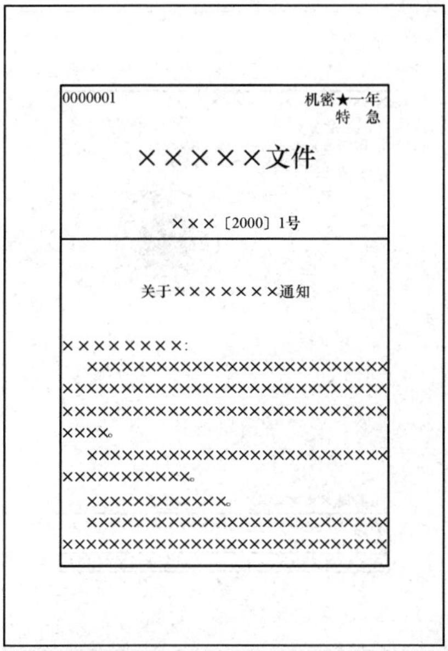


注：版心实线框仅为示意，在印制公文时并不印出。

**图 2　公文首页版式**

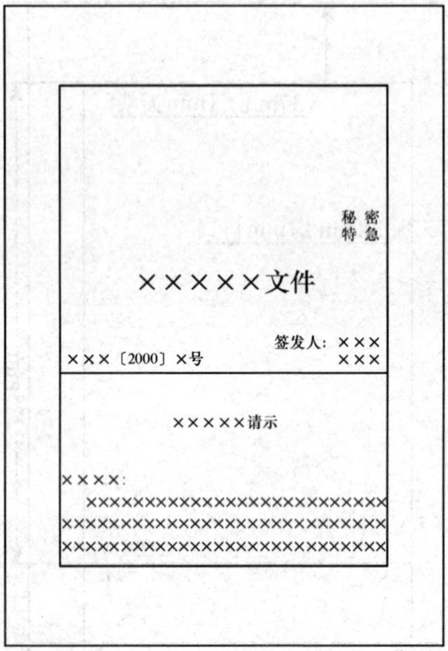


注：版心实线框仅为示意，在印制公文时并不印出。

**图 3　上报公文首页版式**

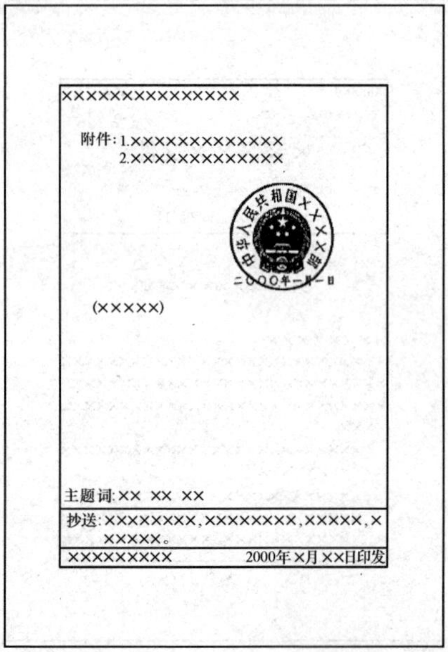


注：版心实线框仅为示意，在印制公文时并不印出。

**图 4　公文末页版式**

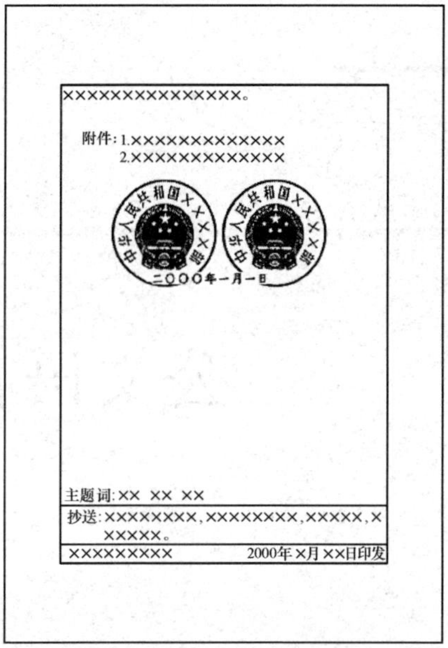


注：版心实线框仅为示意，在印制公文时并不印出。

**图 5　联合行文公文末页版式 1**

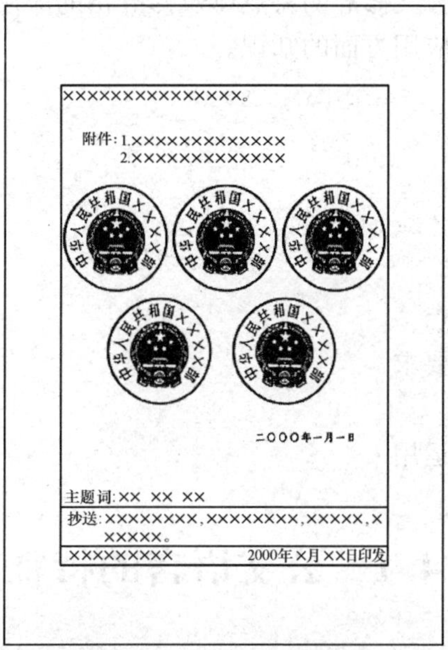


注：版心实线框仅为示意，在印制公文时并不印出。

**图 6　联合行文公文末页版式 2**

# 第 4 章

# 公文语言

本章阐述了公文的语言特点，结合实例说明了公文词语选择、语句组织的基本要求与方法，分析了公文修辞的特点以及修辞格的应用方法要点，介绍了公文专用词语的主要类型及应用方面的知识。

**本章学习要点**

- 公文的语言特点
- 公文词语选择要点
- 公文语句的基本要求
- 公文修辞的方法
- 公文专用词语的运用

## 4.1 公文语言的特征

### 4.1.1 公文语言

语言是公文的基本要素，特殊的应用领域与应用目的使公文的语言具有庄重、准确、朴实、精练、严谨、规范的特点。为使公文能产生预定的效用，我们必须了解这些特点，在撰写过程中自觉遵循其语言运用的特殊规律性，恰当贴切地选择词语，精心而正确地组织和锤炼语句，熟练而准确地运用有关技巧，从语法、逻辑、修辞等多角度、多方面遵从语言运用的一般与特殊规则，从而使公文中的信息能更有效地“表之于外，达及他人”。

公文之所以能记录并传递信息，在很大程度上就是依赖于语言的作用，正是语言使信息具备了可被表达的条件。没有语言，信息就无法被组织起来、记录下来、表之于“外”，也不可能被传递出去，“达及他人”。从这个意义上看，撰写公文的过程，实际上就是一个运用语言的过程。

### 4. 1. 2　公文语言的主要特征

当然，语言是使信息实现“表”与“达”的一种工具，它的运用必须服从信息性质及记录与传递信息的目的的需求，这一点就使得公文在语言方面既有同其他信息记录（图书、资料和其他一般文章等）完全相同的属性，同时又因其所传达的信息性质、应用目的和应用领域特殊而具有独特的风格。

公文语言的主要特征就是：庄重、准确、朴实、精练、严谨、规范。

（1）庄重是指语言、格调郑重严肃。所以如此，主要是由于维护公文自身权威性、有效性的需要，因为只有庄重的语言才有助于声明作者的严正立场和严肃态度，从而使公文对受文者的行为产生必要的强制性的影响。

（2）准确是指在表情达意时，语言真实确切，无虚假错漏，褒贬得当，语意明确，界限清楚，符合实际，真切表达欲表达的内容。这一特点，是由公文对人类社会活动所具备的直接应用价值和强制性影响所决定的。公文对各级各类机关，对各级工作人员的行为有着直接和强制性的影响，如果语言表达不准确，哪怕是微小的失实都会带来各种工作行为的失误或失败。

（3）朴实是指语言平直自然、是非清楚、明白晓畅、恰如其分、通俗易懂，无浮华夸饰，无渲染，无形象描绘，无矫揉造作，忌堆砌华丽辞藻，忌滥用辞格，讲求于平淡之中见神奇。这一特点，与公文直接形成并对解决具体事务具有直接应用价值的性质有密切关联，淳朴无华的语言更有利于直接而鲜明地表意，迅速而有效地产生影响。

（4）精练是指语言简明扼要，精当不繁，去浮词，忌冗长空泛，同时，又不苟简，即服从行文目的和表现主题的需要，当详则详，当略则略。这一特点，是由公文所特有的欲方便、快捷地强制性影响受文者行为的应用目的所需要和所决定的。简明的语言更宜于帮助充分传达和实现作者意图，且更省时、省力、可靠、有效。

(5) 严谨是指语言含义确切、文句严谨、细致周密、分寸得当，忌模糊含混、语意多歧。这一特点也与公文欲有效强制性影响人们行为的应用目的有关，因为含混模糊的语言会造成歧义或歧解，会使公文作者影响他人行为的意图部分甚至全部落空。

(6) 规范是指各级语言单位的构成及组合不仅应符合现代汉语（少数民族地区使用的本民族文字的公文则为民族语言）的语法规则和一般的逻辑规则，而且应合乎公务活动所提出的特殊规范性要求。这一特点，既取决于公文语言是现代汉语言的支脉，又取决于公文的应用领域与服务对象的特殊性质。遵从一般的语言法则，可扩大信息沟通的范围与效果，从而保证并扩展公文的效用；合乎特殊规范性要求，则可以使公文具有与公务活动特点相适应的表达方法、表达形式和风格，从而使公文更有利、更有效。

公文语言的上述特征，具体体现在词语、语句诸方面以及表达、修辞、构词组句等语言运用的实际活动中。

## 4.2 公文的词语

### 4.2.1 公文词语特点

公文词语方面的特点主要是：

(1) 大都为规范化的书面词语，排斥使用一般的口语词、方言词、土俗俚语，禁绝使用生造的词语等。形成这种特点的原因主要有两个：

一是因为公文基本上是一种书面交际的工具，特定的交际环境决定了用书面词语更加经济，也更准确。口语词主要是用于面对面口头交际活动的，为保证信息沟通的有效性，通常口语交际的语言信息冗余度要高于书面交际语言，如果将口语词大量应用在并非面对面的书面交际中，这些“冗余”真的就是没有实际存在价值的多余之物。同时，口语词的语义通常是多义的，但能看得更多、听得更多的面对面的交际环境可以消除口语词在词义方面的不确定性，因此，它们在用于口头交际时不会因语义多义而影响准确沟通，但如果将它们放到书面交际中去应用，面对面的交际环境不存在了，多语义带来的后果就是误解误会丛生，严重削弱沟通效果。一位老师可以在课堂上提醒两位因嘀嘀咕咕而影响课堂秩序的女同学说：“不要咬耳朵了！”课堂上的所有人都身临其境，不会误会老师讲话的意思。但如果把这样的话写在书面文字中：“某年某月某日张老师在课堂上用急切的口吻劝阻两位女同学说，‘不要咬耳朵了！’”，那么，谁还能保证所有阅读这份材料的人都能准确理解其中的真实意思？

二是方言词、土俗俚语、生造词语等都缺少规范性，出了特定的范围（如方言区），词语的含义就无法被对方准确理解。甚至相当一部分方言词、土俗俚语等的词形与现代汉语规范词的词形完全相同，但词义完全不同，这无疑会非常严重地降低信息沟通的准确性，这种不准确出现在公文中，很可能就会造成后果极其严重的错漏。如在长沙方言和四川方言中，“蚊子”还兼指苍蝇。如果用这样的方言词表达“除四害”，则难以表达，只能是“除三害”。

当然，在一些特殊场合，出于提高表达效果的需要，也可以在公文中使用人民群众中普遍流行的口语词，但只能作为特例。同时，这些口语词的确切含义也需要在文中加以必要的解释和说明。

（2）词语需有确切的含义，除非不可避免或特殊需要，一般不使用含义不明确的词语。

公文中的词语的含义大都是精确、实在的，不能模糊含混，不能给读者造成无限制的联想，否则就会使作者的真正意图不能被受文者正确领会，公文也就无法得到有效的执行。之所以如此，主要是由于公文所涉及的事物都需要划定出较精确的界限，如时间、空间、数量、政策、技术方法、态度等。一旦失去精确的界限，事实就可能不清楚，作者的愿望就有可能无法实现，公文将可能丧失对受文者行为的实际约束力。

在现代汉语中，确有一部分词语的词义是模糊的，除非必要，在公文中应尽量避免用它们来表达需精确划定界限的事物，如不可避免，则应以附加说明或用其他词语加以限定修饰的方式使其表意精确。如汉语中“以上”、“以下”、“以内”等词，在表达数量界限时，其词义是不确切的，因为它们不能明确表达本数包括在哪里，但这几个词在涉及一些年限等方面规定的公文中又不可缺少。在《中华人民共和国刑法》中，作了这样的处理，即在第九十九条中明确说明：“本法所称以上、以下、以内，包括本数。”

需要说明的是，公文并非绝对排斥没有确切词义的词语。因为，模糊与确切是相对存在的，本身并无一条绝对的界线。同时，有些情况下，为了突出表现事物的本质和重要情况，也需要慎重地使用一些词义不够确切的程度副词（如“一定的”、“基本上”）和时间名词（如“前一时期”）等。

（3）以双音节词为主，单音节词和多音节词比一般文章的使用频率稍高。

现代汉语词汇的特点之一就是由两个音节构成的双音节词在数量上占优势。这就使得以现代汉语书面形式来表情达意的公文的词汇，也主要为双音节词。但由于到目前为止，公文中的信息主要是靠读者对文字的阅读来提取的，因此，单音节词易发生的同音异义现象并未给公文语言带来大量增加歧义（口头语言中会因这种现象带来歧义问题）的可能性。同时，由于单音节词大都是一些词义精确且带有庄重典雅色彩的文言词，不仅节省文字，而且有助于增添行政公文所需要的色彩，因此，行政公文中的单音节词比一般文章要多一些。一般文章中使用的一些双音节词甚至多音节词，如经过、依照、希望、这个、什么、哪些、清楚地了解等，在行政公文中就常被含义相同但更能增强表达效果的单音节词，如经、依、望、此、何、悉等所代替。

汉语发展的内部规律之一，是从单音节词占优势向双音节词占优势、多音节词逐渐增多的方向发展。目前，在现代汉语中，双音节词确已占优势，由三个或三个以上音节构成的多音节词也确实逐渐增多并越来越多，但由于汉语自身具有构词音节简单的特点，到了四个音节就达到一个饱和点，达到四音节的词使用起来不太方便，往往就要用简称的办法回缩为双音节词或音节少一些的词，如：北京大学——北大；外交部长——外长；国家发展和改革委员会——国家发改委；等等。用这种简称法造就的词，确有音节简单、经济明快的特点，因此，只要没有歧义，合乎构词规律，在一般文章中就可以被广泛运用。但是，这种简称在公文中的使用要受到较严格的限制——不仅非规范化的、有歧义或不便于人们理解的简称被禁止使用，在特殊场合（如非常郑重、严肃的情况下），即便是规范化的也不得使用。如在涉外文件中，“中华人民共和国”就不能随意简称“中国”，“外交部”也必须用“中华人民共和国外交部”。在非常隆重的会议上形成和使用的文件中，“中国共产党中央委员会”也不再简称“中共中央”，“全国人代会”也必须用“全国人民代表大会”。

（4）有一部分词形确定、含义精确特定的公文专用词语。

由于表意和表现特殊色彩的需要，公文中有一些出现频率较高的词语。这些词语词形确定，词义精确特定，用途稳定专门，精练明确，并为从事公文工作的人们所熟悉，能使写者顺手、读者便当。这部分词语就是行政公文的专用词语。

公文专用词语的存在是必要的，也是合理的。它有益于简化文件，提高制发和处理公文的效率与质量。要写好公文，有必要认真研究并掌握其有效使用的特殊规律性。

当然，我们在这里所说的公文专用词语中的一部分虽源于或衍生于旧官文书中的“套语”，但它与“套语”是完全不同的两种事物。它是对“套语”中有积极作用的那一部分批判地借鉴和发展，并摒弃了其中的糟粕，同时，在数量上也大为精减。

(5) 介宾词组、联合词组、“的”字词组的使用频率较高。

介宾词组，指由介词与宾语组合而成的词组，这种词组在公文中需充当状语或定语成分，它们的应用可对表述对象起限制、修饰作用，使表达更周密。如“按照上级指示”、“关于大学生就业问题”等。

联合词组，指由同类词组合而成的词组，这种词组在公文中可用作主语、谓语、状语、定语或补语成分，它们的应用有助于表意简洁、庄重。如“各省、自治区、直辖市人民政府”、“应建立和健全规章制度”等。

“的”字词组，指由词或词组与“的”组合而成的词组，这种词组在公文中常用来表示人或事物，它们的应用具有使表达简洁、庄重的特殊作用。

### 4.2.2　公文词语选择要点

词语是语言的基本构成单位，公文就是由这些基本单位组合而成的。因此，要写出好公文，不能不注重对词语的选择。这一点，无论从语法还是修辞的角度都是重要和必要的。

词语的选择就是在充分注意和把握公文词语特点，认真学习和积累丰富词汇的基础上，根据行文目的以及语言环境的需要，在遵从语法规则的前提下，选取最准确、最贴切且有效表情达意的词语。在选择词语的过程中应注意：

1. 认真辨析词语的确切含义

可在公文中采用的词语数量大、种类多，不同词语在意义和用法方面既有差别，又有联系。为此，要使公文用语精当，必须注意对词语认真加以辨析，真正掌握其确切含义，否则就很有可能造成表意的失当或失误。如下面一段文字：

“经反复核查证明，张某、李某曾在1987年9月间收受过××公司的巨额贿款（每人分别收受现金50 000元），已构成受贿罪。案发后，二人还与××公司业务员××订立攻守同盟，妄图掩盖过错。”

文中“过错”一词，显然是对“罪行”的误用。“罪行”与“过错”，在法律意义上都指违法行为，但却有明显的轻重之别。“过错”是民事责任的要件，指因故意或过失而损害他人的违法行为；“罪行”则是指犯罪行为，它对社会具有危害性并触犯刑法，是应依法受到刑法处罚的。文中已确认二人的行为构成犯罪，却又称妄图掩盖“过错”，是自相矛盾并严重失实、失当的。

在辨析词语含义的过程中，应特别注意不同词语所包含的意义在范围大小、性质轻重等方面的差别。如“权利”与“权力”，前者的范围要大于后者；“差错”、“过失”、“过错”的性质是依次严重的；“冤案”、“假案”、“错案”的错误程度是依次减轻的……

在辨析词语含义的过程中，还应特别注意一些现代汉语中的通用词语在一定专业或行业领域中有特定的“新”义。如“告诉”一词一般是指告知的意思，而在司法工作领域中却专指告发控诉，是一种特定的法律行为。

2. 注意分辨词语的感情色彩

如果按照词语自身的感情色彩对其加以划分，实词部分可分为褒义词、贬义词和中性词三类。前两类感情色彩强烈、爱憎分明，而中性词则在不与其他词语搭配的情况下，没有感情的倾向性。在公文中，对事实的叙述要求客观准确，而在表明立场主张时则要求旗帜鲜明。为达到这一要求，必须注意分辨词语的感情色彩，用极简洁凝练的语言鲜明地表现作者的立场观点，以使阅文者能更准确地领会作者意图，使文件更加简明。如“在某些领导者的庇护下……”和“在某些领导者的保护下……”两句话中，贬义的“庇护”与褒义的“保护”就已鲜明地表达了作者的态度，无须再对所要讲的事情定性（好事或坏事），人们即可知晓作者肯定或否定什么。

需要注意的是，正是由于词语的感情色彩能对鲜明表意产生重要影响，因此，更需注意避免对不同感情色彩的词语的误用，否则就会造成阅文者的误解或降低文件的严肃性。请见下面一段文字：

“据了解，各地对××问题反映很强烈，请注意清理这些流言，并及时报告局政策研究室。”

在这里“流言”是一种误用，按作者本意无须对这种反映表态定性，因此无所褒贬，只能用没有感情流露的中性词。但这里用了贬义词，这会使阅文者误认为对某问题的反映都是错误的，是要加以反对的。

3. 注意词语读音和语调对语义的影响

词语的读音和语调对语义有一定的影响，如能予以重视，在选词中注意使音节匀称，注意避免因同音异义和语调附加语义带来的歧义，则有利于提高表达效果。

汉语历来讲究音节的巧妙安排。公文中的词语若能音节匀称，往往既可以加强气势，表现庄重严肃的色彩，给阅文者以更鲜明的印象，又容易上口，便于记忆。如“这种作风，拿了律己，则害了自己；拿了教人，则害了别人；拿了指导革命，则害了革命”① 一句，其中的“己”、“自己”、“人”和“别人”分别为同义词，只是前者均为单音节词，后者均为双音节词，如此安排使音节匀称，“己”

① 《毛泽东选集》，2 版，第 3 卷，800 页，北京，人民出版社，1991。

与“人”分别搭配上“律”与“教”，组成了双音节词，其结果不仅避免了重复，而且读起来更顺口，含义也更加明确。

汉语语音系统的特点之一是音节不多，音节出现率不均衡。这使得汉语中同音字词的数量较多。一般情况下，在受文者主要通过视觉“看”文件而接收信息时，同音现象对公文写作并无什么影响，而当信息接收过程中存在“听”的活动（在会议上“听”报告，通过电话“听”通知）时，这种现象所带来的词语的同音异义问题，就会给准确接收信息带来一定障碍。特别是在听者无从了解作者使用了音同字异义异的同音词中的哪一个时，就难免张冠李戴并由此产生极严重的后果。请见一“电话通知”中的一段文字：

“自1987年6月1日至8月30日期间各种油轮一律不得进港。”

文中“油轮”与“游轮”、“邮轮”的发音完全相同而含义却相差甚远。特殊的文件传递方式，使人们只闻其声而未能谋面。结果，接收到通知的各单位对作者意图的理解有很大差异，造成工作上的被动甚至损失。

由以上可见，当同音异义现象会给公文表达效果带来损害时，应通过变换词语、附加说明、创造一个语言环境以消除可能的误解或歧解等形式对其加以处理。

在一些语句中，不仅词语本身，而且念读词语的语调也会附加一部分信息。由于在书面上表示语调受到一定局限，因此，如处置不当，这种语调附加语义现象也会给人们带来理解方面的困难或错误。在阅文者无法通过标点符号等来正确了解撰稿人所持语调的情况下，尤其如此。请见下面一段文字：

“1986年9月8日A先生和D先生的法律顾问曾来过出事现场。”

这句话，在念读时的语调不同，会有两种不同的解释：

1）A先生——和D先生的法律顾问——曾来过……（来过A与D的顾问两人）

2）A先生和D先生的——法律顾问曾来过……（只来过两位先生的顾问，是一人，也可以是两人）

上述现象要注意予以避免，其方法主要是更换或补充词语。

4. 注意词语间的正确搭配

词语的选择要受事理逻辑、搭配习惯的制约，如随意超越这些制约，违背语言法则，就会产生差错，影响表达的效果。如：

“他们从实际情况出发，在发达农业生产中，因地制宜，不断创新，终于开创出一套发达农业各项生产的宝贵经验。”

这里，“发达”与“生产”、“开创”与“经验”都属于不妥当的搭配。

词语的搭配最根本的是要使语义搭配，使表达合乎事理、合乎逻辑，同时又要注意符合语言习惯。

5. 注意公文具体使用场合对词语风格的要求

公文大都使用于正式、庄重、严肃的场合，为与之相协调，选择词语时务必注意词语的风格特点，除特殊情况外，一般不用口语词、谚语、歇后语以及方言土语，书面词语中带有调侃、诙谐意味以及不够严肃郑重的词语也不应入选。

6. 注意针对公文具体收受对象的特点选词

公文具体收受对象的理解能力以及与作者的关系不同，公文所选用的词语也就应有所差别，否则就难免会因“无的放矢”而使对方不知所云，或给对方平添理解方面的困难。

在一般情况下，如对方具体阅文者为专业人员，则词语的专业性、行业性可以强一些，反之就应避免使用专深的术语，注意少用专用词语；具体阅文者文化程度较高，可以适当使用古语词、外来词，与之相反或阅文者文化程度高低不一时，则务必注意词语的通俗性。当收文机关为作者的上级时，用词当特别注意礼貌与语气的和缓，相反，对方是自己的下级时，则既应注意尊重对方，又须中肯、坚决，毫不婉曲。而当对方是自己的平级或不相隶属机关时，用词就要特别注意谦敬和明确，注意体现平等协作精神。

7. 注意根据公文中所涉及的人和事物的特殊性质选词

公文中所涉及的人物和事物是多种多样的，人物的地位、事物的性质、出现的年代以及相互之间的关系不同，就需要用不同的词语来表达，以使表达更鲜明、更直接、更有效。如在公文中，对正确的事物、正面的人物就不能用贬义词，相反，也不可用褒义词来表达反面人物和错误的事物。对错误性质严重的事物应用严峻、冷酷的词语，对正确的、须褒扬的事物则要用有一定热情、能鼓舞人心的词语；对历史上的人或事可以多用一些古语词，对现代事物就可适当多用一些外来词和具有时代特色的新鲜词语；对于作者以及与其有直接关联的人或事，可考虑正确地使用一些谦词，而对于受文者及与其有直接关联的人或事，则应恰当地使用表示尊重和礼貌的敬语。

8. 注意根据上下文的需要选词

一件公文的上下文对词语的选择具有很大的影响。有时，为了使文气贯通、协调一致，上下文的词语需要相互照应配合；有时，则为避免不必要的重复，相互制约对方选词的范围。如：

“对于未按标准交费的同志，要由其所在单位的领导进行批评教育，并责令其进行补交。”

“奋勇前进，坚决、彻底、干净、全部地歼灭中国境内敢于抵抗的国民党反动派，解放全国人民，保卫中国领土主权的独立与完整。”

以上两个例句中，第一例中“进行”一词的重复出现是不必要的，后一个“进行”应改为“予以”。第二例中“坚决、彻底、干净、全部”四个词的意义相近，但并不重复，分别从意志、过程、程度、范围四个方面提出了歼敌要求，而且相互间密切配合，构成有力的整体，这是上下文词语照应配合得很成功的范例。

9. 注意根据文种的不同特点选词

不同文种对词语的选择也有一定的限制和要求，其主要原因在于：一方面，前面已经涉及的公文使用场合、收受对象、人与事物性质等对选词的要求都与文种有一定关联，不同文种都在这些方面表现出一定的特殊性；另一方面，同一文种实际上就是独具特色的一种文章，这种特色往往在词语的选择上有较鲜明的表现。

一般情况下，规范性公文的词语要求含义高度精确，风格庄重、朴实；领导指导性公文的词语则更侧重含义的明确、周密、概括、简洁；公布性公文的词语须讲求准确、通俗，发音响亮上口；陈述呈请性的报告、请示的词语要求简与明高度统一；函的词语更讲究和缓、融洽且明确、概括……

10. 注意词语的规范性

公文沟通效果的好坏与范围的大小，与公文中所使用词语的规范性有密切关联，如不能正确使用正式列入现代汉语书面词汇体系中的规范词语，生造或使用不规范的词语，特别是生造和使用不规范的简称，滥用方言土语，随意改变成语的结构形式等，都将产生不良后果。它们或者令所有人或部分人不知所云，或者让人们歧解作者意图，或者使公文中笑话百出甚至出现违法违制情况。

注意词语的规范性，还包括有意识地认真积累和正确运用公文的专用词语、常用词语。对同一概念的表达应尽可能选用已在公文同类表达中反复运用并被实践证明最有效的词语。这样做不仅能节省时间，更重要的是使表达更准确、更精练、更有效，避免错漏。

## 4.3 公文语句

语句是由词或词组构成的最基本的语言使用单位，它可以独立地表达一个完整的意思，对一篇文章的表达效果具有更直接、更重要的影响。为此，精心选择、设计、组织语句，对提高公文效用有重要的意义。

### 4.3.1 公文语句的特点

经过对公文进行语句频率的统计分析，可以发现，公文语句方面的特点主要是：

（1）含义完整确切，在文章中具有较强的独立性，关键性文句脱离上下文之后仍不生歧义，不易被歧解或曲解。

这一特点与公文的使用规律相适应。相当一部分公文是公务机关处理各种事务的根据，因此这部分公文的重要文句将会被反复引用，为了避免引用中出现有害的歧解甚至曲解问题，公文中的语句通常都需要讲求含义完整，保持必要的独立性。

（2）起铺垫、过渡作用的语句少且简短，以利直接而精当地表意。

这一特点是由公文的使用目的所决定的，公文主要不是供人们欣赏的，对它的阅读也是一种必需的依职行为，人们希望公文语句越经济明快越好。为此，在文章中起“好读”作用的铺垫、过渡成分，通常在公文中会被处理得非常精当，在这方面往往真的是惜墨如金。

（3）一般都有专门表达公文主题的主题句，使主题鲜明突出。

就是以简明扼要的一两句或几句话准确地概括和揭示主题（中心主张、思想观点和目的、意图等），形成主题句。这种方法对突出表现公文主题非常有利，对于写作者和读者双方而言都十分方便。写作者可得其中心，避免表达方面出现的累赘；读者则可得其要领，准确把握公文的主题。在公文写作实践中，重要自然段，以及在表达公文中意见、安排、措施、要求、理由时，每一“条”的开端大都以简短文句对主要内容加以概括，这些简短的文句就是主题句。

（4）陈述句多，祈使句次之，疑问句、感叹句再次之。

这一特点主要取决于公文的使用目的，制发公文主要是要告知他人某事，必要时还需要要求对方做某些事情，而质询性质、感叹性质的内容并不多。叙事说理时，公文的基本语气大都是平直且坚定不移的，因此，陈述句居多，祈使句次之，疑问句较少，感叹句更少。

（5）泛指性无主句较多。

无主句是指不带主语或者不必交代以至于根本说不出主语的句子。由于公文具有定向表述的特点，一些意愿的发出者或者情况问题的发现者都是不言自明的，因此，一旦在语句中需要由他们来作为主语时，就不必再交代。公文中表示要求或者禁止的各种祈使句，大都是这种无主句。不交代并不会影响人们准确理解文件内容，因为，人们完全可以从文种，从作者的身份地位中，清楚地了解相关的意愿发自谁，相关情况和问题是谁发现的。如果硬加上主语，不仅会造成语句繁杂，而且会徒增影响人们准确理解文件内容实质的干扰因素。

（6）判断句中，“是……的”形式有较高的使用频率。

公文中常用的“是……的”形式的判断句，大都用于表达作者的见解、态度和解释，一方面可以表示判断，另一方面还有强调的作用。如：

“这个用 30 名年轻矿工生命换来的教训，是永远不能忘记的。”

（7）单句多而复句则相对较少。

单句是可表示一个完整意思而不可再分解成几个分句的句子。由两个以上单句组合而成的句子就是复句。公文中的单句多，是因为单句更有利于受文者全面理解作者意图，从而可以提高文件的实际执行效果。比如《中华人民共和国宪法》共一万七千多字，序言和一百三十八条正文基本上都是单句。

（8）有较多带限定修饰成分的单句，其中含复杂主语或宾语的单句比一般文章多。

公文中单句较多通常是出于方便对方理解和执行的考虑，同时，为了避免句义被误解和曲解，这些单句的限定修饰成分就会比较多，特别是在主语或宾语成分方面往往会复杂一些。这一点在规范性公文中表现得更加明显。如：

“全国人民代表大会代表和全国人民代表大会常务委员会组成人员，有权依照法律规定的程序分别提出属于全国人民代表大会和全国人民代表大会常务委员会职权范围内的议案。”

### 4.3.2　公文语句的基本要求

要写好公文，需要在使语句通顺、合理、获得最佳表达效果三个方面下功夫，使语句通顺涉及语法问题，使其合理涉及逻辑问题，使其获得最佳表达效果则涉及修辞方面的问题。公文中的语句应达到如下要求：

1. 含义明确、清晰、完整，便于准确理解、无歧义

如下语句的含义便不够清晰：

“刚从大城市来到这荒僻的山区工作的确会有些不习惯，但这种不习惯实在只是个时间问题。”

这里的“时间问题”语义含混，应直接讲“但这种不习惯是暂时的”。此外，语义多歧的句子更须避免：

“如果售货员与顾客吵架，值班经理应立即向负有责任的售货员提出警告，并记录在案，作为奖金发放的依据。”

这里所表达的不是作者本意，准确地说应作为少发或不发奖金的依据，而不是原字面上所表达的那样。

2. 句子成分搭配得当

以下几个例句是搭配不当的典型，应注意在公文写作中避免出现类似的语法错误。

“认真读书、刻苦钻研的风气已蔚然成风。”（主谓不搭配）

“在这个车间里，勤俭节约的精神日益浓厚。”（主谓搭配不当）

“这项主体工程也是本省化工行业中最大最先进的一项节能措施。”（主宾不搭配）

“这项工艺填补了我国制锁技术与世界制锁技术的距离。”（动宾不搭配）

“这场技术竞赛是在酷热的气温中进行的。”（定语与名词中心语不搭配）

“应当承认，该同志在这次技术培训班中的学习成绩是比较优秀的。”（状语与形容词中心语不搭配）

“实施这项政策的结果，必然是相当幅度地提高教师的经济待遇。”（状语与动词中心语不搭配）

“多年的野外作业，使他们练就出了一套对付恶劣气候的硬功夫。”（补语与动词中心语不搭配）

3. 句子成分完整

不能漏掉或隐去语句中必须有的成分，否则将出现成分残缺的语法错误。有人习惯于滥用省略，将必不可少的主语、谓语、宾语和附加成分也随意略去，请见以下例句：

“从这份文件里，使全厂干部了解到开展政治思想工作的重要性。”（因滥用了“使”，造成缺主语）

“这个班组的工人普遍有健康的情趣，大家在业余时间里从不屑于那些乌七八糟的小报。”（“不屑于”后缺谓语“看”）

“目前，××市正在开展整顿交通秩序。”（遗漏宾语“的活动”）

“我们必须排除种种因素，在第一季度建成东方贸易大厦。”（“因素”前缺定语“不利”）

“这是一支过得硬的队伍，他们每建造一座发电站，力求全优，不留任何质量隐患。”（“力求全优”前缺状语“都”因而不能同“每”相呼应）

4. 语序安排妥当

语序指词语组合的次序。它既反映了一定的语言习惯，又反映了事物间的逻辑关系。语序有时可以决定语义，变更语序后语义会产生很大的变化，有时语序变更后，虽不改变语义，却可改变语言的表达效果。因此，无论从语法的、逻辑的角度，还是从修辞的角度看，语序的正确安排都是重要的。以下几个例句都存在语序不当的问题：

“这样的活动乐于使广大农民群众接受。”（“乐于”应移至“接受”之前）

“我院已于9月30日召开了表彰先进个人先进集体大会，××院长和其他学院的领导同志出席了这次会议。”（“其他”应移至“学院的”之后，否则将有歧义产生）

“5月3日，我们访问了参加过‘五四’运动的当年的爱国老人。”（应将“当年”移至“参加”之前）

“该文件根据国务院办公厅发布的《国家行政机关公文处理办法》的规定，由本部办公厅文电处撰拟。”（应改为“该文件由本部办公厅文电处根据国务院办公厅发布的《国家行政机关公文处理办法》的规定撰拟。”）

在公文中正确地安排语序，主要应注意这样几点：一是注意尊重语序的习惯性。词中的语素、词组中的词，其先后次序有许多都必须按约定俗成的习惯排列，否则人们就看不懂，不易接受。如表达方位时，习惯于称“东西南北”就不能随意变为“西东北南”；“素质”就不要偏偏说成质素……二是注意事理的逻辑次序。这一次序是客观事物内部规律性的反映，因而是安排语序的主要依据。三是注意语序的强制性。语序既然受语言习惯、事理逻辑的制约，也就具备了强制性。不管是谁，要想利用公文清楚地表意并为人所理解，都必须服从这种约束，不随意改变语序。四是注意语序的选择性。从局部的和具体的情况看，语序的强制性中又有一定的可选择性，只要不出现语法错误、不改变语义，为追求更佳的表达效果，也可对词语的位置作一些调整，如将状语置于主语之前等。综合上述基本要求，在公文中安排语序时常做如下处理：

（1）当要表达的一组并列概念之间有轻重、主次、强弱之分，大小、高低、多少之别时，应依次顺排或倒排；而无这种分别时则按一定标准（空间分布、音节多少）分门别类排列。如：

“党的纪律处分有五种：警告、严重警告、撤销党内职务和向党外组织建议撤销党外职务、留党察看、开除党籍。”（由轻递重）

“玻璃制品厂原党委书记张某一伙，几年来大量贪污盗窃、行贿送礼，其中仅行贿一项即达85 000多元”。（由重递轻）

“三个质量管理小组分获一、二、三等奖，奖金额分别为5 000元、3 000元、1 500元。”（由多至少）

“国库券的面额，分为1元、5元、10元、50元、100元和1 000元六种。”

（由少至多）

“车间、仓库、货场、职工宿舍、职工食堂、离退休职工活动站等工程，续建量不足××%或所需继续投资额不足×万元的，经市计委审查批准，可按收尾工程继续施工。”（前三项为生产类，后几项为生活福利类，同时兼顾音节的整齐，先双音节词，再四音节词，最后八音节词）

从以上例句可看出，顺排还是倒排还取决于突出强调哪一方面的需要。

（2）当一组概念表现由若干连续的动作、行为构成的活动过程时，一般应按时间发展顺序排列。如：

“该犯从我市（北京市）××监狱越狱逃跑后，先后流窜到石家庄、郑州、武汉、广州等地继续作案。”

（3）当以一组概念表现一个认识过程时，一般按由浅入深、由此及彼、由表及里的次序排列。如：

“这是一份很好的材料，它能引人深思，促人猛醒，催人奋进。”

（4）当以一个语句反映因果关系时，一般是按先因后果次序排列，只有需特别申明或突出表现原因时，才先讲结果再谈原因。如：

“因为我们是为人民服务的，所以如果我们有缺点就不怕别人批评指出。”（先因后果）

“我们的会议之所以称为政治协商会议，是因为3年前我们曾和蒋介石国民党一道开过一次政治协商会议。”（先果后因，以强调原因）

（5）当将语句中的一些成分提前或后置并不违反语法规则，并不改变语义而且有利于提高表达效果时，应以此作为修辞手段。公文中有一部分定语、状语、谓语可以提前。如：

“在事故现场，大的、小的、好的、残的，堆放着许多从大火中抢救出来的产品。”（定语置于谓语前）

“在此期间，我们一定要抓紧落实国务院文件的精神。”（状语置于主语前）

“这个拿血换来的经验，大家都不要忘记。”（宾语置于主语之前）

同样，一部分定语、状语也可以后置。如：

“在一个月时间里，他们共抢运救灾粮1 000余吨，加固水坝30多座。”（定语后置）

“在此我们谨向您的热情支持表示感谢，为国家，为孩子们。”（状语后置）

由以上两例可见，正确地将句子成分提前或后置，可以突出或强调语句中的某个意思，给人以更强烈深刻的印象。

（6）当由于语句中几个成分的相互关系不明而出现歧义时，有时可通过改变语序消除歧义。如：

“几个工厂的工人来局里反映了这一情况。”

在这里，定语“几个”的修饰对象不明确，因此语句可产生几种不同的解释，而如果将“几个”置于“工人”之前，歧义就不存在了。

5. 合乎事理

就是语句必须符合实际，合乎逻辑规律。下面几个例句中所反映的错误在公文中常有出现：

“这个地区气候宜人，除气温偏低外很适合发展水产养殖业。”（自相矛盾）

“由于我们没有建立健全安全保卫制度，结果给惯偷、流氓和坏人造成了盗窃、行凶、阴谋破坏的可乘之机。”（种概念与属概念并列，违背了本来的包含关系，惯偷、流氓无一不是坏人）

“衡量一个企业是否经营得好，要从这样一些方面考察：第一，人尽其才……第二，有正确的经营方针……第三，有强有力的领导班子……”（前后不对应，前面讲“是否”，后面则只讲了“是”而没讲“否”）

“苏联十月革命以后，世界形势发生了巨大的变化。”（不合实际，俄国发生过十月革命，革命后才产生了苏联）

“我公司自1988年元月1日起变更办公地址，为此，所有单位或个人与我公司的各项经济事宜务必于1987年12月31日前了结，逾期将拒绝办理。”（毫无道理，这类事务不能按单方面的意志办理）

“我们应注意提拔、发现、培养青年干部。”（并列关系的概念其排列次序应合乎逻辑，改为“发现、培养、提拔”）

“只要我们统一认识，振奋精神，今年初中毕业班的升学率一定能达到100%。”（条件不充分）

“我们认为，工人技术水平的提高是完全可能的，因为工业生产需要参与其间的工人掌握必要的技术。”（“判断”与“证明”间没有必然联系）

6. 句式合理并力争有最佳表达效果

句式合理是指其内部结构合乎规范，力争有最佳表达效果是指要充分利用不同句式的不同修辞功能，结合实际需要，对句式多加比较，选取其中能产生最满意效果的。请见下例：

“今年生产任务的提前完成，靠的是全厂干部、工人的齐心努力，各有关协作单位对本厂的积极支持和热情援助取得的。”

这里将“……靠的是……”和“……是靠……取得的”两种结构的句式混用，造成语义纠缠不清。

再请见下例：

“厂长×××同志在全厂中层干部会议上，对原设备车间负责人××以拒绝为有关生产车间常维修生产设备相要挟强行索取‘加班补助费’、‘好处费’、‘操心费’并强迫本车间工人利用工作时间为其个人修建私房和为其个人的‘关系户’维修设备的严重错误提出了严厉批评并宣布令××退赔一切非法所得，给予××撤销一切行政职务的处分。”（这一百多字的长句子，给阅读和理解均带来一定的不便，不如将其化作几个短句好）

# 4.4 公文修辞

## 4.4.1 公文修辞特点

修辞的本义就是修饰言辞，也就是在使用语言的过程中，利用多种语言手段以收到尽可能好的表达效果的一种语言活动。因此，所谓修辞就是指为提高语言表达效果所作出的所有努力。作为一种特殊文章的公文同样是需要修辞的，而且由于公文的表达效果在一定意义上就是公文的实际执行效果，因此，公文不仅需要修辞，而且非常讲究修辞。

公文修辞有着一系列特殊性，主要表现在：

（1）在其所追求的效果方面，重准确鲜明、质朴平匀、精练顺达，反对含糊暧昧、繁冗堆砌、轻浮造作，重内在美而不只求形式美。公文是一种沟通工具，它的使用目的决定了它所追求的表达效果，主要不是语言的生动形象，不是调动读者阅读的积极性，使其乐于阅读。相反，公文阅读是强制性的依职行为，公文所追求的表达效果主要不是使读者乐于阅读，而是使读者能够迅速、精准、有效地从文件中获取开展工作所需要的认识，以拿出更多的时间去开展和推动工作，处理工作事务。这种对表达效果的追求与一般的文艺体裁的文章形成了极其明显的区别。

（2）在修辞手法方面，以消极修辞手法为主，以积极修辞手法为辅，重在选词炼句及章法方面下功夫，审慎使用修辞格。公文对表达效果的特殊需要使它所采用的修辞手法也与一般文章有很大不同。

根据修辞功能和具体方法应用方面的不同，修辞手法被分为两类，一类是消极修辞，另外一类是积极修辞。消极修辞手法是一种被普遍使用的、基本的修辞法，它的功能是将语言表达得明白晓畅，没有含糊，没有歧解。这里消极修辞中的“消极”，不是表达效果的消极，而是具体方法不取巧、不求新异和华丽，重点在精选词语、锤炼语句、讲究章法方面下“苦”功夫、“笨”功夫。积极修辞的功能就在于将语言表达得生动形象，使人有更高的阅读积极性，乐于阅读。消极修辞手法以使阅读者准确明白为目的，使用具体方式方法时常以所表达意义的精准有效为主要目标，只求适用，不计较具体手法的巧拙；积极修辞手法以提高阅读积极性为主要目的，注重修辞格的使用，讲求手法的漂亮和辞藻的华丽。

从以上有关公文使用目的和语言特点的分析中我们会发现，实际上消极修辞在公文中有更积极的意义，消极修辞所达到的效果才是公文所真正需要的，而积极修辞则不是公文修辞的主要手法，因为它所达到的效果并不是公文最需要的，因此在公文写作实践中受到一定的限制，在公文修辞中居于辅助地位。

### 4.4.2　修辞格在公文中的应用

修辞格又称修辞方式，它与精选词语、锤炼语句、讲究章法并列，共同构成现代汉语的主要修辞手法。修辞格有多种，但由于其主要功用在于唤起读者的兴趣来提高表达效果，因而更适合于作艺术性的表达。它在公文所追求的平实的表达中受到一定的限制，因此只有少部分修辞格适于在公文中使用。公文中更主要的是依靠遣词、炼句和讲究章法来提高语言表达效果，修辞格的运用则处于辅助地位。

由于有些修辞格在公文中有妨害直接表意、易生歧义、平添文字符号数量等缺陷，所以夸张、双关、比拟、象征、婉曲、含蓄、幽默、讽刺等修辞格在公文中是不适用的，比较常用的只有引用、比喻、借代、排比、反复、对比、换算等数种修辞格。

1. 引用

引用是通过援引现成语言材料的方式来提高表达效果的一种修辞格，在公文中有比较高的使用频率。之所以如此，主要在于恰当地使用这种修辞格有利于简明扼要地交代行文目的并提出各种主张的依据，增强文件的说服力和权威性。如：

“国务院办公厅发布的《国家行政机关公文处理办法》中规定：‘部门之间对有关问题未经协商一致，不得各自向下行文。’你局在新闻出版主管部门市出版局对有关重要条款持反对或保留态度的情况下，单方面颁布了《××市中小学补充教材出版办法》，违反了基本的行文规则，故该文件应予废止。”

公文中的引用大都为明引，即明确指出被引用材料的出处（标题、文号等），不说明引文出处的暗引应尽可能避免，特别是“引用”旨在增强文件自身权威性的情况下更是如此。

2. 比喻

在两种具有某种相似之处的不同事物中，用其中的一种来描写和说明另一种就是比喻。比喻有三种基本类型：明喻、暗喻、借喻。在公文中，暗喻、借喻更具普遍性。如：

“党八股的第四条罪状是：语言无味，像个瘪三。”

这是一个明喻，其特点是本体（即被说明的事物）和喻体（也就是用来作比方的事物）都出现在句中，并配有比喻词“像、如、似的、有如”等。

“一切反动派都是纸老虎。”（暗喻，其特点是句中无比喻词，把本体直接说成喻体）

“我们要善于经常清除自己身上的灰尘，在执政条件下永葆革命青春。”（借喻，其特点是只述喻体，省掉本体）

在公文中恰当地运用比喻，可将道理讲得浅显易懂，或者能增加表达的形象性，调动读者的阅读积极性。但必须注意的是，任何比喻都是有缺陷的，如果这种缺陷表现为对公文的严肃性、准确性、权威性有所伤害时，就不应再使用这种修辞格。

3. 借代

不直接说出事物的名称，而用另外一种与本体事物密切相关的事物（借体）名称来代替，就是借代。这种修辞格在公文中的使用频率不是很高，只在需使语言表达更加通俗易懂或将抽象概念更加具体化时使用。如：

“‘四人帮’犯下了极其严重的罪行。”（用“四人帮”代称王洪文、张春桥、江青、姚文元反党集团）

“我们的原则是党指挥枪，而决不允许枪指挥党。”（用“枪”来代称军队）

“不拿群众一针一线。”（用“一针一线”代称一切财产）

从以上例句可见，恰当地使用借代，不仅可使表达更加简练、严密，而且更加通俗易懂。需要注意的是，含讽刺意味或带侮辱性的，以及不够庄重严肃的和不为人们所熟知的借体，不适于在公文中使用，因为它们对于提高表达效果不但无益反而有害。

4. 排比

把内容密切关联、结构相同或相似、语气一致的三个或三个以上的词组、句子接连在一起表达，就是排比。它有三个主要修辞功能：一是有助于文章气势贯通、条理清晰；二是使语言节奏整齐、和谐流畅；三是便于抓住特点，对某些事物作重点勾画。在公文中，排比大都用于阐发重要道理或叙述一些需要引起人们高度重视的问题。如：

“各级党委都要做到统一认识，统一政策，统一计划，统一指挥，统一行动。”

“只要我们仍然保持清醒的头脑，只要我们坚持正确的政策和策略，只要我们紧紧依靠广大人民群众和团结国际友人，我们就一定能取得最后的胜利。”

排比在公文中有比较普遍的应用，但在使用时必须注意从实际需要和可能条件两个方面考虑问题，不可为使用这一修辞格而去生拼硬凑内容。

5. 反复

故意让同一词、语、句重复出现，就是反复。在公文中应用这一修辞格主要是为突出强调某些重点内容。如：

“要提高产品质量，必须强化干部、职工的质量意识；要提高产品质量，必须提高职工队伍的技术素质；要提高产品质量，必须建立并完善有效的质量保障体系。”（通过“结果”的反复出现，强调了必备“条件”，使重点内容更突出）

需要注意的是，作为一种修辞格的反复是出于提高语言表达效果的需要和可能而被使用的，如果运用不当，很容易给人以啰唆繁杂之感。为此，在公文中运用反复时，必须认真考虑是否需要作某些强调，是否能达到强调的目的，如果答案是否定的，就应予以取消。

6. 对比

把互相对立的事物或同一事物的两个对立面放在一起进行比较，以使事物的性质更加分明，从而加深人们对其理解和认识，就是对比。在公文中正确地运用对比，有助于加深阅文者对事物本质的理解。如：

“共产党人必须随时准备坚持真理，因为任何真理都是符合人民利益的；共产党人必须随时准备修正错误，因为任何错误都是不符合人民利益的。”

上例从正反两方面阐述了共产党人对待真理与错误的不同态度，针锋相对，鲜明而深刻。

7. 换算

换算就是将难识的或需特别强调的数量加以折算，以更加具体、可感、直观、形象的方式加以表达的一种修辞格。在公文中运用换算，有助于将枯燥乏味的数字形象化，给阅文者的理解提供一定的便利，同时，也有利于给其以更深刻、清晰的印象。公文中所使用的换算方法主要是“大化小”、“生化熟”等。

“大化小”就是将数值巨大的数字以缩小若干倍的形式化为小数字，使人们对事物的量的概念有较为清晰的认识。如：

“××××年全世界军备开支达到空前的数额，共计5 500亿美元，即每分钟花费约100万美元。”

“生化熟”就是将生疏、不易记忆的数字用人们熟知的数字概念来表达，从而收到易于理解和记忆的效果，给人以更深刻的感受。如：

“1971 年至 1979 年，全国共少生 5 600 万人，相当于广东省人口的总和。”

运用换算时应注意，换算体务求通俗、易懂并为大多数读者所熟知；换算体与被换算体之间的数量一定要相等或大体相等。

## 4.5 公文专用词语

### 4.5.1 公文专用词语的功能

由于表意和表现特殊色彩的需要，公文中有一些出现频率较高的词语。这些词语词形确定，词义精确特定，用途稳定专门，并为从事公文工作的人们所熟悉，它们就是公文专用词语。正确地使用公文专用词语可使写者顺手、读者便当，保证表意精当得体，理解精确周严，可提高制发和处理公文的质量与效率。

### 4.5.2 常用公文专用词语

依照具体用途的不同，公文专用词语可被划分成多种，其中比较常见的有以下十几种：

1. 称谓词语

称谓词语就是在公文中表示称谓关系的词语。旧文书中，称谓词语的数量很多，具体种类庞杂，其中绝大多数是用来强烈反映封建伦理关系和严格等级观念的。君臣之间，主仆之间，下级官署之间，平级官署之间，等等，都必须使用专门的词语来处理称谓关系。在何种公文中怎样自称，怎样与上级、下级、平级相称，都有严格而繁杂的规范，使用不当，不仅文件无效，甚至会给负有责任的官吏带来大祸。

在今天的公文中，也要涉及称谓关系，也需要使用称谓词语，但由于在社会主义制度下，人与人、机关与机关间的关系是一种新型关系，相互之间都需要互相尊重。因此，表示这种关系的词语也有很大变化。无论是上级、下级还是平级，都可以平等精神直呼个人为“××同志”或直呼职务，直称机关的全称或规范化的简称。旧文书中那一套反映只对上恭敬，对平级谦敬，对下级、对人民群众生硬甚至蔑视或鄙视的称谓词语被完全废除了，只保留了一部分有助于简明、清晰地表达文件内容的指代称谓词（如“本”、“贵”、“该”等）和部分带敬意的涉外称谓词。

“本”字后面加上事物的名称，即表示这些事物是属于作者自己方面的，如“本厂”、“本厅”等。有时，“本”与第一人称“我”可以通用，但“本”字往往更有利于表现一种郑重的色彩。

“贵”后面加上事物的名称，用于称与受文者一方有关的事物，可表示尊敬和礼貌。“贵”与“你”不能完全通用，“贵”只在平行文或涉外文件中运用，而不能用于上行文和下行文。

“该”可用来指代上文中提到的人或事物，这些人或事物不是作者和受文者自身，但可以是与其有关的人或事物（如称本机关内设某单位为“该处”）。“该”字的使用可减少重复并有助于增添郑重气氛。

“陛下”、“殿下”、“阁下”、“先生”、“小姐”、“夫人”等称谓词语在一般公文中只用于称外籍人士或中国大陆以外的有关人士，在涉外文件中则亦可用其中的某些词语称中国大陆有关方面的工作人员。

2. 领叙词语

引导文件直接叙述根据、事实或主张的词语就是领叙词语。领叙词语的功用主要在于使语言表达直截了当、开门见山、简要明确。

使用频率较高的领叙词语主要有：根据、据、遵照、依照、按照、本着、接、顷接、前接、近接、现接、奉、顷奉、查、鉴于、欣悉、惊悉、谨悉、电悉、……已悉、……收悉、……均悉、为了……特、……现……如下，等等。接在领叙词语后面的大都为法律、法令、理论、政策以及有关文件的内容或对有关基本事实的叙述。

3. 追叙词语

引出被追叙事实时所使用的词语就是追叙词语。追叙词语主要用于引出有关事件办理过程的叙述和说明。

追叙词语主要有：经、业经、前经、即经、复经、并经、迭经，等等。

4. 补叙词语

补充叙述文件主要问题之外的其他内容时所使用的开端词就是补叙词语。公文一般以一文一事为原则，但在个别特殊情况下，作者将主要问题交代完毕后，尚需对个别与主要问题不直接相关的问题加以说明，使补充叙述的内容能引起读者注意，就需作附加补叙词语的技术处理。

补叙词语主要有“另：……”、“再：……”等，如：

“另：贵厂在5月份答应向我公司提供的C6—20车床备件，请尽早发送。”

5. 承转词语

承接上文、转入下文的关联词语就是承转词语。承转词语大都用于使公文从对事实的介绍述说转为对作者主张的阐发或概括。正确使用承转词语有利于文字的简洁，可为文件的有效阅读提供便利。

常用的承转词语有：为此、据此、故此、综上所述、总而言之、有鉴于此、由此可见，等等。

6. 祈请词语

向受文者表示请求或希望的敬辞就是祈请词语。祈请词语可将作者的要求和愿望以有礼貌的方式表达出来，除法规文件外，大多数公文都可以使用这类词语。

常见的祈请词语主要有：请、敬请、谨请、恳请、务请、烦、希、敬希、希望、望、尚望，等等。

7. 商洽词语

有礼貌地征求对方意见和反映时所使用的带探询语气的词语，就是商洽词语。公文中的商洽词语不是客套语，只能用于确需对方提意见的情况。

商洽词语主要有：妥否、当否、是否可行、是否得当、能否、可否、意见如何、有何意见，等等。

8. 受事词语

因得到有关方面的支持、鼓励、照顾、帮助、谅解、援助等，需要向对方表示感激而使用的词语就是受事词语。受事词语只用于平行文和涉外文件中，在上行文和下行文中不应使用。

受事词主要有：蒙、承、承蒙、多蒙、荷、是荷、为荷，等等。

9. 感盼词语

向对方表示感谢，希望对方尽快满足某方面愿望时使用的表示感激或盼望之情的词语就是感盼词语。感盼词语是一种尊重对方、语气和缓的礼貌用语，使用时必须做到有感而发、有盼而作，不能滥用。

感盼词语主要有：深表谢意、谨致谢忱、谢谢、以……为感、以……为盼、……是盼、渴盼、切盼等。其中，“以……为感”只用于平行文。

10. 令知词语

表示命令语气的词语就是令知词语。令知词语主要用于命令、指示等一部分下行文。

令知词语主要有：着、着令、着即、特命、勒令、责令、责成、务须、切勿、严禁、不得、毋庸，等等。

11. 告诫词语

表示叮咛告谓和训诫，以唤起受文者关注重视的词语就是告诫词语。告诫词语也只能用于一部分下行文。

常用的告诫词主要有：切切、毋违、不得有误、毋谓言之不预、以……为要、以……为宜，等等。

12. 见解词语

用于表示对事物的认识、态度、主张的词语就是见解词语。

常用的见解词语主要有：应、理应、确应、应予、应将、应以、均应、本应、似应、准予、特予、不予、照准、碍难照准（同意）、拟于、订于、同意、拟同意、不拟同意、缓议、毋庸再议、我们认为、以为、可行、不可行、宜，等等。

13. 判定词语

表示裁断的词语就是判定词语。

常见的判定词语主要有：是、系、显系、确系、以……论、为（wéi），等等。

14. 时态词语

表示时间状态或时间方面要求的词语就是时态词语。

比较有特色的时态词语有：兹、现、顷、嗣后、暂时、片刻、曾经、正在、就、将要、行将、立即、即、即将、即行、时常、永远、一向、一直、届时、届此、值此、定期、如期、按期、先期、逾期、展期、亟、亟待、俟、已、方，等等。

15. 目的词语

直接交代或强调行文目的的词语就是目的词语。目的词语多种多样，即使是同一文种，由于具体的行文目的有别，所使用的目的词语也有较大差异。

常见的目的词语主要有：特予公告、特此公告、特此布告周知、此布、特予通告、此令、特此批复、此复、特此通报、以资鼓励、以示训诫、以利、以便、特此通知、特此报告、特此函告、特此函复、特颁布施行、特备案存查、立此存照，等等。

16. 报送词语

用于表示文件或有关资料物品上报过程、方式或要求的词语就是报送词语。

常见的报送词语有：呈请、呈报、呈送、报送、呈交、报请、申报、申请、报批、提请、送达、迳报、层报、呈上、附上，等等。

17. 颁行词语

表达公文颁发、执行方式、过程或要求的词语就是颁行词语。

常用的颁行词语有：颁布、颁发、发布、公布、下达、批转、转发、颁行、施行、履行、执行、遵照执行、认真执行、认真遵行、切实执行、认真贯彻执行、切实贯彻、认真办理、研究执行、参照执行、参考执行、参酌执行、暂缓执行、暂行、试行、酌情执行，等等。

18. 核查词语

表达审核、督查的方式、过程或结果的词语就是核查词语。

常用的核查词语主要有：审核、审定、审议、核定、核准、核拨、核销、核发、查验、追查、查照、查对、查询、查复、查收、备查，等等。

19. 结尾词语

置于文件正文之后，表示正文结束的词语就是结尾词语。结尾词语的主要功用是防止有人在正文中添加字句伪造文件，同时给阅文者以正文已结束的明确认识。在旧文书中，按例大多数文种均有一个惯用的结尾词语，它们甚至没有很明确的词义，只起标志正文结束的作用。在今天的公文中，一部分文种也有一个相对固定的结尾词语作为正文结束的标志。所不同的是，这些词语大多有明确而实在的含义，其自身还有表示行文目的、行文要求（包括执行要求）或表示感激、盼望、训诫等方面的作用，标志正文结束的作用大都是兼而为之。故此，结尾词语有时就同时兼为目的词语、感盼词语或告诫词语、颁行词语。

命令的结尾词语可写作：此令、毋违、以上命令由……执行、着即施行、自……起施行、毋谓言之不预、不得有误、以……为要，等等。

指示的结尾词语可写作：特此指示、望……执行、自……起施行、以……为要，等等。

批复的结尾词语可写作：特此批复、此复、望……执行，等等。

通报的结尾词语可写作：特此通报、特予通报、特通报……以资……、特通报……以示……，等等。

通知的结尾词语可写作：特此通知、望……执行、请……试行、按……办理，等等。

决定的结尾词语可写作：自……起施行、特此决定，等等。

公告、布告、通告的结尾词语可写作：特予公告、特此公告、此布、特此布告、特此布告周知、自……施行（执行）、自……起生效，等等。

请示的结尾词语可写作：当否请示、请审核批示、请批复、请核实、请即批复、请即批复为盼、请审批、请即见复，等等。

报告的结尾词语可写作：特此报告、此报告、妥否请核实、如有不当请指正、请批示、特此备案、特……请查收、以上意见如无不当请批转……执行，等等。

函的结尾词语可写作：特此函告、特此函复、此复、请即见复为盼、请即见复为感、请示复、……为盼、……为感、……为荷、……是荷、谨致谢忱、非常感谢、切盼、此致，等等。

## 本章小结

语言是文章的第一要素，公文写作的过程在一定意义上就是一个语言运用过程。特殊的应用领域与应用目的使公文的语言具有庄重、准确、朴实、精练、严谨、规范的特点。公文语言的特点，具体体现在词语、语句诸方面以及表达、修辞、构词组句等语言运用实际活动中。公文词语的选择与语句的组织需要遵行一部分特殊的规则。在一定意义上，公文的表达效果就是公文的实际执行效果，因此，公文不仅需要修辞，而且需要非常讲究修辞。公文修辞有自己的特殊规律需要遵行。公文中有一部分专用词语，了解其含义和应用方法，正确地使用这些专用词语有重要价值。

## 关键术语

公文语言　公文词语　书面词语　口语词　方言词　土俗俚语　生造词语　双音节词　单音节词　多音节词　公文专用词语　介宾词组　联合词组　“的”字词组　辨析词语含义　分辨词语的感情色彩　褒义词　贬义词　语调　汉语语音系统　词语的搭配　词语风格　古语词　外来词　公文语句　歧解　曲解　主题句　陈述句　祈使句　疑问句　感叹句　无主句　单句　复句　限定修饰成分　歧义　搭配得当　语序　公文修辞　修辞手法　消极修辞　积极修辞　精选词语　锤炼语句　讲究章法　修辞格　引用　比喻　借代　排比　反复　对比　换算　明引　暗引　明喻　暗喻　借喻　“大化小”　“生化熟”　称谓词语　领叙词语　追叙词语　补叙词语　承转词语　祈请词语　商洽词语　受事词语　感盼词语　令知词语　告诫词语　见解词语　判定词语　时态词语　目的词语　报送词语　颁行词语　核查词语　结尾词语

## 思考题

1. 公文的语言特点是什么，具体体现在哪些方面？
2. 公文所使用的词语的特点是什么？
3. 撰写公文时选择词语需要注意什么？
4. 公文的语句应达到什么要求？
5. 怎样在公文中正确安排语序？
6. 为什么公文更加需要讲究修辞？
7. 公文修辞的特点是什么，为什么会形成这样的特点？
8. 为什么修辞格不能成为公文修辞的主要手段？
9. 总结、积累和使用公文专用词语有什么实际意义？
10. 公文专用词语与公文“套语”有什么根本性不同？

## 练习题

1. 请按公文写作要求修改下列句子

(1) 以上请示如无不当，请即批复。

(2) 以上意见如有不当，着即批转各有关单位认真遵照执行。(一报告语)

(3) 目前，国家发改委正在研究天然气价格及天然气利用，将有计划地提高天然气的价格，加快与国际接轨的步伐。

(4) 我们一定要严厉打击少数腐败分子，把反腐败进行到底。

(5) 该犯持枪拒捕，当场将我武警战士刘晓阳同志击毙。

(6) 我们一定要采取措施，尽可能节省不必要的开支和浪费。

(7) 本学期来我校进修的有青年、学生和一部分企业管理人员。

(8) 加强全面质量管理是目前我们能否搞好企业管理的一个最最首要的问题。

(9) ××公司的上述行为已严重违反《中华人民共和国海关法》，根据该法第×条的规定应当给予50 000元罚款。

(10) 经双方认真协商，双方提出的各项要求和问题均已圆满解决。

(11) 五月的北京是最美的季节。

(12) 离休干部李永同志参加革命的确切年代是1938年8月12日。

(13) 据统计，某市15岁以上居民有153万人，约占全市人口的70%多。

(14) 我们认为，以上三个单位代表的发言，在观点上基本上完全一致。

(15) 我们建议能否把××故居加以修葺，辟为一个新的旅游景区。

(16) 研究人员分析了甲企业集团和乙企业集团在个个时期进行竞争时所采取的策略特点。

(17) 结论只有一个：非坚决照县政府指示办。

(18) 违禁养犬者一律从严处罚并强行捕杀。

(19) 从这些事实中，充分证明了×××确属知法犯法、明知故犯。

(20) 无论干部和群众，毫无例外，都必须遵守社会主义法制。

(21) 你县《关于重新装修县政府招待所的请示》收悉。经研究，我们认为装修方案中拟定的装修标准过低。请参照国际五星级饭店总统套间的标准重新规划装修方案，以倾全县人民血汗，做艰苦奋斗的模范。此复。

(22) 小李同志做任何工作都是非常认真得很。

(23) 发行的债券有十年期、五年期、八年期共三种。

(24) 公文的保密等级包括：机密、秘密、绝密等三种。

(25) 作为一个公民，有义务维护国家的合法权益。

(26) 电话计费卡的面额，分为5元、10元、1元、50元、100元和500元六种。

(27) 领导干部要严格要求自己，不要沾染上不良行为。

(28) 经过全厂的努力，今年外贸出口额创历史最好水平。

(29) 我国棉花的生产，长期不能自给。

(30) ××科技开发中心聚集了一批热心于科技开发服务、善于经营管理的专业化队伍。

(31) 他在培育良种方面花了很大的心血。

(32) 我们要走工业化、信息化融合发展。

(33) 在这次大会上，各单位就信息化发展问题交换了广泛的意见。

(34) 公司领导全面采纳了两个工人的建议，大大激发了公司职工参与管理工作的积极性。

(35) 政府部门的经费来源来自国家财政拨款，各种罚没款必须依法上缴，不能截留自用。

(36) 处理好人与自然的关系，要靠政府的力量，同时也不能不发挥民间力量在舆论动员、监督检查等方面起到无可替代的作用。

(37) 市政府要求，各高等学校学生公寓的生活用品和床上用品由学生自主选购，不得统一配备。

(38) 由于技术水平太低，这些产品质量不是比沿海地区的同类产品低，就是成本比沿海的高。

(39) 在激烈的市场竞争中，我们所缺乏的，一是勇气不足，二是谋略不当。

(40) 当今世界，自主知识产权所占比重是衡量一个国家科学发展水平的标志，而科学技术进步与否是国家富强的标志。

(41) 科学的发展逼得反科学的人不得不戴上伪科学的面具来反对科学。

(42) 这家老字号食品厂规模不大，但从选料到加工制作都非常讲究，生产的食品一直都是新老顾客备受信赖的。

(43) 某市为大部分农民工办理了银行卡，建立工资“月支付，季结算”，维护了广大农民工的合法权益。

(44) 这项基金，是对公益林管理者发生的抚育、保护和营造等支出给予一定补助的专项资金。

(45) 地铁紧张施工时，隧道突然发生塌方，工段长×××奋不顾身，用身体掩护工友的安全，自己却负了重伤。

(46) “2006 中国沈阳世界园艺博览会”是世界园艺博览会历届占地面积最大、活动最丰富、演艺最精彩的一次盛会。

(47) 这里，昔日开阔的湖面大部分已被填平，变成了宅基地，剩下的小部分也在以 10%的速度每年缩减着，令人痛心。

(48) 苏通大桥建造的初衷是，拉近苏北、苏南的距离，进一步推动江苏省沿江开发战略的实施，具有十分重要的意义。

(49) 农贸市场的货物琳琅满目，除各种应时的新鲜蔬菜外，还有肉类、水产品、鱼、虾、牛蛙及各种调味品。

(50) 由于计算机应用技术的普及，为各级各类学校开展多媒体教学工作提供了良好的条件。

(51) 1992 年，世界上第一条手机短信在英国发送成功，拉开了短信文化的先河。

(52) 六年间，我国航天技术完成了从单舱到三舱，从无人到有人，从“一人一天”到“两人五天”的进步。

(53) 阅览室图书经常出现“开天窗”现象，我们可以从这一现象反映两个问题，一是阅读者素质有待提高，一是管理力度有待加强。

(54) 4 月 23 日，全国几十个报社的编辑记者来到国家图书馆，参观展览，聆听讲座，度过了一个很有意义的“世界阅读日”。

（55）1984年12月26日，中国首次南极考察队抵达南极洲。

（56）高速磁悬浮列车没有轮子和传动机构，运行时与轨道不完全接触，列车的悬浮、驱动、导向和制动都靠的是利用电磁力来实现的。

（57）鸟类的迁徙，往往受外界各种条件的变化而引起的。

（58）据统计，全省个人捐资办学万元以上的已将近500余人。

（59）今年春节前后，全县预计能建造3级公路约五十多里左右。

（60）由于加强了生产过程中的生态环境监控，该基地每年的无公害蔬菜的生产量，除供应本省主要市场外，还销往河南、河北等省。

2. **填充恰当的词语**

备选词语：附送、以资、施行、承蒙、展期、责成、核发、执行、当否、贵、意见如何、值此、提请、拟、你、兹批复、接、收悉、据、盼、转发、无不当、欣、热烈祝贺、系

（1）________局《关于×××问题的请示》（×发〔2009〕2号）________，经与××研究________如下：……

（2）________中华人民共和国××总署令，经国务院批准，自××××年×月×日起……

（3）________反映，××省××总公司函称：……

（4）由于地震灾害造成我市与外界交通中断，各项准备工作未能就绪，故决定××会议________举行。

（5）贵局意见如何，请即研究见复为________。

（6）市政府同意《××市发改委关于×××问题的报告》，现将文件________给你们，请认真遵照____________。

（7）随函________《×××情况统计资料汇编》一份，请查收。

（8）以上意见，如________________，请批转各市县贯彻执行。

（9）________悉________公司成立，谨表________________。

（10）该生确________我校××学院××专业××级学员。

（11）《××市农民工社会保障暂行办法》业经市政府批准，自××××年×月×日起生效________。

（12）________社会各方面大力支持，我校已顺利完成校址迁移工作。

（13）以上意见________，请批复。

（14）贵公司________，请即函复。

（15）________建院四十周年之际，谨表由衷祝贺。

（16）形成初步处理意见如下，________股东大会审议。

(17) 我局________建一个电子数据备份中心，初步方案附后，请审核批示。

(18) 教学质量管理体系认证证书由该委员会________。

(19) 特此通报表扬，________鼓励。

(20) 按照王市长的指示，此类事务已经________有关部门负责处理。

# 第 5 章

# 公文写作要则

本章概述了公文写作基本要求、公文写作程序、行文规则的基本内容以及正确遵行这些重要规则的意义和具体注意事项，介绍了公文中若干概念和事物的特殊表达规范、公文文稿的书写规范等具体内容。

**本章学习要点**

- 公文写作基本要求
- 公文写作的程序过程
- 行文规则的主要内容
- 公文中若干概念和事物的特殊表达规范
- 公文文稿书写规范

## 5.1 公文写作基本要求

### 5.1.1 公文写作基本要求是对公文写作规律的反映

写作是人类表达思想和情感、交流意见、互通信息的重要方式，是一种创造性的活动。在当今社会，随着信息交流活动的日益扩大和加强，写作的重要性更加彰显。会写文章、写好文章成为对各行各业、各级各类管理者的基本能力要求。管理活动对书面信息沟通的特殊依赖性，特别是对公文的特殊依赖性，决定了公文写作的重要性。

公文写作实际上是指撰写公文文稿的工作活动行为或者过程。同其他文章的写作一样，公文写作也有内在规律性。对于公文写作而言，除了必须遵从诸如文通字顺、观点与材料统一、层次分明、结构合理等文章写作通则之外，还需要遵从一些特殊的规律。从怎样确立正确的思想观点和判断，到执笔人用什么样的具体方式把它们有效地表达出来，都有特定的内在逻辑可循；从怎样维护公文的真实、准确、可靠，到用什么样的具体形式保证公文的现行效用和历史效用，都需要受到特定的法律、政策、道德、思想作风和工作作风及管理规范等外部条件的约束；从“写”出所想到“作”出成品，都有特定的管理规则和技术规则需要遵从。为此，要不断提高公文写作水平，真正写好公文，就必须认真学习、研究并掌握这些内在逻辑、外部约束、管理规则和技术规则，它们就是对公文写作规律的真切而全面的反映。

在工作实践中，人们常把公文写作的内在逻辑、外部约束，以及各种管理和技术方面的规则称为公文写作基本要求。这些基本要求是对公文写作客观规律的反映，实际上也是公文的质量标准。

### 5.1.2 公文写作基本要求的内容

我国党政军领导机关，都以规范性文件的方式对公文写作基本要求作出了明确的概括，归纳其中最基本的精神，应当包括如下十个方面的内容。

1. 合“法”

合“法”，即要求公文的内容与形式以及公文形成的程序过程务必合乎国家法律、法令、方针、政策，合乎上级指示和规定，与本机关其他现行有效文件保持一致。

依法理事，依法处理公务，是现代管理的特点，也是正确处理公务的客观需求。要使公文真正具备“法定”的执行效用，使其受到“法”的有力保障，公文自身首先必须“合法”，因为法律从来不单方面保护什么，自身违法违制的公文不但无效，相反还会受到“法”的制裁。

2. 求实

求实，即要求公文的内容能从实际情况出发，有切实的客观针对性，有利于解决实际问题；要忠实地反映情况和问题，不夸大、缩小和虚构任何事实；各种判断要合乎实际，杜绝主观臆想、臆断；各种解决问题的方法措施应切实可行，具有可操作性。

(1) 从实际出发，解决实际问题。这是对写作目的和出发点的要求。要使公文有效，必须使其对客观实际情况有真切的针对性。不考虑、不了解实际情况，不是为解决实际问题写公文，而是为写公文而写公文，只能助长官僚主义、文牍主义，这样的公文或者是脱离实际的“假、大、空”式的官样文章，或者是背离客观情况瞎指挥的工具，只会给工作带来混乱和失误。为此，撰写公文时，必须有明确而实际的目的，充分了解客观实际情况。脱离了这样的出发点和目的，是写不出有效用的好公文的。

(2) 忠实地反映情况。这是写好公文的基本条件。有效的管理活动都需要以充分的事实作为论理、办事的依据。公文功能的主要表现，就在于它能在上下左右之间沟通情况。而公文功能的真正实现，必须以情况的全面真实为基础。如果在公文写作中，出于种种考虑，虚构事物，有意夸大或缩小甚至掩饰事物的某些方面，无疑会使受文者获得片面甚至完全颠倒事实的错误认识，受文者以此作决策或者去行动都是十分危险的。为此，在写作中，必须忠实、客观地反映情况，不巧言伪饰，不夸大其词，真正做到文实相符。

(3) 判断合乎实际。这是公文产生实效的关键。公文的强制执行效用，使其对客观事物所作的肯定或否定具有极重要的意义，因为这种判断、决定制约着受文者的行为，是受文者普遍关心，也是最重要的内容。判断的正确与否决定着决策的正确与否，也就决定着公文能否产生有利的作用。所谓正确的判断，无一不是符合客观实际的，为此，在写作过程中，对任何事物的肯定或否定都必须以客观事实为根据，在不占有足够的实际材料、不了解事物真实本质的情况下，不妄下断言，不草率从事，做到不言即可、言必有据。

(4) 方法措施切实可行。这是使公文产生实效、落到实处、解决实际问题的重要途径。反映情况，作出判断，其最终目的还是为解决实际问题。而解决任何问题都离不开切实的方法。就绝大多数公文而言，无论其属于上行文还是下行文，无论其具有规范性、领导指导性，还是陈述呈请性，总离不开方法问题。规范性公文实质上常常是一种普遍的、原则的方法规定；领导指导性公文更经常是关于方法措施的领导指导；请示是为了直接获得解决问题的方法或使一些方法能获准使用；报告用于反映问题、汇报情况、提出建议，但归根结底还是为了帮助上级制定政策，寻求解决问题的方法。说到底，公文就是为了解决一定的问题而形成和被使用的，因此都要直接或间接涉及解决问题的方法，而真正有效的公文的特点之一，就在于能为管理活动中各类问题的解决提供有实效的方法。为此，在公文写作中，讨论或制定方法时必须注意使其符合实际，切实可行。

坚持实事求是精神，这是由我国公务机关的社会主义性质和做人民公仆、为人民办实事的宗旨所决定的。如果背弃了这一原则，官僚主义、形式主义就会泛滥成灾，浮夸、生搬硬套、妄下结论、草率从事、虚于应付的腐朽之风就会严重污染公务机关的空气，如此制发的公文也势必成为空文、假文，从有利的工具异化成工作障碍。

3. 合体

合体，包括文体正确、语言运用得体两个方面。

（1）文体要正确。务使表达合乎公文这种特定式样的文章的特殊要求，如：直接表意，不渲染，不用曲笔；只表达对解决实际事务和问题有直接应用价值的事与理；不虚构，不夸张，追求从本质到细节的全面真实；使用通用性强的符号系统表意；兼用议论、说明、叙述三种基本表达方式；慎用修辞格；不简单排斥有较强规律性的程式化表达手法和式样等。

要使文体正确，需要我们充分认识公文的文体归属，并用其允许的语言形式去表意。

文体是由较为固定的语言使用目的和表达方式决定的，因此，写不同文体的文章就必须使用特定的语言，不允许有很大的“自由”。超过这个范围就是不得体，就预示着表意的失败，对公文来说，则更进一步预示着它将全部或部分地失去效用。例如，不考虑公文对表达方式的特殊要求，只单纯使用议论、说明、叙述中的一种表达方式，那么公文就或者成为纯而又纯的议论文，或者成为实实在在的说明文。人们通过公文既言事明理，又解决具体问题的目的就无法实现。再如，不顾文体要求，将夸张、反语、拟人等修辞格用在公文中，这种不得体则既违背了应用文直接表意的规律，又很容易因此而使受文者不明白作者的真正意图，造成歧解。

（2）语言运用要得体，符合特定场合、对象的需要。也就是说，公文中的语言必须合乎作者在特定社会关系中的地位，合乎公文所处的社会语言环境的需要。

使语言合乎作者在特定关系中的地位，就是要求我们在选择语言形式之前，首先弄清自己与受文者的真正关系，明确作者的真正身份。之所以如此，是由于这种关系、身份是语言的选择依据。不注意这一点，就会用错语言，或者对自己的同级或不相隶属的机关用语生硬犀利，或者对自己的下级用语婉曲谦敬，甚至会对自己的上级发号施令。诸如此类的不得体给行政公文带来的不仅仅是令受文者生厌，往往还使受文者产生误解，使公文失效，如用过于婉曲谦敬的语言给自己的下级机关写命令，处处委婉，事事留有商量的余地，其强制对方执行的功效自然就不会存在。

使语言合乎公文所处的社会语言环境，就是要求我们在写作过程中，应弄清受文者的语言接受能力及其对公文所反映的客观事物的熟悉程度，以此作为选择语言的又一依据。公文的特点之一，在于其有特定的收受对象，可以定向表述问题。为使表达有效，必须对对象有比较深入的了解，以用其熟悉且能够准确理解的语言去转达意图，使公文产生效用。如果不是这样，不顾对象的具体情况，不管其对文中涉及的事物是否内行，都去用大量的术语、行话去表意，那么轻则给受文者增加理解上的困难，重则就要使其误解作者原意，产生错误认识，从事错误活动。因此，这种不看对象、不顾语言环境需要的不得体，同样会损害公文效用。

要使公文真正成为公文，真正发挥公文的作用，文体必须正确，表达必须得体，否则，轻者会闹出笑话，重者会使公文无效。

4. 简明

简明，即要求尽量用最简洁的文字，明确、顺畅且有条理地表达充实丰富的内容，做到言简意赅。

简明对于公文而言是非常必要的。因为公文既不是系统、深入的学术研究结果，也不是供人欣赏、给人以间接教益的文学作品，而只是一种在处理各种工作事务中具有直接应用价值的办事工具，因此，它不需要学术论著的恢弘缜密，也不需要文学作品的细腻曲折，而只求简要明了地表言达意，使受文者方便快捷地阅读，迅速有效地办事。冗长空泛、语意不清的公文只会给人们带来人力、物力、财力、时间和机会等方面的巨大浪费，降低甚至湮灭公文的效用。在管理职能不断扩大、管理信息迅速膨胀的现代社会，撰写简要明确的公文更有实际意义，因为它有利于减少人们用于信息处理的时间耗费，提高人们驾驭信息的能力，尤其在消除“文山”给人们带来的困扰方面能起积极作用。

简明是简要与明确两个方面的统一，二者缺一不可。烦琐冗长必须避免，简而不明同样也要不得。在实际写作过程中，真正做到简与明兼备并非易事。除了有赖于撰稿人思想作风、工作作风端正，不出于种种不正当目的和考虑，不故意或潜意识地讲套话、假活、废话、多余的重复话、“鬼话”之外，还需要撰稿人能对公文所涉及的事物有较深刻的认识，当然，更需要其掌握公文知识，有较强的语言表达能力，熟练地掌握驾驭语言中简明表意的技巧。

“简”而“明”的公文会给作者、受文者双方带来便利，提高各自的工作效率，使公文能在有效的时间限度内，充分发挥有利的作用。在生活节奏越来越快的现代社会，这一点显得尤其重要。

5. 严谨

严谨，即要求公文的结构必须严密有序，用语务必缜密、确切，不生歧义，没有漏洞。

使公文的正文结构严密有序，就是要掌握谋篇布局的方法与艺术，保证思路清晰严密、理序顺畅、条理分明、数据完整、层次清晰。只有如此，才能使受文者完整清晰地了解公文内容。

公文对人们的影响是针对行为的，影响本身是完全直接的，因此，公文内容给受文者带来的认识必须是精确的，任何人读后所获得的感知都应当是一致的，这就需要公文本身一定要“滴水不漏”，保证含义唯一、确定。

在写作过程中，用词不当、语序不妥、语法错误、滥用辞格、限定修饰对象不明、逻辑混乱，甚至标点符号不正确，都会引起歧义。因此，必须保持高度警惕，避免出现以上问题。

6. 准确

准确，即要求从对公文制发意图与依据的反映到每项具体内容的表达，从文种的选择到概念的使用，甚至每个符号的书写印刷，均必须准确无误，不允许有任何欠缺、失当或失真。

公文对人们行为影响的直接性、强制性，以及它特殊的“物”（客观事物）—“意”（有关领导对事物的认识）—“意”（撰稿人的认识）—“言”（运用语言表达认识，形诸文字）的形成过程所带来的一系列特点，使准确无误成为公文质量标准中的重要指标。这一方面是由于公文的形成过程易出现“不确”，另一方面，更主要的则在于这种“不确”一旦形成，将很难改变，在强制力的放大之下，点滴微小的错漏都会铸成巨大的错误。

7. 规范

规范，即要求公文格式、语言表达、符号使用均应符合有关规定，符合语法规则与逻辑规则，不允许“标新立异”。

规范是公文的一大特点，也是公文的生命。要使公文能在最大程度、最大范围内实现有效沟通，不讲规范性、不坚持规范性是不可能的。只有规范，才可以扫清沟通中的障碍，才可以使公文的写作、阅读、传递、处理更快捷、更有效。

8. 完整

完整，即要求公文结构完整，不遗漏任何必备的内容，以保证公文能完整有效地消除受文者在特定问题认识上的不确定性，减少沟通次数，提高沟通效率。

制发公文的目的是要对有关方面的行为产生预期的影响，但如果公文中所表达的意思不完整，不能给对方以完整的认识，那么，对对方行为的影响也将是残缺的，甚至是无效的。

9. 清晰

清晰，即要求各种文稿文本上的字迹要清楚，字体要标准、统一，避免因字迹不清、模糊混乱而造成错漏。

公文是需要通过人们的阅读来最终实现其效用的，因此，无论以何种方式制作，必须保证其清晰可辨，可准确阅知。公文对人们行为的强制性影响，使任何微小的误读、错读都可能产生极其有害的后果。俗语说，“一字入公门，九牛拔不出”。在公文上一些小的错误、疏漏，往往会铸成无法弥补的大错，给国家和人民造成无法挽回的巨大损失。公文的高度权威性和强制执行效用，能对这些错漏起放大作用。在商品价格数值中错误地多印或少印一个“0”，就能使这种商品一夜之间身价巨变；在一个关键字上多写一笔或是少写一笔，就会改变事物的性质，甚至决定一场战争或较量的胜负。为此，撰写公文时，必须有高度的责任感，保证书写工整，清晰可辨，不放过哪怕是十分微小的错漏。

10. 耐久

耐久，即要求公文的制成材料（书面公文主要包括纸张和字迹材料）应持久耐用，以保证公文的有效物质存在，使其既能充分发挥现行的执行效用，又能在转化为档案后，作为历史记录发挥更长远的历史效用。在书写印制公文时要注意选用质量较好的纸张，纸张最好能呈中性（pH值＝7）或接近中性，耐折度、撕裂度、平滑度、白度等项指标值要较高，施胶度要适中。各种字迹材料应具有稳定的理化性能，最好选用墨汁、碳素墨水、蓝黑墨水及黑色、蓝色、红色印刷油墨等字迹材料，切忌使用铅笔、普通圆珠笔，以及以化学染料为色素成分的红、绿、纯蓝等墨水。

能否完全实现公文的历史效用，首先取决于它能否有长久有效的物质存在。因此，在形成公文的过程中就应当注意使其具备耐久性。

## 5.2　公文写作程序

写作实际上是一个收集、加工、输出信息的过程。这个过程大致可分为“采集——构思——表述”三个阶段，具体又可分为采集、立意、谋篇、用语、修改五个基本步骤。公文写作当然同样需要这样一个类似的过程，但受到公文有效生成条件的约束，这个过程在步骤构成、阶段划分，特别是内容方面形成了一定的特殊性，而且这个过程也更加确定，形成了严格的程序规范。我国公文写作程序分为写作前的准备、文稿撰拟、文稿完善三个阶段，共计有 11 个主要步骤。

### 5.2.1　写作前的准备

古语道："凡事预则立，不预则废。"要写好公文，需要在动笔之前做好准备工作。准备工作包括明确行文目的要求、确立主题、占有材料、选定文种、明确表达要求五个具体步骤。

1. 明确行文目的要求

公务机关制发每件公文，都有其特定的目的与要求，如通过公文发布行政规章，用以整顿管理秩序，或陈述申请事项，说明理由，以请求批准。行文目的与要求是确定公文主题、收集材料以及选择文种的重要依据，因此，在公文写作之前，必须首先予以明确。行文目的与要求一般是由机关领导核心确定，而后向撰文者授意（也称交拟），授意时务求清晰具体，明确交代行文的对象、主要内容与目的要求；撰文者应当准确领会领导意图，并据此进行写作。

2. 确立主题

公文的主题是指公文所要表达的主要问题和作者的主张。由于任何公文的行文目的从根本上说都是为反映一定问题，依据一定主张解决一定问题的，能否实现行文目的有赖于对主题鲜明、正确地表现，因此，主题就成为公文的中心，处于支配地位。内容的安排、材料的选取、语言的遣用都必须服从主题表现的需要。没有主题或主题得不到鲜明、正确表现的公文是没有效用的一纸空文。请看下面一份针对下级"请示"而形成的"批复"。

××县供销合作社：

　　你社××发〔××××〕5 号《关于供销社简易建筑费开支管理若干问题的请示》收悉。根据供销合作总社、财政部制定的《县以上供销合作社简易建筑费开支管理试行办法》的规定，简易建筑费拨款渠道已经改变。

　　特此批复。

该公文的主要缺欠是没有主题，或者说主题不清。下级的请示是请上级答复包括款项来源在内的若干具体问题，但文中却未见作者的明确主张，甚至对文中除款项来源之外的其他问题根本没有涉及。这样的公文对于受文者来说，是无法获得对其有益的某些认识的，相反只会增加其对问题认识的不确定性。可见公文必须要有明确的主题。

需要指出的是，公文的主题与一般文学作品的主题不尽相同。首先，文学作品的主题是隐蕴于作品内容中的中心思想或基本观点，而公文的主题则是明白、直接地表达出的情况、问题和作者的主张。其次，文学作品主题的形成需要有一个“提炼”过程，即撰稿人从丰富、实际的大量材料中“造出”或“引出”其中固有的正确“结论”，但公文的主题通常却不是撰稿人个人提炼出来的，而是由对问题的处理已形成意见的机关领导授意的，不管是经调查研究、分析综合，从事实中“引出”的，还是法律、法规所规定的，公文的主题均须经由对机关工作负有法定职责的机关领导认可并直接或间接授意（如对相近时间发生的同一性质问题的处理意见可能只直接授意一次，问题再次发生时，撰稿人可同样遵行）。

上述两点不同，决定了公文主题的表达是直接、明确的。对撰稿人来说，无须在主题提炼上去死下功夫，真正要认真去做的是使主题高度确定化，以在公文中将其明确、直接、精确地表达出来。

在确立主题的过程中，撰稿人需要将机关领导者的“授意”化原则为具体，化分散（有时一件公文主题经机关领导者集体决定并分别向撰稿人授意）为集中，化含糊为精确，化纷乱为条理，化隐蕴为显露，化疏漏为周严。保证主题有切实的针对性，符合实际，有助于解决工作问题，并便于受文者正确理解、有效执行。

3. 占有材料

所谓材料，就是指撰稿人根据行文目的需要，从各个方面搜集、摄取的一系列事实现象或理论依据。

材料在公文写作中占有重要地位。材料是确立主题的基础，同时又是在公文中表现主题的支柱。一部分主要旨在反映客观实际情况的公文，其绝大部分甚至全部内容都是由经过系统整理的材料构成的。

作为一种思想或观念的公文主题是由机关领导授意给撰稿人的，但它的形成同样需要一个对客观事实或有关理论观点做出加工的过程，而撰稿人对领导授意的正确理解和进一步确定化，也必须以充分了解有关事实或理论观点作为前提条件。从这个意义上讲，材料是确立主题的基础，失去这个基础就不会有主题的确立，至少会使主题的合法性、合理性、正确性和有效性失去保障。

不可否认，有一些公文是不直接将材料写入的，如一些命令、规章等只有作者的主张而不涉及具体事实或他人的理论观点。但这并不说明，在形成这些主张、确定这些主张的过程中不需要材料。事实证明，越是这样的公文越需要更多、更广泛地占有材料，否则这些主张的正确性、有效性就会出现各种各样的问题。

要使公文主题能在文中有效地表达出来，并为受文者理解和接受，也必须有材料作为支持。公务活动是要以事实为根据，依法理事的。要使对方能按公文作者意图去认识问题并有所行动，必须使这种意图、主张有充分的事实根据、理论根据（特别是以法律法规形式确定的观点主张），而材料正可提供这种根据。从这个意义上说，材料又是表现主题的支柱。对于那些主要靠客观事实说明、反映情况来实现沟通目的的公文（如通报、报告、请示、各种报表等）来说，这种作用尤为明显。它们的主要内容就是对事实现象及有关方面的思想观点的真切记录，或者说是对经过系统整理的各种材料的直接引用。没有材料，也就没有了这些公文本身。

材料对于公文写作来说是不可缺少的，因此，在写作前必须充分占有它。

占有材料就是指在广泛收集材料的基础上，经过认真的筛选，获得有用材料的过程。

收集材料是充分占有材料的基础。由于公文通用性强、涉及面广，因此，在收集材料的过程中，力求“多得”。

所谓“多得”，就是在收集材料过程中，对各种类型的材料要全面搜集，即要：

（1）不分古今。既要历史材料，又要现实材料。因为前者可供了解事物来龙去脉，有助于把握事物发展规律和线索，后者则对解决眼前问题有直接针对性或直接应用性。

（2）不分正反。既要正面材料，又要反面材料。因为前者有助于从正面说明情况，讲清道理，以先进经验、典型指导工作，后者则是克服偏向，采取有效控制措施的根据。

（3）不分粗细。既要概括的、反映全面的材料，又要具体的、反映局部甚至是细节的材料。因为当这两部分相辅相成时，最便于人们认识事物的全貌。

要想做到“多得”，必须掌握材料的来源。

公文写作所需材料的来源是多方面的。其中最主要的有三个方面：一是保存在机关公文、档案、情报资料、图书等部门的有关公文、档案、图书、报刊、情报资料等；二是撰稿人亲自动手经有目的、有计划、有针对性的实际调查获得的第一手调查材料；三是对方来文。在这三个方面来源中，来自第一方面的材料数量最大，范围最广，种类最多，但可靠程度不尽相同，有些只有参考价值。来自第二方面的材料数量不大，范围特定，但可靠性强，针对性也较强。来自第三方面的材料数量最小，范围也较窄，但针对性、时效性最强，通常也比较可靠。在实际收集材料的过程中，应充分综合利用这些材料来源，不可偏废。

对材料的筛选就是对收集来的各种材料进行辨别，选取其中可供使用的部分。筛选材料的主要原则是服从行文目的和表现公文主题的需要。与实现行文目的和表现主题有关，并能有力地说明、突出主题者，就要保留；相反，和实现行文目的、表现主题无关，无助于说明、突出主题者，就要舍去。经过筛选被选取的材料还应具有真实准确性、典型性和现实有效性。

材料的真实准确性是指材料本身是对确有其事的事实现象和理论依据的确凿的反映，不容许有虚假的成分，因为公文中的材料常成为受文者开展工作活动、处理具体事务的依据，稍有虚假，轻则使公文失去说服力，使对方不能正确理解公文主题，重则会直接导致工作失败。

要确保材料真实准确，应掌握鉴别材料的科学方法。如分析法，就可以通过对材料中的有关情况及其叙述方法进行逻辑分析，从有违矛盾律（前后自相矛盾）、有悖情理和对关键部分笼统含糊的表述中发现问题。对比法也能在对反映同一情况的多种材料的对比中找出疑点。当然，通过亲自调查去核实材料中的记载，更是辨别真伪的有效途径。在实际鉴别工作中，分析、对比、调查等方法往往需要结合运用。

材料的典型性是指材料应能深刻反映事物本质，具有广泛的代表性。它不能是个别、偶然的“表象”，否则，即或自身是真实的，也没有使用价值。因为，公文所涉及的大都是社会事物，而社会事物往往是极其复杂的，表现也是多方面的，要从这些表现中抽取一些片段作为事物某一性质的例证是不困难的，但如果这些片段不代表事物的本质，不具有广泛代表性，则它们不仅没有真正的说服力，相反会使人们迷惑不解、疑虑丛生，甚至会使受文者误入歧途，将偶然、个别的“表象”当作事物的本质，如果据此去制定政策的话，就难免会使工作活动归于失败。如在“文化大革命”中“四人帮”之流形成的一些公文上，为了说明“形势大好不是小好”，也常引用个别厂矿企业连年增产的材料作为例证。不能说这些材料完全都是假的，但这些材料却是不典型和不具代表性的。因为能完成生产任务的企业数量非常之少，而全国的绝大多数企业是处于停工停产或半停工半停产境地的，国民经济已处于崩溃的边缘。因此，当时大多数人在读了这种公文之后，都摇头苦笑，但同时也确有少数幼稚的或不明事物真相的人，在这些并不虚假的“事实”面前上当受骗。

材料的现实有效性是指材料本身应对说明、解决现实问题有实际意义，以增强公文的说明力。时过境迁的老一套“陈芝麻”、“烂谷子”既很难激起人们的兴味和思考，又无助于从中得出有力的结论。其结果就是，正确的主题得不到有效表现，问题的解决自然也受到妨碍。

4. 选定文种

文种是公文中的一个不可缺少的组成部分，它可以概括表明公文的性质和用途，同时也决定着公文的内容、结构、语言运用。因此，在撰写公文之前，必须正确地选定文种。我国党政军领导机关有关公文处理方面的法规规章，都对公文文种进行了规范，规定了主要公文文种的性质、功用和适用范围，文种的选定应严格遵守这些规范。

5. 明确表达要求

在完成上述四个方面的准备之后，需要进一步明确具体公文的语言表达要求，即根据公文的性质、受文对象的实际状况、表现主题的需要确定：在公文中应主要采用哪种表达方式；以何种语气和神态去表达；在词语选择和语句的组织中主要注意什么；可采用的修辞手法有哪些；有哪些写作技法可以加以利用等。

### 5.2.2 文稿撰拟

在完成必要的准备工作之后，撰拟公文文稿的工作即可进行。文稿撰拟工作包括：安排结构、拟写提纲，落笔草创文稿三个具体步骤。

1. 安排结构

公文的结构指公文的组织构造。安排结构就是具体确定公文组成部分的构成并对其表达次序、相互间的衔接配合、过渡照应及正文开头结尾的方式等作出筹划。

正确合理的结构是对公文所针对的客观事物发展规律及内在联系的反映，它服从并服务于行文目的、要求，以及公文主题表现的需要。由于所有公文具有共同的本质及相对一致的使用目的和产生实际效用的共同规律性，因此，与其他一般文章相比，公文的结构具有相对的固定性。所谓“固定性”，是指应使用目的及生效规律的需要，基本组成部分在所有公文中都必须存在，部分项目的表达次序、正文开头结尾的方式等在性质、用途相同的公文中也具有一定的“套路”。而所谓“相对的固定性”，是指由于公文种类多样，具体性质、用途各异，特别是每一具体公文的使用目的、主题及所针对的客观事物的性质、状态、繁简更是千差万别，因此，不可能存在一种完全一样并一成不变的共同结构。这个特点就要求我们在结构安排中，既注意保持必要的规范性、一致性，又注意因文种、具体公文而异，量体裁衣，作出有益于使公文产生应有效用的筹划安排。

一般文章结构安排的具体内容主要包括：线索及脉络的确定、层次与段落的划分、过渡与配合的安排、开头与结尾的设计等方面。在此，重点论及对公文而言较有特点的几方面内容。

（1）确定组成部分的构成。

为一件具体公文确定组成部分构成的主要依据是使公文产生效用的各种客观

需求。其中一个方面是务必使信息的表达完整正确，令受文者从中获得作者所希望传达的明确认识，削除其在某些认识上的不确定性；另一个方面就是为这种信息表达的有效性提供各种保障，保证公文能对受文者的行为产生法定的强制性影响。为此，在为公文确定组成部分构成的过程中，必须保证一切公文所必需的基本组成部分（标题、正文、作者、成文日期、主题词、印章或签署等）的完整，同时，还要根据每一具体公文在严肃性、正规性、保密性、时效性、明确性、规范性以及有效阅读、处理、保管、检索利用、管理等方面的需求，正确选取其他组成部分（文头、签发人、主送机关、抄送机关、附件及其标记、秘密等级、紧急程度、发文字号、注释、印发说明等）。

为保证公文质量，应保证基本组成部分完整有效，同时坚决排除一切与有效实现行文目的无关的多余成分；在功能相同的前提下，数据量应尽可能少；在可能的情况下，同一文种的公文其组成部分的构成应基本统一。

在基本组成部分中，正文是主体，也是最为复杂的部分，它是由许多大小不等的具体数据单位组成的，自身又有一个结构问题。在确定正文构成的过程中，应力争使受文者由此对有关事物及作者意图获得明确认识，一切有助于消除受文者在该方面不确定性认识的数据都是必要数据。对于每一文种正文的具体构成，我们将在以下的若干章节中详细讨论。

（2）确定组成部分的排列次序。

就公文总体而言，规范的格式要求已对各组成部分的基本排列次序作出了规定，只要在写作过程中认真遵行即可。但就正文而言，则需要撰稿人根据实际需要做较为灵活的处理。

正文的排序相当于一般文章写作中的层次划分，主要有如下几种形式：

1）按事物发展的时间顺序排列。这种排列形式的特点是以公文所反映的客观事物发展的时序为排列的主要线索。在以叙述事实为主的通报、大事记、会议记录或部分会议纪要中有比较普遍的应用。

2）按事件构成要素的逻辑次序排列，这种排列形式的特点是以事件发生的时间、地点、人物（单位）、过程、原因、结果、善后等要素在反映事件全貌中的地位及人们对事件认识的客观进程，作为排列的基本依据。这种形式主要应用于以反映某一事件为中心内容的报告、通知、通报等公文中。

3）按“提出问题——分析问题——解决问题”的事理的逻辑层次为序排列，这种排列形式在需要周密阐发事理的公文（如指示、通知等）中最为常见。通常以提出问题，客观叙述各种表现、现象为先，然后分析事理，剖析事物本质，得出结论，最后提出解决问题的主张、应采取的措施。在比较特殊的场合，也可以先提出结论，然后再列出问题并作出分析，最后提出解决问题的主张。

4）按构成事物总体的各部分间的性质及相互关系排列。这种排列形式的特点是将性质相同或相近的部分归纳为一类，集中排列，以反映事物的某一个侧面。类与类之间按其在反映事物本质中的地位、效用的高低，性质的轻重或相互间的属种关系（先属后种或先种后属），因果关系（先因后果或先果后因），总分关系（先分后总或先总后分）以及工作程序规定或工作惯例等依次排列。以说明作者主张为主要内容的公文（如各种规范性公文及部分领导指导性公文）常采用这种排列形式。

实际上，除了一些结构非常简单的公文之外，大多数公文的正文很少单纯采用一种排列形式，而常根据需要以一种形式为主，兼用其他。这是正常的，也是必须的。因为确定正文排列次序是使公文既言之成理，又言之有序，为公文的撰写和阅读处理提供便利，而并非为了有序而有序，所以，只要能有效地实现目的，灵活兼用不同的排列形式就显得十分必要。

在确定正文排列次序的过程中，不管采用何种形式，都应注意符合表现公文主题的需要，突出反映事物本质和关键性要素，兼顾撰写和阅读处理两个方面的便利。

（3）过渡的安排。

过渡是指文章中各层次、各段落之间的衔接和转换。其主要功用是使文章前后贯通，连接自然，形成有机整体。

文章式的公文是需要过渡并讲究过渡的，因为过渡问题处理得当，不仅能使正文中的各数据单位上下承接，文脉顺畅通达，而且有利于使其结构更加周密严谨，为受文者的阅读提供便利。

公文通常在如下两种情况下需要过渡：

1）正文内容发生转换时需要过渡。如由对客观事实的介绍转为陈述作者主张时（“各部门不断提出一些法律问题要求解释，同时在实际工作中由于对某些法律条文的理解不一致，也影响了法律的正确实施……现对法律解释问题决定如下……”）；由对行文目的阐发转为陈述作者主张时（“为了……特发布如下……”）；由对作者主张的陈述转为对理由、依据的说明时（“……其理由如下……”）；由正面情况或主张转换为反面情况或主张时；由反面情况或主张转换为正面情况或主张时；等等。

2）正文中表述方法发生变化时需要过渡。如由概述转换为具体叙述时（“这届县级直接选举工作，由于……取得了很大成绩，主要有……”）；由具体叙述转换为概括叙述时（“总而言之，该单位目前工作环境的特点就是‘脏’，‘乱’，

‘差’。”）；由总论转换为分论时（“自由主义有各种表现……”）；由分论转换为总论时（“综上所述，可知……”）；等等。

公文中的过渡通常用“过渡段”、“过渡句”和关联词语等形式加以实现。在选择具体过渡形式的过程中，应根据具体情况，选取有效而又简洁的形式。当文意转折很大或需着力显示以唤起阅读者加倍警觉时，可以用“段”或“句”。而在一般情况下则可以采用关联词这种较简洁的形式。在公文撰写实践中，人们还经常以加序号的形式来实现段落与段落、层次与层次的过渡。实践证明，这种形式不仅更为简洁，节省了文字符号，而且能更好地维护公文内容的整体性，为阅读和处理活动提供便利。

（4）正文开头的筹划。

同其他各种文章一样，公文的开头和结尾构成了整篇公文的重要组成部分，其成功和有力与否，对公文的质量有很大影响。成功的开头能调动阅读者的阅读积极性并节省其阅读时间，有力的结尾将使阅读者对公文内容印象深刻，准确把握作者的意图，为正确而有效地处理公文奠定基础。

公文的开头大都为开门见山式，具有直接、平实、简练的特点。其具体形式主要包括：

1）以直接交代行文目的作为开头。如：“为了维护交通安全，特……”，“为了严厉打击走私贩私活动，特……”这种形式常为规范性、重要领导指导性公文和公布性公文以及合同等所用。

2）以直接交代行文根据作为开头。这种开头就是以简明的语句，直接引出制发公文的各种依据，继而引出行文目的或概要主张。如，引出法律政策依据（“根据《国家行政机关公文处理办法》的规定……”、“奉×××关于清理整顿基建项目的指示……”、“遵照《××××关于调整中等专业教育结构的通知》中的基本精神……”）；再如，引出事实依据（“根据目前市场的需求……”、“目前严重危害社会治安的犯罪分子中，有相当一批是从劳动改造、劳动教养场所逃跑或者期满释放后继续犯罪，屡教不改的。为了维护社会治安……”）；又如，引出对方来文作为根据［“你局《关于……的请示》（×发〔2010〕5号）收悉……”］。以直接交代行文根据开头的形式，通常用于规范性公文和一些领导指导性公文。一些上行文，如反映情况的报告中，有时也有应用。

3）以导语作为开头。导语是新闻学的一个术语，指消息写作中开头的一种形式，即以简明的文字（通常为一段或者一句）概述消息中最主要的事实。导语言简意赅，虽只有只言片语，却能使读者迅速对一个事物形成概要的总体认识，并有利于调动读者的阅读兴趣，这一特点与公文的阅读规律相吻合。为此，导语在一部分公文中也有较高的使用价值。导语的具体形式是多种多样的。例如，有概要叙述事物总貌的直叙式；有略作渲染后再转入叙述的描写式；有直接揭露矛盾、提出问题的设问式；有以简要的评论性文字对事物加以评述的评论式；有对事件的结果或先推导出的规律、道理作概要介绍的结论式；等等。其中，比较适用于公文的主要是直叙式、评论式、结论式和设问式。

直叙式导语常用于需要概要描述事物基本状况或基本过程的一部分公文中。如调查报告、会议纪要，以及一部分报告、通知或指示中。

评论式导语常用于需要对事物的性质、状态、意义、功用作出总体评价的指示、指令、请示、报告等公文中。

结论式导语常用于需要先提出结论再陈述理由、先推出结果再分析原因的情况下，多见于请示、总结报告和一些调查报告中。

设问式导语则主要用于讨论或介绍为人们所普遍关注的问题、经验或情况的调查报告中。如：

“地方工业、特别是中小城市工业，怎样扬长避短，发挥优势？××省×市创出了一条自己的路子。”

（5）正文结尾的筹划。

公文的结尾也具有简练、直接的特点，其具体形式主要有：

1）以对主题再作简要概括或强调作为结尾，这种结尾主要适用于篇幅比较长的公文，其主要功用是使阅文者形成更清晰完整的总印象，帮助其理清思路，同时有利于引起阅文者的重视，便于其正确贯彻执行。

2）以强调行文目的或陈述行文要求作为结尾，这种结尾的显著特点是常使用惯用的模式化结尾词（语）。如：

“当否，请示。”（请求复文给予指示）

“以上意见，如无不当，请批转各区县局认真执行。”（请求批示转发公文）

“各区县人民政府，在接到本指示后，应立即研究部署，结合本地区的实际情况，制定具体实施办法。”（执行要求）

“请各省、自治区、直辖市人民政府办公厅认真检查一下本地区有无类似情况，一经发现，应立即纠正。”（执行要求）

“以迅即函复为盼。”（请求复文）

“特此批复。”（强调行文目的）

“特通报表扬，以资鼓励。”（强调行文目的）

“以上指示，望切实遵照执行。”（执行要求）

“请各地将执行这一规定的情况及问题及时上报省人民政府。”（执行要求）

3）以文中作者所陈述的主张中的最后一项作为结尾。这种结尾常用于分条列项式的公文中，在这些条或项中的最后一部分主张（常为对公文生效或执行的时间的规定，对处罚措施的规定，等等）就是结尾。其显著特点是戛然而止，干净利落。

4）以指明方向、鼓舞斗志的名言警句或号召作为结尾。这种结尾常用于在各种会议上宣读的公文和其他一些重要领导性公文中。如毛泽东的《论联合政府》（中共第七次全国代表大会上的政治报告）的结尾：

"一个新民主主义的中国不久就要诞生了，让我们迎接这个伟大的日子吧！"

再如《第六届全国人民代表大会第一次会议关于〈政府工作报告〉的决议》的结尾：

"会议号召全国各民族的工人、农民、知识分子、解放军指战员和一切拥护社会主义祖国的劳动者、拥护祖国统一的爱国者，同心同德，团结一致，兢兢业业，埋头苦干，认真贯彻执行宪法，全面完成和超额完成第六个五年计划，把以经济建设为中心的各项建设事业继续推向前进，实现国家财政经济状况和社会风气的根本好转，全面开创新局面，为建设具有中国特色的社会主义、为祖国的统一和繁荣昌盛而共同奋斗。"

需要指出的是，一般文章的结尾大都追求"言有尽而意无穷"、"余音绕梁，三日未绝"的效果，而公文则不能，它的结尾只承上而不启下，不需要也不允许委婉含蓄，余味无穷。因为这种余味会影响受文者精确把握作者的真实意图，使之不知作者所云，甚至产生有害的歧解。因此，公文的结尾不要留下弦外之音，应"言止而意尽"。

2．拟写提纲

提纲是文章结构的蓝图，有了提纲就可以将结构安排的结果"固定"下来，在创制文稿时就能有所遵循，胸有成竹，顺理成章，不仅节省时间，而且能避免"十步九回头"，避免出现"闲笔"和思路上的紊乱，保证文章思路顺畅、结构严谨。为此，在撰写公文时，除篇幅很短、结构非常简单的可以用打"腹稿"形式确定结构安排的结果外，大多数情况下都需要将结构安排形诸文字，拟制出提纲。

根据公文篇幅长短、结构繁简、内容多寡的不同，提纲可粗可细。粗的可以只描述总体轮廓，拟出公文标题，确定总的组成部分构成并排列次序；细的则还应将如下一些部分也包括其中，如：怎样划分段落，怎样过渡，怎样照应，怎样开头和结尾，在哪里使用哪些具体材料，哪些地方需详尽些、哪些地方应概略些；行文目的和行文要求，以及公文主题应在哪里点明或再次强调等。如果文中还需要有小标题，应将其同时拟制完成。

在拟写提纲的过程中，应高度重视对公文标题的撰拟。因为标题不仅是一份具体公文的名称，而且是“纲”中之“纲”，它往往直接揭示公文的主题，也可以直接或间接反映行文的目的或要求。拟写提纲时，不重视标题，不对其结构完整与否、贴切与否、详略得当与否、准确与否作出认真的审定，往往是构成公文离题、跑题甚至降低效用或失效的原因之一。

3. 落笔草创文稿

提纲完成之后，就可以按其所规定的内容和次序，草创文稿。

文稿须在统一规格式样的发文稿纸上形成，首先应将发文稿纸首页上的有关内容填注清楚（如标题、主办单位、拟稿人姓名、主送机关、抄送机关、秘密等级、紧急程度等），然后，落笔拟写正文。

### 5.2.3 文稿完善

文稿草创完成后，需要对其作进一步完善，完善工作主要由文稿的修改、审核、签发三个具体步骤构成。

1. 文稿的修改

修改润色是文章写作过程中的一个十分重要的环节，因为撰稿人在写作过程中考虑不周、有所疏漏总是难免的。正是从这个意义上讲，好文章，几乎都是反反复复“改”出来的，而不是“写”出来的。

公文的文稿更需要作反复的修改，因为它对公文自身的质量有重要影响。修改工作实际上是保证公文质量的创造性活动。在实践中，即使是篇幅简短的公文，由撰稿人一挥而就而不做任何增、删、改、调，也是不多见的。原因很简单，公文中一字一句所能产生的实际效用，需要撰稿人务必精益求精，不能有一点一滴的疏漏，否则就有可能产生与作者愿望完全相反的严重后果。同时，公文撰稿人所撰拟的文稿与一般文章不同，写一般文章是由撰写者表达自己的意志愿望，撰拟公文则是在代机关表达意志愿望，不仅有一个“辞能达意”的问题，同时，还有一个“意”（自己的理解及建立在这种理解上表达出来的意愿）能达“意”（机关的真正意愿）的问题，因此，公文的文稿更容易出现疏漏，比一般文章更需要修改，修改的量及难度也更大。实际上，许多公文的文稿都要经过几次、十几次甚至几十次反复的认真修改。

公文文稿的修改，往往是一种集体行为。不仅仅撰稿人要参加，与之有关的部门负责人、机关领导以及其他工作人员，甚至下属单位的有关人员都要参与其中。而且公文越重要，涉及面越宽，参加修改的人员成分越具多样性，人数也越多。集体修改的具体形式，一种是由大家依次分别提出书面修改意见；另一种是集体讨论，共同对文稿作全面核查，找出错漏，加以修订弥补。在对重要公文的修改实践中，这两种形式往往是交替使用的。

公文文稿的修改，就是在对文稿作全面核查的基础上，纠正和弥补错误，并进一步充实内容、调整结构，对语言文字作深入的锤炼加工，提高表达效果。

全面核查就是以国家法律、法规（包括公文写作与处理方面的）、政策规定以及机关领导的“授意”和通用的语言规则为依据，逐字逐句地对文稿作认真细致的检查衡量，找出从内容（主题、行文目的要求、对事实情况的反映、主张等）到形式（文体、文种、结构、格式、语言表达等）中的所有疏漏。核查的重点主要在于：主题是否正确；对事实的反映是否客观真切；主张是否合法；政策界限是否清楚；措施是否切实可行；与上级、平级机关和自己的其他规定以及上下文之间是否存在矛盾抵触；行文目的、行文要求是否明确；文种是否正确；结构是否完整、严谨；格式是否正确、合乎规范；材料的运用是否合理，详略是否得当；语句是否通顺、简练、严密，是否符合语法、逻辑等。

对于核查中发现的问题要依次以增、删、改、调等方式纠正或弥补。

“增”就是增加、补充。文稿内容、形式中的一切残缺、间隙遗漏均须增补。如增补主张，使之完善可行；增补材料，使公文更具说服力；增补字句，使文句更加严谨周密，合乎语法、逻辑；增补组成部分，使公文结构更加完整。

“删”就是抹去。凡不合需要，无助于实现行文目的、要求的材料、主张、文句，都在删除之列。如：与主题无关的多余材料；超越职权范围的主张；可有可无的字词、语句或段落；等等。

“改”就是变更。文稿中一切不正确、不周密严谨、不全面、不贴切的地方，都需要变更为正确的、周密严谨的、妥帖的表述。

“调”就是调整。即在既有内容与形式范围内所作的调节。如：调整正文各部分的排序；掉换字、词、句的位置；等等。

在核查并纠正、弥补了各种错漏之后，还需要从进一步提高表达效果的角度，对文稿加以完善。如进一步充实内容，调整正文的结构，对文字进行更深入精细的推敲、锤炼等，以锦上添花，使公文产生更大的效用。

在修改文稿过程中应注意如下几个问题：

（1）由于修改活动常为一种集体行为，因此，也常会产生不尽相同甚至完全不同的修改意见。这时，若为重大分歧，应以集体决议为最终修改依据；若为一般性分歧，可请主管领导定夺。

（2）在修改文稿过程中，应正确使用各种校对符号。具体使用方法可参照国家标准《校对符号及其用法》(GB/T 14706—1993)。

(3) 修改后的文稿文面务必整洁，符合文稿书写规范的要求。

2. 文稿的审核

文稿的审核简称核稿，是指文稿在送交机关负责人最后核准签发之前，由部门负责人或经验丰富、水平较高的秘书人员对文稿专门进行的全面审核检查工作。从一定意义上说，它是修改工作的延续；而从另外的意义上讲，它又是终审定稿活动的一个组成部分，因为核稿通常是经机关的负责人授权他人代行其部分职权的一种工作活动，它可节省机关负责人用于审阅批改公文的时间和精力。

审核具有全面性，无论内容还是形式都在核查之列。其中，是否需要行文，文种使用、公文内容、文字表达、格式等是否符合国家法律、法规、方针政策或其他规定，将成为核查的重点。

在审核中发现的问题，通常分别采用提出原则性修改意见后退撰稿人或其他有关工作人员具体修改，提出具体修改意见后退撰稿人或其他工作人员具体修改，直接对文稿作全面系统的具体修改等方式加以修正。

在实践中，修改与审核是一个不断循环、往复进行的工作过程，修改后审核，审核后再修改，修改后又审核……直至各方面已认定消除了一切错漏，公文质量已有确实保证为止。

一些内容性质一般或内容非常简单的文稿，也可不经专门审核，由撰稿人自行检查后，径送有关领导人核准签发。

3. 文稿的签发

签发是指由机关的领导人或被授以专门权限的部门负责人在对经审核后的文稿作出终审核准之后，批注正式定稿和发出意见并签注姓名及日期的活动。除一些法规、规章和其他规范性及重要的领导指导性公文须在交由有关正式会议通过后，再由负责人签署方可生效外，其他公文的文稿，一经履行签发手续后，即为定稿，即有正式公文的效用。

签发实际上是对文稿的又一次全面核查，也是对公文质量和正式效用的最终确认。在正式批注和签署之前，签发人须对文稿作出全面审核，并交由撰稿人和其他工作人员对核查出的错漏进行认真的纠正与弥补，确认一切无误后再批注正式发出意见和签注姓名及日期。经签发已成定稿后，其他人不经签发人同意，均不得对文稿再作任何修改，否则将负行政或法律责任。

实际上，公文文稿的完善工作是一个不断核查、发现错漏，又不断纠正和弥补错漏，从而使文稿逐渐趋于成熟、趋于完善的过程，因而它是提高公文质量、确保公文质量的关键性工作活动之一。

# 5.3　行文规则

公文只有被准确、快捷地传递给受文者，才能真正产生效用。为此，必须有效地控制公文的传递过程，保证其方向正确，速度合理，线路短捷有效。

在我国，控制公文传递过程的重要依据就是由有关领导机关制定的行文规则。公文写作过程中必须认真遵行行文规则，只有如此，制发的公文才能迅速进入生效过程，避免或减少公文的流通环节，抑制无价值公文的产生，阻止部分公文进入不必要的流通过程。

## 5.3.1　行文规则的基本内容

行文规则的基本内容包括：

1. 必须按机关间的工作关系行文

具体要求是：处于领导、指导地位的上级机关能以自己的名义向处于被领导、被指导地位的下级机关主送领导指导性、质询性、规定性的下行文；处于被领导、被指导地位的下级机关则只能以自己的名义向上级机关主送陈述呈请性的上行文件；有平行关系和不相隶属关系的机关之间则既不能相互主送下行文，也不能相互主送上行文，只能相互主送商洽性、知照性、证明性的平行文。

2. 选择适宜的行文方式，一般不越级行文

处于同一组织系统或专业系统的机关之间传递公文时，必须尊重该系统的结构层次划分的结果，除特殊情况外，均应按这一结构层次逐级上传下达或只对直属上下一级机关行文，尤其应避免频繁地越级行文。

3. 正确区分主送与抄送的对象，严格控制抄送对象的范围

公文的传递方向有主次之分，主要方向即公文的主送方向，次要方向即公文的抄送方向。为保证公文能迅速地产生效用，必须严格控制传递方向，特别要注意严格分清主次，正确区分主送与抄送的对象。必须以对公文的实际办理责任作为区分主送与抄送对象的依据，即向对公文负办理、答复责任的机关主送公文，只需了解公文内容而无须直接办理公文的机关则只能为抄送对象。同时还应注意，为控制公文数量，减少无用信息的干扰，应严格控制抄送对象的范围，只将公文抄送给确需了解公文内容的机关。

4. 坚持党政公文分开

为提高管理效能，从实质上维护中国共产党的执政党地位，应使党政公文分

开。具体要求是：不以行政组织名义向党的组织发布指示、命令，除特殊情况外，也不直接向其报告工作、请求指示；行政组织中的党组不是一级党的委员会，在日常工作中只对批准其成立的上级党委负责，因此，只能以党组名义向上级党委行文反映情况、汇报工作、请求指示，不经特别授权的党组（包括党的组织、行政单位及其党组）不向下制发公文；党的组织不向行政组织请示或报告，除特殊情况外，也不直接向行政组织下达命令或指示，一般应向行政组织中的党委或党组行文解决问题；要尽量减少不必要的党政联合行文，党的组织不干涉具体行政事务。

5. 联合行文时作者应为“同级”

为保证公文能有完整的权威性，在以两个或两个以上机关的名义联合制发公文时，这些机关应是处于相同地位的“同级”机关。同一组织系统或专业系统中的同级机关，同级机关中的各部门，上级机关的部门与下一级机关，非同一组织系统中级别相同或相似的机关，都属于“同级”。

6. 行文前应就有关问题协商一致

为保持政令的统一一致，机关向下行文时，如公文内容涉及其他机关或部门的职权或业务范围，必须就其中的有关问题协商一致，否则一律不得按自己的意见各自向下行文。

### 5.3.2 机关间工作关系的主要类型

机关间的关系对行文有决定性的影响，它规定着公文传递的基本方向。机关间的工作关系是由各自的组织系统或专业系统归属、地位、职责、权力范围等因素决定的，集中反映了管理职能分工的结果。按工作关系行文能使公文传递到作者权利威望所及的范围中，为公文产生实际效用确立保证。同时，按工作关系行文也有利于各个机关在自己的工作范围内各司其职，不为无关信息所干扰，从而能使各项工作有条不紊、高效运行。

机关间的工作关系有如下几种类型：

（1）处于同一组织系统的上级机关与下级机关存在领导和被领导关系，如国务院与各级地方人民政府之间即为这种关系。

（2）处于同一专业系统的上级主管业务部门与下级主管业务部门之间存在指导和被指导关系，如商务部与各省、自治区、直辖市商务局等主管部门即为这种关系。

（3）处于同一组织系统或专业系统的同级机关之间是平行关系，如全国各省、自治区、直辖市人民政府之间，国务院各部门之间即为这种关系。

（4）非同一组织系统、专业系统的机关之间，无论各自的级别高低，均为不相隶属关系。如军事机关与各级地方人民政府之间即为这种关系。

### 5.3.3　主要的行文方式及其适用范围

行文方式实际上就是公文传递路线的结构形式。如能注意实事求是地为不同公文选择适宜的行文方式，将有助于使公文更快捷、更有效地实现其效用。

行文方式主要有直接行文、逐级行文、多级行文、越级行文数种。

（1）直接行文——直接将公文传递给有关机关。这种形式适用于同一系统内的平行机关之间，以及非同一系统的任何机关之间传递公文，其特点是不考虑相互间的地位、级别层次方面的差别，传递路线短捷。

（2）逐级行文——按组织结构层次上传下达或只对直接上、下一级机关传递公文。这种形式是同一系统内上下级机关之间传递公文的主要形式。其特点是严格按层次行文，有利于维护组织体系的层次性，使各级机关在自己的职权范围内充分地履行职责，积极主动地开展工作，使其各负其责、各司其职，工作分担均衡，整个组织体系的管理效能具有较高水平。

（3）多级行文——同时将公文传递给上几级或下几级机关，甚至直达基层。这种形式具有传递迅速，减少逐级转达（翻印、转发、传达）的时间耗费，减少信息失真变形的可能性等特点，在无须逐层发挥、变通、调整的情况下多用于部分下行公文。只有在问题重大且紧急，确需同时请多层次上级机关了解并指示的情况下，才用于上行公文。

（4）越级行文——越过自己的直接上级或直接下级径向其他机关传递公文。这种形式如运用得当，确有因路线短捷而使公文传递迅速的效果，但除非必要，一般均不宜采用。其原因主要是频繁越级行文会打乱组织体系的合理层次，打乱正常的领导关系和分工，易造成高层次机关工作负担过重，使中层或下层机关陷于被动并丧失工作上的主动积极精神，易造成公文的往返转递，浪费时间。

### 5.3.4　越级行文要件

越级行文方式的运用受到多种因素的制约，通常只在具备如下特殊条件下才能越级行文：

（1）情况特殊紧急，逐级上报下达会延误时机，造成损失。

（2）经多次请示直接上级，问题仍长期未得到解决。

（3）报告由更高层次的上级交办并指定越级上报的事项。

（4）检举、控告直接上级。

（5）直接上下级之间存在有争议且无法自行解决，需请有关方面仲裁的问题。

（6）需直接询问、答复、联系一般事项。

（7）反映或处理不涉及直接上下级职权范围的个别随机偶发事件或问题等。

### 5.3.5 联合行文要件

两个或两个以上机关以其共同名义联合行文时应具备如下条件：

（1）作者必须是“同级”机关。

（2）文稿应经各方履行审核与签发手续，即经“会稿”和“会签”，以保证公文能准确全面地反映各个作者的意志。

（3）各个机关一般均应在公文正本上用印或签署。

### 5.3.6 抄送公文要件

只有具备如下条件时，才能向有关方面抄送公文：

（1）向下级机关制发重要指示、计划、规章等规定性和领导指导性公文时，可向自己的直接上级机关抄送。

（2）受双重领导的机关向其中一个领导机关主送请示或报告时，应同时将公文抄送另外一个领导机关。

（3）领导机关向受双重领导的机关主送公文时，应同时向另一个对该机关承担领导责任的机关抄送文件。

（4）越级行文时，应同时向被越过的机关抄送。

（5）公文内容中涉及其职权范围的机关，为有效处理事务需取得其协作配合的机关，可成为公文的抄送对象。

（6）其他确实具备了解公文内容的资格条件与必要性的机关也可成为抄送对象。

## 5.4 公文中若干事物和概念的特殊表达规范

在对公文中所涉及的事物和概念进行表达的过程中，除了必须遵循一般的语法规则、逻辑规则之外，还必须遵循一些特殊的规范性要求。

### 5.4.1 时间的表达

时间是万物存在的形式之一，因此公文中是不能缺少时间概念的。这些时间概念不仅记录了事物的运动变化过程，而且往往构成对受文者的行为施以强制性影响的重要方面。在对时间概念的表达中应特别注意：

准确选择表示时间的词语。在公文中，实词（如名词）或词组（联合词组、偏正词组、介词词组等）都可用来表示时间。选词时应注意其词义是否确切。公文中的时间概念大都是精确的，除了不必或不允许（如出于保密的需要等）精确表达的之外，其余必须用有确切语义的词语表达。日期要标明完整的“年”、“月”、“日”，特殊情况下还需标出更确切的“时”、“分”等；要尽量避免使用“今年”、“明天”、“本月”、“上月”等需借助其他时间概念才能准确理解其含义的时间代词；要禁绝使用“上月以前”、“去年之后”等一类不易划定界限的词语。

年份一律使用公历年份的全称。如“1985 年”即不能略为“85 年”。如需用有关历史年号时，要先标出公历年份，再注历史年号并加圆括号，如“1912 年(民国元年)”。

### 5.4.2 空间的表达

空间是事物存在的又一必需的形式，公文中的空间概念有与时间概念同样重要的意义。在表达空间概念时应注意：

（1）表示地方的专用名词中，城市、地区、县、乡等名称第一次出现在文中时，属于国外的应冠以国别，属于国内的应冠以所属省、自治区、直辖市的名称。

（2）所有国名、地名均应使用国家公布的标准名称（包括标准译名），一般不使用别称，国内地名不用简称。

（3）除出于特殊需要（如保密等）或表达对象在文中无重要和必要意义之外，公文中的空间概念大都需精确表达。

（4）慎重使用表示处所的代词（如“这里”、“那里”等），以防止产生误解或费解。

### 5.4.3 职务、姓名的表达

公文中常涉及担负或不担负职务的各种人物，需表明其职务和姓名，在表达中应注意：

(1) 各种职务、姓名应用全称。

(2) 当一个人物担负多种职务时，只列出与文件内容有关的。

(3) 在列出一个人物的两个或两个以上职务时，国内的应按先党内、后党外，由大至小排序，国外的应尊重对方习惯或双方的需要。

(4) 国外人士的姓名、职务应以新华社公布的标准译名为准，如无标准译名，应注意在所有有关文件中使用同一译名，译名之后一般应用圆括号注明其外文名称。

(5) 若干人物的姓名需同时并列出现在文件中时，应按一定标准排序。如职务高低、姓氏笔画数量、姓氏字母的规定顺序、与事情相关的程度、归属（属何国、何单位）等均可构成排序的标准。

### 5.4.4 数量的表达

数量概念是现代社会所不可缺少的，人类社会生活时时刻刻都与数量有关，这一点在公文中也同样有所反映，在表达各种数量概念时应注意：

(1) 除在特殊情况下（如无必要或不具备条件）使用约数、概数外，公文中的数量概念应用确数（0至无穷数的基数，整数前加“第”字的序数，以数学用语“几分之几”和“百分之几”表示的分数，整数后加“倍”字的倍数）表示。

(2) 表示增加时用倍数或分数，表示减少时则只用分数而不用倍数。如可以说“增加了两倍”而不能说“减少了两倍”。

(3) 在“增加”、“提高”、“增长”、“上升”、“扩大”或“减少”、“降低”、“缩小”等词语后面有“到”、“至”、“为”等字样的句式，与后面带“了”或不带“了”字的句式相比，其语义的差别很大，在使用时务必不要错用。请通过例句比较这种差别：

“增加到过去的两倍。”（过去为一，现在为二）

“增加了两倍。”（过去为一，现在为三）

“减至过去的三分之一。”（现在是过去的三分之一）

“减少了三分之一。”（现在是过去的三分之二）

(4) 若需用“以上”、“以下”等词表示数字分界时，为使界限的划分清晰准确，应以各种方式注明本数是否包含在内。如：

“十四岁、十四岁以下儿童不得入内。”

“十四岁以下（包括十四岁在内）儿童不得入内。”

(5) 注意数词“两”的使用。“两”不能作序数，也不能用以表示没有零头的多位数（如：不将“十二”说成“十两”，而有零头的“二万五千里长征”却可改称“两万五千里长征”）。

（6）名量词中的度量衡单位必须使用国家法定计量单位和国家公布的中文名称。如文中必须出现历史上使用的、外国使用的或地方性的单位（如“石”、“斗”、“英寸”、“磅”、“普特”）时，应折算成国家法定计量单位并加以说明。

（7）使用复合量词（如“人次”、“秒每立方米”等）时，如词语是不常使用的，应加注简要的说明。

（8）表示数量时一般应使用阿拉伯数字，特殊情况下用汉字。同一文件中同类数量的表示方法应前后一致。

### 5.4.5 范围的表达

要使公文准确、客观、得体，须注意对范围的表达。范围在这里实际上是指事物量的界限，这个界限可以从量的方面规定或反映一个事物的性质或状态。在公文中对范围的表达正确与否，常关系到整个文件是否有效。

在现代汉语中，表达范围是通过词语实现的。表示全部或部分的词语，分别为一些副词、数量词以及名量词的重叠形式。如“所有”、“一切”、“全部”、“凡”、“凡是”、“每一个”、“任何一个”、“总共”、“完全”、“统统”、“没有一个……不”、“人人”、“个个”等就可用于表示全部。而“有些”、“若干”、“有的”、“一些”、“部分”、“大部分”、“绝大部分”、“小部分”、“少数”、“多数”、“大多数”、“绝大多数”、“几乎全部”、“一半”、“接近半数”、“百分之几”等则用于表示部分。在使用上述词语时应注意：

（1）只有当事物是被全面肯定或否定时，才能用表示全部的词语，稍有保留或无法最终确定时只能用表示部分的词语。

（2）公文中表示部分时，常要求精确，此时应使用词义精确的词语，如百分比等。

（3）不能在一个语句中同时出现表示全部或部分的词语。如：

“全体职工大部分都参加了劳动竞赛。”

（4）前后句子中出现的表示范围的词语不能自相矛盾。如：

“凡现在生产岗位上的工人同志，不少是在解放初厂里情况十分艰难的情况下进厂的。”

### 5.4.6 程度的表达

公文中对程度的表达对文件质量往往有决定性的影响，因为无论是对客观实际所作反映的真实准确“度”，还是所作各种判断的贴切“度”、有效“度”，都对于事物的“质”有重要影响，表示程度的成分往往构成公文中的关键性部分，表达不当就会造成失实、失误。

公文中表达程度的关键是选用各种副词、代词等。“很”、“极”、“太”、“最”、“更”、“更加”、“极其”、“非常”、“其”、“尤其”、“十分”、“过于”、“越发”、“特别”、“略微”、“稍微”、“比较”、“颇”、“多”、“多么”、“何等”、“大致”等副词，“这么”、“怎么”、“这样”、“如何”、“如此”等代词都可以表示程度，可在被说明对象的前、后和中间起各种修饰、限制、补充的作用，以表示这些对象所达到或所应达到的水平、限度。选用这些词语时应注意与客观状况、客观需要相符合。不同词语在表程度时常有细微的差别，这种差别常给公文带来“质”的变化，特别是在反映政策规定方面，这种细微之别常关系政策界限是否清晰、有效。为此，切不可避轻就重，也不可避重就轻，务求恰到好处。有人常犯在公文中滥用程度高的词语的毛病，动辄就用“极其”、“万分”、“非常”等以示强调，其实反而令人感到平淡无奇。当然，在一些礼貌用语中，用一些表面看来有点“言过其实”的词是语言习惯所允许的，如“十分感谢”、“万分荣幸”等，它们确实可表示一种强调，于准确表意无碍。

在公文中常需对肯定或否定的程度加以表述，这时务求得体，即注意把握分寸。公文中作这种表达时，大都是直言式的，不含糊其辞，不绕圈子，不搞旁敲侧击。当然，这并不排除在特殊场合（如在平行文、上行文中商洽、探询有关问题时）将自己方面的意见以委婉一些的提法说出，这时，应注意留有一定的余地，特别是当自己所作的肯定或否定仅仅是针对一些只具有可能性的事物时更应如此。如：

“我们认为上述意见尽管与贵公司的意见稍有不同，但尚有一定道理，望予以考虑。”

### 5.4.7　语气、神态的表达

公文表达的正确有效还有赖于语气的得体、神态自然贴切。如语气不对或神态出了格，也会影响阅文者对语意的正确理解，影响文件效用的正常发挥。

1. 陈述语气

公文中的基本语气是平直而坚定不移的陈述语气，以有效地叙事说理。在特殊需要的情况下还以换词或变更句式等形式加重或缓和这种语气，以示强调或委婉。用双重否定句表示肯定就有助于加重语气。如：

“全体干部没有一个不赞同这个意见。”

“全体干部都赞同这个意见。”

经比较可见，前者比后者语气要重，有强调作用。

在语句中加一些副词可使陈述句语气和缓，可用来表示委婉或推测。如：

“或许你厂还未接到我局《关于……问题的通知》……”

公文中的陈述语气，主要是靠语言单位间的组合实现的，除为了强调而常用“的”作为语气助词外，其他语气词在公文中则较少运用，请见下面以“的”作为语气词的例句：

“在这次事故中，主要责任者是该厂厂长，这一点是无可置疑的。”

2. 祈使语气

公文中常要表达一些主张，要求对方做某些事情或制止、禁绝对方做某些事情，这时的语气自然是祈使语气。根据这些主张性质的不同，具体神态有刚柔缓急之别。其中，表示命令、训诫的，语气强烈，神态严厉，无可置疑；表示请求希望的，则语气稍缓，神态也有劝慰、商洽、盼望、召唤等分别。

公文中的祈使语气也往往不靠语气词“吧”、“啊”等来表示，而是靠惯用的句式或词语实现。如“请”、“希望”、“要求”、“必须”等词语，“凡……都要”、“所有……都必须”等句式都可以表示祈使语气。

3. 疑问语气

公文中有时也需提出一些疑问请对方回答，征询其意见或反应，有时还自问自答或以问代答。这时的语气即疑问语气。公文中的疑问语气种类较多，神态变化也较复杂。

当需对方必答而且是肯定或否定的回答时，需要用是非问形式，这时语气肯定，其神态有探询、穷究之别。如：

“这个问题由我公司出面解决妥当吗？请指示。”

当要求对方按特指的要求（用疑问代词代替未知的内容）回答必答问题时，需要用特指问形式，这时的语气也是肯定的，其神态有探询、质询、责问、质问之别。如：

“你公司由哪位同志主持此项工作，请于5月30日前报部办公厅。”（质询）

“发生如此严重的事故为什么不及时上报？”（质询）

“这次会议贵公司将由哪位经理出席？”（探询）

当需对方在两种可能性中必选一项作答时，可以用肯定与否定相重叠的形式，将两种可能答案均列出令其选择的选择问形式，这时语气比较和缓，神态则有探询、商讨、质询，甚至是猜测的差别。如：

“当否，请示。”（探询）

“在你厂‘请示’中，第一页倒数第三行所提及的款额是以人民币元计还是

以美元计？请尽快来电告知。”（质询）

当并不要求对方作答而要强烈表达某一主张时，可以用明知故问的反问，这时的语气强烈坚决，神态则有质问、责备、告诫之别。如：

“在这种情况下，加强民主与法制难道不更显得重要和必要吗？”

公文中的疑问语气一般较少使用语气词“啊”、“呢”、“吧”等，“吗”也尽可能不用或少用。由于选择问所表达的语气神态与公文中的要求基本保持适应，为此，这种表达疑问的形式有较为普遍的应用。前面几个是非问、特指问的例句都可改用选择问形式。

4. 感叹语气

公文中带强烈感情色彩的感叹语气虽不多见，但语句中的神态也有喜、怒、哀、乐、惊、忧等分别，它们常出现于需表示强烈态度、立场或需要表现较强感染力的场合。如：

“由此可见，××以权谋私已经到了何等地步！”

“让我们团结起来，为争取更大的胜利而奋斗！”

公文中的感叹语气一般也不通过语气词“呀”、“哇”、“哪”、“啊”等来表达，而往往借助代词“多么”、“这么”或副词“太”、“更”等以及感叹号来表达。

## 5.5　公文文稿书写规范

为了给公文处理工作提供便利，公文文稿的书写也必须遵守特定的规范，追求清楚规范、整齐划一。

### 5.5.1　用纸与书写格式

公文用纸和书写格式方面的规范性要求是：

（1）文稿应在质量较好、统一印制的具有固定栏目、相同规格的发文稿纸上从左至右横向书写。

（2）所有文字、标记、符号、图形必须书写在划定的图文区内。

（3）每页稿纸不得随意接长、截短或在中间、左右加贴浮签。

（4）书写格式必须统一。每段起首空两格，回行顶格。大小标题应书写于稿纸行间居中位置上。

（5）简短的注释内容可采用“正文夹注”注释方式，即将注释内容置于正文中注释对象之后，并用圆括号括起来。注释内容较复杂时，须将其置于文末，并在注释对象的右上角依次加注序号（一件公文排一个顺序号）。

（6）文中的各种公式应居中写，有编号的公式略靠左书写，将编号加圆括号标在公式右边。公式下有代号说明时，应顶格书写“式中”，空一格后再书写代号说明。较长公式的转行处，应选在等号或加、减、乘、除号处，应在行首出现这些符号。

（7）文中的表格应编列序号并赋予表名。表格内位项要对齐，表内数字、文字连续重复时，勿用“同上”等字样或符号代替。表内数字使用同一计量单位时，可将该单位从表中提出并置于圆括号内。表内有整段文字时，起行处空一格，回行顶格，最后不用标点符号。

### 5.5.2　字体与符号

公文文稿在字体和其他各种符号的使用方面也有规范性要求：

（1）字体必须清楚整齐，切勿潦草，忌用异体字、复合字及一切不规范的简化字。除非必要，不使用繁体字。各种计量单位一律写国家公布的中文名称。

（2）标点符号应按国家的统一规定正确使用，忌误用和书写不清、含糊混乱。

（3）外文字母采用国际通用和我国规定的有关标准写法书写。书写时，用印刷体或工整的手写体，分清正斜体、大小写和上下角码。容易混淆的字母和大小写字形相似的，要用铅笔注明。

（4）公文中的数字，除成文时间、部分结构层次序数和词、词组、惯用语、缩略语、具有修辞色彩语句中作为词素的数字必须使用汉字外，其余均应当使用阿拉伯数码。同一公文中，数字表示方法应前后一致。

（5）序号一般按层次用“一、”、“二、”、“三、”……，“（一）”、“（二）”、“（三）”……，“1.”、“2.”、“3.”……，“(1)”、“(2)”、“(3)”……表示。同一公文中各级序号不得混用，以避免眉目不清、层次难分。

（6）标注公文在格式设计、排版、印刷时的注意事项应用铅笔，并使用通用的标注符号。

（7）文稿中修改之处必须勾画清楚；删节的字句应涂抹彻底，添改的字句应写在原字句的上方行间，不得改在远处用长线牵连；大段添加字句不能用纸条粘贴，而应重新抄写；恢复被删改的字句时，应用相同格式的稿纸重新抄写，不得使用恢复符号；文稿修改之处较多时，必须将其全部重新誊清。

（8）全部稿纸均须标注连续页码，尾页页码旁应标注“完”字。

## 本章小结

公文写作有着一系列特殊的规律性，包括公文写作基本要求、公文写作程序、行文规则以及其他相关规范在内的基本规则就是对这些规律的反映，因此，认真遵行这些重要规则是公文有效性的保证。

## 关键术语

写作　内在逻辑　外部约束　公文写作基本要求　质量标准　合“法”　求实　写作目的　实事求是　合体　文体正确　语言运用得体　社会语言环境　简明　严谨　严密有序　准确　规范　完整　清晰　耐久　公文的制成材料　纸张　字迹材料　持久耐用　中性　耐折度　撕裂度　平滑度　白度　施胶度　理化性能　墨汁　碳素墨水　蓝黑墨水　铅笔　普通圆珠笔　化学染料　色素　采集　立意　谋篇　用语　修改　写作前的准备　文稿撰拟　文稿完善　行文目的　行文要求　公文的主题　主题提炼　材料的来源　材料的筛选　辨别真伪　材料的典型性　拟写提纲　落笔草创　时间顺序　逻辑次序　事理的逻辑层次　过渡的安排　过渡段　过渡句　关联词语　正文开头　开门见山　导语　直叙式导语　评论式导语　结论式导语　设问式导语　正文结尾　提纲　修改润色　全面核查　校对符号　核稿　签发　行文规则　行文方式　主送方向　抄送方向　党政公文分开　联合行文　协商一致　工作关系　直接行文　逐级行文　多级行文　越级行文　越级行文要件　联合行文要件　抄送公文要件　时间的表达　时间概念　空间的表达　空间概念　职务的表达　姓名的表达　数量的表达　数词　数字分界　名量词　度量衡单位　法定计量单位　复合量词　范围的表达　数量词　名量词的重叠形式　程度的表达　语气的表达　神态的表达　陈述语气　祈使语气　疑问语气　感叹语气　公文文稿书写规范　发文稿纸　图文区　起首空两格　回行顶格　正文夹注　公式　表格　字体　异体字　复合字　序号

## 思考题

1. 公文写作的基本要求是什么？
2. 公文写作程序由哪些步骤组成？
3. 公文主题是什么，有什么特点？
4. 什么是材料，它在公文写作中的重要性表现在哪些方面？
5. 公文结构安排方面有哪些特殊要求，怎样处理好正文排序，怎样处理开头、结尾和过渡？
6. 有人说“好公文不是写出来的，而是改出来的”，你怎样理解这句话？
7. 遵从行文规则有什么重要性？
8. 行文规则的基本内容是什么？
9. 为什么公文中的若干事物和概念的表达会有特殊规范性要求？
10. 统一规范公文文稿书写的必要性是什么？

## 练习题

1. 为下面的一篇公文文稿补充开头和结尾

**××部关于×××流域水量分配方案的批复**

××水利委员会：

同意《×××流域水量分配方案》（以下简称《方案》），请认真组织实施。

×××流域水资源短缺，组织实施《方案》对保障流域经济社会可持续发展具有重要意义。要加强领导，将《方案》的实施纳入地方经济社会发展年度计划，按照《方案》确定的可利用水资源，调整经济结构和产业结构，全面建设节水型社会。要加强流域水资源的统一管理和调度，充分运用市场机制优化配置水资源，提高水资源利用效率和效益。

××部

××××年×月×日

2. 请阅读若干篇典范公文文稿，并为其拟出书面提纲

3. 判断下列的做法是否符合行文规则，并简述理由

（1）某县财政局、县信息化工作办公室向县卫生局主送《关于批准立项研发××信息管理系统的批复》。

（2）××市教育局为申请财政专项拨款，用局办公室名义向市财政局主送请示。

（3）××市人民政府与本市财政局联合行文，向全市市直各部门布置相关工作。

（4）A省农业厅用农业厅名义就本县三农问题向中共A省委主送报告。

（5）某省军区就举行秋季大型军事演习，请地方政府协助做好安全保障工作一事，向有关三个县人民政府发布命令。

（6）××市第二中学就询问该校某位老教师是否符合省人力资源与社会保障厅规定的离休条件，直接向该厅制发函件。

（7）国务院下属某委员会（正部级）与国务院某直属局（副部级）就涉及双方职权范围的某问题联合行文。

（8）某省教委与省出版局就中等专业学校教材出版的有关政策问题，经多次协商达不成一致意见。一个月之后，双方各自就这方面的政策规定分别向自己的下属单位行文，强制其执行自己方面的意见。

（9）某大学是受教育部、××部双重领导的单位，在其向教育部报送有关报告时，同时将报告抄送给国家××部。

（10）××县环保局向县政府各部门主送《关于进一步加强环境保护措施的意见》。

4. 判断下面的命题是否正确

（1）公文的结尾讲究“言止意不尽”。

（2）场景描写适宜作为公文开头的形式。

（3）“简”而“明”的公文会给作者、受文者双方带来便利。

（4）公文讲究直接表意，不需要作过渡处理。

（5）规范性公文的内容中，一般没有材料，因此，撰写这类公文时，一般不需要收集和占有大量材料。

（6）公文语言表达不得体是非常有害的。

（7）书写印刷公文最好用中性纸。

（8）行文目的就是公文主题。

（9）公文的主题是指公文所要表达的主要问题和作者的主张。

(10) 材料的现实有效性是指材料本身应对说明、解决现实问题有实际意义，以增强公文的说明力。

(11) 公文中的过渡应当尽可能简洁。

(12) 公文的开头大都为开门见山式，具有直接、平实、简练的特点。

(13) 公文不是新闻报道，不需要导语。

(14) 其他人不经签发人同意，均不得对定稿再作任何修改。

(15) 为提高管理效能，机关间行文应当尽可能采用越级行文方式。

(16) 党政公文分开不利于加强党的领导。

(17) 逐级行文是非同一系统内上下级机关之间传递公文的主要形式。

(18) 公文中要尽量避免使用“今年”、“明天”、“本月”、“上月”等词。

(19) 公文中表达国内地名时要用简称。

(20) 当一个人物担负多种职务时，公文中只列出与文件内容有关的。

(21) 语气词在公文中较少运用。

(22) 公文文稿从左至右横向书写。

(23) 公文忌用异体字、复合字。

(24) 公文文稿中不得使用恢复符号。

(25) 核稿的对象是定稿。

5. **请按照公文中若干事物和概念的表达要求修改下面的语句**

(1) 上月以前，我部曾致函贵公司……

(2) 09年的工作计划请在今年12月三十日前上报。

(3) 采用新的技术工艺后，该车间原材料消耗降低了1倍。

(4) 这种汽车的最大运载量为1 000市斤。

(5) 请于1998年12月31日前书面报告国家教育部。

(6) 全区预计能修复危房5 000多间左右。

(7) 大家废了9牛2虎之力才完成了这项任务。

(8) 目前，津沪地区的经济发展势头都非常好。

(9) 我公司全体员工大部分人年龄都超过50岁以上。

(10) 18岁以上者不能享受这项优惠政策。

# 第6章 规范性公文的写作

本章分析了规范性公文的特点，介绍了规范性公文的总体结构和正文结构，概述了撰写规范性公文的方法要点。

**本章学习要点**

- 规范性公文的特点
- 规范性公文正文结构
- 规范性公文写作要点

## 6.1 规范性公文的特点与适用范围

### 6.1.1 规范性公文的特点

规范性公文是以强制力推行的用以规范各种行为的文件。条例、规定、办法等就是其中具有代表性的部分，与其他类型的公文相比它们具有如下特征：

1. 具有极强的强制约束力

规范性公文的内容是作者单方面意志的表示，其规范作用的成立与实现不以对方是否同意为前提条件。效力所及的时间、空间、人员（机关组织）范围主要取决于作者的法定权限、规范的内容。即使是由下级机关制发的法规和规章，规定范围内的上级机关也同样应受其约束。只要上级机关没有动用法定权力撤销或废止文件，文件对上级机关的行为就有同样的法律约束力。当然，如上级机关认为应撤销或废止，可依法撤销或废止。这就是“法律制度面前人人平等”精神的体现。

2. 公文所针对的问题是涉及多数人而非少数人的普遍性问题

规范性公文所指向的是具有普遍性的、与多数人相关的问题，是“就事论事”，而不是“就人论事”，不是个别人有个别问题就可以形成一个规范性公文，它的基本内容必须具有普遍适用的价值。

3. 公文是反复多次适用的

规范性公文所规范的对象，是具有反复发生、重复出现性质的，相应确立的规则也是反复多次适用、长期有效的。

只有具备反复发生、重复出现性质的事物才需要规范，才有规范的可能。因为规范性公文必须是在总结以往事物规律的基础上制定的，没有反复发生、重复出现，也就无以去总结规律，从而形成规范；对于没有反复发生、重复出现性质的事物也不需要作出统一规范。

规范性公文不是一次性有效的，只要文件没有被宣布撤销或废止，就一直有效。这不仅有助于保持政策、制度及其他规范的有效性，而且有助于建立必要的公平公正的环境条件。

4. 公文生效程序更为严格和规范

规范性公文事关重要的社会关系，因此，生效程序更加严格而规范，特别是在审批手续和正式公布程序方面非常严格。如审批，不仅次数较多，参与审查的机构或工作人员数量大、类型复杂，而且大都需要以会议的形式最终确认其效用（讨论通过方有效用），极少有由个人决定的。再如公布，与其他公文不同的是它必须在一定范围内正式公布，否则无效。

一般情况下，规范性公文的制定至少需要履行这样的程序：

（1）动议：即作出制定规范性公文的提议。制定不同的规范性公文的提议权在有关方面的基本制度中大都有明确的规定，提议的作出要据此进行。

（2）立项：即经过对提议的审查，将该项规范性公文的制定编入相应规范性公文“建设规划”。

（3）起草：由有关机构或领导者委托相关部门或指定的人员组成专门起草小组进行。该小组应有一定的代表性并应吸收部分专家参加。必要时，提出动议者也可在提出动议时一并提供草案。

（4）协商、咨询：即广泛征询各部门、各级、各类工作人员的意见，与有关方面协调一致。被涉及权限的部门一定要成为协商对象，可采用咨询会、征求意见会、听证会等形式广泛听取意见，回答各种质询。

（5）审查：即将草案送专门机构进行全面审查修改，形成审查报告，提出是否可审议通过的建议。

（6）审议通过或批准：在有关会议上进行讨论，作出是否通过的决议，必要时按照规定由有关首长签署。

（7）审批或备案：即将按规定应由上级机关批准方能生效的草案送交其审核，其他则呈送其备案存查。

（8）发布：将已履行生效批准程序的文件以一定的方式在特定范围内公之于众，使其广泛知晓。

5. 在效用方面一般均实行“不溯既往”和“后法推翻前法”的原则

规范性公文效力所及只针对正式成文（生效）之后发生的有关事物，除特例或者特殊声明外，不溯及在这之前发生的事物；新公文形成之后，与其规定不一致的“旧公文”即行废止，以新公文为准。

6. 语言运用更加讲究高度准确、概括、简洁、通俗、规范

准确是指在表情达意时，语言务必真实确切，无虚假，无错漏，褒贬得当，语意明确，界限清楚，文句严谨，细致周密，分寸得当，符合实际，真切表达欲表达的内容，忌模糊含混、语意多歧；概括是指语言具有高度的涵盖力和适应性，内涵、外延确定，经得起时间的检验；简洁是指语言简明扼要，精当不繁，去浮词，忌冗长空泛，同时，又不苟简，即服从规范性文件目标和表现主题的需要，当详则详，当略则略；通俗是指语言平直自然、是非清楚、明白晓畅、恰如其分、通俗易懂，无浮华夸饰，无渲染，无形象描绘，无矫揉造作，忌堆砌华丽辞藻，忌滥用辞格，讲求于平淡之中见神奇；规范是指各级语言单位的构成及组合不仅应符合现代汉语的语法规则和一般的逻辑规则，而且应合乎政务活动所提出的特殊规范性要求。

### 6.1.2 常用规范性公文文种的适用

1. 条例

条例在党的机关可作为党内规章的名称，用于党的中央组织制定规范党组织

的工作、活动和党员行为的规章制度。

对于国家权力机关而言，条例可作为国家法律、地方性法规、自治地方有关法规文件的名称。全国人民代表大会或全国人民代表大会常务委员会制定的作为国家法律的条例，主要用于调整或明确长期施行的国家政治、经济、文化等方面的关系或规则。省、直辖市人民代表大会或其常务委员会制定的作为地方性法规的条例，主要用于调整或明确其所辖区域内政治、经济、文化等方面的关系或规则。民族自治地方的自治区、自治州、自治县人民代表大会制定的自治条例和单行条例，分别用于：确定本地区实行民族区域自治的基本原则、机构设置、自治机关的职权、工作制度以及其他有关重大事项；在法律规定的范围内根据当地民族的具体情况调整或确定某些具体的关系或规则。

对于国家行政机关而言，条例可作为国务院制定的行政法规的名称。国务院根据全国人民代表大会及其常务委员会的授权决定制定的行政法规，称“暂行条例”。

国务院、国务院各部门和地方人民政府制定的规章不得称“条例”。

条例属于自主的规范性公文，它可以创造新的规则，而不仅仅为补充其他规范性公文而制定，也不仅仅为直接执行其他规范性公文而制定。

2. 规定

规定既可作为行政法规、地方性法规、行政规章的名称，也可作为党政军机关、团体、企事业单位和其他各种社会组织内部“规章制度”的名称，其应用范围比较广泛。如确立活动规则，提出处理问题的准则与规程，明确有关单位或人员的权利、义务、责任，对其他法律、法规和规章的内容予以补充等。规定既可为自主的规范性公文，也可为执行的规范性公文，具体称为“实施办法”、“关于实施……的若干规定”等；同时，还可为补充的规范性公文，具体称为“规定”、“办法”或“补充规定”等。

3. 办法

办法与规定一样，既可作为行政法规、地方性法规、行政规章的名称，也可作为国家权力机关审议通过的法律的名称，还可以作为党政军机关、团体、企事业单位和其他各种社会组织内部“规章制度”的名称，其应用范围比较广泛。同样，办法既可为自主的规范性公文，也可为执行的规范性公文，还可为补充的规范性公文；也大都用于确立活动规则，提出处理问题的准则与规程，明确有关单位或人员的权利、义务、责任，对其他法律、法规和规章的内容予以补充等；在作为法律、地方性法规的名称时，称“实施办法”。

办法与规定的不同点主要在于，办法比规定更具体精细一些，通常所针对的事物的规模比规定相对小一些。除了可作为自主的规范性公文外，办法更适于作为执行的规范性公文。

4. 细则

细则用于根据法定职责或专门的明确授权对法律、法规、规章和其他规范性公文中的有关事物或概念作出具体解释，规定具体的实施办法与规则，明确规定各种事物与概念间的精细的界限，为这些法律、法规、规章等的有效理解和实施确立保证。细则大都为执行性立法活动的产物，本身不创设新的权利、义务规范，主要是对既有规范在各种具体场合下的适用作出具体精细的规定。

## 6.2 规范性公文的结构

规范性公文在具体适用范围、所针对的客观对象的性质与规模、规范的概括程度以及效力等级方面是各具特点的，但它们在结构方面却大致相同。

### 6.2.1 规范性公文的总体结构

规范性公文通常是奉行“不公布不生效”原则的，它一般都需要通过制发一份命令或者通知的形式完成发布过程。因此，规范性公文本身大都是作为这些命令或者通知的附件存在的，这就使这类公文的总体结构和格式与一般公文有很大区别。规范性公文一般包括：标题、发布或通过或批准的日期、章题（必要时还有节题）、正文。

1. 标题

规范性公文的标题一般由事由（问题）、文种两部分组成。事由应确切而概括地反映文件的主要内容，指明被规范的对象，如《行政法规制定程序条例》、《国家行政机关公文处理办法》（见［例文 1］）。必要时还应在事由前面加上介词“关于”、“对”等，如《关于国家行政机关和企业、事业单位印章的规定》。文种应直接接续在事由后面标出，必要时在其前后加限定词“暂行”、“试行”、“实施”、“补充”、“若干”等，如其加在文种之后，应写作“××部公文处理办法（试行）”。在特别需要表明和强调文件权威性的情况下，标题中也可标明作者，如《国务院关于省、市、自治区排列顺序的规定》。

2. 发布或通过或批准的日期

发布或通过或批准的日期即公文经权威性机构或组织审议通过或批准生效的时间，需标注在标题之下并用圆括号括入，可标作“（××××年×月×日）”、

“(××××［机关名称］××××年×月×日发布)”或“(×××大会××××年×月×日通过)”等。

3. 章题

即规范性公文需划分为若干章表述时每一章的标题。章题只需确切概括反映章内的内容。第一章和最后一章分别为总则和附则，第二章开始为表述具体规范的分则。标注章题时，不得用“分则”命名，应概括表达章内的内容范围。章题可标作：“第一章　总则”、“第×章　规划与起草”、“第×章　审定与发布”、“第×章　附则”。

4. 正文

正文即规范性公文的主体部分，规范的具体内容均在此表达。

### 6.2.2　规范性公文的正文的结构

规范性公文的正文一般均有这样几部分内容：制定目的、制定依据、适用范围、有关定义、主管部门、具体规范、奖惩办法、施行日期、施行程序与方式、有关说明等。这些内容实际涉及三大类问题：第一类是所谓“假定”，即指在何种条件下，出现何种情况时适用该文件；第二类是所谓“处理”，即对允许、禁止或要求作为和不作为的规定，属文件主体部分；第三类是惩罚或奖励，即对违反文件规定的行为施以处分、处罚，对认真遵从规定者给予奖励的具体办法等。

1. 制定目的

制定目的就是指制发文件者的动机及所要实现的结果。制定目的是规范性公文的核心内容与指导性纲领，是对文件主题的明确揭示，文件中的其他一切内容均不得与其相悖或有所超越，因此决不可轻视和敷衍。否则，目的不明、目的表达不确都会造成受文者对文件内容的误解或疑虑，降低文件的针对性和权威性，影响文件效用的实现。制定目的大都以精确而概括的语句表达，并置于文件正文的起首，常用介词“为”、“为了”等领叙。

2. 制定依据

制定依据就是指制发文件的前提条件与根据。在文中表明制定依据有助于明确文件的客观针对性，提高文件的权威性，因而它也是大多数规范性公文不可缺少的内容。制定依据常以介词“根据”、“遵照”、“依照”、“依据”等领叙。构成依据的是有关上级法律、法令、法规、规章和制度，上级的其他文件，以及有关客观情况、事实等。

3. 适用范围

适用范围就是对文件有效适用对象范围的规定，可表明文件对何种人及事物具备有效的约束力。除这一范围是不言自明的情况之外，都应在文件中明确表示，否则将会在具体执行过程中无法准确界定文件的效力范围，无法准确界定对象“违法”或“不违法”。

4. 有关定义

有关定义就是指对文件中根据实际需要而创设或使用的有关名词术语含义的规定。其作用是使表达更严谨有效，防止歧义和争执，澄清事物、概念的界限，以利于执行。这里对名词术语含义的规定在同一文件中完全适用，即文中所有同一词语均只含有同一含义，只作同一种解释；文中所有同一内容只用这一词语表达，不再改用其他同义词语表达。具体可写作：“××是×××”、“本文所称××是指×××××”等。

5. 主管部门

主管部门即对文件的执行或监督执行负有直接和主要责任的机构或组织。指明主管部门有利于将文件的执行落在实处。

6. 具体规范

具体规范是文件的主体内容，明确规定支持、保护、发展什么，限制、禁止和取缔什么，规定机关团体和其他社会组织与有关人员的作为与不作为。

7. 奖惩办法

奖惩办法即有关奖励与惩罚的具体方式、程序、措施的规定，必要时还包括对申诉（有处罚即难免有纠纷）程序和机构作出的规定。

8. 施行日期

施行日期即对文件正式实施时间的规定。规范性公文大都不能在制发机关履行批准手续后即生效执行，以保证人们有一个了解规范的内容，做好认真执行的各种准备工作的时间与条件。为此，须在文中专门规定施行日期。这方面的规定大致有如下几种：自文件公布之日一个时期后施行；自文件公布之日起施行；以另一规范性公文的施行时间为施行日期；本文件施行日期另由其他规范性公文确定。

9. 施行程序与方式

施行程序与方式是对施行过程、施行责任归属方面的规定。一般包括：实施的根据与原则、步骤方法；具体实施办法（细则）制定权的归属；解释权的归属；等等。

10. 有关说明

有关说明主要指对该文件与其他文件的关系的规定，对附件效用、数量的规定，以及对不同文字文本效用（包括产生争议时以何种文本为准）的规定等。在规定该文件与其他文件的关系时，应明确与之有关的其他文件同时有效或废止，还是部分有效或废止。尽管有“以新法推翻旧法”原则的存在，但为明确起见，仍应规定对有关旧法的废止或撤销（对含有违法或不适当因素者称撤销，一般应视其为自始没有或不能发生效力）。

**[例文1]**①

## 国家行政机关公文处理办法

（二〇〇〇年八月二十四日国务院发布）

### 第一章 总则

第一条 为使国家行政机关（以下简称行政机关）的公文处理工作规范化、制度化、科学化，制定本办法。

第二条 行政机关的公文（包括电报，下同），是行政机关在行政管理过程中形成的具有法定效力和规范体式的文书，是依法行政和进行公务活动的重要工具。

第三条 公文处理指公文的办理、管理、整理（立卷）、归档等一系列相互关联、衔接有序的工作。

第四条 公文处理应当坚持实事求是、精简、高效的原则，做到及时、准确、安全。

第五条 公文处理必须严格执行国家保密法律、法规和其他有关规定，确保国家秘密的安全。

第六条 各级行政机关的负责人应当高度重视公文处理工作，模范遵守本办法并加强对本机关公文处理工作的领导和检查。

第七条 各级行政机关的办公厅（室）是公文处理的管理机构，主管本机关的公文处理工作并指导下级机关的公文处理工作。

第八条 各级行政机关的办公厅（室）应当设立文秘部门或者配备专职人员负责公文处理工作。

### 第二章 公文种类

第九条 行政机关的公文种类主要有：

（一）命令（令）

适用于依照有关法律公布行政法规和规章；宣布施行重大强制性行政措施；

① 由于本书例文全部选自政府网站和报刊，格式已与原文有所不同，为此，例文仅供撰写公文正文时参考。后面例文同此之说。

嘉奖有关单位及人员。

（二）决定

适用于对重要事项或者重大行动做出安排，奖惩有关单位及人员，变更或者撤销下级机关不适当的决定事项。

（三）公告

适用于向国内外宣布重要事项或者法定事项。

（四）通告

适用于公布社会各有关方面应当遵守或者周知的事项。

（五）通知

适用于批转下级机关的公文，转发上级机关和不相隶属机关的公文，传达要求下级机关办理和需要有关单位周知或者执行的事项，任免人员。

（六）通报

适用于表彰先进，批评错误，传达重要精神或者情况。

（七）议案

适用于各级人民政府按照法律程序向同级人民代表大会或人民代表大会常务委员会提请审议事项。

（八）报告

适用于向上级机关汇报工作，反映情况，答复上级机关的询问。

（九）请示

适用于向上级机关请求指示、批准。

（十）批复

适用于答复下级机关的请示事项。

（十一）意见

适用于对重要问题提出见解和处理办法。

（十二）函

适用于不相隶属机关之间商洽工作，询问和答复问题，请求批准和答复审批事项。

（十三）会议纪要

适用于记载、传达会议情况和议定事项。

第三章　公文格式

第十条　公文一般由秘密等级和保密期限、紧急程度、发文机关标识、发文字号、签发人、标题、主送机关、正文、附件说明、成文日期、印章、附注、附件、主题词、抄送机关、印发机关和印发日期等部分组成。

（一）涉及国家秘密的公文应当标明密级和保密期限，其中，“绝密”、“机密”级公文还应当标明份数序号。

（二）紧急公文应当根据紧急程度分别标明“特急”、“急件”。其中电报应当分别标明“特提”、“特急”、“加急”、“平急”。

（三）发文机关标识应当使用发文机关全称或者规范化简称；联合行文，主办机关排列在前。

（四）发文字号应当包括机关代字、年份、序号。联合行文，只标明主办机关发文字号。

（五）上行文应当注明签发人、会签人姓名。其中，“请示”应当在附注处注明联系人的姓名和电话。

（六）公文标题应当准确简要地概括公文的主要内容并标明公文种类，一般应当标明发文机关。公文标题中除法规、规章名称加书名号外，一般不用标点符号。

（七）主送机关指公文的主要受理机关，应当使用全称或者规范化简称、统称。

（八）公文如有附件，应当注明附件顺序和名称。

（九）公文除“会议纪要”和以电报形式发出的以外，应当加盖印章。联合上报的公文，由主办机关加盖印章；联合下发的公文，发文机关都应当加盖印章。

（十）成文日期以负责人签发的日期为准，联合行文以最后签发机关负责人的签发日期为准。电报以发出日期为准。

（十一）公文如有附注（需要说明的其他事项），应当加括号标注。

（十二）公文应当标注主题词。上行文按照上级机关的要求标注主题词。

（十三）抄送机关指除主送机关外需要执行或知晓公文的其他机关，应当使用全称或者规范化简称、统称。

（十四）文字从左至右横写、横排。在民族自治地方，可以并用汉字和通用的少数民族文字（按其习惯书写、排版）。

第十一条　公文中各组成部分的标识规则，参照《国家行政机关公文格式》国家标准执行。

第十二条　公文用纸一般采用国际标准A4型（210mm×297mm），左侧装订。张贴的公文用纸大小，根据实际需要确定。

第四章　行文规则

第十三条　行文应当确有必要，注重效用。

第十四条　行文关系根据隶属关系和职权范围确定，一般不得越级请示和报告。

第十五条　政府各部门依据部门职权可以相互行文和向下一级政府的相关业务部门行文；除以函的形式商洽工作、询问和答复问题、审批事项外，一般不得向下一级政府正式行文。

部门内设机构除办公厅（室）外不得对外正式行文。

第十六条　同级政府、同级政府各部门、上级政府部门与下一级政府可以联合行文；政府与同级党委和军队机关可以联合行文；政府部门与相应的党组织和军队机关可以联合行文；政府部门与同级人民团体和具有行政职能的事业单位也可以联合行文。

第十七条　属于部门职权范围内的事务，应当由部门自行行文或联合行文。联合行文应当明确主办部门。须经政府审批的事项，经政府同意也可以由部门行文，文中应当注明经政府同意。

第十八条　属于主管部门职权范围内的具体问题，应当直接报送主管部门处理。

第十九条　部门之间对有关问题未经协商一致，不得各自向下行文。如擅自行文，上级机关应当责令纠正或撤销。

第二十条　向下级机关或者本系统的重要行文，应当同时抄送直接上级机关。

第二十一条　“请示”应当一文一事；一般只写一个主送机关，需要同时送其他机关的，应当用抄送形式，但不得抄送其下级机关。

“报告”不得夹带请示事项。

第二十二条　除上级机关负责人直接交办的事项外，不得以机关名义向上级机关负责人报送“请示”、“意见”和“报告”。

第二十三条　受双重领导的机关向上级机关行文，应当写明主送机关和抄送机关。上级机关向受双重领导的下级机关行文，必要时应当抄送其另一上级机关。

## 第五章　发文办理

第二十四条　发文办理指以本机关名义制发公文的过程，包括草拟、审核、签发、复核、缮印、用印、登记、分发等程序。

第二十五条　草拟公文应当做到：

（一）符合国家的法律、法规及其他有关规定。如提出新的政策、规定等，要切实可行并加以说明。

（二）情况确实，观点明确，表述准确，结构严谨，条理清楚，直述不曲，字词规范，标点正确，篇幅力求简短。

（三）公文的文种应当根据行文目的、发文机关的职权和与主送机关的行文关系确定。

（四）拟制紧急公文，应当体现紧急的原因，并根据实际需要确定紧急程度。

（五）人名、地名、数字、引文准确。引用公文应当先引标题，后引发文字号。引用外文应当注明中文含义。日期应当写明具体的年、月、日。

（六）结构层次序数，第一层为“一、”，第二层为“(一)”，第三层为“1.”，第四层为“(1)”。

（七）应当使用国家法定计量单位。

（八）文内使用非规范化简称，应当先用全称并注明简称。使用国际组织外文名称或其缩写形式，应当在第一次出现时注明准确的中文译名。

（九）公文中的数字，除成文日期、部分结构层次序数和在词、词组、惯用语、缩略语、具有修辞色彩语句中作为词素的数字必须使用汉字外，应当使用阿拉伯数字。

第二十六条　拟制公文，对涉及其他部门职权范围内的事项，主办部门应当主动与有关部门协商，取得一致意见后方可行文；如有分歧，主办部门的主要负责人应当出面协调，仍不能取得一致时，主办部门可以列明各方理据，提出建设性意见，并与有关部门会签后报请上级机关协调或裁定。

第二十七条　公文在负责人签发前，应当由办公厅（室）进行审核。审核的重点是：是否确需行文，行文方式是否妥当，是否符合行文规则和拟制公文的有关要求，公文格式是否符合本办法的规定等。

第二十八条　以本机关名义制发的上行文，由主要负责人或者主持工作的负责人签发；以本机关名义制发的下行文或平行文，由主要负责人或者由主要负责人授权的其他负责人签发。

第二十九条　公文正式印制前，文秘部门应当进行复核，重点是：审批、签发手续是否完备，附件材料是否齐全，格式是否统一、规范等。

经复核需要对文稿进行实质性修改的，应按程序复审。

第六章　收文办理

第三十条　收文办理指对收到公文的办理过程，包括签收、登记、审核、拟办、批办、承办、催办等程序。

第三十一条　收到下级机关上报的需要办理的公文，文秘部门应当进行审核。审核的重点是：是否应由本机关办理；是否符合行文规则；内容是否符合国家法律、法规及其他有关规定；涉及其他部门或地区职权的事项是否已协商、会签；文种使用、公文格式是否规范。

第三十二条　经审核，对符合本办法规定的公文，文秘部门应当及时提出拟办意见送负责人批示或者交有关部门办理，需要两个以上部门办理的应当明确主办部门。紧急公文，应当明确办理时限。对不符合本办法规定的公文，经办公厅（室）负责人批准后，可以退回呈报单位并说明理由。

第三十三条　承办部门收到交办的公文后应当及时办理，不得延误、推诿。紧急公文应当按时限要求办理，确有困难的，应当及时予以说明。对不属于本单位职权范围或者不宜由本单位办理的，应当及时退回交办的文秘部门并说明理由。

第三十四条　收到上级机关下发或交办的公文，由文秘部门提出拟办意见，送负责人批示后办理。

第三十五条　公文办理中遇有涉及其他部门职权的事项，主办部门应当主动与有关部门协商；如有分歧，主办部门主要负责人要出面协调，如仍不能取得一致，可以报请上级机关协调或裁定。

第三十六条　审批公文时，对有具体请示事项的，主批人应当明确签署意见、姓名和审批日期，其他审批人圈阅视为同意；没有请示事项的，圈阅表示已阅知。

第三十七条　送负责人批示或者交有关部门办理的公文，文秘部门要负责催办，做到紧急公文跟踪催办，重要公文重点催办，一般公文定期催办。

## 第七章　公文归档

第三十八条　公文办理完毕后，应当根据《中华人民共和国档案法》和其他有关规定，及时整理（立卷）、归档。

个人不得保存应当归档的公文。

第三十九条　归档范围内的公文，应当根据其相互联系、特征和保存价值等整理（立卷），要保证归档公文的齐全、完整，能正确反映本机关的主要工作情况，便于保管和利用。

第四十条　联合办理的公文，原件由主办机关整理（立卷）、归档，其他机关保存复制件或其他形式的公文副本。

第四十一条　本机关负责人兼任其他机关职务，在履行所兼职务职责过程中形成的公文，由其兼职机关整理（立卷）、归档。

第四十二条　归档范围内的公文应当确定保管期限，按照有关规定定期向档案部门移交。

第四十三条　拟制、修改和签批公文，书写及所用纸张和字迹材料必须符合存档要求。

## 第八章　公文管理

第四十四条　公文由文秘部门或专职人员统一收发、审核、用印、归档和销毁。

第四十五条　文秘部门应当建立健全本机关公文处理的有关制度。

第四十六条　上级机关的公文，除绝密级和注明不准翻印的以外，下一级机关经负责人或者办公厅（室）主任批准，可以翻印。翻印时，应当注明翻印的机关、日期、份数和印发范围。

第四十七条　公开发布行政机关公文，必须经发文机关批准。经批准公开发布的公文，同发文机关正式印发的公文具有同等效力。

第四十八条　公文复印件作为正式公文使用时，应当加盖复印机关证明章。

第四十九条　公文被撤销，视作自始不产生效力；公文被废止，视作自废止之日起不产生效力。

第五十条　不具备归档和存查价值的公文，经过鉴别并经办公厅（室）负责人批准，可以销毁。

第五十一条　销毁秘密公文应当到指定场所由二人以上监销，保证不丢失、不漏销。其中，销毁绝密公文（含密码电报）应当进行登记。

第五十二条　机关合并时，全部公文应当随之合并管理。机关撤销时，需要归档的公文整理（立卷）后按有关规定移交档案部门。

工作人员调离工作岗位时，应当将本人暂存、借用的公文按照有关规定移交、清退。

第五十三条　密码电报的使用和管理，按照有关规定执行。

## 第九章　附则

第五十四条　行政法规、规章方面的公文，依照有关规定处理。外事方面的公文，按照外交部的有关规定处理。

第五十五条　公文处理中涉及电子文件的有关规定另行制定。统一规定发布之前，各级行政机关可以制定本机关或者本地区、本系统的试行规定。

第五十六条　各级行政机关的办公厅（室）对上级机关和本机关下发公文的贯彻落实情况应当进行督促检查并建立督查制度。有关规定另行制定。

第五十七条　本办法自2001年1月1日起施行。1993年11月21日国务院办公厅发布，1994年1月1日起施行的《国家行政机关公文处理办法》同时废止。

# 6.3 规范性公文写作方法

## 6.3.1 规范性公文基本内容的表达

1. 规范性公文的表述单位

在写作实践中，规范性公文内容多以条文形式表达。条是最基本的表述单位。每条还可下分为款、项、目等层次。

章、节、条的序号用中文数字依次表述，款不编序号，项的序号用中文数字加括号依次表述，目的序号用阿拉伯数字依次表述。其中条码以一文件为单位排大流水号，其他则均以上一层次为单位排小流水号。条文较多时，可设章，章还可再分节。

在分章表述时，每章至少应当有两条。条没有题目，写完“第×条”后，不能紧接着列出一个词组，而必须列出一个完整的句子。在书写印刷格式方面，“第×条”后空一格再写具体内容。

2. 规范性公文条文的排序

规范性公文的条文在排列上应讲究归类准确、层次分明、井然有序。

表达制定目的、制定依据、适用范围、有关定义以及具体规范中带有普遍性、共同性、原则性内容的条文大都依次排在文件的首部，一般统称为“总则”部分。若分章表述时，总则即为第一章。

表达具体规范各分项内容的条文接在“总则”之后，按事物间的逻辑关系分类集中编排。若分章表述时，每一类或几类为一章。这些条文统称为“分则”。

表达奖惩办法的条文接在“分则”之后，或单独构成“罚则”，或作为“分则”中最后的条文。若分章表达时，需独立成章的情况下可直称章题为“罚则”、“法律责任”、“奖励与处罚”等。

表达施行程序与方式、施行日期、有关说明的条文接“罚则”之后，依重要程度或其他标准逐条表述，这些条文统称“附则”。若分章表述可直称章题为“附则”。

主管部门一项内容可视其具体情况置于“总则”或“附则”中表述，也可在有关“分则”中表述。

在不需要分章表述时，各部分内容的安排次序也与分章表述时大致相同。前几条写总则的内容，最后几条写附则的内容，分则的内容居中。

### 6.3.2　规范性公文写作要点

撰写规范性公文时，应注意以下几个方面：

1. 保持公文的一致性

一致性是指公文内容与形式同其他文件、同作者权利具有高度统一的关系，整个文件的所有部分具有高度的一体性关联。要保持这种一致性，应做到：

（1）无论文件的内容还是形式绝不与其他法律、法令、法规和规章，以及党的方针政策和上级机关、同级机关有关文件的规定相抵触，不与自己制发的并且有执行效用的其他文件的规定相矛盾。文件的上下文之间绝不自相矛盾。

（2）以法定的指挥权、命令权为后盾制发文件，绝不越权，绝不在法定职权范围之外发号施令。

（3）在运用语言过程中，保持文中表达同一概念的词语从词形到词义的前后一致，必要时还应保证对相同类型事物和概念表达时所使用的句式大致相同。

在公文写作实践中，一致性方面最易出现的问题主要是：

（1）不自觉地违法违制。

（2）内容中出现各种矛盾抵触。

（3）相同概念用多种词语表达，以及不同概念用同一词语表述等。

2. 保持公文的严密性

严密性指公文结构与语言表达具有周严有效的特点。要保持这种严密性，以保证各种约束的有效性，应做到：

（1）务使文件的结构严谨周致，完整齐全。

（2）务使语言表达缜密周严，无含混不清，无词不达意，无语义多歧、挂一漏万。

（3）约束的对象及程度范围要明确。

（4）有关职责、权利、义务的规定要清晰，时限要精准。

（5）各项要求要有切实可行的检查衡量指标，语气要坚决肯定，不留商量的余地。

（6）避免使用“一般”、“或许”、“大概”、“似”等表意不确切的词语去作判断（特别是在界定是与非，确认程度和范围的时候）。

（7）表示范围时不用“等”字表达未尽事项。

（8）尽量不用“暂”、“拟”、“准备”、“打算”等词语修饰意图和要求。

（9）使用表祈使的“严禁”、“禁止”、“不得”、“不准”、“必须”、“应当”等词语时，应认真辨析其轻重，根据表意的需要正确选用。

3. 保持公文的条理性

条理性是指组成公文的文字在层次、理序方面的特点。要保持这种条理性，应务使文件层次分明、理序顺畅、分类准确、主题突出、排列合理有序。

在表达时，应注意保持各部分内容的系统性与连贯性，要科学设置类项，使同类事项集中，不割裂事项间最密切的逻辑联系与时间联系，避免出现脱节现象。

应避免文题不符和离题现象，与本题无关的内容一律不插入。

项目的排列应有合理的次序，既要注意遵从习惯和惯例，更要注意根据具体情况确定排序的依据。究竟是按事物发展的时序，按“提出问题——分析问题——解决问题”的事理逻辑层次，按事件构成要素的逻辑次序，还是按构成事物总体的各“部分”的性质及相互关系排列，应认真加以分析和研究。

在条理性方面最易出现的问题主要是：

（1）层次混乱、思路不清。层次混乱使人难以理解作者意图。如有些规范性公文常出现将对同一对象加以规范的内容，跳跃性地分置于互不相连的若干条项之中的现象。这不仅易使赘语丛生，而且使人不得要领，不便记忆和执行。

（2）割裂事项间的密切联系。这也同样不利于理解和执行。有些规范性公文在处理某一事项的例外情况时，将其与对该事项正常情况的规定相分离，二者被分置于不同章节中，结果很容易使阅文者忽略例外情况的存在，更不易找到处理这些情况的有关规定。

（3）归类不准。归类不准极易造成逻辑上的混乱，使人不明所以、不便执行。如：将讲离休待遇问题的内容归入有关退休费发放标准的条款中；将规定考勤方法的条款归入工作流程类等，都会造成查阅和执行上的困难，降低文件的效用。

（4）文不对题。这不仅徒增文字符号，影响简明表意，而且会降低文件效用。标题中反映不出的事项，规定得再好也往往得不到有效贯彻执行。如：“奖励办法”中规定处罚措施；“组织条例”中规定公文立卷原则；“成品管理办法”中规定次品处置措施……其结果不仅仅使执行者想不到、更用不到这些规定，使文件成为一纸具文，而且往往会闹出笑话。

4. 保持公文的简明性

简明性是指文件语言简约不繁而又明确周详的特点。为了文件便于理解、记忆和执行，应保持这一特点，具体说来要注意：

（1）要正确运用表达方式，一般以说明为主，不讲理由，不作议论分析，不作过分详尽的例举和解释。通常只讲“只能如此”，“不能怎样”，“错怎样罚，对怎样奖励”，而不轻言其他。

(2) 要尽可能使用既简洁精确又高度概括，既无漏洞又经得起时间检验和其他环境条件变化检验的词句，忌一切赘言。如规定“公文处理部门应……”时，用“公文处理部门”就比用“文书处（室）”、“秘书处（室）”、“文电处（室）”既准确又概括。规范性公文的内容大部分都是“规定”，因此，没有必要反反复复总讲“将××规定为××”，可直接讲“××为××”、“××应为××”。文中的情况自然都是事先的假设，为此也没有必要反复讲“如……即可……”，而应直接称“在……情况下，怎样怎样”。要尽量避免不必要的重复，其他文件已作过相同规定的一般不必再重复，同一文中前面已经有效规范过的事项不再重复。

(3) 要尽量少用生僻的术语，不用令人费解的词句，以便于理解和减少再作解释的必要。

(4) 要使文件主题高度明确。主题、目的不明，就难以确定一份文件哪些当讲、哪些不当讲的界限，使文件既不简练，也不明确。

简明性方面最易出现的问题是：赘言泛滥、大量重复、主题（包括目的）不明、离题万里等。这些问题的存在使文件不便于理解、记忆和执行。

5. 保持公文的稳定性

规范性公文一经公布生效，就应在一定时间范围内保持稳定，不能朝令夕改、变化无常，否则就失去了可行性，也就失去了存在的价值，这就是规范性公文的稳定性。要保持这种稳定性，应：

(1) 在撰写前做充分的调查研究，充分发扬民主，广泛听取各有关方面的意见和反映，要反复核查，实事求是地确认：有无对有关行为加以规范的客观必要性；有无能够有效地对其加以规范的客观条件（能否被控制和约束，作者是否有足够的权威与能力等）；应在何种范围、何等程度上去控制和约束才能更有效。

(2) 在写作过程中，要准确把握各种界限，力争使各种提法准确而概括，经得起一定时间的考验，对无碍大局的环境条件变化有一定的适应性，应避免在一切方面、一切问题上均规定过死、过于绝对化。

稳定性方面易出现的主要问题是：

(1) 准备工作不充分、依据不足、情况不明即仓促制定文件。

(2) 因针对性不强、不合实际，不得不朝令而夕改。

(3) 部分规定的表述过死，过于绝对化等。

这些问题的存在使文件权威性不足、有效期短暂，失去规范性公文的特殊作用。

6. 保持公文的连续性

连续性指对同一行为加以约束和规范的文件之间存在着必要的继承关系。要保持这样一种连续性，应注意，在撰写新文件的过程中广泛收集、查阅有关文件，认真分析对照，如确需以新规定取代既有规定时，应在文中明确对这部分既有规定的废止。

在连续性方面易出现的问题主要是：

（1）不明渊源，不知成法，重复“立法”。

（2）清理不善，新不废旧，新旧两法相互抵触却又并存，使人不明实际效用等。

这些问题的存在危害了文件的系统性，降低了文件效用，造成“执法”中的困难与混乱。

## 本章小结

规范性公文是效用等级最高的公文，在现代政务活动中具有普遍的应用价值。规范性公文与一般公文相比有诸多不同点，了解这些不同点有助于我们更好地遵从规范性公文写作特有的规律性。规范性公文的总体结构和格式与一般公文也有很大区别，正文的构成具有很强的规范程度，10个组成部分均不能随意略去。规范性公文写作需要把握若干要点，以保持规范性公文的一致性、严密性、条理性、简明性、稳定性和连续性。

## 关键术语

强制约束力　普遍性问题　反复多次适用　动议　立项　起草
协商　咨询　审查　审议　审批　备案　发布　不溯既往
后法推翻前法　条例　国家法律　地方性法规　行政法规　暂行条例
规章　自主的规范性公文　执行的规范性公文　补充的规范性公文
章题　总则　附则　分则　制定目的　制定依据　适用范围
有关定义　主管部门　具体规范　奖惩办法　施行日期　施行程序
施行方式　有关说明　条　款　项　目　条码　大流水号
小流水号　条文　罚则　一致性　抵触　严密性　词不达意

语义多歧　　挂一漏万　　条理性　　理序　　文题不符　　简明性　　稳定性
连续性

## 思考题

1. 规范性公文的特点是什么，为什么会形成这样的特点，怎样在撰写过程中遵从这些特点所提出的要求?

2. 规范性公文正文的结构为什么会有很强的规范性?

3. 规范性公文正文10个组成部分各自的功能是什么?

4. 撰写规范性公文应注意什么，怎样才能保持规范性公文的一致性、严密性、条理性、简明性、稳定性和连续性?

## 练习题

1. 判断下列命题是否正确

(1) 规范性公文奉行“不溯及既往”的原则。

(2) 条例为直接执行其他规范性公文而制定。

(3) 规范性公文的第二章可以标作：“第二章　分则”。

(4) 在不言自明的情况下，规范性公文中的适用范围可以不写。

(5) 公文被撤销，一般应视其为自始没有或不能发生效力。

(6) 规范性公文中的“款”不编序号。

(7) 规范性公文中的每一“章”至少应当有三个条文。

(8) 规范性公文中主管部门一项内容可视其具体情况置于“总则”或“附则”中表述，也可在有关“分则”中表述。

(9) 为了提高表达效果，规范性公文中相同概念应当尽可能用多种词语表述。

(10) 规范性公文表示范围时不用“等”字表达未尽事项。

2. 阅读背景资料，按照要求修改国务院学位委员会学科评议组组织章程

**背景**　随着我国学位与研究生教育工作重心的转移，提高质量、优化结构将是今后工作的重点。为了更好地适应这一转变，根据国务院学位委员会第25次会议精神，学科评议组的工作重心和职能也需作适当调整，以便进一步发挥学科

评议组在质量监控、学科建设与发展、导师队伍建设等方面的作用。为此，国务院学位委员会学科评议组章程需要进行修订。相关部门和有关领导同志的基本意见是：

(1) 调整章程的撰写体例，分章组织条文。

(2) 对学科评议组的性质重新定位，由原来的“学术性工作组织”调整为“从事学位与研究生教育研究、咨询、审核、指导、监督和服务的专家组织”。

(3) 对学科评议组的职能进行调整。增加：1) 就学位与研究生教育发展和改革中的重大问题进行研究，向国务院学位委员会提供咨询意见或建议；2) 制定本学科领域研究生培养的标准、规范和基本要求；3) 对本学科领域的研究生培养和学位授予的质量进行监督、评估；4) 指导学位授予单位做好学科建设、人才培养和学位授予等工作；5) 组织和开展本学科领域人才培养规格与质量的调查、研究，不定期地就研究生质量等问题，向国务院学位委员会和教育部报送咨询意见或政策建议。

(4) 对学科评议组的工作方式进行调整。增加：1) 学科评议组可自主开展有关本学科领域的学科建设、人才培养和学位授予等问题的研究，制定有关质量标准、规范和要求；也可根据工作需要，不定期地召开会议，就本学科领域的质量和监督等问题进行研究并提出建议。2) 学科评议组秘书应根据国务院学位委员会通过的年度工作要点，协助召集人制定并实施本学科评议组年度工作计划。

(5) 国务院学位办应当加强对评议组工作的支持力度。比如：应定期举行各学科评议组召集人和秘书会议，共同研究、协商各学科评议组的工作；根据各学科评议组年度工作安排，视情况提供必要的活动经费。

(6) 增加对各学科评议组召集人所在单位的一些要求，比如，应对学科评议组和秘书的工作给予大力支持，提供必要的工作条件和适当的经费支持。

(7) 增加各学科评议组秘书的职能，赋予秘书协助召集人承担更多的组织、协调和实施等方面的具体工作的职能。

(8) 学位委员会第 23 次会议已经决定，学科评议组的任期调整为 5 年，学科评议组的性质也发生变化，应当体现评议组成员不搞“终身制”的精神，应当指明“连续聘任一般不超过两届”。

(9) 文字表述方面也要调整修改。

**要求** 按照相关部门和有关领导同志的基本意见对以下公文进行修改。

## 国务院学位委员会学科评议组组织章程

（1996年4月29日修订）

第一条 为了贯彻执行《中华人民共和国学位条例》及其暂行实施办法，根据工作需要，设立国务院学位委员会学科评议组。

第二条 国务院学位委员会学科评议组是国务院学位委员会领导下的学术性工作组织，依授予学位的哲学、经济学、法学、教育学、文学、历史学、理学、工学、农学、医学、军事学等学科门类，按学科或几个相近学科设立若干个评议组进行工作。也可以根据工作任务的需要，临时组织跨学科的评议组进行工作。

第三条 国务院学位委员会学科评议组的主要任务是：

（一）评议和审核有权授予博士、硕士学位的高等学校和研究机构及其学科、专业；对新增授予博士、硕士学位单位的整体条件进行审核。

（二）对有关学位和研究生培养规格和类型的调整，学位授予标准及其质量等进行研究并提出建议。

（三）指导和检查监督各学位授予单位的学位授予工作；对已批准授权的学位授予单位及其学科、专业，检查和评估其学位授予的质量和授权学科、专业的水平以及授予单位的整体条件，对于不能确保所授学位水平的单位及学科、专业，可以提出停止或撤销其授予学位资格的建议；对各博士学位授予单位的博士生指导教师的遴选情况进行检查和评估。

（四）对调整和修订授予学位的学科、专业目录进行研究并提出建议。

（五）承担国际交流中学位的相互认可及评价等专项咨询工作。

（六）对贯彻实施《中华人民共和国学位条例》的规章、办法的制定和修改提出意见和建议。

（七）承担国务院学位委员会委托审议的其他事项。

第四条 国务院学位委员会学科评议组成员，由国务院学位委员会聘任（均系兼职），报国务院备案；任期四年（从聘任之日起至下一届成员产生之前），可以连续聘任。每一届学科评议组的成员有1/4至1/2的成员系上届成员。

第五条 国务院学位委员会学科评议组每个评议组成员人数一般为7至15人。每个评议组设召集人2至3名。

国务院学位委员会中的有关专家分别为有关学科评议组的当然成员，人数不计入学科评议组成员数内。

国务院学位委员会还可根据工作需要，聘任德高望重的专家、学者为学科评议组的特约成员，负责咨询、顾问等任务。各评议组可以根据工作需要，由召集人或两名成员提名，经国务院学位委员会秘书长批准，临时约请学科评议组以外的专家、学者参加本评议组的工作，但无表决权。

第六条　国务院学位委员会学科评议组成员，应热爱社会主义祖国，坚持四项基本原则，办事公道，作风正派。应是本学科中学术造诣深厚的教授或相当专业技术职务的专家、学者，一般应有指导博士研究生经验。评议组成员应包括一定数量的优秀中青年专家、学者及从事工程技术工作和在实际工作部门的专家。对在聘任期间不宜继续担任学科评议组成员的人员，经国务院学位委员会批准可予解聘。

第七条　各学科评议组设秘书一人。秘书经学科评议组召集人和国务院学位委员会办公室商洽，由国务院学位委员会办公室聘请，其任期与学科评议组成员相同。如有特殊情况可改聘。

第八条　全体或各门类学科评议组成员大会，由国务院学位委员会主持召开；各评议组的会议，由国务院学位委员会委托各评议组召集人主持。各评议组表决关于学科、专业授权或撤销授权以及其他重要议案时，均应经出席会议全体成员充分酝酿讨论后，采取无记名投票方式进行。参加表决的人数须达到本评议组成员数的2/3，表决有效；赞成票须达到参加表决人数的2/3或以上，方为通过。在必要时也可采用通讯方式决定有关问题。

学科评议组成员如提出需讨论和决定有关重要议案的建议，并经在本评议组过半数成员同意，该评议组召集人在征得国务院学位委员会同意后，可以召开本评议组会议或用其他方式做出相应决议。各评议组的决议经国务院学位委员会批准后生效。

第九条　国务院学位委员会学科评议组成员在学位授权审核、学位授予质量检查和评估等公务活动中，要公正廉明，自觉抵制不正之风，并有责任向国务院学位委员会反映有关单位的不当做法。

第十条　国务院学位委员会学科评议组的日常工作，由国务院学位委员会办公室联系，并协助处理。

第十一条　本组织章程，经国务院学位委员会批准后施行。

**3. 根据以下素材，为××大学拟写一份规范性公文文稿**

问题：由于多方面原因，本科生确有人目前所学专业不利于发挥其专长，不利于发挥其学习积极性，还有些人因疾病或生理缺陷不能在这些专业中正常学习。为此，急需制定必要措施，准许确有专长，转专业后能发挥其专长的，以及因疾病或生理缺陷不能在所在专业正常学习，须转入其他适宜的专业的学生及时转专业。

限定条件：或者本人确实有专长，转专业以后能得到发挥；或者入学后发现因疾病或生理缺陷不能在原专业学习，但转到新专业后必须能继续学习。同时，要由学校指定的医疗单位出具证明。

时间：只能在第二学年新学期正式开学前办理转专业手续。

程序手续：学生本人向所在系的系主任写书面申请，被认可后由原专业向转入专业所在系推荐（要有书面材料），转入专业所在系审核同意后，报学校教务处备案，由学校学生处办理调转手续。

这份文件在××××年×月×日经过校长办公会议讨论后，获得批准。文件从××××年×月×日起正式施行。

# 第 7 章

# 领导指导性公文的写作

本章概述了领导指导性公文的特点，分别介绍了命令、决定、决议、通知、批复、通报的写作方法要点。

**本章学习要点**

- 领导指导性公文的特点
- 决定、通知、批复、通报的写作方法

## 7.1 领导指导性公文概述

### 7.1.1 领导指导性公文

领导指导性公文是指由领导指导机关制发的用于颁布法规、规章和其他规范性公文，指导、布置工作，阐明领导指导原则的公文。

领导指导性公文是组织管理体系中处于领导和指导地位的机关依据法定职责

权限，履行管理职能、传达决策意见、实施行政指挥的一项工具，具有统一思想、提高认识、协调关系、控制工作进程等诸多方面的作用。作者与受文者之间，或者是同一组织系统中有领导被领导关系的，或者是同一专业系统中有指导被指导关系的，作者居于领导地位或指导地位。居领导地位的作者都是对受文者有完整、直接命令权的上级机关，居指导地位的作者都是对受文者有完整业务指导权和不完整命令权①的上级机关或者是法律或者上级领导机关赋予特定权限的机关。作者所具有的法定地位，作者与受文者之间的法定关系，使这些公文都有法定的权威性和约束力。

需要特别说明的是，受管理体制和基本工作方式的影响，我国各级党委和政府的职能部门，经常会经过同级党委或者同级政府的明确授权，代党委或者政府对其他级别相同的职能部门发布业务指导方面的公文（主要的通知或者意见）。这些“平级通知”、“平级意见”实际上背后的法定权力依旧是领导机关的，文件具有法定的执行效用。但制发这类“平级通知”、“平级意见”时，作者应当注意不能用自己的名义创设新规则，要指明文中的相关领导指导意见不是自己创设并提出的，是上级领导机关的。在“平级意见”中提出的作者自己创设的意见对受文者只有参考作用。

命令、指示、决定、决议、通知、批复、通报等都是常用的领导指导性公文。

### 7.1.2 领导指导性公文的特点

受公文制发者法定地位和公文具体功用的影响，领导指导性公文具有如下一些特点，为了保证公文的有效性，应当在公文写作过程中充分体现这些特点，注意了解和遵从这些特点对相关工作行为的约束。

1. 公文内容对规定受文者的行为具有强制约束力，规定范围内的有关组织及个人必须认真遵行

领导指导性公文的内容都是领导指导机关意志和管理目标的具体体现，因此，这些内容一经发布，就立即生效，规定范围内的组织和个人必须遵照执行。如果对内容有疑义，通常情况下也必须一边反映这些疑义，一边坚决执行，在公文制发机关或者其上级机关未允许停止执行前，应当始终如此，以保证政令的畅通，维护管理秩序。

① 如果对方违背上级业务指导机关的政令，指导机关不能直接下达政令，从组织上处置相关责任人，需要通过责任人的领导机关间接处置。

2. 公文所针对的通常是特定的和具体的问题，公文所确立的规则一般不具备普遍性

领导指导性公文通常都是针对随机发生的各种具体问题制发的，公文内容涉及的事情和人员都是具体的、特定的，相关规则和解决问题的办法、措施都是有很强针对性的，它们针对这些具体的情况、具体的事情、具体的人员范围而提出，通常也只对解决某一具体的问题具备有效性，一般不具有普遍有效性。也就是说，领导指导性公文只对它所具体指向的事务的处理具备有效性，它是就人说人、就事说事的，没有普遍适用性。这次发生的问题按照这样的规则和方式方法做，下次再发生就要按照下次制发的公文规定的规则和方式方法做；这里发生的问题按照这里的规则和方式方法处置，那里发生的问题按照另外的领导指导性公文的要求去处理。

3. 公文的有效期一般不长

由于领导指导性公文是就人说人、就事说事的，所确立的规则和解决问题的方式方法通常也都是“一次性”的，因此，时过境迁，公文即失去现行执行效用。也就是说，只要公文所指向的相关事物已经不存在了，或者相关事物性质状态已经发生改变，不再有通过这一公文实现管理控制的必要和可能条件了，或者相关事务已经处理完毕了，或者所指向的相关问题已经解决了，等等，公文就“自动”失去了现行执行效用。

4. 与规范性公文相比，生效程序相对简约

由于领导指导性公文就是领导指导机关日常履行法定领导指导职责的产物，其内容大都是时效短暂的具体方法措施，因此，为了提高管理效能，领导指导性公文的生效程序就需要既有利于保证公文的质量，又要尽可能节约时间，以维护公文内容的实效性。根据这样的需要和要求，除决定、决议等特殊文种之外，领导指导性公文的生效程序要比规范性公文简约，只要发文机关的法定代表对公文的效用予以确认（如签发），公文即为有效。

5. 在效用方面，一般“溯及既往”

与规范性公文在效用方面一般“不溯及既往”的原则相反，领导指导性公文在效用方面，一般“溯及既往”。即只要不作特别说明，公文的效力所及不仅针对成文之后出现的有关事务和问题，而且针对成文之前指定范围内出现的问题，受文者应根据作者要求纠正有关偏向，采取措施弥补不足。领导指导性公文的基本作用，就是对下级机关已经开展、即将开展和正在开展的工作活动，指明正确方向，提供领导指导原则，交代措施和方法。纠正既有工作活动中的偏向是经常之举，甚至是一部分领导指导机关的主要活动，因此，领导指导性公文需要而且

必须“溯及既往”。当然，为了保证管理工作的公正性和有效性，必要时，应当指明溯及的时间范围。

6. 严格遵行“一文一事”原则

为了与党政机关按照职能分工处理各种事务的规律相适应，我国的公文大都奉行“一文一事”原则，即一份公文只涉及一项具体的事务。领导指导性公文需要更加严格地遵行这一原则，一份公文只涉及、只处置一件事情。这样将有利于顺应机关工作的规律性，使每一件事务在处理的条件成熟后尽快得到有效处理，减少不必要的等待和停滞时间，提高公文处理的质量和效率，同时，也会给公文写作带来便利，特别是使公文主题更加容易得到鲜明和集中的表达。

7. 语言运用更加讲求简明、郑重、规范

领导指导性公文的内容大都比较单一，注重简要明确地表明作者的意志、主张，概要叙述有关事实过程，较少作系统的长篇议论，其语言运用中特别讲求明确而具体，讲求郑重、果断，讲求表言达意的规范性，以利于受文者准确了解内容，方便其遵照执行。

# 7.2　命令的写作

## 7.2.1　命令的适用范围

命令是一种强制约束力最强的领导指导性公文，受文者必须不折不扣地执行其内容，将其中的各项主张化作行动。比如，中华人民共和国主席令是中华人民共和国主席根据全国人民代表大会及其常务委员会的决定签署的，它就是具有次于宪法效力的命令。因此，制发命令是一项极其严肃郑重的行为，要求作者务必具备法定的制发命令的职权；文件内容所针对的事项必须是重要、重大的问题或事件；文中的各项主张的提出必须审慎、负责，不得朝令夕改。在撰写文件的过程中，应注意使文字高度凝练，简明扼要，只求正确表达作者意图、主张，不对事项的意义加以细致的阐发，语气应坚定不移，忌委婉，不用商洽探询口吻。

在我国，宪法、国务院组织法、地方人民代表大会与地方人民政府组织法等各类重要法律规范，对命令的制发权限有明确的规定，凡未被规定授予命令制发权的机关均不得使用“命令”，否则，文件将无效。

根据国务院颁布的《国家行政机关公文处理办法》的规定，命令“适用于依照有关法律公布行政法规和规章；宣布施行重大强制性行政措施；嘉奖有关单位及人员”。根据《中国人民解放军机关公文处理条例》的规定，“命令用于发布军事法规、军事规章，确定和调整体制编制，部署军事行动，调动部队，授予、变更和撤销部队番号，调配武器装备，任免干部，授予和晋升军衔，选取士官，授予荣誉称号等”，“通令用于依据《中国人民解放军纪律条令》宣布奖惩事项（不含授予荣誉称号）”。

根据上述几个方面的具体用途，军事机关除外，命令通常可分为：公布令、行政措施令、嘉奖令等几种。

### 7.2.2 命令的总体结构

命令由标题、令号、主送机关、正文、签署、成文日期组成。

1. 标题

命令的标题一般由作者、问题（事由）、文种三部分组成，特殊情况下，可以省略问题（事由）部分，如一部分发布令。“命令”这一文种在标题中可简写为“令”或写为“嘉奖令”、“惩戒令”、“任免令”等。当文件具有普发性时，还可写为“通令”。

2. 令号

命令需编列专门的令号，即在标题之下标作“第×号”。令号采用跨年度的大流水号，从签署人担任现职之日起编列，直至签署人不再担任此职务为止。

3. 主送机关

命令应当标明主送机关，只有在不言自明的情况下才可以省略这部分内容。

4. 正文

命令的正文根据具体功用的不同有所区别，但都比较简短，用语高度简洁，语气坚决确定。

5. 签署

命令必须由发文机关负责人正式签署后方能生效并正式发出。署名权通常为机关正职负责人所有，副职不必联署。

6. 成文日期

命令的成文日期就是机关负责人签署的日期。

### 7.2.3 命令的正文

不同种类的命令，正文结构有所不同。

用于“公布重要行政法规和规章”的公布令，其正文非常简短，大都只用一两句话指明待公布法规、规章的标题及制定机关、通过或批准的机关、组织或会议的名称，通过或批准的时间，正式施行的时间，等等，有些时候还须指明失效的日期。被公布的文件将成为公布令的附件（见［例文2］）。

用于“宣布施行重大强制性行政措施”的行政措施令，其正文主要由两大部分构成：一是制发命令的缘由；二是分条列项，指明行政措施的具体内容与施行范围、时间和其他要求（见［例文3］）。

用于嘉奖有关人员的嘉奖令，其正文主要包括：有关人员的主要先进、模范事迹；对事迹的评价；对有关人员授予的荣誉称号或给予的其他精神和物质方面的奖励等（见［例文4］）。

**［例文2］**

## 中华人民共和国主席令

第31号

《全国人民代表大会常务委员会关于修改〈中华人民共和国行政监察法〉的决定》已由中华人民共和国第十一届全国人民代表大会常务委员会第十五次会议于2010年6月25日通过，现予公布，自2010年10月1日起施行。

中华人民共和国主席　胡锦涛

二〇一〇年六月二十五日

**［例文3］**

## 国务院关于发行第五套人民币的命令

第268号

为了适应经济发展的需要，进一步完善我国货币制度，提高人民币的防伪性能，现决定：

一、责成中国人民银行自1999年10月1日起陆续发行第五套人民币。第五套人民币有100元、50元、20元、10元、5元、1元、5角和1角八种面额。

二、第五套人民币与现行人民币的比率为一比一，即第五套人民币1元和现行人民币1元等值，其余类推。

三、第五套人民币发行后，与现行人民币混合流通，具有同等的货币职能。任何单位或个人，均不得以任何理由拒收其中任何一种人民币。

四、第五套人民币各种券别的发行时间，责成中国人民银行陆续公告。

五、凡破坏第五套人民币发行或借发行新版货币之机，扰乱金融秩序者，均依法惩处。对上述违法行为，每个公民均有权向当地人民政府和司法机关检举揭发。

总理　朱镕基

一九九九年六月三十日

**［例文 4］**

## 国务院　中央军委关于授予武警江西省总队吉安市支队井冈山市中队“井冈山爱民模范中队”荣誉称号的命令

公安部、中国人民武装警察部队：

长期以来，武警江西省总队吉安市支队井冈山市中队牢记我军根本职能和宗旨，忠实履行职责，大力弘扬井冈山精神，始终与人民群众同呼吸、共命运、心连心，树立了文明之师的良好形象，被誉为“井冈山精神的传播者、井冈山建设的生力军、井冈山平安的守护神”，为促进井冈山地区经济发展和社会稳定作出了突出贡献。该中队近10年来共看押人犯1.2万多人次，围捕抓获罪犯210多人，抢救遇险群众190多人，执行警卫党和国家领导人视察井冈山等重大任务80多次，在维护驻地社会稳定和处置突发事件中发挥了重要作用。他们把驻地当故乡，视群众为亲人，积极为当地群众办实事、解难事、做好事，累计义务献血4万毫升，植树3万余株，清理河渠淤泥2 000多立方米，帮助军训学生和地方员工2.5万多人次，义务为旅游参观团上传统教育课300多场，长年照顾14名孤寡老人和残疾人的生活起居，赢得了当地人民群众的广泛赞誉。他们坚持把思想政治建设摆在首位，认真实践“三个代表”重要思想，经受住了特殊环境和急难险重任务的考验，连续15年被评为先进中队，党支部先后被评为“全国先进基层党组织”和“全军先进基层党组织”，2次荣立集体二等功，10次荣立集体三等功。为表彰先进，弘扬正气，国务院、中央军委决定，授予武警江西省总队吉安市支队井冈山市中队“井冈山爱民模范中队”荣誉称号。

国务院、中央军委号召全体公安民警、武警官兵和全军指战员向该中队学习。学习他们视祖国和人民利益高于一切，为维护社会稳定和人民安宁甘愿牺牲奉献的崇高精神；学习他们坚持以人为本，自觉实践党的宗旨；学习他们忠实履行职责，不怕艰难困苦、坚决完成任务的战斗队作风。全体公安民警、武警官兵和全军指战员要以井冈山市中队为榜样，认真学习邓小平理论和“三个代表”重要思想，牢固树立和落实科学发展观，深入开展平安建设，为构建社会主义和谐社会、促进经济社会协调发展，更好地履行新世纪新阶段我军历史使命而不懈奋斗！

国务院总理　温家宝
中央军委主席　胡锦涛
二〇〇六年五月十七日

## 7.3　决定的写作

### 7.3.1　决定的适用范围

决定是使用频率较高的公文，其主要特点是兼具规范性与领导指导性。决定可针对反复出现的普遍性事务反复适用，在较长的时间范围内规范人们的行为，可作为法律法规和制度的表现形式，但在实际工作中更多地用于记载与传达领导指导机关对重要事项或重大行动作出的决策，具有较强的政策性，是领导指导工作的准则。决定在结构格式方面与规范性公文差别明显。

具有明显规范性公文性质的决定，通常需要以命令等形式发布，自身不直接产生效用。

在实践中，决定大都用于：确定履行法定程序，批准特定事项，规定实施重要政策，确定召开重要会议，确定重要的人事任免、表彰与处分事项，确定设立某机构或者成立某组织，确定参加或者脱离某组织，规定对特定对象权利、能力、义务的赋予、剥夺、免除，赋予特定对象以荣誉称号等。

### 7.3.2　决定的总体结构

1. 标题

决定的标题需要写明作者、事由与文种。如《中共中央、国务院关于加强职工教育工作的决定》。

2. 题注

确定履行重要审批程序的决定，需要由法定会议或者组织通过或者批准方可生效的，应当在标题下面标注决定讨论通过或者批准的时间。可以标作“××××年×月×日经×××通过”，或者“××××年×月×日经×××批准”等。

3. 主送机关

除一部分公之于众的决定外，其他决定通常需要标注主送机关。

4. 正文

决定在实践中具有比较广泛的具体用途，正文的组成也存在很大的差异。

5. 作者

标明制发公文的机关的全称或者规范简称。

6. 成文日期

机关领导正式签发文件的日期。已经在题注中标明的不再重复。

### 7.3.3 决定的正文结构

决定的正文常见的组成形式有这样几种：

第一种最简洁，通常只有一个自然段或几句话。主要包括的内容有：谁，于何处，根据或为了什么，确定采取什么行动或措施。确定召开会议、人事任免、设立机构、参加或脱离组织的决定，以及一部分履行法定审定批准程序的决定常采用这种形式（见［例文 5］）。

第二种比第一种稍复杂一些，主要有这样一些内容：目的或根据；对所针对事物或问题性质的分析、评价；有关措施（实施的对象、范围、方法、注意事项等）。用于表彰或处分、命名、撤销或者修改有关公文、取消相关措施要求，以及赋予、剥夺、免除有关对象的权利、义务、能力的决定常采用这种形式（见［例文 6］）。

第三种形式则更复杂一些，主要组成部分有：根据、目的、意义或原因；分条列项陈述有关措施的具体内容，必要时在各条项上附加小标题，以概括揭示各自的主要内容。这部分内容通常要写出：措施的性质，种类以及实施的时间、空间和人员范围，步骤，方法，条件，组织领导保障，政治思想保障，与其他措施的关系，有关的政策界限，执行要求等。用于确定实施重要政策的决定常采用这种形式（见［例文 7］）。

第四种形式适用于确定并表明原则立场的决定。其特点是除了以简要文字表明自己的立场、观点之外，还有较多的议论、推理方面的文字，以讲清道理，驳斥错误观点。

### 7.3.4 决定的写作要求

撰拟决定时应注意：

（1）为使公文真正有效，应注意完整、准确地交代“决定”自身的生成过程，特别是在形成“决定”本身就是在履行有关法定程序的情况下。

（2）必要时应注意扼要地阐明有关道理，指明界定有关事项的具体标准，以便于理解和执行。

（3）应特别注意语言的郑重、简练，语气应坚决肯定，禁绝使用模棱两可的提法，避免出现歧义和其他疏漏。

［例文5］

## 国务院授权香港特别行政区政府接收原香港政府资产的决定

（一九九七年六月二十六日国务院第59次常务会议通过）

国务院决定：授权中华人民共和国香港特别行政区政府自1997年7月1日起接收和负责审核原香港政府的全部资产和债务，并根据香港特别行政区有关法律自主地进行管理。

中华人民共和国国务院

一九九七年六月二十八日

［例文6］

## 国务院关于表彰全国劳动模范和先进工作者的决定

各省、自治区、直辖市人民政府，国务院各部委、各直属机构：

2005年全国劳动模范和先进工作者表彰大会以来，各行各业涌现出一大批在全面建设小康社会、加快推进社会主义现代化伟大实践中取得显著业绩的先进模范人物，他们是继续解放思想、锐意改革创新的时代先锋，推动科学发展、促进社会和谐的行动楷模。为表彰他们的突出贡献，弘扬他们的先进思想，进一步激励全国各族人民积极投身建设中国特色社会主义伟大事业，推动经济社会又好又快发展，国务院决定授予2 115人全国劳动模范荣誉称号，授予870人全国先进工作者荣誉称号。

国务院希望获得全国劳动模范和先进工作者荣誉称号的同志，谦虚谨慎，再接再厉，继续发挥模范表率作用，不断作出新的更大贡献。国务院号召全国各族人民，以全国劳动模范和先进工作者为榜样，学习他们信念坚定、胸怀大局的崇高思想，艰苦奋斗、勇于奉献的高尚品质，求真务实、纪律严明的优良作风，开拓创新、自强不息的进取精神，在以胡锦涛同志为总书记的党中央坚强领导下，高举中国特色社会主义伟大旗帜，以邓小平理论和“三个代表”重要思想为指导，深入贯彻落实科学发展观，同心同德、奋发图强，为夺取全面建设小康社会新胜利、谱写人民幸福美好生活的新篇章而不懈奋斗！

附件：全国劳动模范和先进工作者名册（共 2 985 名）

国务院

二〇一〇年四月二十四日

［例文 7］

## 国务院关于加强市县政府依法行政的决定

各省、自治区、直辖市人民政府，国务院各部委、各直属机构：

党的十七大把依法治国基本方略深入落实，全社会法制观念进一步增强，法治政府建设取得新成效，作为全面建设小康社会新要求的重要内容。为全面落实依法治国基本方略，加快建设法治政府，现就加强市县两级政府依法行政做出如下决定：

**一、充分认识加强市县政府依法行政的重要性和紧迫性**

（一）加强市县政府依法行政是建设法治政府的重要基础。（略）

（二）提高市县政府依法行政的能力和水平是全面推进依法行政的紧迫任务。（略）

**二、大力提高市县行政机关工作人员依法行政的意识和能力**

（三）健全领导干部学法制度。市县政府领导干部要带头学法，增强依法行政、依法办事意识，自觉运用法律手段解决各种矛盾和问题。市县政府要建立健全政府常务会议学法制度；建立健全专题法制讲座制度，制定年度法制讲座计划并组织实施；建立健全集中培训制度，做到学法的计划、内容、时间、人员、效果“五落实”。

（四）加强对领导干部任职前的法律知识考查和测试。对拟任市县政府及其部门领导职务的干部，在任职前考察时要考查其是否掌握相关法律知识以及依法行政情况，必要时还要对其进行相关法律知识测试，考查和测试结果应当作为任职的依据。

（五）加大公务员录用考试法律知识测查力度。在公务员考试时，应当增加法律知识在相关考试科目中的比重。对从事行政执法、政府法制等工作的公务员，还要进行专门的法律知识考试。

（六）强化对行政执法人员的培训。市县政府及其部门要定期组织对行政执法人员进行依法行政知识培训，培训情况、学习成绩应当作为考核内容和任职晋升的依据之一。

**三、完善市县政府行政决策机制**

（七）完善重大行政决策听取意见制度。（略）

（八）推行重大行政决策听证制度。（略）

（九）建立重大行政决策的合法性审查制度。市县政府及其部门做出重大行政决策前要交由法制机构或者组织有关专家进行合法性审查，未经合法性审查或者经审查不合法的，不得做出决策。

（十）坚持重大行政决策集体决定制度。市县政府及其部门重大行政决策应当在深入调查研究、广泛听取意见和充分论证的基础上，经政府及其部门负责人集体讨论决定，杜绝擅权专断、滥用权力。

（十一）建立重大行政决策实施情况后评价制度。市县政府及其部门做出的重大行政决策实施后，要通过抽样检查、跟踪调查、评估等方式，及时发现并纠正决策存在的问题，减少决策失误造成的损失。

（十二）建立行政决策责任追究制度。（略）

**四、建立健全规范性文件监督管理制度**

（十三）严格规范性文件制定权限和发布程序。市县政府及其部门制定规范性文件要严格遵守法定权限和程序，符合法律、法规、规章和国家的方针政策，不得违法创设行政许可、行政处罚、行政强制、行政收费等行政权力，不得违法增加公民、法人或者其他组织的义务。制定作为行政管理依据的规范性文件，应当采取多种形式广泛听取意见，并由制定机关负责人集体讨论决定；未经听取意见、合法性审查并经集体讨论决定的，不得发布施行。对涉及公民、法人或者其他组织合法权益的规范性文件，要通过政府公报、政府网站、新闻媒体等向社会公布；未经公布的规范性文件，不得作为行政管理的依据。

（十四）完善规范性文件备案制度。市县政府发布规范性文件后，应当自发布之日起 15 日内报上一级政府备案；市县政府部门发布规范性文件后，应当自发布之日起 15 日内报本级政府备案。备案机关对报备的规范性文件要严格审查，发现与法律、法规、规章和国家方针政策相抵触或者超越法定权限、违反制定程序的，要坚决予以纠正，切实维护法制统一和政令畅通。建立受理、处理公民、法人或者其他组织提出的审查规范性文件建议的制度，认真接受群众监督。

（十五）建立规范性文件定期清理制度。市县政府及其部门每隔两年要进行一次规范性文件清理工作，对不符合法律、法规、规章规定，或者相互抵触、依据缺失以及不适应经济社会发展要求的规范性文件，特别是对含有地方保护、行业保护内容的规范性文件，要予以修改或者废止。清理后要向社会公布继续有效、废止和失效的规范性文件目录；未列入继续有效的文件目录的规范性文件，不得作为行政管理的依据。

**五、严格行政执法**

（十六）改革行政执法体制。（略）

（十七）完善行政执法经费保障机制。（略）

（十八）规范行政执法行为。（略）

（十九）加强行政执法队伍建设。（略）

（二十）强化行政执法责任追究。（略）

**六、强化对行政行为的监督**

（二十一）充分发挥社会监督的作用。（略）

（二十二）加强行政复议和行政应诉工作。（略）

（二十三）积极推进政府信息公开。（略）

**七、增强社会自治功能**

（二十四）建立政府行政管理与基层群众自治有效衔接和良性互动的机制。（略）

（二十五）充分发挥社会组织的作用。（略）

（二十六）营造依法行政的良好社会氛围。（略）

**八、加强领导，明确责任，扎扎实实地推进市县政府依法行政**

（二十七）省级政府要切实担负起加强市县政府依法行政的领导责任。（略）

（二十八）市县政府要狠抓落实。（略）

（二十九）加强市县政府法制机构和队伍建设。（略）

（三十）完善推进市县政府依法行政报告制度。市县政府每年要向本级人大常委会和上一级政府报告本地区推进依法行政的进展情况、主要成效、突出问题和下一步工作安排。省（区、市）人民政府每年要向国务院报告本地区依法行政的情况。

其他行政机关也要按照本决定的有关要求，加强领导，完善制度，强化责任，保证各项制度严格执行，加快推进本地区、本部门的依法行政进程。

上级政府及其部门要带头依法行政，督促和支持市县政府依法行政，并为市县政府依法行政创造条件、排除障碍、解决困难。

国务院

二〇〇八年五月十二日

# 7.4　决议的写作

## 7.4.1　决议的特点

决议在性质上、功用上同决定没有大的差别，其特点主要是在生成程序方面，要求必须经过会议讨论通过或批准，以体现与会者在形成重要决策过程中的集体意志和权威性。决定同样可以经过会议讨论通过后作出，但不要求必须如此。

## 7.4.2　决议的总体结构

1. 标题

写明发文机关、事由与文种。

2. 题注

加括号在标题下面写明通过或批准决议的日期和会议名称，如“(××××年×月×日经××会议讨论通过)”。

3. 正文

多种多样的具体用途使决议正文的构成形式也具有多样性。

## 7.4.3　决议正文的写作

决议的正文有多种写法，其中比较常见的主要有：

1. 批准式

这是最为简单的形式，通常只用一个自然段对何会议，根据或为了什么（也可不要），于何时，批准（或不批准）什么议案或文件作出交代。当对文件正式实施时间另有规定时，需指出确切时间。这种正文形式主要用于履行法定批准程序，以会议名义审核批准或拒绝批准一些重要议案或文件的决议（见［例文8］)。确定建立或撤销重要机构或组织的决议，有时也采用这种正文。

2. 批准说明式

这种形式的正文是在批准式的基础上，再增加一些简明扼要的说明性文字，对批准或拒绝批准的原因，以及事项的意义加以解释，有时还加上一些原则性号召或要求。这种正文通常为涉及新事物或特别事物的决议，以及批准通过或者撤销、废除文件的决议所采用（见［例文 9］)。确定给予或撤销称号、表彰或处分的决议，以及免除、赋予或剥夺特定对象权利、能力、义务的决议，也可采用这种形式的正文。

3. 议论式

这是适用于确定并表明原则立场的决议的正文形式，其特点和要求与前述“决定”正文和第四种形式类似（见［例文 10］）。

4. 说明式

这种正文形式适用于确定重要政策的决议。其构成及写法与决定正文的第三种形式基本相同。

**［例文 8］**

## 关于 2009 年国民经济和社会发展计划执行情况与 2010 年国民经济和社会发展计划的决议

（2010 年 3 月 14 日第十一届全国人民代表大会第三次会议通过）

第十一届全国人民代表大会第三次会议审查了国务院提出的《关于 2009 年国民经济和社会发展计划执行情况与 2010 年国民经济和社会发展计划草案的报告》及 2010 年国民经济和社会发展计划草案，同意全国人民代表大会财政经济委员会的审查结果报告。会议决定，批准《关于 2009 年国民经济和社会发展计划执行情况与 2010 年国民经济和社会发展计划草案的报告》，批准 2010 年国民经济和社会发展计划。

**［例文 9］**

## 第十一届全国人民代表大会第三次会议关于全国人民代表大会常务委员会工作报告的决议

（2010 年 3 月 14 日第十一届全国人民代表大会第三次会议通过）

第十一届全国人民代表大会第三次会议听取和审议了吴邦国委员长受全国人大常委会委托所作的工作报告。会议充分肯定全国人大常委会过去一年的工作，同意报告提出的今后一年的主要任务，决定批准这个报告。

会议强调，要高举中国特色社会主义伟大旗帜，以邓小平理论和“三个代表”重要思想为指导，深入贯彻落实科学发展观，坚持党的领导、人民当家作主、依法治国有机统一，紧紧围绕党和国家工作大局依法行使职权，着力提高立法质量，确保形成中国特色社会主义法律体系目标如期实现，着力增强监督实效，推动中央重大决策部署贯彻落实，为全面推进社会主义经济建设、政治建设、文化建设、社会建设以及生态文明建设作出新的更大的贡献。

[例文10]

## 全国人民代表大会常务委员会关于积极应对气候变化的决议

（2009年8月27日第十一届全国人民代表大会常务委员会第十次会议通过）

第十一届全国人民代表大会常务委员会第十次会议听取和审议了国务院《关于应对气候变化工作情况的报告》。会议充分肯定国务院在应对气候变化方面作出的不懈努力和取得的显著成效，同意报告提出的今后工作安排。

会议认为，工业革命以来，人类活动特别是发达国家工业化过程中的经济活动是造成气候变化的主要人为因素。气候变化是环境问题，但归根到底是发展问题。我国正处于工业化的中期阶段、全面建设小康社会的关键时期，必须按照党的十七大提出的“把建设资源节约型、环境友好型社会放在工业化、现代化发展战略的突出位置”和“加强应对气候变化能力建设，为保护全球气候作出新贡献”的要求，坚定不移地走可持续发展道路，从我国基本国情和发展的阶段性特征出发，采取有力的政策措施，积极应对气候变化。为此，特作决议如下。

**一、应对气候变化是我国经济社会发展面临的重要机遇和挑战**

积极应对气候变化，事关我国经济社会发展全局和人民群众切身利益，事关人类生存和各国发展。长期以来，我国十分重视应对气候变化工作。1992年6月我国政府签署了《联合国气候变化框架公约》，同年底全国人大常委会正式批准。全国人大常委会先后制定和修订了节约能源法、可再生能源法、循环经济促进法、清洁生产促进法、森林法、草原法等一系列与应对气候变化相关的法律。2006年全国人民代表大会批准的《中华人民共和国国民经济和社会发展第十一个五年规划纲要》，确定了节能减排的目标任务。我国政府制定了应对气候变化国家方案，明确了应对气候变化基本原则、具体目标、重点领域、政策措施和步骤，完善了应对气候变化工作机制，实施了一系列应对气候变化的行动，为保护全球气候作出了积极贡献。我国是一个发展中国家，人口众多、资源相对不足、生态环境脆弱，正处于工业化、现代化的过程中，既要通过发展满足人民群众的需要，维护其生存权、发展权，又要切实解决长期存在的经济结构不合理、发展方式粗放、资源利用率低等问题。积极应对气候变化，既是顺应当今世界发展趋势的客观要求，也是我国实现可持续发展的内在需要和历史机遇。必须以对中华民族和全人类长远发展高度负责的精神，进一步增强应对气候变化意识，根据自身能力做好应对气候变化工作，在新的内外环境和条件下促进我国经济社会又好又快发展。

**二、应对气候变化必须深入贯彻落实科学发展观**

应对气候变化涉及许多领域，是复杂的系统工程。必须深入贯彻落实科学发展观，坚持节约资源和保护环境的基本国策，以增强可持续发展能力为目标，以保障经济发展为核心，以科学技术进步为支撑，加快转变发展方式，努力控制温室气体排放，不断提高应对气候变化的能力，在新的更高起点上全面建设小康社会。坚持在可持续发展框架下，统筹国内与国际、当前与长远、经济社会发展与生态文明建设；坚持应对气候变化政策与其他相关政策相结合，协调推进各项建设；坚持减缓与适应并重，强化节能、提高能效和优化能源结构；坚持依靠科技进步和技术创新，增强控制温室气体排放和适应气候变化能力；坚持通过结构调整和产业升级促进节能减排，通过转变发展方式实现可持续发展。

**三、采取切实措施积极应对气候变化**

要强化节能减排，努力控制温室气体排放。大力推广节能技术和节能产品，改善能源生产和消费结构，鼓励和支持使用洁净煤技术，积极科学地发展水电、风电、太阳能、生物质能等可再生能源，推进核电建设。大力发展循环经济，淘汰落后产能和产品，不断提高资源综合利用效率。实施重点生态建设工程，增强碳汇能力。继续推进植树造林，积极发展碳汇林业，增强森林碳汇功能。采取保护性耕作、草原生态建设等措施，增加农田和草地碳汇。

要增强适应气候变化能力。加强对各类极端天气与气候事件的监测、预警、预报，科学防范和应对极端天气与气候灾害及其衍生灾害。加强农田基础设施建设，推进农业结构调整，提高农业综合生产能力。强化水资源管理，加大综合节水等技术的研发和推广力度。加强海洋和海岸带生态系统监测和保护，提高沿海地区抵御海洋灾害的能力。

要充分发挥科学技术的支撑和引领作用。加大宏观管理、政策引导、组织协调和投入力度，加强应对气候变化基础研究，增强科学判断能力。加快应对气候变化领域重大技术特别是节能和提高能效、洁净煤、可再生能源、核能及相关低碳等技术的研发和应用，探索发展碳捕获及其封存、利用技术，注重相关领域先进技术的引进、消化、吸收和再创新。

要立足国情发展绿色经济、低碳经济。这是促进节能减排、解决我国资源能源环境问题的内在要求，也是积极应对气候变化、创造我国未来发展新优势的重要举措。研究制定发展绿色经济、低碳经济的政策措施，加大绿色投资，倡导绿色消费，促进绿色增长。要紧紧抓住当今世界开始重视发展低碳经济的机遇，加快发展高碳能源低碳化利用和低碳产业，建设低碳型工业、建筑和交通体系，大力发展清洁能源汽车、轨道交通，创造以低碳排放为特征的新的经济增长点，促进经济发展模式向高能效、低能耗、低排放模式转型，为实现我国经济社会可持续发展提供新的不竭动力。

要把积极应对气候变化作为实现可持续发展战略的长期任务纳入国民经济和社会发展规划，明确目标、任务和要求。综合运用经济、科技、法律、行政等手段，全面加强应对气候变化能力建设。各级政府预算要做出相应安排，加大支持力度。不断完善产业政策、财税政策、金融政策、投资政策，建立健全生态补偿机制，形成有利于积极应对气候变化的政策导向和体制机制。

**四、加强应对气候变化的法治建设**

要把加强应对气候变化的相关立法作为形成和完善中国特色社会主义法律体系的一项重要任务，纳入立法工作议程。适时修改完善与应对气候变化、环境保护相关的法律，及时出台配套法规，并根据实际情况制定新的法律法规，为应对气候变化提供更加有力的法制保障。按照积极应对气候变化的总体要求，严格执行节约能源法、可再生能源法、循环经济促进法、清洁生产促进法、森林法、草原法等相关法律法规，依法推进我国应对气候变化工作。要把应对气候变化方面的工作作为人大监督工作的重点之一，加强对有关法律实施情况的监督检查，保证法律法规的有效实施。

**五、努力提高全社会应对气候变化的参与意识和能力**

要进一步宣传普及保护资源环境、应对气候变化的科学知识和法律法规，充分介绍和展示我国在应对气候变化方面的措施和成效。加强对全社会尤其是青少年应对气候变化的教育，提高全民对气候变化问题的科学认识，增强企业、公众节约利用资源的自觉意识。坚持勤俭节约，倡导绿色低碳、健康文明的生活方式和消费方式，动员全社会广泛参与到应对气候变化的行动中，营造积极应对气候变化的良好社会氛围，推动整个社会走上生产发展、生活富裕、生态良好的文明发展道路。

**六、积极参与应对气候变化领域的国际合作**

气候变化问题是二十一世纪人类社会面临的严峻挑战之一，需要国际社会携手合作，共同应对。要坚持《联合国气候变化框架公约》以及《京都议定书》确定的应对气候变化基本框架，坚持“共同但有区别的责任”原则，坚持可持续发展原则。发达国家应当正视其历史累积排放的责任和当前高人均排放的现实，率先大幅度减少温室气体排放，切实兑现向发展中国家提供资金和技术转让的承诺。发展中国家在可持续发展框架下积极采取行动应对气候变化。积极开展政府、议会等多个层面和多种形式的国际合作，加强多边交流与协商，增进互信，扩大共识。坚决维护我国作为发展中国家的发展权益，坚决反对借气候变化实施任何形式的贸易保护。我国将继续建设性地参加气候变化国际会议和国际谈判，促进公约及其议定书的全面、有效和持续实施，为保护全球气候作出新贡献。

## 7.5 通知的写作

### 7.5.1 通知的适用范围与特点

通知是常用公文，主要适用于发布规范性公文，批转下级机关的公文，转发上级机关和不相隶属机关的公文，传达要求下级机关办理和需要有关单位周知或者执行的事项，任免人员。

通知的主要特点：一是应用广泛，使用频率高；二是对行文方向的限制不严格，基本上是下行文，但也允许主送平级和其他不相隶属的机关；三是内容单纯，一文一事，行文简便。

### 7.5.2 通知的结构

1. 标题

写明发文机关、事由与文种。用于发布、转发、批转文件的通知则要求写明发文机关，动词（颁发、印发、转发、批转等），被发布和转发、批转文件的标题、文种。如《国务院批转发展改革委关于2010年深化经济体制改革重点工作意见的通知》。被发布、转发、批转的公文如果是规范性的，其标题可以用书名号。

2. 主送机关

写出主要受文机关的名称或者规范的统称。

3. 正文

不同类型的通知，正文内容有很大差别。

4. 作者

标注发文机关的全称或者规范简称。

5. 成文日期

标注发文机关领导签发文件的日期。

### 7.5.3　颁发（印发）、转发、批转公文的通知

颁发（印发）、转发、批转公文的通知的主要作用分别是：完成有关规范性公文的发布生效程序（颁发）；扩大一部分公文的有效范围并使之更加具体化（转发）；使一部分公文升格，赋予其在更大范围产生效用的条件（批转）。这三种通知的正文都比较简短。最简单的形式就是指出谁，经谁批准，为何原因，根据什么，制定了一个什么公文，现将公文发（转发）给谁，怎样执行（或从何时开始施行）（见［例文11］）。稍复杂一点的就是在上述简单形式的基础上，对被印发、转发的公文或其所针对的事物进行评价分析，说明意义，指出执行中需注意的事项，或者对这些公文中的规定、要求等提出补充性意见（见［例文12］）。

在撰拟颁发（印发）公文的通知时应注意，制发公文的目的旨在发布规范性公文，使其生效，故必须认真交代这一规范性公文的有效生成过程，特别是在这一过程本身就是法定的情况下。

在撰拟转发公文的通知时应注意，转发的对象是自己上级、同级或不相隶属的机关的公文，因此，在评价被转发的公文时不得随意发表批评性意见，如需变通执行这些公文时，应说明原因并预先征得有关方面的同意。

在撰拟批转公文的通知时应注意，批转的对象应为自己下级的公文，通知本身就是一个批示，可以对批转对象提出包括批评性意见在内的各种评价意见。

颁发（印发）、转发、批转公文的通知都以颁发（印发）、转发、批转对象作为附件，都有对这些公文的执行要求。在“执行”二字之前往往都有一些限定修饰成分，应注意精确恰当地选择词语，根据实际需要正确使用“认真遵照”、“切实遵照”、“参照”、“参考”、“研究”、“参酌”、“酌情”等含义有显著差别的字句，以保证公文的有效性。

**［例文11］**

**国务院关于发布《国家行政机关公文处理办法》的通知**

各省、自治区、直辖市人民政府，国务院各部委、各直属机构：

现发布《国家行政机关公文处理办法》，自2001年1月1日起施行。1993年11月21日国务院办公厅发布，1994年1月1日起施行的《国家行政机关公

文处理办法》同时废止。

中华人民共和国国务院

二〇〇〇年八月二十四

［例文 12］

## 国务院批转节能减排统计监测及考核实施方案和办法的通知

各省、自治区、直辖市人民政府，国务院各部委、各直属机构：

国务院同意发展改革委、统计局和环保总局分别会同有关部门制定的《单位GDP能耗统计指标体系实施方案》、《单位GDP能耗监测体系实施方案》、《单位GDP能耗考核体系实施方案》（以下称“三个方案”）和《主要污染物总量减排统计办法》、《主要污染物总量减排监测办法》、《主要污染物总量减排考核办法》（以下称“三个办法”），现转发给你们，请结合本地区、本部门实际，认真贯彻执行。

一、充分认识建立节能减排统计、监测和考核体系的重要性和紧迫性。到2010年，单位GDP能耗降低20%左右、主要污染物排放总量减少10%，是国家“十一五”规划纲要提出的重要约束性指标。建立科学、完整、统一的节能减排统计、监测和考核体系（以下称“三个体系”），并将能耗降低和污染减排完成情况纳入各地经济社会发展综合评价体系，作为政府领导干部综合考核评价和企业负责人业绩考核的重要内容，实行严格的问责制，是强化政府和企业责任，确保实现“十一五”节能减排目标的重要基础和制度保障。各地区、各部门要从深入贯彻落实科学发展观，加快转变经济发展方式，促进国民经济又好又快发展的高度，充分认识建立“三个体系”的重要性和紧迫性，按照“三个方案”和“三个办法”的要求，全面扎实推进“三个体系”的建设。

二、切实做好节能减排统计、监测和考核各项工作。要逐步建立和完善国家节能减排统计制度，按规定做好各项能源和污染物指标统计、监测，按时报送数据。要对节能减排各项数据进行质量控制，加强统计执法检查和巡查，确保各项数据的真实、准确。严肃查处节能减排考核工作中的弄虚作假行为，严禁随意修改统计数据，杜绝谎报、瞒报，确保考核工作的客观性、公正性和严肃性。要严格节能减排考核工作纪律，对列入考核范围的节能减排指标，未经统计局和环保总局审定，不得自行公布和使用。要对各地和重点企业能耗及主要污染物减排目标完成情况、“三个体系”建设情况以及节能减排措施落实情况进行考核，严格执行问责制。

三、加强领导，密切协作，形成全社会共同参与节能减排的工作合力。各地区、各有关部门要把“三个体系”建设摆上重要议事日程，明确任务、落实责任，周密部署、科学组织，尽快建立并发挥“三个体系”的作用。地方各级人民政府要对本地区“三个体系”建设负总责，加强基础能力建设，保证资金、人员到位和各项措施落实，加强本地区节能减排目标责任的评价考核和监督核查工作。国务院各有关部门要根据职能分工，认真履行职责，密切协作配合，抓紧制定配套政策。发展改革委、统计局和环保总局要加强指导和监督，跟踪掌握动态，协调解决工作中出现的问题。要充分调动有关协会和企业的积极性，明确责任义务，加强监督检查。要广泛宣传动员，充分发挥舆论监督作用，努力营造全社会关注、支持、参与、监督节能减排工作的良好氛围。

国务院

二〇〇七年十一月十七日

### 7.5.4　指示性通知

指示性通知指用于传达要求下级机关办理和有关单位需要共同执行的事项的通知。这种通知即使是在发送对象不只是下级机关时，由于其内容为更高层次机关的指示精神，因而仍具指示性。

指示性通知的基本内容就是布置工作、交代（或者转达）政策，因此它的正文一般包括：行文的依据（客观情况、上级要求等）或目的、意义；上级指示的精神及其具体化，如政策规定、工作任务及安排；执行要求及有关注意事项，如步骤、方法、时间要求、政策界限、报告执行情况的方式与期限等。后两部分内容常需以分条列项目的方式表达，每条的开端大都以简短文字对主要内容加以概括（主题句），其后再予阐述发挥，使之具体化、明确化（见［例文13］）。

撰拟指示性通知时应注意：

（1）此类通知中，主送平级和不相隶属机关的通知本身不能创造新的规则，而只是转达上级指示并使其具体化。因此，必须在文中指明行文依据，指明公文中的政策、规则、要求是上级的指示。

（2）语气应肯定，内容应具体明确，应使受文者能通过阅读公文对做什么工作，为何要做，具体怎样做，依照何种要求和标准、以何种方法去做等获得明确的认识，要拿过来就能干、就能有效果。

（3）当涉及的问题需要受文者根据自身实际情况作出实事求是的判断处理时，应避免“一刀切”、绝对化的提法，注意给其留有因地制宜、实事求是处置问题的余地。

[例文13]

## 国务院关于进一步促进蔬菜生产保障市场供应和价格基本稳定的通知

各省、自治区、直辖市人民政府，国务院各部委、各直属机构：

党中央、国务院历来高度重视蔬菜生产和市场供应工作，通过实施“菜篮子”工程等政策措施，促进了蔬菜生产和流通快速发展，蔬菜产量大幅增长，品种日益丰富，质量不断提高，市场流通体系逐步完善，基本满足了城乡居民日益增长的消费需要。但近年来，由于一些地区“菜篮子”市长负责制弱化，措施不落实，蔬菜生产水平和组织化程度依然偏低，流通设施能力不足，造成部分大城市蔬菜自给率过低、蔬菜价格大起大落、农民“卖菜难”和居民“买菜贵”并存等问题日益突出。对此，必须充分发挥市场机制的作用，强化“菜篮子”市长负责制，加大政府调控力度，把解决当前问题和建立长效机制结合起来，采取更加有针对性的措施，进一步促进蔬菜生产，保障市场供应和价格基本稳定。现就有关问题通知如下：

**一、切实强化“菜篮子”市长负责制**

（一）稳定和提高大城市蔬菜自给能力。大城市特别是城区人口在百万以上的大城市人民政府要切实采取有效措施，进一步增加投入，稳定和增加郊区蔬菜种植面积，调动和保护菜农的种菜积极性，切实提高本地应季蔬菜的自给能力。要抓紧制定郊区“菜篮子”建设发展规划，实行菜地最低保有量制度，进一步加强对老菜地的保护，在城市周边地区合理规划建设新菜地。实行更为严格的占补平衡和补偿机制，征占菜地的补偿标准要严格按当地征地统一年产值标准和区片综合地价执行。提高大城市新菜地开发建设基金收取标准，用地单位缴纳的新菜地开发建设基金必须全部用于建设新菜地和发展蔬菜生产。要统筹使用土地出让收入，加大对蔬菜生产设施的支持力度。

（二）加强城市蔬菜批发和零售市场的建设、服务与管理。城市人民政府要高度重视蔬菜批发和零售市场在保障居民消费中的重要作用，合理规划布局蔬菜批发市场、农贸市场和社区菜店，保证批发市场和菜市场建设用地。要增加零售网点，积极推进规范型菜市场发展，在特定时段为流动菜摊开辟专门销售区域，方便居民购买。要对蔬菜农贸市场和社区菜店建设给予必要的补贴，重点整治农贸市场和超市乱收摊位费及其他各种名目收费等不规范行为，切实解决摊位费过高的问题。要督促和引导农贸市场、社区等提高服务意识和水平，为零售商贩经营创造便利。要加大监管执法力度，对经销商销售冒充“无公害”、“绿色”、“有机”蔬菜及哄抬菜价的行为依法严肃查处。要加强对市场销售蔬菜的检验检测，保证质量安全。对符合标准的配送蔬菜等生鲜农产品的厢式货车，要通过发放特别通行证等措施，允许其24小时进城通行和便利停靠。

（三）强化城市蔬菜供给应急能力建设。城市人民政府要抓紧制定和完善本地区蔬菜市场供应的应急预案，保障本城市居民的基本生活和社会稳定。要根据消费需求和季节变化，建立适合本地区的蔬菜储备制度，确保重要的耐贮存蔬菜品种5～7天消费量的动态库存；制定异常情况下保障城市低收入居民蔬菜基本消费需求的救济办法，保证其基本生活水平在蔬菜价格大幅上涨时不降低。

为保证上述措施落到实处，要建立健全“菜篮子”市长负责制的考核评价体系，加强对生产、流通各环节的综合考核，将菜地和种植保有数量、重要蔬菜产品自给率、蔬菜价格异常波动、蔬菜产品质量安全合格率等重要指标进行量化，作为市长负责制的内容。大城市人民政府要抓紧制定落实“菜篮子”市长负责制的具体工作方案，并在2010年10月底前报省级人民政府。11月底前，各省级人民政府要将本地区落实情况报国务院。农业部、商务部、工商总局、发展改革委要会同有关部门开展专项督查。

**二、加强蔬菜重点生产基地建设**

发展改革委要协调有关部门，在整合现有各类资金和扶持政策的基础上，按照有关规划，进一步加大对重点蔬菜生产基地建设的支持力度，改善菜田基础设施条件，配套建设蔬菜产后预冷处理设施等，提高蔬菜生产水平和重要时节的应急供应能力。鼓励大城市到蔬菜优势产区建立生产基地，保证稳定的供应渠道。鼓励银行金融机构加大对蔬菜生产的信贷支持力度，改进金融服务。保险公司要完善蔬菜保险产品，积极引导菜农投保，有条件的地方可对保费适当给予财政补贴。农业部要会同有关部门加强蔬菜种质资源创新和良种培育，加大先进适用技术推广应用力度，安排一定比例的种子工程投资，用于蔬菜品种改良中心和良种繁育基地建设，提高优良种苗供应能力，完善农技推广服务体系。进一步加强蔬菜质量安全工作，加快建立高产、高效、优质、安全的蔬菜产业约束机制。支持蔬菜标准园创建工作，推进标准化生产。加强对蔬菜病虫害统防统治、菜地质量修复与平衡施肥等技术指导，依法严禁使用高毒高残留农药，推广使用蔬菜良种和高效低残留农药（含生物农药），有条件的可实行重点品种免费供种供药。制定蔬菜种植环境污染物的限量标准，并加强监测。建立质量安全检测及追溯机制，严格产地准出制度。

**三、改善蔬菜流通设施条件**

加快推进农产品冷链物流发展，发展改革委要安排专项资金加强产地蔬菜预冷设施、批发市场冷藏设施、大城市蔬菜低温配送中心建设，推广节能环保的冷链运输车辆及相关配套设备。发展改革委、商务部、农业部要进一步加大支持力度，继续实施农产品批发市场升级改造工程和“双百”市场工程，加快产地农产品批发市场建设，在产销衔接和市场调控的重要地区，升级改造一批带动能力强、辐射大城市销区的大型蔬菜批发市场。推进标准化菜市场示范工程建设，支持城市菜市场的建设改造。发展改革委、铁道部要加强产销地铁路专用线、铁路冷藏运输车辆及场站设施建设，发挥铁路运输的比较优势，促进大批量、长距离蔬菜的铁路运输。

**四、完善“绿色通道”政策**

省级人民政府要进一步落实和完善鲜活农产品运输“绿色通道”政策，在全国范围内对整车合法装载运输鲜活农产品的车辆免收车辆通行费。交通运输部要会同有关部门抓紧研究解决扩大“绿色通道”政策覆盖的蔬菜品种范围，以及由于少量超载和少量混装其他农产品而产生的整车全程收费等问题。同时，地方人民政府和有关重点企业要加强与铁路部门的沟通协调，铁路部门要及时掌握蔬菜运输需求，妥善做好运力安排，优化运输组织，适时组织开行蔬菜的班列，支持蔬菜运输。

**五、提高蔬菜产销的组织化程度**

农业部要进一步加强工作指导，加大支持力度，扶持蔬菜生产合作社的发展，提高蔬菜生产的组织化程度。商务部要以“农超对接”等工作为抓手，积极引导大型零售流通企业以及学校、酒店、大企业等最终用户与产地蔬菜生产合作社、批发市场和龙头企业等直接对接，提高零售环节产销对接的蔬菜流通比重，降低营销费用。为切实解决农民“卖菜难”和居民“买菜贵”的问题，各级人民政府要对各类蔬菜产销对接活动予以积极扶持，引导产区和销区建立稳定的产销关系，促进蔬菜合理有序流通。

**六、强化蔬菜信息体系建设**

发展改革委、农业部、商务部要根据部门职责分工，协调配合，抓紧研究建立覆盖主要蔬菜品种的生产、流通、消费各个环节的信息监测、预警和发布制度，对种植面积、产量、交易量、库存量及价格进行及时监测，扩大监测品种和范围，在大型蔬菜批发市场建立主要蔬菜品种的交易量、批发价格的日监测制度，提高信息传递效率，强化对蔬菜生产、市场和价格走势的分析预警，按照公开、透明的原则，通过政府和部门网站、主流媒体以及手机报等新兴传播平台，加强舆论引导，及时发布相关信息，积极引导蔬菜种植户、经营者合理安排生产和经营活动，稳定生产者、经营者、消费者的市场预期；要积极引导消费者理性消费，提倡节约，减少浪费。要加大对捏造、散布虚假价格信息的新闻媒体、经营者或个人的监督查处力度，防止不实信息误导市场。

**七、统筹抓好当前“菜篮子”产品生产供应**

今年入汛以来洪涝灾害频发，也给蔬菜生产供应造成一定影响。地方各级人民政府、各有关部门要积极采取措施，认真做好当前蔬菜恢复生产和市场供应工作，确保价格基本稳定。同时，要继续落实好《国务院办公厅关于统筹推进新一轮“菜篮子”工程建设的意见》（国办发〔2010〕18号），抓好肉蛋奶和水产品等“菜篮子”产品的生产与市场供应，继续落实好国家关于支持生猪和奶业等稳定发展的政策措施。针对洪涝灾害给蔬菜生产和畜禽水产养殖造成的损失，抓紧制定支持菜地大棚、畜禽圈舍、池塘网箱等灾毁设施修复重建的政策措施，实行种苗补贴，搞好饲料供应，帮助迅速恢复生产。要加强生产和市场监测预警，及时发布信息，积极组织货源，做好区域调剂，及时动用储备，严厉打击囤积居奇、欺行霸市、串谋涨价等不法行为，维护正常市场秩序。

做好促进蔬菜生产保障市场供应和价格基本稳定工作，是当前及今后一个时期的一项重要工作任务。各地区、各有关部门要从管理好通胀预期、进一步贯彻中央“惠民生”方针政策和保护农民利益的高度，充分认识这项工作的重要性和紧迫性，按照职责分工，把各项工作措施尽快落到实处，为经济社会保持平稳较快发展提供坚实保障。

国务院

二〇一〇年八月二十七日

### 7.5.5　知照性通知

知照性通知指用于转达要求各有关方面周知（只需要知晓而不要求直接执行）的事项的通知。这种通知的发送对象更为广泛，级别方面的限制也不严格，对下级、对平级甚至对一部分上级均可发送。

知照性通知的正文主要包括：形成该事项的过程、原因、根据，事项的具体内容（性质、状态）。为简化正文，有时以附件（如任免名单、公章印模、组织章程等）的形式对事项的内容作细致交代。

知照性通知所涉及的事项主要是：成立或撤销机构或组织，启用或废止公章，变更一些组织或刊物的名称，任免工作人员，出版发行刊物，等等。

有关成立或撤销机构或组织的通知，常以根据或原因为开头引出事项，然后交代履行了哪些法定程序手续，建立或撤销什么机构或组织，并对该机构或组织的性质、任务、构成、办事机构与办事人员、办事方式等予以说明。

有关启用或废止公章的通知，也常以根据或原因为开头引出事项；对事项的交代中，主要说明有关名称及印章的规格式样、启用或废止时间等。

有关变更组织或刊物名称的通知，也以根据或原因开头，重点交代变更前后的全称以及规范的简称，必要时对有关隶属关系的情况以及须继续承担或依法不予承担的各种权利、义务（如经济方面的债权、债务等）加以说明。

有关任免工作人员的通知，主要包括：任免的依据，被任职或免职的人员的姓名，任免的职务，任职或免职的时间，等等。免职的通知有时还需要说明免除职务的原因。

有关出版发行某些刊物（如公报）的通知开头也是交代依据或原因，再引出决定的事项，重点交代：刊物名称、性质、任务、隶属关系、工作机构及其工作方式。

撰拟知照性通知时应注意：制发这类通知主要是在依法依制履行程序手续，为保证其有效性往往需对履行这些法定程序手续的情况予以说明，故此类内容不得随意略去；公文只需受文者了解事项的情况，因此，一般不需对事项加以议论评价，只求明确地反映事项的有关性质、状态，文中一般也不涉及直接的执行要求（见［例文 14］）。

**［例文 14］**

### 国务院办公厅关于成立减轻企业负担专项治理工作领导小组的通知

发展改革委、工业和信息化部、公安部、监察部、民政部、财政部、住房城乡建设部、交通运输部、审计署、国资委、质检总局、法制办、纠风办：

为加强对减轻企业负担专项治理工作的组织领导和政策协调，贯彻落实《国务院办公厅转发国务院纠正行业不正之风办公室关于 2010 年纠风工作实施意见的通知》（国办发〔2010〕26 号）等文件规定和全国纠风工作电视电话会议精神，经国务院同意，成立减轻企业负担专项治理工作领导小组（以下简称领导小组）。现将有关事项通知如下：

**一、主要职责**

负责统筹协调减轻企业负担专项治理工作，研究制定减轻企业负担专项治理工作方案和实施意见，组织督促各地区、各有关部门做好专项治理工作的部署和相关政策措施的贯彻落实，组织开展工作检查，交流和通报情况，总结推广经验，协调解决工作中的困难和问题。

**二、组成人员**

组　长：李毅中　　工业和信息化部部长
副组长：屈万祥　　监察部副部长、纠风办副主任
　　　　彭　森　　发展改革委副主任
　　　　苗　圩　　工业和信息化部副部长
　　　　王保安　　财政部部长助理
成　员：郭炎炎　　中央纪委驻工业和信息化部纪检组组长
　　　　朱宏任　　工业和信息化部总工程师
　　　　刘金国　　公安部副部长
　　　　姜　力　　民政部副部长
　　　　齐　骥　　住房城乡建设部副部长
　　　　高宏峰　　交通运输部副部长
　　　　余效明　　审计署副审计长
　　　　孟建民　　国资委副主任
　　　　魏传忠　　质检总局副局长
　　　　袁曙宏　　法制办副主任

**三、工作机构**

领导小组办公室设在工业和信息化部，负责领导小组日常工作，办公室主任由工业和信息化部总工程师朱宏任同志兼任，办公室成员由领导小组各成员单位有关司局的负责同志兼任。

领导小组组成人员调整由各成员单位向领导小组办公室提出，报领导小组组长批准。领导小组属于阶段性工作机制，不属于新设立议事协调机构，减轻企业负担专项治理工作结束后即撤销。

国务院办公厅
二〇一〇年六月十一日

### 7.5.6 会议通知

为了保证预定的会议能够有准备地如期召开，多数会议均须在会前制发通知。会议通知的繁简程度，应视会议内容与规模及其他有关因素而定，一般应包括以下内容：会议名称、召开会议的根据与目的、会议时间（报到的时间）、会议地点（报到的地点）、与会人员、差旅费报销办法、与会者准备工作与注意事项、联系单位、联系人与联系电话号码等。如属规模较大的会议，还应在通知中附上会议日程安排和与会的有关证件。会议通知的内容，要求准确、具体，无一

错漏，并必须在会前送达，以留出充裕的时间，使与会者做好充分准备（见［例文15］）。

［例文15］

### 国务院关于召开全国劳动模范和先进工作者表彰大会的通知

各省、自治区、直辖市人民政府，国务院各部委、各直属机构：

为进一步调动全国人民改革开放和建设社会主义的积极性，更好地完成党的十四大提出的各项任务，国务院决定，1995年“五一”国际劳动节前夕召开全国劳动模范和先进工作者表彰大会，表彰全国各行各业、各条战线在改革和建设中作出突出贡献的先进个人。现将有关事项通知如下：

**一、表彰范围**

这次大会拟表彰全国劳动模范和先进工作者3 000名。表彰范围是：1989年以来，在改革开放、经济建设、工农业生产和各项社会事业中作出突出贡献的工人、农民、专业技术人员、管理人员、机关工作人员及其他人员。

**二、组织领导**

国务院成立全国劳动模范和先进工作者表彰大会筹备委员会（以下简称筹委会）。筹委会受国务院委托负责审批全国劳动模范和先进工作者，并领导表彰大会的筹备工作。国务委员、国务院秘书长罗干担任筹委会主任，中华全国总工会副主席、书记处第一书记张丁华，人事部部长宋德福，劳动部部长李伯勇，国家经贸委主任王忠禹，国家教委主任朱开轩，国家科委副主任朱丽兰，农业部部长刘江，中共中央办公厅副主任胡光宝，国务院副秘书长李树文担任副主任，国务院有关部门及中宣部、团中央、全国妇联、北京市的负责同志担任委员。

筹委会下设办公室，国务院副秘书长李树文兼任办公室主任，并设副主任若干人。筹委会办公室设在全国总工会。

**三、工作要求**

评选、表彰全国劳动模范和先进工作者是我国各族人民政治生活中的一件大事。为切实做好这项工作，各省、自治区、直辖市人民政府和各有关部门，一定要加强领导，认真做好表彰大会的筹备工作。评选全国劳动模范和先进工作者，要面向基层，面向经济建设第一线。要评选坚持党的基本路线，一贯勤勤恳恳、任劳任怨、改革创新、事迹突出的先进人物。妇女、少数民族应占一定比例。通过评选活动，广泛宣传各行各业先进人物的模范事迹和崇高精神，动员广大群众以先进模范人物为榜样，努力工作，为夺取改革开放和现代化建设事业的新胜利而努力奋斗。

劳动模范和先进工作者评选条件、评选方法、评选数额分配等事项，由筹委会另行通知。

中华人民共和国国务院

一九九四年四月二十七日

# 7.6　批复的写作

## 7.6.1　批复的适用范围与特点

批复是用于答复下级机关请示事项的下行文。其主要特点是：具有法定的权威性与执行性，批复意见就是指示，下级机关务必遵守执行；具有被动性，批复是针对下级机关报送的请示被动制发的；具有明确的针对性，批复的内容需针对请示事项予以明确答复，不涉及其他问题。

## 7.6.2　批复的总体结构

批复总体上由这样几部分内容构成。

1. 标题

写明发文机关、事由、文种，必要时也可在标题中标明“同意”、“批准”与否的态度，如《民政部关于同意福建省撤销崇安县设立武夷山市的批复》。一般不要写成“××给×××关于××问题的批复”，也不要写成“××对××××请示的批复”。

2. 主送机关

一般只为报送请示的机关。

3. 正文

请示有两大类，一类是向上级机关请求指示，要工作任务，要政策；另外一类就是请求上级机关审批自己作出的工作方案和相关的政策措施安排。针对这两类请示形成的批复，正文各有特点，各有不同的内容和写作要求。

4. 作者

标注发文机关的全称或者规范简称。

5. 成文日期

发文机关领导签发文件的日期，以两个或两个以上机关名义行文时，以最后一个领导签发的时间为准。

### 7.6.3 批复的正文结构

批复的正文主要有三方面内容：指明针对的来文（时间、发文字号、标题等），简要交代形成答复意见的过程；应对方请求回答是否同意或批准有关要求（见［例文16］），或应对方请求提出解决工作问题的指导性意见，如不能批准时，需说明理由，只部分同意或批准时，除说明理由外还要提出具体修正、补充的意见，应对方请求发表指导性意见时，具体写法可参照指示性通知（见［例文17］）；常以“此复”、“特此批复”等结束，有时也以提出请对方复文的要求作结，如请对方汇报有关情况、答复有关疑问等。

### 7.6.4 批复的写作要求

撰写批复时应当注意：

（1）在批复前必须进行充分的调查研究工作。首先，应认真研究来文的内容及其背景，审核其真实准确性与必要性。其次，应查阅有关的规定与指示，以便使批复的意见符合有关的方针政策与法律法规。再次，如属业经处理过的问题，则应查阅前案处理的材料，以使对问题的处理具有连续性。最后，如请示的内容涉及有关机关的职权范围，在批复时应与有关机关对有关问题进行协商并取得一致意见，避免相互矛盾与抵触。

（2）批复的意见应明确、具体、可行。要做到根据充分，观点明确，所提意见与方案符合实际，具有可行性。

（3）态度必须明朗，应有问必答，对所有要求答复的问题都有所交代，文字表达应准确、简要，语气肯定，不能通过不予作答或含糊其辞回避某些问题，就是对目前暂时无法回答具体意见的问题也应说明有关情况，否则将可能刺激形成没有必要的新一轮的往复行文。

（4）内容较复杂、事项层次较多时，可分条列项表达各项具体意见。

（5）应注意保持公文的高度针对性，不涉及对方请示问题之外的其他事务和问题。

**［例文16］对请求批准的请示的批复**

**国务院关于同意建立融资性担保业务监管部际联席会议制度的批复**

银监会：

你会《关于建立融资性担保业务监管部际联席会议有关问题的请示》（银监字〔2009〕82号）收悉。现批复如下：

同意建立由银监会牵头的融资性担保业务监管部际联席会议制度。联席会议不刻制印章，不正式行文，请按照国务院有关文件精神，认真组织开展工作。

附件：融资性担保业务监管部际联席会议制度

国务院

二〇〇九年四月二十二日

［例文17］对请求指示的请示的批复

**国家税务总局关于黑龙江垦区国有农场土地承包费缴纳企业所得税问题的批复**

黑龙江省国家税务局：

你局《关于黑龙江垦区国有农场土地承包费缴纳企业所得税问题的请示》(黑国税发〔2009〕186号)收悉。经研究，批复如下：

黑龙江垦区国有农场实行以家庭承包经营为基础、统分结合的双层经营体制。国有农场作为法人单位，将所拥有的土地发包给农场职工经营，农场职工以家庭为单位成为家庭承包户，属于农场内部非法人组织。农场对家庭承包户实施农业生产经营和企业行政的统一管理，统一为农场职工上交养老、医疗、失业、工伤、生育五项社会保险和农业保险费；家庭承包户按内部合同规定承包，就其农、林、牧、渔业生产取得的收入，以土地承包费名义向农场上缴。

上述承包形式属于农场内部承包经营的形式，黑龙江垦区国有农场从家庭农场承包户以“土地承包费”形式取得的从事农、林、牧、渔业生产的收入，属于农场“从事农、林、牧、渔业项目”的所得，可以适用《中华人民共和国企业所得税法》第二十七条及《中华人民共和国企业所得税法实施细则》第八十六条规定的企业所得税优惠政策。

国家税务总局

二〇〇九年十二月三十一日

## 7.7　通报的写作

### 7.7.1　通报的适用范围与特点

通报属普发性下行文，用于表彰先进，批评错误，传达重要情况或精神。通报的主要特点：一是具有教育性。通报需要运用具有代表性、倾向性的事实（事例、新颖的典型经验以及重大情况）教育干部和群众，通过表扬、批评、倡导或强调，唤起人们的警觉与注意，阐明自己的观点和意图，指导和推动工作。二是具有较强的时效性。通报主要用于反映新情况、新问题、新经验、新的苗头与趋向，因此，强调及时、快捷。

### 7.7.2 通报的总体结构

通报通常由这样几部分组成。

1. 标题

写明发文机关、表彰或批评的对象与事实性质（情况）以及文种（通报）。如《国务院关于×省×县红星玻璃钢厂擅自制作和出售国徽的通报》。

2. 主送机关

一般都应当写明，只有在不言自明的情况下才可略去。

3. 正文

通报根据用途可以分为四种，这四种通报的正文构成各有特点。

4. 作者

标注发文机关的全称或者规范简称。

5. 成文日期

以发文机关领导签发的时间为准。

### 7.7.3 通报的正文结构

1. 表彰性通报

用于表彰好人好事和介绍先进典型经验的通报，其正文主要有三方面内容：先进事迹（人物、时间、地点、过程、结果）或经验（单位及所处的客观环境条件、主要做法、规律性的认识等）；评价分析（性质、意义、经验所在及适用的条件情况，经验中的不足及其原因等）；决定事项（给有关单位或个人何种称号或其他精神的、经济的奖励），以及提出一些学习先进事迹、借鉴吸收典型经验方面的要求或号召等（见［例文 18］）。

2. 事故通报

批评性通报的一种，其正文主要包括：事故的概况（时间、地点、过程、结果等）；对事故性质、原因以及后果的分析说明；提出防止类似事故发生的原则性要求、措施及各方面应记取的主要教训；有时还包括对事故责任者的处理决定。

上述内容可以直接叙述说明，也可以转发有关事故报告等公文的形式间接转述有关情况（以这些报告等为附件）（见［例文 19］）。

3. 批评错误典型的通报

批评性通报的一种，用以批评坏人坏事以及有关单位或个人的错误，其正文主要有这样一些内容：主要的错误事实（单位、人物、时间、地点、主要过程、结果等）；分析评价（错误性质及原因、严重后果）；对有关当事人的处理意见，以及要求各方面从中记取的教训；有时还提出请各方面检查上报有无类似问题、汇总有关反映等方面的要求（见［例文 20］）。

4. 情况通报

用以报道、传达重要情况和有关精神的通报，其正文有两种组成方式，其中一种只对有关事实作客观叙述；另一种是除此外还对情况加以分析说明，有时还针对具体问题提出应采取何种对策的指导性意见（见［例文 21］）。

### 7.7.4　撰写通报的注意事项

撰写通报时需要注意如下几点。

（1）应注意体现通报的特点，以客观实在的典型事例说明问题、表明作者意图；选材务必真实准确，同时还应真正具有典型性、代表性，能起到广泛的教育推动作用。

（2）要注意内容的时效，要有效地把握时机，避免采用时过境迁的材料。

（3）要准确地分析和表述各种事务的性质，忌拔高和故意贬低。

（4）在错误典型通报中，应避免对有关错误事实作客观主义的描写，以减少消极影响。

**［例文 18］表彰性通报**

**××市人民政府关于表彰××市科技局的通报**

各县（市、区）人民政府、市人民政府各部门：

近年来，市科技局在市委、市政府的正确领导下，紧紧围绕全市工作大局，以提高自主创新能力、建设创新型××为主线，深入实施科教兴市战略，各项工作均取得了显著成绩。2009 年，我市连续第四次被科技部授予“全国科技进步先进市”，顺利实现了“四连冠”；全年有 63 项科技成果获得市以上科技进步奖，其中两项分获国家科技进步奖一、二等奖，实现了历史性重大突破；全市专利申请量连续 3 年超过千件，位居全省前列。为此，市政府决定对市科技局通报表彰。

希望市科技局发扬成绩，再接再厉，扎实工作，加快自主创新体系建设，通过自主创新和科技进步推动我市经济结构调整、发展方式转变和产业转型升级，不断提高经济增长的质量和效益，为创建科学发展示范市和实现富民强市目标作出新贡献。

××市人民政府

××××年×月×日

**[例文 19] 事故通报**

## 国务院办公厅关于内蒙古自治区人民政府制止违规建设电站不力并酿成重大事故的通报

各省、自治区、直辖市人民政府，国务院各部委、各直属机构：

2004年以来，国务院多次要求各地区采取积极有效措施，坚决制止电站项目无序建设。但内蒙古自治区人民政府未能认真贯彻执行国家有关政策和规定，在制止违规建设电站方面工作不力，违规建设的丰镇市新丰电厂发生重大施工伤亡事故。为保证中央方针政策和宏观调控措施得到落实，增强宏观政策的公信力和执行力，防止类似事件再次发生，经国务院同意，现将有关情况通报如下：

一、经调查，内蒙古自治区违规建设电站情况十分严重，其规模高达860万千瓦。新丰电厂属于内蒙古自治区有关部门越权审批，有关企业违规突击抢建的项目之一。内蒙古自治区违规建设的有关电站项目被国家有关部门责令停止建设后，自治区人民政府没有按国家要求认真组织清理，有效加以制止，致使一些违规电站项目顶风抢建、边建边报、仓促施工，最终酿成2005年7月8日新丰电厂6死8伤的重大施工伤亡事故。同时，内蒙古自治区人民政府执行国家电力体制改革方案有偏差，允许专营电网的内蒙古电力（集团）有限责任公司建设新的电站项目，形成新的厂网不分。

二、新丰电厂违规建设并发生重大伤亡责任事故，是一起典型的漠视法纪、顶风违规并造成严重后果、影响极坏的事件。目前事故有关责任人和责任单位已受到党纪政纪处分，触犯法律的已由司法机关依法处理。国务院同时责成对项目违规建设负有领导责任的内蒙古自治区人民政府主席杨晶，副主席岳福洪、赵双连向国务院作出书面检查。

三、内蒙古自治区人民政府没有认真领会和严格执行国家宏观调控政策和电力体制改革规定，未从全局高度认识电站盲目布局、无序建设的危害性，对国家宏观调控的全局性、重要性和严肃性缺乏深刻认识，按程序办事的意识不强，这是内蒙古自治区违规建设电站总量较大、无序建设得不到有效制止的重要原因。为严肃政纪，现对内蒙古自治区人民政府予以通报批评，所有违规电站项目一律停止建设，认真进行整顿。内蒙古自治区人民政府要以此为鉴，提高认识，切实整改。

四、各地区、各部门都要从这起事件中吸取教训，引以为戒。要牢固树立和全面落实科学发展观，切实增强全局观念，认真贯彻中央各项宏观调控政策措施，坚决维护中央宏观调控的权威性，加强纪律，确保政令畅通。对有令不行、有禁不止并造成严重后果的行为，要依法依纪追究责任。

国务院办公厅

二〇〇六年八月十八日

**［例文20］批评错误典型的通报**

### 关于对山西省方山县违规出让北武当山风景名胜区管理权等问题的通报

各省、自治区建设厅，直辖市建委（园林局）：

根据国务院要求，我部对山西省方山县人民政府违规出让北武当山风景名胜区的管理权、建设权、收益权等权利和违规开发建设的问题进行了专项调查，并向国务院作出了报告。现将有关情况通报如下：

北武当山风景名胜区是国务院1994年审定公布的第三批国家重点风景名胜区。2002年10月，方山县人民政府通过签订合同的方式，将北武当山风景名胜区的管理权、经营开发权、建设权、使用权、收益权等权利一次性整体出让给北京帅翎贸易有限公司，出让期限为50年，出让范围为80平方公里，其中包括2个村庄、一个林场和宗教寺庙。这种出让行为严重违反了《国务院办公厅关于加强和改进城乡规划工作的通知》（国办发〔2000〕25号）关于“各地区、各部门不得以任何名义和方式出让或变相出让风景名胜资源及其景区土地”的规定和《国务院关于加强城乡规划监督管理的通知》（国发〔2002〕13号）中关于“严禁以任何名义和方式出让或变相出让风景名胜区资源及其景区土地”的规定。

2003年，帅翎公司由其注册成立的山西北武当山旅游开发有限公司（以下简称旅游公司）在风景名胜区边缘地带兴建了建筑面积1万1千平方米的真武山庄宾馆，并在风景名胜区入口处施工建设道教广场。上述项目未履行风景名胜区内建设项目的报批手续，违反了《国务院对确需保留的行政审批项目设定行政许可的决定》（国务院令第412号）和《建设部关于纳入国务院决定的十五项行政许可的条件的规定》（建设部令第135号）的有关规定。同时，旅游公司在未履行任何审批手续的情况下，与当地村委会签订长达50年的土地租赁合同，将115亩水地、35亩旱平地、29亩河滩地，变为经营建设用地，严重违背了国家有关土地管理的政策法规。

经调查查实，这是一起违反国家关于风景名胜区有关规定、当前土地违法违规中“以租代征”的典型案件，山西省人民政府将依法追究方山县人民政府及相关部门负责人的责任。

各地区和各有关单位要认真吸取北武当山风景名胜区违规出让资源和违规开发建设的教训，严格依照《国务院办公厅关于加强和改进城乡规划工作的通知》（国办发〔2000〕25 号）、《国务院关于加强城乡规划监督管理的通知》（国发〔2002〕13 号）和《国务院关于加强土地调控有关问题的通知》（国发〔2006〕31 号）有关要求，立即对本地区违规出让风景名胜区经营权、管理权和违规开发建设等问题进行全面清查，采取有效措施制止违规出让风景名胜资源和违规开发建设的行为，依据《风景名胜区条例》，切实做好风景名胜区资源保护工作。各省、自治区、直辖市建设（园林）部门要将清查情况于 2006 年 12 月 30 日前报建设部城市建设司。

中华人民共和国建设部

二〇〇六年十月十九日

［例文 21］情况通报

## 关于 2009 年第二季度电信服务和收费拨测情况的通报

各省、自治区、直辖市通信管理局，中国电信集团公司、中国移动通信集团公司、中国联合网络通信集团有限公司，各相关增值电信业务经营者：

为持续提高电信服务水平，促进电信业务市场健康持续发展，按照“发现、提醒、通报、处理、跟踪”的收费监管机制，2009 年 6 月 10 日至 12 日，部电信管理局组织部分通信管理局和相关单位，对部分增值业务收费情况进行了集中拨测检查，现通报如下：

本季度拨测对 142 家增值电信企业的 372 项增值业务的服务和收费情况进行了抽样检查，所抽查的业务 99%收费正常，整体情况良好，但仍有 3 家增值企业存在未提供服务却收费和明码标价不规范等问题。为此，我部已请相关基础电信企业针对上述问题进行核实、认定和处理（详见附件）。下一步，我部将密切关注各界反应，继续加强对电信服务和收费行为的监督检查。

各相关单位要认真贯彻落实《第三代移动通信服务规范（试行）》和《关于进一步加强电信服务质量工作的通知》（工信部电管〔2009〕290 号）的各项要求，不断提升电信服务质量和服务水平，切实维护广大电信用户的合法权益，构建和谐的服务和消费关系，促进电信行业健康发展。

附件：2009年二季度拨测检查发现存在收费问题的企业名单

工业和信息化部

二〇〇九年七月十日

## 本章小结

领导指导性公文指由领导指导机关制发的用于颁布法规、规章，布置、指导、推动工作，推行行政措施，阐明领导指导原则的公文。这类文件对于受文者的行为具有很强的强制约束力，其内容也大都比较单一，注重表明作者的意志、主张，较少作系统的长篇议论。其语言运用应注意郑重、果断、明确而具体，以利于受文者准确了解内容，方便其遵照执行。

## 关键术语

领导指导性公文　命令　指示　决定　决议　通知　批复　通报　溯及既往　令号　签署　公布令　行政措施令　嘉奖令　题注　批准式决议　批准说明式决议　议论式决议　说明式决议　颁发（印发）、转发、批转公文的通知　指示性通知　知照性通知　会议通知　表彰性通报　事故通报　批评错误典型的通报　情况通报

## 思考题

1. 领导指导性公文的特点是什么，为什么会形成这样的特点？
2. 决定的规范性公文性质表现在哪些方面，它在写作方面与一般规范性公文有什么不同？
3. 决议与决定的区别是什么？
4. 主送给平级和不相隶属机关的指示性通知有什么特点，写作时应当注意什么？

5. 什么是知照性通知，撰写知照性通知有什么特殊要求？
6. 怎样理解“批复是一种被动的指示”？
7. 批复为什么要有问必答？
8. 通报主要靠什么指导工作？
9. 撰写通报应当主要注意些什么？

## 练习题

1. 根据所提供的素材，按照要求撰写公文文稿

(1) 请拟写一份以××市人民政府名义制发的关于加强政府系统信息资源共享的决定。针对的问题主要是政府系统内部，各个部门都形成了一大批有跨部门共享利用价值的信息资源，但由于体制机制不健全，相应的管理手段、技术手段不完备，共享利用设施不配套，以及思想认识和制度保障等方面存在一些问题，因此，基本上没有得到比较充分的共享利用，严重降低了信息化建设的效益效果，浪费了宝贵的资源。决定的基本内容包括：进一步加强对政府信息资源共享利用工作的组织领导，明确相关部门责任；完善政府信息资源共享利用工作机制（采集、公开、统筹建设、查询利用、协调、保密、激励、考核）；限期完成一部分重点建设任务，如政务基础信息共享目录、应用信息共享目录建设，政务信息资源共享交换平台建设，若干基础性共享信息资源库建设，共享安全保障体系建设，政府部门信息资源资产化管理制度建设等。

(2) ××省农业厅制定了一个《关于进一步加大××省农牧业丰收奖励力度的意见》，请起草一份省政府批转这份文件的通知。经过研究，省政府同意农业厅提出的意见，文件发送各市县人民政府、省政府各部门、省直各单位，要求遵照执行。通知要对奖励农牧业丰收的意义作出阐释，要求各方面高度重视、加强宣传，要落实责任，落实制度政策，落实具体措施，落实所需要的相关财力物力资源。今年年底，省政府将组织检查。

(3) ××市人民政府了解到部分单位准备依照惯例在年底召开各种表彰和庆祝大会的情况之后，发出紧急通知，要求市政府各部门、市直属单位改变这种做法，节约开支，转变工作作风。确需召开的必须报市政府批准。经批准召开的表彰和庆祝会一律不发奖金、实物，只发奖状或进行口头表彰。各级财务部门和财会人员要严格财务监督，有权抵制不合财经制度的开支。未经批准召开的表彰会，各单位每一个工作人员都有权拒绝出席，上级部门将追究组织者的责任。文

件要概要讲明道理，分条列项讲清指导原则和要求。

(4) ××县人民政府经过履行规定的程序手续，成立了县就业指导中心，从某个时间开始正式启用一枚“××县就业指导中心”的印章，请为此事写一个通知，将相关事项告知全县各级党政机关，印模附后。

(5) 请阅读下面的请示，以省质量技术监督局名义制发一份批复。主要的精神是，经过研究，不同意××市质量技术监督局购置两辆公务车，不允许动用B省质量技术监督局的援建资金。原因是目前灾害重建工作资金缺口很大，无法满足这些方面的所有要求。应当继续发扬艰苦奋斗、勤俭节约精神。考虑到该局的实际困难和需要，省局决定从省局局内现有公务用车中调拨一辆年初新购置的越野车供该局使用，接到批复后可尽快派人到省局提取车辆。文中可直接告知联系人、联系方式等。

## ××市质量技术监督局关于购置公务用车的请示

省质量技术监督局：

××××年是我市灾后重建攻坚年，我局不仅要认真履行质监工作职责，搞好市技术检验检测大楼的重建工作，还要完成市委、市政府布置的其他各项工作，任务十分繁重。目前，我局仅有公务车两辆，其中一辆已使用了 13 年，行驶 40 余万公里，车况较差。车辆的不足，严重影响了我局灾后重建工作和日常业务工作的正常开展。为确保各项工作的顺利完成，我局拟购置公务车两辆，总价 42 万元，型号为××××，经费来源：B 省质监局援建资金。

妥否，请示。

××市质量技术监督局

××××年×月×日

(6) 为××市安全生产监督管理局拟一份通报。文件发至各区县安全生产监督管理局。

××××年××月××日，××市 A 煤矿因非法采煤发生顶板塌冒事故，造成 2 人死亡。事故发生后，该矿负责人对事故隐瞒不报，非法擅自处理。

该煤矿位于××区××乡×××村，是集体所有制企业，属于停产整顿、正在申办安全生产许可证的煤矿。该煤矿在停产整顿期间，没有按照停产整顿的要求进行整改，而是在+700 米水平一号上山非法采煤，造成 2 人埋压窒息死亡。目前，非法采煤煤矿的矿主已经被公安机关拘留。

依据《国务院关于预防煤矿生产安全事故的特别规定》第十一条第三款的要

求，区人民政府对A煤矿依法予以关闭，没收违法所得，并依法追究有关人员的刑事责任。

要求区县安全生产监督管理部门坚决贯彻落实《国务院关于预防煤矿生产安全事故的特别规定》和《国务院办公厅关于坚决整顿关闭不具备安全生产条件和非法煤矿的紧急通知》，落实企业主体责任，加大对煤矿企业安全生产的监管力度，严肃查处煤矿企业的违法生产行为。严格落实《关于煤矿职工伤亡事故报告和调查处理暂行规定的通知》（煤安安监字〔2000〕第10号）文件精神。煤矿发生伤亡事故后，事故单位必须立即报告当地人民政府有关部门和煤矿安全监察部门，对延报、瞒报的一经查实将严肃处理。进一步完善举报制度，做好宣传教育和舆论引导工作，制定本地区、本单位安全生产举报信息处理办法，建立生产安全举报奖励制度，公开举报电话、举报信箱，及时受理安全生产举报事项。请区县安全生产监督管理部门将本文件转发至辖区各煤矿企业。

2. 请根据公文写作与处理的要求，指出下列公文文稿中的错漏之处

（1）

**不同意你院设立人力资源管理系等请示**

××学院：

你院×发〔2010〕9号文《关于设立人力资源管理系的请示》以及×发〔2001〕15号文《关于修建电子政务多功能实验楼的请示》收悉，经研究，兹批复如下：

（一）不同意在你院设立人力资源管理系，其理由恕不详述。

（二）目前可在你院先行设立人力资源管理教研室。

（三）拟原则同意在你院修建电子政务多功能实验楼，有关具体事宜待专门批复。专此函复。

××××大学

2010年3月20日

（2）

**××市人民政府照转××市档案局**
**《关于进一步加强政府机关档案工作的报告》**

各单位：

经市长办公会研究决定，同意市档案局在《关于进一步加强政府机关档案工作的报告》中提出的意见，现将文件照转给你们，望认真贯彻执行。

近几年来，政府机关档案工作取得了比较优秀的成绩。市政府各部门要继续重视档案工作，继续严格贯彻执行省档案局关于进一步加强档案工作的指示精神，为全面提高我市政府机关档案工作的水平。

××市人民政府办公室

(3)

## ××市监察局统一印发使用监察文书标准格式文本

（2003 年 4 月 27 日发布）

有关各单位：

国家监察部依照有关法律程序，经有关部门同意，统一制定了监察文书标准格式，按照本部要求，我局统一印制了监察文书标准格式文本，现将样本 1 套（计 28 种）分发给你们，请按照《监察法》及其他有关规定正确使用。

监察文书标准格式文本一律由我局统一印制和管理，各单位可向局办公室申领。

特此通报。

市局

二〇〇三年四月二十七日

# 第8章 公布性公文的写作

本章概述了公布性公文的特点，介绍了公告、公报、通告的写作方法。

**本章学习要点**

- 公布性公文的特点
- 通告的写作方法要点

## 8.1 公布性公文概述

### 8.1.1 公布性公文

公布性公文是指内容可直接向国内外公开发布的公文。这类文件的性质比较复杂，从其内容基本上不涉及国家秘密，一经形成即可直接向比较广泛的范围公开方面看，它具有公布性；同时，从其所针对的事项都为需要有关方面周知或遵守方面看，它又分别具有报道性和规定性。也就是说，它既可以非常郑重、正式地发布需要人们共同了解的重要消息，也可以发布需要人们共同遵照执行的重要政策、重要行政措施及其他有关行为规范。

公布性公文与其他公文最重要的区别之一，就是它的直接公开性，即它在制发的过程中，不需要像其他也需要与公众见面的公文（如一部分通知等）那样，先在党政机关系统内部依照组织体系的层次逐级上传下达，然后再根据需要向社会发布，而是在发文机关完成生效过程后，直接通过各种方式（包括快捷、开放的大众传媒）向社会各个方面，甚至全世界公开发布。这种“直接公开”使社会公众可以不经传达，在第一时间就能见到文件。因此，公布性公文内容传播的快捷性和广泛性是其他公文所不能比的。

公告、公报、通告是常见的公布性公文。

### 8.1.2　公布性公文的特点

公布性公文直接公之于众的特殊性质，使其形成了一系列有别于其他公文的特点。

1. 公文的形成就是为了使社会各界直接知晓

公布性公文的形成目的实际上就是为了尽可能快捷顺畅地使社会各有关方面直接知晓有关事项，直接影响相关组织和个人的行为。

2. 直接受文者不仅包括法人，还包括自然人

绝大多数公文的受文对象都是各种机关团体等，或者说都是具有法人资格的社会组织，而很少直接针对公民个人，即使文件内容需要公民个人遵行，也是先走组织程序，通过组织再传达到个人。公布性公文则不同，它的受文对象既包括各种社会组织，也包括公民个人，甚至在许多场合下主要就是发授给个人，直接把重要的消息，把各种必须遵行的行为准则第一时间传达给公民个人。

3. 公文内容不涉及任何秘密和隐私，无保密要求

公布性公文的制发就是为了直接公布，为了直接与社会各方面无保留、无限制地见面，因此，它既不涉及任何国家秘密，也不涉及任何团体的秘密、任何个人的隐私，它没有任何需要保守的秘密和隐私，没有任何需要秘不示人的内容。有时候，公布性公文只对国内公开发布，这并不是要对国际上的相关国家、社会组织和个人保守什么秘密，只是由于作者认为不需要向整个世界公布，其中的消息与行为准则只是与国内社会组织和社会公众相关。实际上，愿意了解公文内容的国际组织和个人，都有公开的渠道接触这些公文，了解它们的具体内容。

4. 公文中的内容主要包括“应知”、“应遵”两个方面事项

公布性公文中的内容并不都是没有任何约束力的消息，除少部分公文为重要消息，只需国内或国内外各方面广泛知晓外，大部分公文的内容对有关组织和个

人的行为具有强制约束力，它们或者是应当知晓甚至是必须知晓的事项，或者是应当甚至是必须严格遵守施行的事项。应遵事项通常包括需要人们共同遵照执行的重要政策、行政措施及其他有关行为规范。

5. 公布性公文的有效期比较长

公布性公文所涉及的应遵事项，实际上也是一种规范，这些规范所涉及的事务是反复发生的，相关的规则也是反复适用的，而且，所涉及的同样是多数人的和普遍性发生的事务，而非特定具体的人或事，规则也是多数人应当普遍遵守的，而不是只需特定人遵守的，因此，公布性公文的有效期不如规范性公文长，但比其他公文如一般的领导指导性公文要长得多。

6. 公文公布形式多样

公布性公文公布的范围是广泛的，公布的具体形式是多样化的，可直接张贴、广播，可在报刊上发表，也可在网络上刊载。

7. 语言表达讲求通俗易懂、简要明确

公布性公文表达的是一种特殊的行为规范，这些规范中，有一部分是需要马上遵守执行的，还有些是需要现在了解，在未来遵行的，因此，为了有利于更多的人准确理解和不折不扣地遵行，公文中通常都只对这些规范加以说明而不作系统论述，在词语的运用方面也要力争更为通俗易懂，要少用术语，同时保持公文语言的简明特性，以便于人们记忆和遵守执行。

## 8.2 公告、公报的写作

### 8.2.1 公告的写作

公告大都主要用于发布重要消息或者重要政策。《国家行政机关公文处理办法》规定，公告“适用于向国内外宣布重要事项或者法定事项”。公告的受文对象范围要比通告等广泛，可以向国内外宣布事项。自然，有这种必要性的事项，都必须而且也只能是重要事项。在我国，凡重要人物逝世，党和国家重要领导人出访，召开重要会议，颁布重要法律，形成重要决议或决定，废止重要文件，出现重要人事变动，出现一些为世界瞩目的重要事件（如重要人物病危等），形成关涉国内外有关方面的重要政策或决策（如中国人民银行调整储蓄利率，我国在太平洋某海域进行发射运载火箭的试验等）并需要直接向国内外宣布时，都使用公告。

公告由标题、公告号、正文、作者、成文日期等组成。

标题通常由作者、文种两部分组成，必要时应当增加问题（事由）部分。

公告号通常以发布公告的组织的届次编排大流水号，跨年度依次排列；也有部分政府部门按照年度编排流水号。

公告的正文大都比较简短，发布重要消息的公告通常只要说明：何时，何地，为了什么或根据什么，已经或将要发生或形成什么即可（见［例文22］）。只有少数文件，还需指出请受文者注意的事项（如提示注意安全等）。宣布重要政策的公告还需对政策规定的有关细节进行系统的介绍说明（见［例文23］）。

公告通常以“现予公告”或者“特予公告”作结，必要时在文末的成文日期之后标注“于××（地名）”。

［例文22］

**中华人民共和国全国人民代表大会公告**

第2号

第十一届全国人民代表大会第一次会议于2008年3月15日选举：

胡锦涛为中华人民共和国主席；

习近平为中华人民共和国副主席。

现予公告。

中华人民共和国第十一届全国人民代表大会第一次会议主席团

二〇〇八年三月十五日于北京

［例文23］

**中华人民共和国海关总署公告**

（2010年第7号）

经国务院批准，对国有公益性收藏单位以从事永久收藏、展示和研究等公益性活动为目的，以接受境外捐赠、归还、追索和购买等方式进口的藏品，免征关税和进口环节增值税、消费税。为此，财政部、海关总署和税务总局联合发布了《国有公益性收藏单位进口藏品免税暂行规定》（财政部、海关总署、税务总局公告2009年第2号）。现将海关实施《国有公益性收藏单位进口藏品免税暂行规定》（以下简称《规定》）的有关事宜公告如下：

一、《规定》所称捐赠、归还、追索和购买的含义是：

捐赠，指境外机构、个人将合法所有的藏品无偿捐献给国有公益性收藏单位的行为；

归还，指境外机构、个人将持有的原系从中国劫掠、盗窃、走私或以其他方式非法出境的藏品无偿交还给国有公益性收藏单位的行为；

追索，指国家主管文化文物行政管理部门依据有关国际公约从境外索回原系从中国劫掠、盗窃、走私或以其他方式非法出境的藏品的行为；

购买，指国有公益性收藏单位通过合法途径从境外买入藏品的行为。

二、列入财政部会同国务院有关部门审定并以公告形式发布的《省级以上国有公益性收藏单位名单》（以下简称《名单》）的收藏单位，首次申请免税进口藏品前，应先持凭《事业单位法人证书》向单位所在地直属海关申请办理资格备案手续。

对于财政部会同国务院有关部门核定的其他国有公益性收藏单位，其所在地直属海关需验凭该单位的《事业单位法人证书》和海关总署下发的审核认定文件办理相关资格备案手续。

三、《名单》中所列收藏单位名称发生变更的，有关收藏单位应持主管部门的批复文件和更名后的《事业单位法人证书》到所在地直属海关办理资格备案变更手续。

四、国有公益性收藏单位进口藏品前，应先向所在地直属海关申请办理免税审批手续，并提供以下材料：

（一）相关机构、个人出具的境外捐赠、归还、追索藏品的书面证明材料或购买藏品的合同、发票；

（二）有关进口藏品的特征的详细资料及清晰的彩色图片；

（三）承诺接受的藏品将作为永久收藏，并仅用于向公众展示和科学研究等公益性活动的有关材料；

（四）海关认为需要提供的其他材料。

五、审批和进口免税藏品手续纳入海关《减免税管理系统》和H2000通关管理系统管理。国有公益性收藏单位所在地直属海关对收藏单位提交的有关单证进行审核后，符合免税条件的，出具《进出口货物征免税证明》，进口地海关凭以办理有关免税进口手续。

免税进口藏品的征免性质为：国有公益性收藏单位进口藏品（简称：公益收藏，代码：698）。对应的监管方式为：一般贸易（代码：0110，以购买方式进口的）；捐赠物资（代码：3612）；其他（代码：9900，以归还、追索方式进口的）。

六、国有公益性收藏单位应按照《规定》要求，将免税进口的藏品在入境后30个工作日内记入本单位藏品总账—进口藏品子账，并列入本单位内部年度审计必审科目。同时填写《免税进口藏品备案表》（格式详见《规定》附件2）报送主管文化文物行政管理部门备案，并抄报单位所在地直属海关。

七、免税进口藏品如需在国有公益性收藏单位之间依照国家有关法律法规的规定进行调拨、交换、借用，应依照法律法规的规定履行相关手续，同时报送主管文化文物行政管理部门备案，并抄报单位所在地直属海关。

八、国有公益性收藏单位免税进口的藏品属于海关永久监管货物，进口藏品的国有公益性收藏单位应当按照《中华人民共和国海关法》、《中华人民共和国关税条例》和《中华人民共和国进出口货物减免税管理办法》的规定接受海关监管。进口藏品仅限用于非营利性展示和科学研究等公益性活动，不得转让、抵押、质押或出租。

对于违反上述规定的，海关按《中华人民共和国海关法》及其他有关法律法规予以处理；构成犯罪的，依法追究刑事责任。

九、有上述违法违规行为的国有公益性收藏单位，按照有关规定被处罚但未被追究刑事责任的，自违规行为发现之日起 1 年内不得享受本税收优惠政策；被依法追究刑事责任的，自违法行为发现之日起 3 年内不得享受本税收优惠政策。

在上述违法违规行为性质最终确定前，自违法违规行为发现之日起，海关不予受理相关单位进口藏品的免税审批申请，但可验凭相关单位提供的税款担保办理先予放行手续。待违法违规行为性质确定后，按前款规定处理。

十、在 2009 年 1 月 20 日至本公告发布之日期间，国有公益性收藏单位已征税进口或凭税款担保放行的藏品，如符合《规定》的免税条件，可按本公告的有关规定办理免税审批和退税、退保手续。

十一、《海关总署关于下发〈国有文物收藏单位接受境外捐赠、归还和从境外追索的中国文物进口免税暂行办法〉及有关问题的通知》（署税发〔2003〕32 号）自本公告发布之日起予以废止。

特此公告。

海关总署

二〇一〇年一月二十九日

### 8.2.2 公报的写作

公报通常也主要用于发布重要消息，一般不具备规范性。《中国共产党机关公文处理条例》规定，公报“用于公开发布重要决定或者重大事件”。可见，公报与公告的用途基本相同，不同点仅在于公报的内容周详细致，而公告的内容则相对简要概括。

公报的正文要比公告复杂些，通常由这样几部分组成：一是导语，即以简短的文字概要揭示消息的主要内容；二是事件、事项的具体内容，如会议的主要议程、主要决议或发言人的主要观点，反映客观事物性质、状态的各种统计数字等；三是号召或要求等。

目前，比较常见的公报是会议公报、统计数字公报等。会议公报与会议纪要的写法有相似之处（见［例文 24］）。

需要说明的是，这里所指的公报是通用公文的一个文种，与由国家有关机关公开出版的，用以刊登国家法律、法令和重要决议、命令、指示等文件的刊物“××公报”不是同一事物。

**［例文 24］**

## 中国共产党第十七届中央委员会第五次全体会议公报

（2010 年 10 月 18 日中国共产党第十七届中央委员会第五次全体会议通过）

中国共产党第十七届中央委员会第五次全体会议，于 2010 年 10 月 15 日至 18 日在北京举行。

出席这次全会的有，中央委员 202 人，候补中央委员 163 人。中央纪律检查委员会常务委员会委员和有关方面负责同志列席了会议。党的十七大代表中部分基层同志和专家学者也列席了会议。

全会由中央政治局主持。中央委员会总书记胡锦涛作了重要讲话。

全会听取和讨论了胡锦涛受中央政治局委托作的工作报告，审议通过了《中共中央关于制定国民经济和社会发展第十二个五年规划的建议》。温家宝就《建议（讨论稿）》向全会作了说明。

全会充分肯定党的十七届四中全会以来中央政治局的工作。一致认为，面对国际金融危机带来的严重影响和国际国内环境的深刻变化，中央政治局全面贯彻党的十七大和十七届一中、二中、三中、四中全会精神，高举中国特色社会主义伟大旗帜，以邓小平理论和“三个代表”重要思想为指导，深入贯彻落实科学发展观，团结带领全党全军全国各族人民，隆重庆祝中华人民共和国成立 60 周年，有效实施应对国际金融危机冲击的一揽子计划，有针对性地加强和改善宏观调控，巩固和发展应对国际金融危机冲击的成效，加快转变经济发展方式，保持经济平稳较快发展，着力保障和改善民生，有力应对玉树强烈地震、舟曲特大山洪泥石流等严重自然灾害，胜利完成全党深入学习实践科学发展观活动，成功举办上海世博会，党和国家各项事业和各项工作取得新的显著进展。

全会认为，“十二五”时期是全面建设小康社会的关键时期，是深化改革开放、加快转变经济发展方式的攻坚时期。深刻认识并准确把握国内外形势新变化新特点，科学制定“十二五”规划，对于继续抓住和用好我国发展的重要战略机遇期、促进经济长期平稳较快发展，对于夺取全面建设小康社会新胜利、推进中国特色社会主义伟大事业，具有十分重要的意义。

全会高度评价“十一五”时期我国经济社会发展取得的巨大成就，认为我们党团结带领全国各族人民，紧紧抓住发展这个党执政兴国的第一要务，贯彻落实党的理论和路线方针政策，实施正确而有力的宏观调控，充分发挥我国社会主义制度的政治优势，充分发挥市场在资源配置中的基础性作用，使国家面貌发生新的历史性变化。经过五年努力奋斗，我国社会生产力快速发展，综合国力大幅提升，人民生活明显改善，国际地位和影响力显著提高，社会主义经济建设、政治建设、文化建设、社会建设以及生态文明建设和党的建设取得重大进展，谱写了中国特色社会主义事业新篇章。五年取得的成绩来之不易，积累的经验弥足珍贵，创造的精神财富影响深远。

全会深入分析了今后一个时期我国经济社会发展的国内外环境，强调综合判断国际国内形势，我国发展仍处于可以大有作为的重要战略机遇期，既面临难得的历史机遇，也面对诸多可以预见和难以预见的风险挑战。我们要增强机遇意识和忧患意识，科学把握发展规律，主动适应环境变化，有效化解各种矛盾，更加奋发有为地推进我国改革开放和社会主义现代化建设。

全会指出，制定“十二五”规划，必须高举中国特色社会主义伟大旗帜，以邓小平理论和“三个代表”重要思想为指导，深入贯彻落实科学发展观，适应国内外形势新变化，顺应各族人民过上更好生活新期待，以科学发展为主题，以加快转变经济发展方式为主线，深化改革开放，保障和改善民生，巩固和扩大应对国际金融危机冲击成果，促进经济长期平稳较快发展和社会和谐稳定，为全面建成小康社会打下具有决定性意义的基础。

全会强调，在当代中国，坚持发展是硬道理的本质要求，就是坚持科学发展，更加注重以人为本，更加注重全面协调可持续发展，更加注重统筹兼顾，更加注重保障和改善民生，促进社会公平正义。加快转变经济发展方式是我国经济社会领域的一场深刻变革，必须贯穿经济社会发展全过程和各领域，坚持把经济结构战略性调整作为加快转变经济发展方式的主攻方向，坚持把科技进步和创新作为加快转变经济发展方式的重要支撑，坚持把保障和改善民生作为加快转变经济发展方式的根本出发点和落脚点，坚持把建设资源节约型、环境友好型社会作为加快转变经济发展方式的重要着力点，坚持把改革开放作为加快转变经济发展方式的强大动力，提高发展的全面性、协调性、可持续性，实现经济社会又好又快发展。

全会综合考虑未来发展趋势和条件，提出了今后五年经济社会发展的主要目标：经济平稳较快发展，经济结构战略性调整取得重大进展，城乡居民收入普遍较快增加，社会建设明显加强，改革开放不断深化，使我国转变经济发展方式取得实质性进展，综合国力、国际竞争力、抵御风险能力显著提高，人民物质文化生活明显改善，全面建成小康社会的基础更加牢固。

全会提出，要坚持扩大内需战略、保持经济平稳较快发展，加强和改善宏观调控，建立扩大消费需求的长效机制，调整优化投资结构，加快形成消费、投资、出口协调拉动经济增长新局面。要推进农业现代化、加快社会主义新农村建设，统筹城乡发展，加快发展现代农业，加强农村基础设施建设和公共服务，拓宽农民增收渠道，完善农村发展体制机制，建设农民幸福生活的美好家园。要发展现代产业体系、提高产业核心竞争力，改造提升制造业，培育发展战略性新兴产业，加快发展服务业，加强现代能源产业和综合运输体系建设，全面提高信息化水平，发展海洋经济。要促进区域协调发展、积极稳妥推进城镇化，实施区域发展总体战略，实施主体功能区战略，完善城市化布局和形态，加强城镇化管理，加大对革命老区、民族地区、边疆地区、贫困地区扶持力度，构筑区域经济优势互补、主体功能定位清晰、国土空间高效利用、人与自然和谐相处的区域发展格局。要加快建设资源节约型环境友好型社会、提高生态文明水平，积极应对全球气候变化，大力发展循环经济，加强资源节约和管理，加大环境保护力度，加强生态保护和防灾减灾体系建设，增强可持续发展能力。要深入实施科教兴国战略和人才强国战略、加快建设创新型国家，增强科技创新能力，完善科技创新体制机制，加快教育改革发展，建设人才强国，为加快转变经济发展方式、实现全面建设小康社会奋斗目标奠定坚实科技和人力资源基础。

全会提出，着力保障和改善民生，必须逐步完善符合国情、比较完整、覆盖城乡、可持续的基本公共服务体系，提高政府保障能力，推进基本公共服务均等化。要加强社会建设、建立健全基本公共服务体系，促进就业和构建和谐劳动关系，合理调整收入分配关系，努力提高居民收入在国民收入分配中的比重、劳动报酬在初次分配中的比重，健全覆盖城乡居民的社会保障体系，加快医疗卫生事业改革发展，全面做好人口工作，加强和创新社会管理，正确处理人民内部矛盾，切实维护社会和谐稳定。

全会提出，文化是一个民族的精神和灵魂，是国家发展和民族振兴的强大力量。要推动文化大发展大繁荣、提升国家文化软实力，坚持社会主义先进文化前进方向，提高全民族文明素质，推进文化创新，深化文化体制改革，增强文化发展活力，繁荣发展文化事业和文化产业，满足人民群众不断增长的精神文化需求，基本建成公共文化服务体系，推动文化产业成为国民经济支柱性产业，充分发挥文化引导社会、教育人民、推动发展的功能，建设中华民族共有精神家园，增强民族凝聚力和创造力。

全会强调，改革是加快转变经济发展方式的强大动力，必须以更大决心和勇气全面推进各领域改革，大力推进经济体制改革，积极稳妥推进政治体制改革，加快推进文化体制、社会体制改革，使上层建筑更加适应经济基础发展变化，为科学发展提供有力保障。要坚持和完善基本经济制度，推进行政体制改革，加快财税体制改革，深化金融体制改革，深化资源性产品价格和要素市场改革，加快社会事业体制改革。要实施互利共赢的开放战略、进一步提高对外开放水平，优化对外贸易结构，提高利用外资水平，加快实施“走出去”战略，积极参与全球经济治理和区域合作，以开放促发展、促改革、促创新，积极创造参与国际经济合作和竞争新优势。

全会强调，党的领导是实现“十二五”时期经济社会发展目标的根本保证。必须加强党的执政能力建设和先进性建设，不断提高党领导经济社会发展能力和水平。各级党委要准确把握发展趋势，科学谋划发展蓝图，努力创新发展模式，加强对发展的统筹协调，切实提高发展质量。全体共产党员要坚定不移贯彻党的理论和路线方针政策，牢固树立科学发展理念。切实加强党的基层组织建设，深入开展创先争优活动，带领广大群众推动经济社会又好又快发展。各级领导干部要坚持全心全意为人民服务的根本宗旨，坚持党的群众路线，始终保持同人民群众的血肉联系，树立正确政绩观，努力做出经得起实践、人民、历史检验的实绩。要加强反腐倡廉建设，大力弘扬党的光荣传统和优良作风，以优良党风凝聚党心民心，形成推进中国特色社会主义事业的强大力量。

全会提出，坚持党的领导、人民当家作主、依法治国有机统一，发展社会主义民主政治，加快建设社会主义法治国家，巩固和壮大最广泛的爱国统一战线。要加强国防和军队现代化建设，提高以打赢信息化条件下局部战争能力为核心的完成多样化军事任务能力。要坚定不移贯彻“一国两制”、“港人治港”、“澳人治澳”、高度自治的方针，严格按照特别行政区基本法办事，保持香港、澳门长期繁荣稳定。要牢牢把握两岸关系和平发展主题，深化两岸经济合作，积极扩大两岸各界往来，推进两岸关系和平发展和祖国统一大业。要高举和平、发展、合作旗帜，奉行独立自主的和平外交政策，坚持走和平发展道路，积极参加国际合作，维护我国主权、安全、发展利益，同世界各国一道推动建设持久和平、共同繁荣的和谐世界。

全会全面分析了当前形势和任务，强调经过全党全国共同努力，国民经济继续朝着宏观调控的预期方向发展，各项事业取得新的成绩，社会大局保持稳定。全党必须增强党的意识、宗旨意识、执政意识、大局意识、责任意识，抓住机遇而不可丧失机遇，坚持聚精会神搞建设、一心一意谋发展，增强工作的原则性、系统性、预见性、创造性，大力发扬真抓实干精神，把党和人民赋予的职责看得比泰山还重，紧紧依靠广大人民群众，以党同人民更加坚强的团结战胜前进道路上的一切艰难险阻，扎扎实实做好改革发展稳定各项工作，努力实现今年经济社会发展预期目标。

全会强调，今年以来，我国连续发生严重自然灾害，给受灾地区群众生产生活造成严重影响。在各部门各地区共同努力下，抗灾救灾工作取得了显著成绩。当前，安置受灾群众、开展灾后恢复重建工作很繁重，中央有关部门、受灾地区各级党委和政府一定要高度重视，科学规划，加大投入，精心组织，全力抓好。要切实安排好受灾群众基本生活，抓紧制定和实施灾后恢复重建规划，全面抓好各项生产特别是农业生产，帮助受灾群众重建家园，促进灾区经济社会全面发展。要坚持兴利除害结合、防灾减灾并重、治标治本兼顾、政府社会协同，尽快启动水利重点薄弱环节工程建设，加快建立地质灾害易发区调查评价体系、监测预警体系、防治体系、应急体系，提高对自然灾害的综合防范和抵御能力。

全会决定，增补习近平为中央军事委员会副主席。

全会按照党章规定，决定递补中央委员会候补委员焉荣竹为中央委员会委员。

全会审议并通过了《中共中央纪律检查委员会关于康日新问题的审查报告》，决定撤销康日新中央委员会委员职务，确认中央政治局2009年12月29日作出的给予康日新开除党籍的处分。

全会号召，全党同志和全国各族人民要紧密团结在以胡锦涛同志为总书记的党中央周围，认真学习、深刻领会、切实贯彻全会精神，解放思想、实事求是、与时俱进、开拓创新，万众一心为实现“十二五”时期经济社会发展目标任务而奋斗！

## 8.3 通告的写作

### 8.3.1 通告的适用范围与特点

通告是公布性公文的一种，适用于公布社会各有关方面（各机关、团体、企事业单位与广大人民群众，以及境内的外国公民）应当遵守或者周知的事项。

通告的主要特点：一是兼具知照性与约束力。通告既可用于公布需要人们周知的事项，又可用于制定规范，有关机关与人民群众均须认真遵守通告的内容。二是不涉及任何国家秘密和团体秘密，不涉及公民隐私，可直接公之于众。

### 8.3.2　通告的总体结构

通告一般由标题、正文、作者、成文日期组成。

1. 标题

通常由发文机关、事由、文种组成。必要时也可省略事由（如北京市人民政府通告）或只标注文种（通告）。

2. 正文

公文的主体部分，告知对方应知或应遵的事项。

3. 作者

标注制发文件的机关单位。

4. 成文日期

发文机关领导签发的时间。

### 8.3.3　通告的正文结构

1. 应知事项通告

公布需有关人员周知的事项的通告，主要是使受文者了解重要情况、重要消息，因此，文中不提出直接的执行要求。这种通告的正文一般包括：行文的根据或目的；有关消息、情况的具体内容（对象、过程、结果、原因、主张、有关政策的内容及实施的时间、范围等）；结语，常用结尾词“特此通告”等表达（见［例文25］）。

2. 应遵事项通告

公布需有关人员遵守的事项的通告，主要是向受文者交代需要其遵照执行的政策、措施及其他有关的行为规范。这些事项不仅需受文者广泛知晓，同时还以强制力令其遵行。应遵事项通告的正文主要包括：行文根据或目的；应遵事项的具体内容（一般为条文式）；对遵行有关事项的基本要求和对违反者的处置办法，以及公文正式实施的时间。有时也以“特此通告”等结尾词作结（见［例文26］）。

### 8.3.4　通告的写作要求

撰写通告时需要注意如下几点：

（1）为保证公文有效，应注重对行文的法律、政策依据的交代。

（2）注意通告与其他规范性公文间的区别，应将内容（特别是应遵事项的通告）表述得尽可能详尽、具体，使有关人员阅后就知道该怎样去做、不能做什么，应注意阐发一定的道理，解释说明有关情况，细致交代有关界限，必要时可以例举。

（3）用语应注意简明、规范、易懂，少用难懂的术语，以便于人们阅读、理解和记忆。

（4）注意维护其严肃性，有些可用“启事”等应用文公布周知的事项，如迁移、挂失、招生、更改电话号码等，应避免使用通告。

**［例文 25］应知事项通告**

## 中华人民共和国卫生部通告

依据《化妆品卫生监督条例》和《卫生部健康相关产品检验机构认定与管理办法》等规定，现认定中国疾病预防控制中心环境与健康相关产品安全所等 14 家单位为卫生部化妆品卫生行政许可检验机构。具体通告如下：

**一、获认定检验机构及检验项目范围**

（一）中国疾病预防控制中心环境与健康相关产品安全所、广东省疾病预防控制中心、上海市疾病预防控制中心、北京市疾病预防控制中心、辽宁省疾病预防控制中心、江苏省疾病预防控制中心、浙江省疾病预防控制中心、四川省疾病预防控制中心和湖北省疾病预防控制中心 9 家单位为化妆品卫生安全检验机构，承担《化妆品卫生行政许可检验规定》规定的全部微生物、卫生化学和毒理学检验项目。

（二）中国人民解放军空军总医院、上海市皮肤病性病医院、中山大学附属第三医院、四川大学华西医院和中国医科大学附属第一医院 5 家单位为化妆品人体安全性和功效检验机构，承担《化妆品卫生行政许可检验规定》规定的人体安全性和防晒功效检测项目（人体法）。

（三）中国疾病预防控制中心环境与健康相关产品安全所、广东省疾病预防控制中心、上海市疾病预防控制中心和上海市皮肤病性病医院 4 家单位还可开展仪器法测定化妆品抗长波紫外线（UVA）能力的检测。

**二、关于检验资质**

以上检验机构检验资质有效期 4 年，在资质有效期内，按照《卫生部健康相关产品检验机构工作制度》、《化妆品卫生行政许可检验规定》等规定和被认定检验范围，为向卫生部申请卫生行政许可的进口化妆品和国产特殊用途化妆品出具检验报告。我部将对被认定单位进行不定期检查，并对违反相关规定的检验单位予以警告、暂停检验资质或取消检验资质等处理。

自 2009 年 1 月 1 日起，我部不再接受其他单位出具的《化妆品卫生行政许可检验规定》中所列检验项目的检验报告。

特此通告。

中华人民共和国卫生部

二〇〇八年七月二十八日

［例文 26］应遵事项通告

## 关于清理北京市社区街巷长期停放废旧汽车的通告

目前，北京市部分废旧汽车在社区、街巷胡同长期停放，不仅占用了公共资源，影响了道路畅通和城市环境，更是存在很多安全隐患。为了给市民群众提供更加便利和舒适的生活环境，依据《中华人民共和国道路交通安全法》、《报废汽车回收管理办法》、《物业管理条例》、《北京市市容环境卫生条例》和北京市居住小区机动车停车管理相关规定，现就有关事项通告如下：

一、请车辆停放人在本通告发布之日起 7 日内，自行清理长期停放于社区、街巷两侧的废旧汽车；逾期不清理的，城管执法机关将会同有关部门对相关车辆实施集中存放。

废旧汽车集中存放场所和车辆清单详见首都之窗网站公告栏目（http://www.bjcg.gov.cn/zt/fjqc/t20090602_259164.htm）。

二、已被通告的车辆，在通告期间，车辆停放人持有车辆权属证明等有效材料接受调查的，经属地城管执法机关会同有关部门核准后，不予集中存放。

相关车辆达到国家规定报废标准的，不得上道路行驶。车辆所有人应当及时将车辆交售给机动车回收企业，由机动车回收企业将报废的机动车登记证书、号牌、行驶证交公安机关交通管理部门注销。车辆所有人名下如果存在报废车辆，在未完成报废手续前，公安机关交通管理部门不予办理新购机动车注册登记。

三、通告期间届满，对已实施集中存放、无人认领的废旧汽车，城管执法机关在会同有关部门对车辆所有人和车辆基本情况核查后另行处理。其中，对涉及走私、盗抢、套牌、欠缴养路费的车辆，由有关部门严厉查处。

四、各有关单位和个人应当顾全大局、严格自律，积极配合政府部门做好社区、街巷长期停放废旧汽车的清理工作。

本通告自发布之日起施行。

北京市城市管理综合行政执法局
北京市公安局公安交通管理局
北京市住房和城乡建设委员会
二〇〇九年六月三日

## 本章小结

公布性公文兼具公布性、报道性和规定性，因此在其写作过程中，应注意区分事项是属于“应知”，还是“应遵”，以采取不同的表达形式。但不管事项属于哪一种，通常都只对其加以陈述而不作详尽议论和解释，在词语的运用方面也要力争更为通俗易懂，要少用术语，以保证文件内容能为广泛的受文对象所准确理解和把握。

## 关键术语

公布性公文　公告　公报　通告　直接公开性　直接知晓　法人　自然人　国家秘密　团体的秘密　个人的隐私　应知事项　应遵事项　公告号

## 思考题

1. 公布性公文有什么特点？
2. 怎样理解公布性公文是直接公之于众的？
3. 公告与公报有哪些共同点和不同点？
4. 通告与一般规范性公文有哪些主要的不同？
5. 撰写通告需要注意什么？

## 练习题

1. 指出下面公文文稿的错漏。

### 征收外商投资企业土地使用费的公报

根据××市人民政府制定发布的《××市征收外商投资企业土地使用费规定》有关规定，现将今年征收外商投资企业土地使用费的有关事项通告如下：

一、凡在本市行政区域内依法以出让、转让方式以外的其他方式使用本市土地的外商投资企业和其他单位，均应缴纳土地使用费。

二、各缴费企业和单位应于去年10月8日至21日到主管地方税务部门办理申请和缴纳土地使用费的有关手续。

三、凡未按照规定的期限缴纳的企业和单位，主管地方税务部门将依照财政部（93）财工字第474号文件的有关规定，对滞纳款按日加收千分之2滞纳金。

四、其他有关事项，另行通知。

特此通知。

××市地方税务局
××××年8月11日

2. 根据以下素材，为××市人民政府撰写一份通告。

针对的问题：本市范围内，出现随意研发、生产制造、运输、存储、买卖国家明令禁用的剧毒杀鼠剂（毒鼠强、毒鼠硅、氟乙酰胺、氟乙酸钠、甘氟等）的违法犯罪现象，城镇、农村摆摊设点或者走街串巷兜售杀鼠剂成为屡禁不止的社会公害。已经出现数十起致人和大型牲畜死伤事件，严重危害人身安全、公民财产安全、农牧业生产安全，破坏生态平衡。

国家有关法规：《农药管理条例》、《危险化学品安全管理条例》。

基本要求：严格禁止上述违法犯罪行为，有这些行为的组织和个人，通告发布后要主动停止，将药剂和相关设备工具、原材料上缴相关政府部门，如实说明情况，具结保证不犯，做得到的，可以依法从轻或免予处罚；做不到的，依法强制收缴、从重处罚。鼓励公民监督举报，予以物质奖励（1 000元到20 000元奖金）。要广泛在城乡向职工、城镇居民、村民等各方面宣传。对包庇、纵容违法犯罪的，依法追究法律责任。发布日起生效。

市农业局、公安局、安全生产监督管理局、工商管理局、质量技术监督局均有责任依法进行管理。这些部门无论谁首次受理相关事件，都要依照法律规定直接处置，或者负责代为与其他部门联系处置，保证有缴即收，保证即时接受投诉和举报，迅速处理，严禁推诿。

# 第 9 章

# 陈述呈请性公文的写作

本章分析了常用陈述呈请性公文的特点、结构，介绍了撰写请示、工作报告、总结报告、调查报告等公文的基本方法和注意事项。

**本章学习要点**

- 陈述呈请性公文的特点及其对写作的影响
- 请示、工作报告、总结报告、调查报告的写作方法要点

## 9.1 陈述呈请性公文概述

### 9.1.1 陈述呈请性公文

陈述呈请性公文指向所属上级机关陈述情况、汇报工作、提出建议、请求指示或批准的公文。这类公文是典型的上行文，是居于被领导、被指导地位的下级机关写给自己上级机关的，其内容本身对主要受文者的强制性影响，主要表现为受文者必须依照法定的程序、方式和时限对文件加以阅读处理，此外不能制约受

文者其他方面的行为。

请示、工作报告、总结报告、调查报告等都属于陈述呈请性公文。

### 9.1.2 陈述呈请性公文的特点

陈述呈请性公文有如下特点：

1. 公文的传递方向是自下而上的

陈述呈请性公文的作者均是主要受文者的所属下级机关，双方之间或者处于同一组织系统，有领导与被领导关系，或者处于同一专业系统，有业务指导与被指导关系。

2. 公文的现行执行效用的表现形式特殊

陈述呈请性公文同样具备所有公文都具备的现行执行效用，它的内容同样可以对主要受文者的相关行为产生强制性的影响，但是，这种强制性不是表现为它的内容必须成为受文者的行为准则，必须不折不扣地转化为作者所希望和要求实现的客观现实，而只是表现为强制主要受文者阅读和处理这一公文。如果主要受文者对所收受的这部分公文不闻不问、不阅读也不处理，将构成违法失职甚至是渎职，但具体作出怎样的处理意见，产生怎样的行为，却不是强制性的，一切要由上级机关定夺。也就是说，陈述呈请性公文不能强制对方执行公文的内容。

3. 制发公文本身及公文内容需要受到更多方面的条件限制

陈述呈请性公文是下级机关制发给上级机关的，为了保证公文的有效性，以及维护管理秩序、全面提高管理效能，这部分公文的制发过程需要受到更加严格的组织体系层级的限制，同时，公文内容也需要与一切上级机关制发的文件内容保持高度一致性，相应地会形成诸多更加严格的限制。党政机关大都建立有严格的请示、报告制度，对制发请示、报告的条件、频次、方式等作出明确规定。为此，撰写这部分公文应当注意充分了解一切相关的约束和条件限制，以保证公文“合法”。

4. 公文的语言运用需要更加讲求得体

陈述呈请性公文都是上行文，主要的沟通联系对象是自己的上级机关。为了维护组织层级的有效性，维护管理秩序，提高表达效果，这部分公文的语言运用尤其需要讲究得体，也就是注意沟通对象的特殊性，用语应当更加恰如其分，注意平和、自然，同时还应当注意正确选用表达方式，要以事实讲话，用事实数据说服人，少讲大道理，不作空泛的议论。

# 9.2　请示的写作

## 9.2.1　请示的适用范围与特点

1. 适用范围

请示是常用上行公文的一种，用于下级机关向上级机关请求指示或批准。请求指示是指下级机关请上级机关就自己开展工作的方向、办法、政策、措施作出明确指示，请上级机关提出明确的工作任务安排，或者就开展工作活动的指导原则作出明确的规定。请求指示的事项具有上级若不作明确指示，下级即无法正常开展工作活动的性质（见［例文 27］）。请求批准是指下级机关有解决问题的方案和具体办法，但实施这些方案和办法超越了自身的权限，或者是虽不越权，但自我掌控的人力、物力、财力等资源不足，无法有效实施，需要动用上级机关掌握的资源才有实施的基本条件，因此，需要呈请上级机关审查自己的方案和办法，提出批准或者不批准的明确意见。请求批准的事项具有上级不批准就不能做的性质（见［例文 28］）。

2. 请示的特点

请示的主要特点是：

（1）使用范围广泛，各机关对自己无权或无法决定与处理的问题，均应制发请示公文，向上级机关请求指示或批准。

（2）请示具有强制回复的功能，规定范围内接受请示的机关务必针对请示事项表明态度，予以明确的指示。

（3）请示务必在事前制发，事后或者事情进行中的请示是违背制度规定的，对工作是非常有害的。

（4）请示的制发需要受最严格的制度（包括请示制度）约束，写作时务必注意这些约束对公文内容与制发程序过程的影响。

## 9.2.2　请示的结构

1. 总体结构

请示由标题、主送机关、正文、作者、成文日期组成，必要时还应当有附件。

（1）标题。

写明发文机关名称、事由与文种。文种必须准确标注为“请示”，不得用

“请示报告”字样。

（2）主送机关。

写明收受公文并对公文承担办理答复责任的上级机关的名称。除非特别批准，不允许直接主送上级机关领导人，不要同时将文件主送两个及其以上上级机关（需要了解文件内容的其他上级机关应当标注在抄送机关位置处）。

（3）正文。

请示的正文依具体功能的不同有所区别。请求指示的请示重点陈述请上级回复问题的范围和自己的要求；请求批准的请示重点陈述方案及其理由，以及自己的具体要求。

（4）作者。

写明制发公文机关的全称和规范简称。

（5）成文日期。

标注制发机关的领导签发文件的时间。

（6）附件。

可以具体说明相关情况（方案、具体理由、相关数据等）的文件材料，均可以作为附件。正文成文日期之后应当标注附件标记。

2. 正文结构

请示的正文一般由这样几部分组成：行文的依据、原因；待解决的问题和初步方案及其理由，不只一个方案时的倾向性意见及其理由；行文要求，即请上级复文的要求，常用“当否，请示”、“当否，请批复”、“请审核批复”、“妥否，请鉴核批示”等惯用的结尾词语表达。

### 9.2.3 请示的写作要点

请示是公文中需要受到最多约束的文种，写作过程中特别需要注意：

（1）请示必须是向上级有所呈请，请其给予答复时才能使用，不能处处事事都请示，必须满足一定条件时才能行文。

（2）要严格遵行一文一事、只主送一个机关、一般不越级行文的原则。

（3）提出的请求应清楚明白。有几问，要对方批准或指示什么，必须明明白白，以便于对方有问必答。

（4）未获上级批复前，不能将公文抄送给自己的下级，一般也不要抄送给平级机关，以免造成对方误解，或者造成工作上的被动。

（5）陈述理由时要客观充分，但不要讲空泛的大道理，更不能以教训人、强加于人的语气来陈述。

(6) 应讲究有关内容的表达次序，以提高表达效果。如在写请求上级批准的请示时，作者提出的解决问题的方案很可能是两个或多个，这时就应将倾向性的意见放在最前边。

(7) 在所陈述的情况和理由比较复杂的情况下，可用各种附件作详细说明，以简化正文。

[例文 27] 请求指示的请示

## ××省版权局关于×市××电脑控制设备厂计算机软件是否侵权等问题的请示

国家版权局：

最近，×市版权局就如何处理×市××电脑绣花机厂与××电脑控制设备厂计算机软件著作权纠纷中遇到的问题向我局请示，事情的基本情况如下：

2003年2月下旬，×市版权局接到××电脑绣花机厂投诉，反映该厂"袜机电脑控制系统V6.0软件〔软著登字第0007573号〕(附件1)被××电脑控制设备厂解密复制，构成侵权"。同时，该厂还提供了2002年12月30日中国版权保护中心版权鉴定委员会鉴定报告[中版鉴定〔2002〕第(012)号](附件2)、2003年1月6日中国版权保护中心法律部给×市公安局出具的法律意见书(附件3)。为进一步查清事实，×市版权局针对软件程序是否独立创作、两软件相同是否系表达形式有限等问题进行了调查取证。经多方查证，××电脑控制设备厂至今未能对其"袜机电脑控制程序V1.0"计算机软件提供独立创作的源程序和目标程序。根据中版鉴定〔2002〕第(012)号和中国版权保护中心法律部的法律意见书，以及××电脑控制设备厂未能提供独立创作软件程序的事实，×市版权局初步认为，××电脑控制设备厂"袜机电脑控制程序V1.0"软件涉嫌构成对××电脑绣花机厂"袜机电脑控制系统V6.0"软件的侵权。

在××电脑控制设备厂"袜机电脑控制程序V1.0"软件也已取得计算机软件著作权登记证书〔软著登字第003182号〕(附件4)，同时目前又很难对两款软件相同表达形式是否有限作出鉴定的情况下，我局难以作出处理决定，为此特请示：

1. ××电脑控制设备厂"袜机电脑控制程序V1.0"软件是否已构成对××电脑绣花机厂"袜机电脑控制系统V6.0"软件的侵权？

2. 如何理解《计算机软件保护条例》第29条的规定，对两软件表达方式竞合如何进行鉴别？

请予示复。

附件：1. “袜机电脑控制系统 V6.0”计算机软件著作权登记证书（软著登字第 0007573 号）
2. 中国版权保护中心版权鉴定书（中版鉴字〔2002〕第（012）号）
3. 中国版权保护中心法律部法律意见书
4. “袜机电脑控制程序 V1.0”计算机软件著作权登记证书（软著登字第 003182 号）

××省版权局

二〇〇三年四月二十五日

**[例文 28] 请求批准的请示**

## 关于召开北方地区春耕和抗旱工作座谈会的请示

国务院：

为落实温家宝副总理 3 月 5 日、回良玉同志 3 月 7 日在我部上报的《关于八省春耕生产等情况的调研报告》上的批示精神，切实解决当前春耕生产中存在的北方地区抗旱水源严重短缺、部分地区农民生产生活困难等突出问题，确保春耕生产顺利展开，建议国务院召开北方地区春耕和抗旱工作座谈会。

**一、会议内容**

交流各地春耕备耕进展情况，分析存在的突出问题，研究部署春耕抗旱、推进农业结构调整和解决农村困难群众生产生活问题等工作。

**二、会议人员**

国务院办公厅、中央农村工作领导小组办公室、国家计委、民政部、财政部、水利部、农业部、人民银行、林业局、国务院扶贫办、农业银行等部门的负责人；河北、山西、内蒙古、吉林、山东、河南、陕西、甘肃等 8 个省、自治区分管农业和农村工作的副省长（副主席），民政、水利、农业、林业等厅（委、局）的负责人。

**三、会议时间和地点**

建议“两会”结束后在山东省召开，会期一天。

**四、会议议程**

上午，由与会的 8 个省、自治区分管农业和农村工作的副省长（副主席）汇报当前春耕生产形势、存在的问题和采取的措施；下午，请有关部委的负责人发言，最后请国务院领导同志讲话，部署春耕和抗旱有关工作。建议会议由国务院副秘书长主持。

**五、会议准备**

我部已草拟了《关于召开北方地区春耕和抗旱工作座谈会的通知（代拟稿)》，并将会同国家计委、民政部、财政部、水利部、人民银行、林业局、国务院扶贫办、气象局、农业银行、供销合作总社等部门，分析当前春耕生产中存在的突出问题，研究提出对策措施。同时，我部负责起草国务院领导在座谈会上的讲话（代拟稿）。

上述意见妥否，请示。

附件：关于召开北方地区春耕和抗旱工作座谈会的通知（代拟稿）

农业部

二〇〇三年三月十三日

# 9.3　工作报告的写作

## 9.3.1　工作报告的适用范围与特点

1. 工作报告的适用范围

工作报告是典型的上行文，用于在日常工作中，根据需要或要求，向上级机关汇报工作、反映情况、答复询问、提出建议（行政机关向上级机关提建议用上行的意见，不用报告）。

工作报告通常被具体应用于：反映工作进展情况；反映工作中出现的情况和问题；提出纠正有关偏向的建议（行政机关不允许）；汇报有关文件和上级部署的执行情况；汇报上级交办事项的完成情况；答复上级机关的有关询问；向上级机关备案相关文件或者事项等。

工作报告的内容是陈述性的，主要功用是向领导指导机关反馈本机关的工作状况，总结经验教训，提出意见与建议，为领导机关制定决策和指导工作提供依据，同时，工作报告也是领导指导机关管理控制下级机关的一种必不可少的重要方式，我国党政机关大都建立了完备的报告制度，通过这一制度的实施，使下级机关的工作始终处于上级机关必要的管理控制之下，提高了政令畅通的程度，保证了必要的管理秩序与管理效能。

2. 工作报告的特点

工作报告的主要特点是：

（1）为各级各类机关单位普遍而经常地应用。

（2）一般可制发于事后，也可制发于事前或事中。

（3）不具备强制上级机关复文的功能，上级机关可以根据实际情况选择复文还是不复文。

（4）制发过程与报告的内容受到报告制度的严格约束。

（5）严格控制报告的内容。呈请事项必须用请示，不允许出现在工作报告中。

（6）重点是对相关事实的陈述，一般不作过多的议论。

### 9.3.2　工作报告的结构

1. 工作报告的总体结构

（1）标题。

写明发文机关名称、事由、文种。

（2）主送机关。

上级领导指导机关的全称或者规范简称。

（3）正文。

工作报告的正文具有比较强的确定性，特别是当报告是按照相关报告制度的规定形成时。

（4）附件。

一部分更加细致的情况和问题通常需要用附件反映，以简化正文，使公文适合不同层次工作人员的不同需要。

（5）作者。

制发公文的机关的全称或者规范简称。

（6）成文日期。

标注发文机关领导签发的时间。

2. 工作报告的正文

工作报告的正文主要包括：

（1）行文的根据。

指明是应上级要求还是因为发生了情况而主动汇报，或概要点明公文所要涉及的情况或问题。

（2）具体情况和问题。

说明时间、地点、人物、背景、经过、结果等，并对其性质进行概要分析，作出判断，得出结论。

(3) 建议(带建议的报告)或者归结。

要求谁、何时、做什么、怎样做、方法、措施、期限、考核指标等，如没有建议，则对有关工作或问题作概括总结，分析存在问题的原因，表明努力方向。

(4) 结语。

有建议的报告提出转发建议："以上意见，如无不当，请批转(单位)执行"；请上级指出问题的报告则为："如有不当，请指正(示)"；其他报告则以"特此报告"、"此报告"等结尾词强调行文目的。必要时也可略去结语(见[例文29]、[例文30]、[例文31])。

### 9.3.3　工作报告写作要点

撰拟工作报告时应注意：

(1) 报告中不能带呈请事项，不能要求上级务必给予批示。

(2) 应根据行文的目的和上级的实际需要组织文字，突出重点情况和问题，重点讲按制度规定和上级要求上报的事项，或者是上级关心的新情况、新经验、新问题，淡化次要内容。

(3) 应及时行文，以便于上级能掌握即时信息，及时指示方向，纠正错误，解决问题。

(4) 对有关数字、数据的陈述务必真实、准确、全面，以免上级以此为依据制定决策时造成失误。

(5) 各种建议应明确、肯定、具体细致，便于实际操作施行。因为，建议一旦被采纳，报告被批转下发执行时，这些建议将升格为上级的指示事项。

(6) 在撰写答复询问的报告时，要注意针对性，首先要指明所针对的来文日期与来文询问的内容，然后扣住上级提出的问题明确作答，不要涉及无关的情况和问题。

**[例文29] 带建议的报告**

**关于认真做好推荐优秀团员作党的发展对象工作的报告**

中共中央组织部：

近年来，根据党中央的指示，各级党组织普遍重视在青年中发展党员的工作。在党组织的关怀和指导下，广大基层团组织结合开展"以学习整党文件为主要内容的教育活动"，主动协助党的基层组织做好团员中党的积极分子培养工作，推荐大批具备党员条件的优秀团员加入了党组织。一九八五年，全国团员入党数达到八十万名。

“推荐优秀团员作党的发展对象”，是团章所规定的基层团组织任务之一。实践证明，做好这项工作，不仅符合新时期党的队伍建设的需要，而且有助于加强团的思想政治工作和组织工作，增强团组织的凝聚力和战斗力。为使推荐工作进一步得到各级党组织的重视，现将有关意见和建议报告如下：

一、共青团是党领导的先进青年的群众组织，是党的助手和后备军。积极为党培养大批愿意为社会主义、共产主义事业献身的先进青年，不断向党输送新鲜血液，是团组织义不容辞的责任。

当前，我们党正在领导全国各族人民建设具有中国特色的现代化的社会主义国家，实现这一宏伟目标，需要我国亿万青年的觉悟和奋斗。及时地把大批具备党员条件的先进青年吸收到党内来，是党的事业发展的战略需要。各级团组织应根据党的要求，把培养青年积极分子和推荐优秀团员作党的发展对象，作为自己的一项重要任务来抓。

二、协助党组织加强对团员中党的积极分子的培养，保证推荐质量。提高团员的政治素质，建立一支宏大的积极分子队伍，是做好推荐工作的基础。各级团组织要把培养有理想、有道德、有文化、有纪律的一代新人和推荐工作有机地结合起来，通过卓有成效的思想政治工作，帮助更多的团员树立坚定的共产主义信念，并带领他们在改革和社会主义现代化建设的实践中，经受锻炼和考验，不断克服自身的弱点，逐步成长为无产阶级的先锋战士。

为了协助党组织做好党的积极分子的培养工作，团组织要经常向党组织汇报团员的思想情况，反映其中优秀分子的进步要求和在实际工作中的表现，在党组织的帮助指导下，按照党章规定的标准，加强对他们的教育、培养和考察。切实保证推荐质量。

团组织培养和推荐具备党员条件的优秀团员入党，要把团的干部、青年知识分子和第一线青年生产技术骨干作为培养和推荐的重点对象。目前，基层团干部中党员比例很低，尤其是大多数基层团支部书记不是党员。这种状况不利于党加强对共青团工作的领导，也给推荐工作带来了一定困难。团干部一般是团员中的优秀分子，是团的工作的骨干，基层党组织应注意到这种情况，重视对团干部的培养，及时把那些具备条件的团干部吸收到党的积极分子队伍中来，使他们在党的教育下更快地成长。

三、建立团组织推荐优秀团员作党的发展对象的工作制度。推荐具备党员条件的优秀团员入党，是基层团组织的一项经常性工作，应以团支部为基本单位，在同级党组织和上级团组织的领导下进行，并逐步形成制度，真正落实到基层。

推荐工作的步骤是：团支部在做好积极分子培养工作的基础上，对推荐对象进行全面考察，经支部委员会讨论，由团支部填写《推荐表》或用其他方式，说明推荐理由，报上级团委（总支）审核并签署意见，上级团组织同意后由团支部向同级党组织推荐。团支部书记由上级团组织向有关党组织推荐。一般每年推荐一次，或按党组织的要求随时推荐。

团的基层委员会要经常检查下级团组织推荐工作的落实情况，并注意加强指导，认真审核团支部的推荐意见，严格把关。必要时可以直接向团员所在单位的党组织提出建议。要把是否做好推荐工作作为考核团支部工作的重要内容。

在推荐具备党员条件的优秀团员入党工作的过程中，团组织要向党组织汇报情况，听取党组织的指示和意见，充分发挥党的助手作用。

以上报告如无不妥，请批转各地（执行）。

共青团中央书记处

一九八六年一月二十日

**［例文30］不带建议的报告**

## 关于抢险抗灾工作及灾后重建安排的报告

国务院：

现将雨雪冰冻灾情、抢险抗灾工作进展情况以及下一阶段工作安排意见报告如下：

**一、我国经历了一场历史罕见的低温雨雪冰冻灾害**

从1月10日到2月2日，我国南方地区先后出现四次大范围低温雨雪冰冻过程。这次灾害性天气正值春运高峰，持续时间长、影响范围广、危害程度深，多数地区为50年一遇，部分地区为百年一遇。全国有19个省（区、市）不同程度受到影响，其中湖南、贵州、江西、广西、湖北、安徽、浙江7省（区）最为严重。持续低温雨雪冰冻天气造成多种灾害并发，给人民群众生命财产和工农业生产造成重大损失，正常生产生活秩序受到极大影响。

（一）电力设施严重损毁。全国有13个省（区、市）电力系统运行受到影响，170个县（市）停电。截至2月11日，110千伏及以上线路倒塔8 709基，断线2.7万余条，变电站停运1 497座。贵州、江西500千伏电网一度基本瘫痪，电网解列运行，西电东送通道中断。湖南电网500千伏和220千伏变电站有1/3停运。

（二）交通运输一度严重受阻。由于倒塔断电，北京至广州、上海至昆明两大主要铁路干线部分区段运输受阻。全国累计有23万公里的公路因结冰多次封闭，出现严重拥堵，110 万条公路客运班线停开，影响 3 400 余万人次正常出行。直接损毁公路 8.2 万公里。长江中下游 14 个机场一度关闭，大批航班取消或延误，大量旅客滞留机场。

（三）电煤供应告急。由于电力中断和交通受阻，加上一些煤矿提前放假和检修等因素，煤炭供应受到严重影响。部分电厂电煤库存急剧下降，19 个省（区、市）拉闸限电。

（四）农业生产遭受重大损失。截至 2 月 12 日，农作物受灾面积 1.78 亿亩，成灾 8 764 万亩，绝收 2 536 万亩。其中油菜受灾 4 891 万亩，占全国秋冬种油菜面积的 48.4%；蔬菜受灾 4 208 万亩，占全国秋冬种蔬菜面积的 35.2%。死亡牲畜 606 万头、家禽 6 275 万只；良种繁育体系遭受严重破坏；塑料大棚、畜禽圈舍等设施损毁严重。国有林场有 46 个严重受灾，道路、送水管线和防火观测塔台等受到严重破坏。

（五）灾区工业企业大面积停产。停电及交通运输受阻等因素导致灾区的工业生产受到很大影响，其中湖南省 83% 的规模以上工业企业、江西省 90% 的工业企业一度停产，有的至今尚未恢复。

（六）灾区群众生活受到严重影响。长期低温冻害和大面积停电，造成部分地方自来水管道损坏、供水中断，垃圾和污水得不到及时处理，通信及金融、证券交易网点正常营业受到影响，商业流通、加油加气设施受到损坏。截至 2 月 12 日，低温雨雪冰冻灾害已造成倒塌房屋 35.4 万间，损坏房屋 140.8 万间，紧急转移安置 151.2 万人。因灾造成直接经济损失约 1 111 亿元（未含工矿企业和文教卫生事业单位损失）。

**二、抗灾救灾斗争取得重大的阶段性胜利**

面对突如其来的罕见灾害，在党中央、国务院正确、坚强、具体的领导和指挥下，各地区、各部门广大干部群众紧紧围绕“保交通、保供电、保民生”的总体要求，顽强拼搏，奋起抗灾；各级领导干部深入一线，靠前指挥；共产党员不畏艰险，冲锋在前；人民解放军、武警官兵迅速出动，全力以赴；社会各界同舟共济、众志成城，全力投入抗灾救灾攻坚战。目前，抗灾救灾取得了重大的阶段性胜利。

（一）在“保交通”方面，抢通道路攻坚战取得决定性胜利，全国交通运输恢复正常。针对冰冻、断电造成铁路公路交通中断堵塞的严峻形势，受灾地区人民政府和铁路、交通、民航、公安、通信等部门立即启动应急预案，组织广大职工群众以及人民解放军、武警官兵、公安民警上路破冰除雪，采取多种措施畅通交通干线，疏导滞留车辆，救助滞留旅客。在各方面共同努力下，铁路、公路、民航等交通运输已全面正常运行，县级以上受灾地区通信已基本恢复。

（二）在“保供电”方面，抢修电网和抢运电煤攻坚战取得重大进展，节前灾区居民用电基本恢复的目标如期实现。灾情发生后，各有关省（区、市）人民政府、电监会和国家电网公司、中国南方电网有限责任公司及时启动电网大面积停电应急预案，在全国范围紧急抽调技术力量抢修受损设施，并采取调集柴油发电机（车）临时供电等措施。截至2月12日，受损电力线路已恢复70%，受损变电站已修复74%。电力供应中断的170个县（市）有164个恢复或部分恢复供电，87%的乡镇基本恢复用电。电煤产量、运量大幅增加，电厂存煤稳步回升。安全监管总局指导国有重点煤矿调整停产检修安排，要求企业确保安全生产。山西、陕西、内蒙古、河南等主要产煤省（区）加强煤炭企业生产组织，保证煤炭调出。神华集团公司、中煤能源集团公司以及地方国有大型骨干煤炭企业节日期间坚持生产，日均煤炭产量同比增长29.8%。春节期间没有发生较大以上安全事故。铁路、交通部门突击抢运电煤，截至2月11日，直供电厂煤炭库存平均可用天数恢复到12天。中国石油天然气集团公司、中国石油化工集团公司克服困难，千方百计保证成品油供应。

（三）在“保民生”方面，受灾群众生活得到及时安置，灾区市场基本稳定。灾区各级人民政府和国务院有关部门及时启动应急预案，全力开展救助工作。民政部、商务部及灾区各级人民政府迅速调拨发放食品、粮油、饮水、取暖燃料、棉衣被、蜡烛、应急灯等救灾物资，妥善救助受灾群众和铁路、公路滞留人员655.5万人。中央和地方财政部门及时安排和预拨各项救灾资金，及时预拨增拨城乡低保资金，对重灾省（区、市）城乡低保对象给予生活补助。各级卫生部门及时派出医疗、防疫、卫生监督队伍救治伤病人员和受灾群众，受灾地区未出现重大传染病疫情。建设部门加强对城镇受损基础设施修复工作的指导，灾区大部分城市的供水、供气和公共交通等基本恢复正常。农业部门加强对抗灾救灾的技术指导和服务，及时调度救灾种子和急需物资。林业部门组织数万名职工保树保苗，抢救被困的林业职工。商务、粮食部门投放储备肉和粮食、食用植物油，加强蔬菜产销衔接。供销社系统积极组织麻袋、草袋等抗灾物资和农村生活必需品的购销调运工作。交通、物价、财政部门减免鲜活农产品道路通行费和运销环节收费，加强市场价格监管。商务部门与主供省（区、市）加强协调，保障港澳生猪等畜禽产品供应。

（四）在“保交通、保供电、保民生”的工作中，人民解放军、武警部队和广大公安民警做出了重大贡献。广大官兵发扬不怕困难、一往无前的光荣传统，协助地方政府和有关部门担负了破冰通路、抢修电网、转移安置受灾群众、紧急调拨棉衣被、抢运救灾物资、诊治冻伤和生病人员、保障受困群众生活、维护机场车站和社会秩序、加固维修损毁民房等救灾任务。截至2月12日，累计出动人民解放军31.9万人次，武警34.8万人次，组织民兵预备役188.2万人次。公安民警累计593万人次在第一线维持秩序、疏导交通、铲冰除雪、救助群众。

（五）在抢险抗灾应急保障方面，有关部门和单位发挥了重要作用。发展改革系统和应急办系统承担了国家和各地方应急指挥中心（部）的任务，当好参谋，加强协调，统一调度，及时解决抗灾救灾中的重大问题。各级气象部门迅速启动各类应急预案，全力以赴做好气象监测和预报服务，准确预测天气变化趋势，为抢险抗灾提供全方位的气象服务。金融系统克服停电等各种困难坚持营业。保险系统迅速核灾、定损、理赔，支持抗灾抢险和灾后重建工作。

（六）在抢险抗灾对内对外宣传报道方面，把握了正确的舆论导向。在中央宣传部、新闻办的统一组织下，中央各主要媒体、重点新闻网站、各地方的新闻单位坚持正面引导，派出大批新闻记者深入抗灾救灾第一线，宣传党中央、国务院抢险抗灾的重大部署，及时报道各地区、各部门抢险抗灾进展情况和在第一线涌现出的先进人物和模范事迹，进一步增强了全国人民夺取抢险抗灾全面胜利的信心。国务院煤电油运和抢险抗灾应急指挥中心（以下简称应急指挥中心）每天发布抢险抗灾工作进展情况的新闻，发布指导抢险抗灾工作的公告，做到了信息发布的权威性、及时性、准确性、综合性，对正确引导舆论发挥了重要作用。外交部及驻外外交机构及时向国际社会通报灾情，积极引导国际舆论。

**三、全力做好下一阶段恢复重建工作**

全国抢险抗灾工作取得了重大的阶段性胜利。但是，近期部分地区仍有低温雨雪冰冻天气，春运旅客返程高峰已经开始；尚未修复的电网施工条件仍十分恶劣，融冰过程中还可能出现新的倒塔断线；随着电网恢复正常运行和工农业恢复生产，电力需求增加，电煤供应可能再次出现紧张；农业受到重创，绝收面积多，恢复生产难度大；冰雪融化过程中容易引发山体滑坡等次生灾害；受灾群众口粮青黄不接时间延长，倒塌房屋重建需要一个过程。救灾和灾后恢复重建的任务仍十分繁重，思想丝毫不能麻痹，工作丝毫不能放松。下一阶段，抗击雨雪冰冻灾害斗争将由应急抢险抗灾转入全面恢复重建工作，要早谋划、早部署、早启动，统筹人力、物力、财力，尽快恢复重要基础设施，尽快恢复工农业生产，尽快安排好受灾群众生活，尽快恢复正常的生产生活秩序，努力把这场灾害造成的损失减少到最低程度，奋力夺取抗灾救灾斗争的全面胜利，确保经济平稳运行，确保社会和谐稳定，为实现全年经济社会又好又快发展创造条件。重点做好以下工作：

（一）抓紧修复基础设施。修复和重建受损的基础设施，要坚持规划先行、统筹协调，突出重点、分步实施，立足当前、兼顾长远，企业为主、政府支持。

灾后基础设施修复的重点是加快电网恢复重建。现在尚未修复的500千伏和220千伏主网架线路，大多架设在海拔较高的山区，施工条件差，物资运送困难。随着气温回升，要全面展开受损高压网架修复工作。一是明确目标。要尽快实现全国电网安全稳定运行。国家电网公司要在2月21日前恢复京广线剩余3个牵引站供电；3月10日前完成对主网重要受损设备的修复、重建，恢复主网运行方式；3月底前完成各受灾地区电网设备的修复和重建并恢复电网正常运行。中国南方电网有限责任公司要在3月5日前全部修复受损的220千伏和110千伏电网，基本恢复灾区供电；力争3月底前修复500千伏电网和西电东送主通道，全面恢复正常供电。受灾地区人民政府也要明确地方小电网的灾后重建目标。二是落实责任。两大电网公司负责本公司输配电受损设施的恢复重建工作，有关省级人民政府负责当地小电网的恢复重建工作。应急指挥中心抢修电网指挥部加强统筹协调。中央和省级人民政府对地方小电网的恢复重建资金给以适当补助。三是制定规划。进一步查清受损电力设施的数量、地点、性质、程度，细化重建方案，明确工作任务。对于必须尽快修复的直接影响居民生活和工农业生产的线路，按原设计方案就地实施抢修，尽快恢复供电，以后再根据情况改造加固，提高抗灾能力；对于海拔较高、倒塔数量大的线路，经科学论证后，适当提高覆冰设防标准或采取局部加强等措施重建。四是调配力量。两大电网公司要根据抢修需要，集中人力物力保证恢复重建目标的按期实现，必要时可请人民解放军和武警部队协助。地方政府要给予大力支持。两大电网公司对抢修小电网要给予技术支持。五是保障物资供应。对电网修复重建所需物资，有关设备和物资生产企业要抓紧生产，应急指挥中心负责统筹衔接，铁路、交通等部门提供运输保障，确保所需物资和设备及时运达施工现场。六是保证质量和安全。电网修复重建工作要严格遵守操作规程，确保施工质量。加强安全生产管理，防止抢修和重建过程中发生事故。

交通部门要把恢复性重建与适应性发展结合起来，抓紧组织实施清理公路塌方、恢复路基缺口及挡土墙等工程。铁路、民航部门也要组织尽快修复受损设施。建设部门要组织好城镇供水管网的修复，3月底前全面恢复正常供水，4月底前城镇污水处理设施基本恢复正常运行。信息产业和广播电视部门要组织基础电信运营企业和电视台、广播电台修复受损的供电、基站、线路、发射台等设施。气象、教育、卫生、旅游等部门也要抓紧组织本系统受损设施的恢复重建工作。各级人民政府要对公用设施和社会事业设施恢复重建给予适当补助。

工矿企业受损情况正在进一步调查。企业要立足生产自救，保险公司要及时定损、理赔，金融机构要积极支持帮助解决资金困难。

（二）尽快恢复农业生产。农业部门要加强指导，地方各级人民政府要组织农民开展生产自救，促进农业生产尽快恢复，力争灾后有一个较好的收成。一是各受灾地区要制定恢复农业和林业生产规划，并迅速组织实施。二是抓好油菜蔬菜水果生产恢复工作。油菜生产要加强田间管理，促进苗情转化，对长江流域油菜给予适当救灾资金补助。通过抢发芽苗菜、抢种速生叶菜、抢育果菜瓜菜类秧苗，促进蔬菜生产恢复。加强在园果树管理，及时补充树体养分，恢复生产能力。三是加强种子种苗调剂供应。受灾地区要切实组织好种子种苗调运、供应，确保恢复生产的需要。中央财政和省级财政对受灾较严重地区的农民给予购种补贴，对灾区边远山区农民免费提供恢复生产需要的种子、种苗、种畜。四是尽快修复受损设施。各地区要抓紧组织修复蔬菜大棚、养殖场舍等农业设施，恢复良种繁育体系，重建蔬菜育苗场、果树茶树良种苗木繁殖场。中央财政给予适当补助。五是加强技术服务。各级农业部门要组织有关专家和农业技术人员深入田间地头开展指导和咨询服务，提高农民群众防灾抗灾和恢复生产的能力。切实做好受灾地区禽畜产品疫病防治工作。六是保障农资供应。认真落实国家对化肥生产的优惠电价、优惠气价，组织好化肥、农膜、农药、饲料等农用物资的生产、供应和运输。七是加大信贷支持力度。各金融机构要采取多种形式，增加对受灾严重的大型农产品加工企业、养殖企业以及农户贷款支持，帮助恢复生产。

商务部门、供销社系统要抓紧组织修复受损的批发市场等流通设施，林业部门要抓紧组织修复受损的森林防火、基层机构水、电、路、通信等设施，水利部门要抓紧组织修复受损的乡村供水、灌溉排涝等设施，中央财政给予适当补助。

（三）加强煤电油运保障。随着生产生活秩序的逐步恢复，用电负荷和成品油需求将逐步增加，要继续做好煤电油运的保障工作。一是组织好煤炭生产。继续发挥国有重点煤矿和地方国有煤矿骨干作用，增加煤炭生产和供应。受灾煤矿要抓紧恢复供电后的排水、通风和检修，尽快恢复生产。各煤炭主产省（区）要抓紧组织放假停产检修的煤矿恢复生产，尽快恢复正常的煤炭生产水平。要按照安全监管总局的要求做好复产前的安全验收工作，落实地方政府的安全监管责任和企业的安全生产主体责任，确保安全生产。二是稳步提高电厂煤炭库存。铁路、交通部门要在组织好旅客运输、人民基本生活必需品和救灾物资运输的基础上，继续对电煤运输给予重点安排，保证重点电厂存煤持续保持在正常水平。要切实做好京津唐和华中、华东、华南地区的电煤运输保障工作。煤炭生产企业和运输、发电企业都要重合同、守信用，保证重点合同兑现。三是保障电网运行安全。坚持以煤定电的原则，加强需求侧管理，实施有序用电。按照与发电出力相匹配的原则控制用电负荷，压缩高耗能、高排放企业和产能过剩行业用电，停止不符合产业政策、违规建设和淘汰类企业用电，优先保障居民生活、医院、学校、铁路交通、煤矿、金融机构、通信、农业生产等重点用户的用电，确保电网运行安全。加强电网运行调度，重点支援受灾严重的贵州、湖南、江西、浙江和缺电严重的广东等地区。四是稳定成品油供应。中国石油天然气集团公司、中国石油化工集团公司要继续做好成品油市场供应的保障工作，保持成品油市场的稳定。

要组织好返程旅客运输工作。当前正值春节假期结束返程客流的高峰。铁道、交通、民航、公安等部门要高度重视，精心组织，合理调配运力，坚持以客为主，统筹安排好旅客和货物运输，切实做到运输安全、有序、顺利。

（四）妥善安排受灾群众生活。一是保障受灾群众基本生活。要按照保吃饭、保御寒、保有住处、保有病能医的要求，切实落实各项救助措施，做到工作到村，落实到户，不漏一人。特别是要注意做好山区和边远地区受灾群众的生活保障工作。二是做好春荒救助工作。中央和地方各级财政要加大救灾投入。地方人民政府要组织开展生产自救。各级粮食部门要组织好缺粮农民的粮油供应，帮助农民度过春荒。三是重建倒塌房屋。因灾倒塌房屋的大多是生活极其困难的群众。地方各级人民政府要高度重视受灾群众的倒塌房屋重建工作，2月底前摸清底数，核对灾情；3月底前制定方案，开展重建工作；6月底前基本完成重建，并组织验收。农民倒塌房屋重建工作，由县级人民政府负责，民政部门统一组织，群众自建为主，政府适当补助。对灾情较重的省份，中央财政要给予重点支持。对农村危房改造要摸清底数，制定规划。

（五）着力防治次生灾害。灾区各级人民政府要高度重视长时间低温、雨雪冰冻可能引发的次生灾害，切实加强地质灾害、环境污染、公共卫生、基础设施、交通运输等方面的安全防范工作。一是突出重点。防范冰雪融化引发山体崩塌、滑坡、泥石流等地质灾害，防范停水停电后引发的垃圾堆积、污水处理厂停止运行后带来的环境污染，防范因冰冻造成的公路和城市道路桥梁涵洞、供水供气供电、水库堤坝、河道堤防的损毁和坍塌，防范动植物疫情爆发，防范公共卫生事件发生。二是严密监控。要加强对山地丘陵、采矿工地、尾矿坝、铁路公路沿线等地质灾害易发区的监控和防范，加强对饮用水水源地水质情况的监测，加强对重大基础设施的管理和维护，加强因病因灾死亡畜禽的无害化处理，广泛开展爱国卫生运动。三是落实责任。国土、建设、农业、林业、卫生、环保、水利、交通、铁路、电力、气象等部门，要对可能发生的次生灾害，制定应急预案，实行专业监测与群测群防相结合，切实做好重点领域、重点工程、重点地带的安全隐患排查工作，加强对突发灾害的应急处置。环保部门要做好灾后水污染、大气污染、固体废弃物污染的防治工作。四是妥善应对。各地区、各部门要加强雨雪冰冻天气次生灾害知识的宣传，提高防范意识，一旦发生次生灾害，要迅速查明情况，及时采取措施，努力减少灾害损失。

这次灾害造成的损失巨大，灾后重建任务十分繁重。灾区各级人民政府要继续加强领导，进一步核实受灾情况，科学编制灾后恢复重建规划，精心组织实施。国务院有关部门要认真履行职责，加强指导。要继续发挥人民解放军和武警部队在灾后重建中的重要作用。应急指挥中心要加强协调，督促检查。灾后恢复重建资金要通过企业自筹、银行贷款、保险赔付、财政支持等多渠道筹集。坚持自救为主、政府支持，地方为主、中央补助。中央财政重点支持重灾地区、重点领域和生活最困难的群众。

各地区、各部门都要认真反思这次持续低温雨雪冰冻灾害暴露出的矛盾和问题，总结抢险抗灾的经验教训，不断提高突发事件的应急处置能力。

国务院煤电油运和抢险抗灾应急指挥中心

二〇〇八年二月十三日

**[例文 31] 答复询问的报告**

## ××市××局关于调查处理A县水利系统40名工人更改年龄、突击退休补员问题的报告

××市人民政府：

19××年11月14日，关于询问A县水利系统40名工人更改年龄、突击退休补员一事处理情况的来文收悉，现将调查处理结果报告如下：

19××年10月20日接李××等同志反映A县水利系统40名工人更改年龄、突击退休补员问题的来信后，我局局长××同志、市劳动服务公司经理××同志立即赴A县进行调查。经查证明群众反映情况属实，该县水利系统从19××年10月5日至15日，办理退休的40名工人全部未到退休年龄。原因主要是本人弄虚作假，而其所在25个乡的乡政府未经认真调查即发给改大年龄的证明信，县水利局明知其中有假，却大开绿灯，为他们办了退休手续。在这40人中，最少的改大了11个月，最多的改大了23岁。

中共A县委、县政府对该事极为重视，并立即采取了果断措施：(一) 暂停

办理水利系统的工人退休、子女补员手续；（二）对已办退休、补员的要逐人进行审查，凡不符合政策规定，弄虚作假办了退休、补员手续的要坚决纠正；（三）对参与作假者给予严肃处理。

根据A县委、县政府的指示，我局已责成该县水利局将其招收的40名子女全部清退；已办退休手续的40名工人全部于19××年12月1日前返回原岗位上班工作。同时，经研究决定给予具体参与此事的××同志以警告处分。此事处理的结果已在A县报纸上公布。

特此报告。

××市××局

一九××年×月×日

## 9.4　总结报告的写作

### 9.4.1　总结报告的适用范围与特点

总结报告用于在某些工作或者某阶段工作结束后，按照报告制度的规定或上级要求，汇报情况，对成绩、缺点、经验、教训及有关工作规律作检讨分析，汇报下一步工作计划安排。总结报告既可促进制发机关获得规律性认识，又为上级机关提供必要的信息，还有利于典型经验的推广和唤起有关方面对教训的充分关注。

总结报告主要有如下特点：

（1）总结报告的目的在于总结工作规律，为以后的工作提供指导，因而，它是对实践工作的理性再认识，而不是对工作过程与结果的简单描述。

（2）总结报告总是形成在事后。

（3）总结报告通常不作过多的议论，相关的事理一般以事理说明的形式予以介绍或者解说。

### 9.4.2　总结报告结构

1. 总结报告的总体结构

（1）标题。

可根据实际需要，采用如下两种写法。第一种是写明发文机关名称、事由与文种，如《××局关于加强干部队伍建设工作的总结报告》。第二种是写明发文机关名称、内容针对的时间与文种，如《××局1990年工作总结》。

（2）主送机关。

写明承担办理和答复责任的上级机关的全称或者规范简称。

（3）正文。

总结报告的正文通常由工作情况、主要经验、主要教训、下一步设想四个方面内容组成。

（4）发文机关。

标注制发总结报告的机关的全称或者规范简称。

（5）成文日期。

标注发文机关领导签发报告的时间。

2. 总结报告正文的结构

总结报告的正文主要包括：工作情况、主要经验、主要教训、下一步设想四个方面内容。

（1）工作情况，即做了什么，采用了哪些方法措施，效果怎样，有哪些成绩，存在哪些问题和不足。

（2）主要的经验体会，即对取得成绩的原因进行分析，获得对工作规律性的认识。

（3）检讨失败或失误的教训，总结其原因和规律性，探索防止或减少失误和失败的途径。

（4）下一步工作的初步规划、设想（见［例文 32］）。

### 9.4.3 总结报告写作要点

在撰拟总结报告时应注意：

（1）正文的四个方面内容可以依上述次序展开，也可按工作阶段或工作中涉及的问题逐一展开，每个阶段、每个问题均包含四项内容。在带有综合性的总结报告中，后一种展开方式更为适用，并常以一个论点（一条经验或一个规律性的认识）作为先导（主题句），然后引出情况，加以分析，再从正反两方面总结规律，提出新的工作设想。

（2）总结报告的重点在于总结工作规律，以作为今后工作的指导规则，因此，不能只叙述情况，甚至开列流水账，而一定要有科学的分析和总结。

（3）忌冗长。总结报告很容易写得面面俱到而没有重点，这将极大地削弱报告的作用。为此，写作时不要平均使用力量，在一般性的情况、一般性的经验教训方面要少用笔墨，将力量集中于反映本质、反映重要规律性的重点方面。

（4）忌用虚假材料；忌夸大或缩小事实；忌重复无新意的陈旧“经验教训”；

忌为总结而总结，拼凑并不为自己所真正认识的“经验”或“教训”。

［例文32］

## ××省发展改革委“五五”普法工作中期总结报告（摘要）

“五五”普法工作开展以来，在我委党组的高度重视下，在国家发展改革委法规司的具体指导下，我委按照全国和××省发展改革系统法制宣传教育第五个五年规划确定的目标、任务和基本要求，认真组织实施、广泛深入地开展“五五”普法依法治理工作，取得了积极的阶段性成效。根据国家发展改革委的要求，现将我委“五五”普法工作总结汇报如下：

**一、制定“五五”普法规划，精心安排部署普法工作**

根据《国家发展改革委关于印发〈全国发展改革系统关于开展法制宣传教育的第五个五年规划（2006—2010）〉的通知》、《中共××省委、省政府转发〈省委宣传部、司法厅关于法制宣传教育和依法治理工作的第五个五年规划〉的通知》要求，我委制定印发了《全省发展改革系统关于开展法制宣传教育的第五个五年规划（2006—2010）》，提出了全省系统“五五”普法的指导思想、目标任务、工作要求和方法步骤等，对全省系统“五五”普法工作进行了周密的安排部署。随后，各市发展改革委、经委和物价局（办）、委属各单位也根据该实施意见，制定了相应的普法规划或者实施意见。

（一）明确了“五五”普法工作的指导思想

…………

（二）确立了“五五”普法的目标

全省发展改革系统第五个五年法制宣传教育工作的总体目标是：适应我省全面建设小康社会、实现中原崛起的需要，深入开展法制宣传教育和法治实践，进一步增强全省发展改革系统干部职工的法律意识和法律素质，进一步提高依法行政的能力和水平，全面推进法制建设，各项工作纳入法制轨道，形成依法决策、依法行政、依法管理的新局面，全面推动全省发展改革系统各项工作。具体目标是：

1. 各级领导干部法制理论水平和依法决策、依法管理经济和社会事务的能力明显提高，遵守宪法和法律法规的观念进一步增强，能够自觉接受各级人大和群众的监督，在学法、守法和用法中起到表率作用。

2. 广大干部职工能够全面熟悉国家的基本法律法规，更加牢固树立有权必有责、用权受监督、违法要追究、侵权要赔偿的观念，掌握与发展改革工作密切相关的法律法规，更好地运用法律手段管理经济和社会事务，依法处理各种矛盾和问题，不断提高工作效率和工作质量，自觉维护国家和社会利益，全心全意为人民服务。履行行政许可、行政审批、行政处罚等职能的重点行政执法人员，能够正确理解、熟练掌握和应用与本职工作密切相关的法律法规，真正做到依法办事、公正执法、严格执法。

3. 各项法制工作取得显著进展，立法进程明显加快，立法质量进一步提高；行政执法依据明确，行政执法责任制得到落实，行政执法意识和水平进一步提高；行政复议和应诉工作切实加强，行政执法监督机制进一步健全；机关内部法制工作制度进一步完善。

**二、加强组织领导，建立健全普法工作的组织保障**

为了加强对“五五”普法工作的组织领导，我委成立了全省发展改革系统“五五”普法领导小组，组长由省发展改革委党组书记、主任×××同志担任，副组长由省发展改革委副主任×××同志担任，法规处、办公室、人事处、机关党委、价格调控处为小组成员。领导小组下设办公室，办公室设在法规处，负责指导、检查、监督、考核、验收全省发展改革系统的“五五”普法工作。领导小组定期召开会议，听取年度工作汇报，研究总结工作中的新情况、新问题，推动普法工作顺利进行。各市发展改革、经委和物价局（办）、委属及代管单位也普遍建立了普法工作领导机构，全省上下建立起完善的普法工作网络，为普法工作的顺利开展提供了有力的支持和组织保障。

**三、加强规章制度建设，促使普法工作制度化、规范化**

（一）建立和完善干部法律知识培训制度

…………

（二）全面推行法律知识合格证制度

…………

（三）建立普法激励与监督有机结合的机制

…………

（四）加强对全省发展改革系统普法工作的指导

…………

（五）切实保证法制宣传教育所需经费

…………

**四、围绕发展改革中心工作，认真抓好法制宣传教育工作**

（一）定期制定普法工作计划，明确普法工作重点

…………

（二）结合工作实际进行专题培训

…………

（三）举办专题宣传活动

…………

**五、注重普法实效，不断提高领导干部依法行政水平**

（一）进一步完善法律顾问制度，促进依法行政

…………

（二）加快立法进程，促进法制工作

…………

（三）深入推行行政执法责任制

…………

（四）积极做好行政复议和行政诉讼工作

…………

**六、认真贯彻落实规划，进一步推进全系统依法行政进程**

今后两年，我们将按照《国家发展改革委关于印发〈全国发展改革系统关于开展法制宣传教育的第五个五年规划（2006—2010）〉的通知》、《中共××省委、省政府转发〈省委宣传部、司法厅关于法制宣传教育和依法治理工作的第五个五年规划〉的通知》的要求，继续贯彻落实《全省发展改革系统关于开展法制宣传教育的第五个五年规划（2006—2010）》，加大工作力度，扎实推进“五五”普法各项工作，努力开创法制宣传教育工作新局面。

（一）进一步增强做好法制宣传教育工作的责任感和使命感

按照十七大对法制宣传教育工作的要求，进一步提高认识，增强做好法制宣传教育工作的责任感与使命感，坚持法制宣传与法治实践相结合，坚持法制教育与道德教育相结合，坚持法制教育与发展改革业务工作相结合的原则，深入开展法制宣传教育工作，进一步增强全省发展改革系统干部职工的法律意识和法律素质，进一步提高依法行政的能力和水平。

（二）深入开展法制宣传教育工作

按照国家和省“五五”普法规划提出的目标任务，紧密结合发展改革中心工作，制定年度实施计划和工作方案，加大工作力度，周密部署、突出重点、创新形式，卓有成效地开展法制宣传教育工作，确保“五五”普法规划目标顺利实现。

（三）进一步推进依法行政进程

法制宣传教育工作是各项法制工作的基础，要以普法工作推进依法行政进

程，通过普法推进立法、执法、行政复议等法制工作，通过普法工作加快法治型机关建设步伐。

××省发展和改革委员会

二〇一〇年×月×日

# 9.5 调查报告的写作

## 9.5.1 调查报告概述

调查报告是根据调查研究的成果写成的用于揭示事物真相与规律的报告，是向领导机关反馈信息，辅助决策，汇报决策执行情况的重要形式。

调查报告的特点是：

（1）针对性强，目的明确，读者对象明确，所有内容都是有的放矢、有感而发。

（2）更加讲求从本质到细节的全面真实性。任何一点失实，都会使调查报告失去正面价值。

（3）必须有新意。新是调查报告的主要特征，调查报告的内容必须涉及新事实、新观点、新结论，要有时效，不要“马后炮”。

（4）作为公文的调查报告应当是“调查研究报告”，与新闻报道中的调查报告最大的一个不同点，就在于作为公文的调查报告，必须有研究的内容，不仅要提出问题、反映问题、揭露问题，更要有助于解决问题。因此，作为公文的调查报告务必有“研究”的成果，要涉及解决相关问题的方法措施。

## 9.5.2 调查报告的结构

1. 调查报告的总体结构

调查报告通常由标题、正文、作者、成文日期几部分组成。

（1）标题。

调查报告的标题可以写成公文式标题，也可以写成复合式标题。

公文式标题可以是三段式（作者、事由、文种）的，也可以是两段式（事由、文种）的。事由部分，可以指明调查对象，如《关于中国工人阶级现状的调查报告》，也可以指明调查的问题范围，如《关于目前脑力劳动与体力劳动报酬的调查报告》。

复合式标题就是将一般文章的标题作为主标题，再辅以公文式标题，如《振兴乡镇企业要靠科学技术——关于××市发展乡镇企业的调查报告》。主标题通常有结论式、设问式、叙述式等几种。结论式的如“知识分子是工人阶级的重要组成部分”；设问式的如“电子政务为什么由冷变热”；叙述式的如“当前社会信息化建设中的一个问题：‘信息孤岛’现象愈演愈烈”。拟写主标题时，应当注意讲究表达效果，要简明概括，要有新鲜感，能引起有关方面的注意。

（2）正文。

调查报告的正文由导语、主体、结语三部分组成。

（3）作者。

作为公文的调查报告的作者应当是一个组织。

（4）成文日期。

就是调查报告正式发出的时间。

2. 调查报告的正文结构

调查报告的正文一般包括导语、主体、结语三部分。

（1）导语，概述调查研究的目的、时间、地点、对象范围、调查方式、结果及本文主题。导语，即开头，起引导读者阅读的作用。导语是新闻学的一个术语，指消息写作中开头的一种形式，即以简明的文字（通常为一段或者一句）概述消息中最主要的事实。导语言简意赅，虽只有只言片语，却能使读者迅速对一个事物形成概要的总体认识，并有利于调动读者的阅读兴趣。这一特点与调查报告的阅读规律相吻合，为此，导语在调查报告中也有较高的使用价值。调查报告中应用频率比较高的导语有直叙式、评论式、结论式、设问式几种。

1）直叙式导语的特点是通过三言两语概要叙述事物总貌，常用于需要概要描述事物基本状况或基本过程的一部分调查报告。例如，“共青团××省委组织专门人员分赴 A、B、C、D 等城市，采取调查问卷等形式，对全省青少年上网情况及网吧对青少年影响问题进行专题调查研究，同时研究制定了今后一个时期的工作对策”。这里实际上就直叙了调查工作的概貌。再如，“××市制药厂，坐落在××市郊区风景秀丽的白云山下。××××年建厂，现有职工 4 500 余人，年生产各类中成药××种，年创利润×亿元，是华南地区最大的制药企业”。这里则直叙了调查对象的基本情况。

2）评论式导语的特点是以简要的评论性文字对事物加以评述，常用于需要对事物的性质、状态、意义、功用作出总体评价的调查报告。例如，“信息技术的应用对医疗卫生行业来说并不是新事物，特别是我国 1995 年开始的‘金卫工程’推动了医疗卫生行业信息化的建设，提高了医务人员的工作效率，加快了病人就诊的速度，根除了‘三长一短’（挂号、收费、取药时间长，医生看病时间短）

的弊病，有效地解决了‘看病难’的问题，堵住了收费、药品管理中的漏洞，使医院医疗质量随着信息化程度的提高得到了前所未有的进步，同时也为全国大中小型医院的信息化建设创造了良好的市场环境。在未来的‘十五’期间，医疗服务和医疗管理在信息产业中被业界人士普遍看好，相信随着医疗体制改革的进一步深化，医院信息化建设将得到快速发展”。这段导语就是对信息技术在医疗卫生行业应用情况的评述。

3）结论式导语的特点是用简明的文字对事件的结果或推导出的规律、道理作概要介绍，常用于需要先提出结论再陈述理由、先推出结果再分析原因的调查报告。例如，“改革开放以来，我国农民生活水平发生了令人瞩目的变化。但是如何准确评价农民的生活，目前尚未形成一套科学的评价指标体系。本文拟以××省×县县情调查为依据，对这一指标体系进行探索。调查研究的结果表明，目前比较适合我国国情的衡量农民生活水平的评价指标体系应当包括这样五个指标：口粮水平、收入水平、消费水平、消费结构、食品结构和营养水平”。这就是一个比较典型的结论式导语，直接说自己的结论，讲清楚了这个评价体系要包括五个指标。

4）设问式导语的特点是直接提出一个疑问，尖锐地揭露矛盾，提出问题，主要用于讨论或介绍为人们所普遍关注的问题、经验或情况的调查报告。例如，“地方工业特别是中小城市工业，怎样扬长避短，发挥优势？××省××市创出了一条自己的路子”。这里自问自答，简明有效地提出了问题，对读者有一定的吸引力。

写导语时，在调查活动规模大、涉及面宽、对象复杂并采用普遍调查方式的情况下，对调查对象的介绍可简略，否则，就应详尽细致，以利于准确反映文件所涉及情况或经验的典型价值。

（2）主体，包括调查的结果和研究的结果两个组成部分。调查的结果就是分门别类叙述有关情况和问题；研究的结果，是对情况和问题的分析，需要得出规律性认识，进而提出解决问题的建设性意见（对策、方法、措施、步骤等）。

调查报告主体的结构模式有纵式、横式、交错式、总分式等几种。

1）纵式适用于内容单一的调查报告，具体有两种写法，一是按照时序即事情的“发生——发展——结局”写，二是按事理逻辑即“调查情况——分析研究——解决办法”写。

2）横式又可以称为并列式，特点是将事实与观点归类，并列编排，分别叙述。

3）交错式就是前两种结构模式的复合形式，具体有两种写法：一是以纵为主、纵中有横，以小标题反映纵的关系，按时序或事理逻辑分述，然后分几块讲几个方面问题；二是以横为主、横中有纵，以小标题反映横的关系，分几块，每块中按时序或事理逻辑分述。

4）总分式是将总括性的内容与分层、分类、分项性质的内容分开叙述，具体形式有：先总后分、先分后总、先总再分再总等三种形式。先总后分，就是先讲总的调查研究情况，再分问题讲具体情况，具体分析，具体建议；先分后总，就是以小标题反映分项具体情况，最后汇总分析，提出建议；先总再分再总，就是先讲总的调查研究情况，再分项讲具体情况或者具体分析，最后归结总的意见或建议。

（3）结语，对文件内容的概括总结，篇幅短的可略去此项内容（见［例文33］）结语的具体形式有多种，大致可分为这样几种：1）对主题再作简要概括或强调，如“在剧烈的社会经济变革中，人们的生活方式和观念发生了很大变化，人们从寄希望于未来和下一代转变为更加关注自身的生活体验。一方面，在基本的生活需求得到满足后，旅游作为提升生活品质的重要消费方式被越来越多的人认同；另一方面，中国人传统上即把‘游历名山大川’作为提高个人修养的一种方式，因此旅游被很多并不富裕的家长作为子女养成过程中的一种必要投资。从过去的单位组织旅游到越来越个性化的消费选择，尽管在放长假期间的特定时段旅游服务呈现出供不应求的趋势，但旅游服务的供应商（包括旅行社、风景区管理部门乃至配套服务机构）正面临如何满足不同消费者的需要以扩大市场的紧迫问题。认真研究不同消费群的旅游需要，明确自身的目标市场和服务定位，集中有限的资源在细分市场上，根据顾客需要进行旅游服务的组合设计，借助口碑效应树立自己的品牌，当是国内旅游服务供应商面对 WTO 未雨绸缪之良策”。2）形成结论，如“尽管当前的立法听证还存在着一些缺陷与不足，但毕竟已经迈出了勇于探索的步伐，并且取得了初步效果，对提高立法质量，增强公民民主意识，促进立法民主化、科学化，发挥了重要作用”。3）提出新问题，如“从以上分析看，目前的民办教育还存在着立法滞后、扶持性政策支持力度不够等问题，说明民办教育的发展还有许多事情要做，各级政府任重而道远”。4）以作者最后一项建议作结，如“‘抓好青少年安全放心网吧’建设。首先，选在条件比较成熟的大中城市，树立一批规范经营、文明服务的网吧典型，以此为样板，带动更多的网吧积极响应。在创建活动过程中，根据《管理办法》有关规定和‘青少年安全放心网吧’的条件，规范网吧经营行为，确保网吧具备良好的经营场所，完善的创建制度，按规定安装安全防火软件，张贴青少年网络文明公约，在显著位置悬挂警示标牌。同时……”5）说明利害，如“‘信息孤岛’问题随政府信息化进程的发展愈发严重的现象需要引起各级政府的高度重视，需要采取一切有效的管理措施和技术措施尽快予以彻底解决，否则，政府信息化事业将面临巨大损失，甚至从根本上否定政府信息化的价值”。6）指明方向，展望未来，如“总之，‘十五’期间××市加快工业化进程的道路是崎岖的，前途是光明的，任重而道远。但我们相信在市委、市政府的正确领导下，××市的工业化过程是会取得一个令人满意的速度的”。

### 9.5.3 调查报告写作要点

撰拟调查报告时应注意：

（1）突出作为公文的调查报告的特点，重在反映“研究”结果，重分析，重提出解决问题的方法措施。

（2）态度要客观，用事实而不是感情宣泄讲话，不要空发议论、乱拔高，褒贬要得当。

（3）在调查研究中精心提炼观点。调查报告与其他公文不同，观点不是领导授意的，不能先入为主，不能违背规律。应当注意文中提出的观点不能太大，不能虚。

（4）材料要真实、具体、全面、典型，要正反兼顾，形式多样。要注意内容的真实准确性，避免因失真给上级决策带来失误或失败。应当特别注意，不要用不典型的和未经核实的事例说明问题，不要使用与观点脱节的材料。

（5）语言要精练、生动活泼，以提高可读性。不要过多议论，线索不能过于复杂，不要滥用不规范词语。

（6）可尽量使用图表（统计分析图等）说明复杂问题，正确使用附件详尽说明有关情况，以简化正文。

（7）注意发挥简明注释的作用。

（8）把握好撰写调查报告的“四忌”：忌精细的描绘；忌烦琐的考证；忌艰深的术语；忌滥用辞格。

［例文33］

#### 北京市城区居民社会公共服务民意调查报告

为了解本市城区居民对社会公共服务的主观感受和评价，我委委托北京市经济信息中心研究部和北京中观经济调查有限公司开展了“北京市城区居民社会公共服务民意调查”。

本次调查的对象是北京市城区的常住人口。调查单位从西城、崇文、朝阳、丰台和石景山等5个城区随机选取40个居委会社区，每个社区随机抽取50户居民，进行入户问卷调查。整个问卷包含443个变量，涉及教育、医疗卫生、民政事业、公共安全、文化体育和社区服务等6个社会公共服务领域。正式调查自2005年10月22日开始，至11月8日结束，共获得有效样本2 000个。调查得到了被访居民的积极配合，其中，83.5%的被访居民认为这样的调查很有必要。

一、城区居民对社会公共服务有较高的关注度，对社区治安服务的关注度最高

本次调查请被访居民对5个社会公共服务领域进行了关注度打分，调查结果如下：

（一）对社会公共服务关注度总体水平达84.7，属“较高关注水平”。被访居民对社会公共服务各个领域的关注度均较高，其中对社区治安、医疗卫生、教育和民政事业等四项服务的关注度超过80。

（二）被访居民对社区治安服务的关注度最高。调查显示，被访居民对社区治安服务的关注度为94.3，是唯一超过“非常关注（90）”的领域。在被问到“您最需要的前三项服务设施”时，被提及最多的为社区治安服务设施，更有14.5%的被访居民把社区治安服务列为其第一需要。

（三）被访居民对医疗卫生服务的关注度达88.6，对社区医疗服务尤为关注。居民普遍比较关注医疗卫生服务，这与医疗卫生服务关系到老百姓身心健康紧密相关。调查显示：医疗卫生服务在最需要的服务中居第二位，10%的被访居民把医疗卫生列为其第一需要。被访居民认为社区医疗服务的重要度达88.2，但如果家中有人得小病的话，41.4%的调查对象不会选择去社区医院看病。

（四）被访居民对教育服务的关注度为85.7，对教师素质、学校收费和学校管理较为关注。被访居民对提高教师素质、实施素质教学、减轻学生负担、加强学校收费管理和加强学校治安管理比较关注，提出了一些具体要求与建议。

（五）被访居民对民政事业的关注度为82.7，调查对象选择在养老院养老的达23.4%。目前我市每百名60岁以上老人拥有养老服务机构床位数为1.51张，根据“十一五”规划，2010年的目标为2.3张，从调查结果来看，我市养老设施的供给偏紧，养老服务的水平和服务质量有待提高。另外，30%的被访居民认为社区比较关心或非常关心困难群体，认为社区对困难群体较不关心或非常不关心的为24%。

（六）被访居民对文化体育的关注度为78.6，健身场地与文化活动室等文体设施急需完善。89%的被访居民从不使用体育场馆，75%的被访居民首先选择在小区的空地进行锻炼，其次是在路边。社区的健身场地（馆）与文化活动室等文体设施的需要度高，是两个急需加强建设的设施；35.4%的被访居民提出应该降

低体育场馆的收费。改善泳池卫生状况也是被访居民较为关注的问题。

二、城区居民对当前社会公共服务的整体满意程度不高，对社区治安服务和社区服务满意度最低

（一）被访居民对社会公共服务总体满意度为66.3，属“一般满意（50～70）”区间。说明城区居民尚不满足于当前社会公共服务各领域的服务现状，希望进一步发展社会公共服务，提高相关服务的质量和水平。

社会公共服务公众满意度比较图（略）

（二）被访居民对社区治安服务满意度最低，为61.6，居民对社区的治安环境不满意。被访居民对治安环境满意度为一般，对小区保安的工作不够信任和放心，表示非常放心的只有1%，表示放心的仅25%，而明确表示不放心的占30%，非常不放心的占17%。

（三）被访居民对医疗卫生服务满意度为66.6，对医疗服务收费意见比较集中。91.4%的被访居民认为医疗收费比较高，其中，58.6%的被访居民认为医疗收费非常高，32.8%的被访居民认为比较高。被访居民对医疗服务的不满主要集中在药价不公开、就医费用高、医疗服务态度和就医环境差、挂号难和就医程序复杂等几个方面。

（四）被访居民对基础教育服务的满意度为70.3，是几个社会公共服务领域中唯一达到“比较满意”水平的领域，要求学校加强素质教育的呼声较高。被访居民对学前教育回答较满意和非常满意的占41%，对小学教育和初中教育回答较满意的均为57%，说明被访居民对我市义务教育总体状况比较满意。被访居民对基础教育的意见主要集中在加强素质教育和提高教师素质方面。

本次调查是我们完善社会发展形势分析工作的一次尝试，今后我们将在进一步完善城区居民社会公共服务民意调查的同时，再开展两项社会调查工作：城乡社会公共服务设施运营状况调查和农村居民社会公共服务满意度调查。通过上述三项调查，逐步建立社会发展市民评价信息库，开创民意反馈渠道，使政府了解市民的需求和意见，更有针对性地提出解决我市社会公共服务供需矛盾的政策措施。

北京市发展和改革委员会

二〇〇六年二月二十七日

## 本章小结

陈述呈请性公文指向所属上级机关陈述情况、汇报工作、提出建议、请求指

示或批准的公文。这类公文是典型的上行文，是下级机关写给自己上级机关的，其内容本身对受文者的强制性影响仅表现为受文者必须对公文加以处理，而不能制约受文者其他方面的行为。陈述呈请性公文行文需满足诸多条件限制。为此，这类公文主要采用叙述、说明的表达方式，一般少有议论性的文字，同时要注意语气平和谦虚，讲究分寸感。为使公文能产生最大的效果，更需要讲究简明扼要。

## 关键术语

陈述呈请性公文　自下而上　违法失职　渎职　请示　请求指示的事项　请求批准的事项　工作报告　带建议的报告　不带建议的报告　答复询问的报告　总结报告　开列流水账　调查报告　调查研究报告　复合式标题　导语　直叙式导语　评论式导语　结论式导语　设问式导语　纵式结构　横式结构　交错式结构　总分式结构　结语

## 思考题

1. 怎样正确认识陈述呈请性公文的特点，这些特点主要是受哪些因素的影响而形成的？

2. 请示与工作报告的区别是什么？

3. 制发请示必须满足的先决条件有哪些？

4. 行政机关的工作报告可以带建议吗，为什么？

5. 工作报告为什么不能带呈请事项？

6. 总结报告的正文主要包括哪些方面的内容，怎样有效表达这些内容？

7. 为什么总结报告重在总结规律性的认识？

8. 怎样才能保证总结报告不写成流水账？

9. 作为公文的调查报告有什么特点，为什么会有这些特点，这些特点对写作有什么影响？

10. 调查报告的导语有什么特点？

11. 调查报告正文主体部分的结构模式有哪几种，它们分别适用于哪些性质的内容？

12. 调查报告写作过程中需要注意提高可读性吗，为什么？

## 练习题

1. 根据公文写作要求，指出下面公文文稿的错漏

(1)

### 关于校办企业管理办公室更名问题的请示报告

学校党委：

经处务会议讨论通过，决定将我处所属校办企业管理办公室更名为ABD总公司，原该办公室主任张××同志任总经理。

以上请示如无不当，请即批复。

××大学××处

2001年六月九日

（此件抄送：校办企业管理办公室）

(2)

### ××市人民政府办公厅保卫处请示报告有关问题

王主任、李副主任、办公厅财务处：

为了做好市政府机关大院的安全保卫工作，我处拟购置国产电动安全巡逻车1辆，请予批准。

另，为加强对全市政府系统机关安全保卫工作的领导，经批准已成立××市行政机关安全保卫委员会，请李副主任出任主任，各有关部门负责同志出任副主任。

再，由于目前消防安全专项费用开支很大，请再增拨×××万元以供急需。

以上意见当否，着即批复，切切。

××市人民政府办公厅保卫处

〇九年一月十二日

附件：关于成立××市行政机关安全保卫指挥部的通知

2. 撰写公文文稿

（1）根据下面的材料撰写一份请示文稿，以×江水利委员会的名义发出，请求水利部严肃批评某省水利厅的错误，通报全国，请求按照组织程序，由该省人民政府给事件的直接责任者和领导责任者以处分，如发现涉及违法犯罪的，要依法追究其刑事责任。

按照《中华人民共和国防洪法》和水利部《关于×江流域河道管理范围内建设项目管理权限的通知》的有关规定，禁止在河道、湖泊管理范围内建设妨碍行洪的建筑物、构筑物，投资额在1亿元以上属大、中型建设项目，应由省水利厅提出初审意见上报×江水利委员会批准后方可开工建设。可是，某省水利厅在未报经×江水利委员会批准同意的情况下，就对A市外滩花园工程进行了批复。某年底，工程竣工，楼宇很快售出近90%。国家防汛抗旱总指挥部发现这一问题后，发出通知指出，外滩花园建筑违反了国家有关防洪法规，坚决拆除此项违法建筑，对×江防洪大局具有重要的意义。该省和A市防汛抗旱指挥部立即实施楼群清除工作。随着“轰隆隆”的一串巨响，矗立在×江河道之内的富丽堂皇的×江外滩花园1号楼顷刻间化为瓦砾灰烬。整个外滩花园7万平方米的住宅楼也将相继炸掉，×江河道内最大的住宅建筑群终将灰飞烟灭。整个外滩花园开发商投资1.6亿元，加上业主的装修及有关部门的拆除费用，炸除外滩花园直接经济损失达2亿多元。

（2）将下面的一份调查报告改写为工作报告。作者是共青团××省委，主送中共××省委宣传部，要求有解决问题的建议，希望省委宣传部批示转发这份报告供全省各地区执行。

**共青团××省委关于网吧对青少年影响问题的调查分析报告**

团省委组织专门人员分赴A、B、C、D等城市，采取调查问卷等形式，进行专题调查研究，对全省青少年上网情况及网吧对青少年影响问题有了初步了解和掌握，同时研究制定了今后一个时期的工作对策。现将有关情况汇报如下：

**一、我省青少年和网吧问题的情况**

（一）青少年上网数字分析

全省目前上网人数近200万人，其中25岁以下的青少年占网民总数的85%以上，并以每年翻番的速度在迅速增长。性别比例：男生略多（占56.6%），而且年级越高，比例越高。家庭因素：父母学历越高，其子女上网比例越大。上网时间：青少年平均每周上网时间为112分钟。父母限制：8.4%的父母完全不限制，大多数父母限制子女上网，反对子女到网吧上网。上网目的：好奇心、虚拟聊天、刺激娱乐、网络技术使用和信息追求。常用功能：超过50%使用率的有网络游戏（占62%）和聊天室（占54.6%），其次是使用电子邮件（占48.6%）。网吧上网的经济来源：68%的青少年是零花钱，11%的青少年是打工挣的钱（分析对象是大学生）。浏览黄色网页：32%（保守数字）的青少年承认自己浏览过。可以说，青少年对互联网络体验最为丰富，影响也最大。

（二）网吧经营状况和存在问题

网吧大都分布在城市。在前期全省集中整顿期间，已取缔非法网吧200余家，查处无证网吧660家，经重新审核登记，目前，全省持网络文化准营证的有3 500余家，另外，无证或证件不全的中小型网吧仍有相当数量。

1. 数量和管理问题

调查显示，83.2%的青少年反映学校周围200米内存有网吧，82%的青少年认为当前网吧数量过多。有90%以上的家长认为对网吧的大量出现缺少及时有效的跟进管理。为配合严打斗争，尤其是今年4月《互联网上网服务营业场所管理办法》出台后，各地都普遍加大了对网吧问题的治理整顿力度，严格规范了审批程序，统一安装了防范设施，情况有所好转。

2. 网吧经营中存在的问题

(1) 存在消防安全隐患。目前各类网吧的前身大部分是“三厅一台”场所，其空间相对拥挤，加上吸烟人群，消防安全隐患明显存在。

(2) 放任青少年超时消费。调查表明，有90.65%的青少年反映，到网吧上网，业主从未问过自己的年龄，通宵达旦上网，他们也从不劝阻。有的还在网吧内出售各类烟、酒、饮料和小食品，对未成年人造成严重影响。

(3) 技术防范措施使用不好。有些不法业户没能坚持按公安、文化等部门规定的标准安装、使用防火软件和防范措施，致使网吧内上网者可以随意浏览一些不健康信息。

(4) 接纳未成年人现象严重。由于没有特定法律规定未成年人不能或不允许到网吧上网，从而使未成年人进网吧成为常态。网络上一些法律尚未界定清晰的电子游戏再次成为经营业主诱骗未成年人迷恋网吧的重要因素。

这些问题在一些城市中的中小型网吧或无证经营的“黑网吧”最为突出。

（三）网吧给青少年直接带来的影响

1. 积极影响

一是可以开阔青少年视野，帮助了解更多的未知领域，掌握大量的需求信息。

二是可以借助虚拟空间，广泛开展对外交流。

三是可以利用互联网无限多样的发展机会，促进青少年的个性培养。

四是可以利用网络资源和信息技术，促进青少年的学业进步。

五是互联网信息量大、交流速度快，成为青少年寻求知识的主要手段，进一步拓展了当今青少年教育的空间。

可以说，网吧的出现为青少年的交流、创新、娱乐提供了便捷的服务。

2. 消极影响

一是网络病症问题。众多青少年长期沉湎于网络之中，一些青少年已出现明显的网络病症，严重影响了身心健康。

二是不健康网点问题。一些渲染色情、暴力、邪教或反动的网站，已毒害了一批青少年，几乎让众人“谈网色变”。

三是荒废学业问题。迷恋网吧对青少年学生最直接的影响就是影响了他们正常的学习生活。

四是诱发青少年犯罪问题。专家表明，目前一些青少年严重不良行为、违法犯罪行为的形成，很大程度上是网络中不良信息的活学活用。

五是网上交友问题。问卷分析，青少年与网友见面的占11.5%，从不见面的占56.3%，偶尔见面的占32.2%，这本身就潜伏着极大危险性，××市就发生过5名女大学生与网友见面遭强奸的事件。

显然，网吧对青少年所造成的不利影响是不容忽视的。

**二、导致问题产生的几个重要原因**

在调查过程中，我们通过走访了解、座谈分析、专家论证，认为造成问题的原因主要有以下几点：

一是年龄差距使人们对互联网络的认识存在分歧。由于成年人接受和掌握网络新技术的意识与能力普遍不如青少年，因此表现在网络问题的处理上，管理者或者家长往往存在“放纵”或“保守”两种倾向，这与青少年的实际需求不相和谐。

二是利益驱使网吧经营业户违规经营。目前，网吧经营竞争激烈，致使一些业户出于营利目的，不顾法律和道德，利用青少年好奇心，专搞不正当竞争。

三是对网络的监管不够规范有序。目前，通信、公安、文化和工商部门在对网吧的管理上还不够和谐一致，“三证”不全的网吧还大量存在，防范措施和监管制度仍滞后于网络技术的发展。

四是青少年自我保护意识和防范侵害的能力相对薄弱，是其容易遭受“网络垃圾”侵害，难以逃脱诱惑的重要原因。

五是适合青少年身心特点的健康网络阵地尚未占主导地位。目前开设的青少年专门网站，由于经费、人员、技术和体制的限制，其内容、形式等方面还与青少年实际需求存在差距，加之宣传和引导不够，尚不能真正发挥主导作用。

**三、解决问题的措施和办法**

按照江泽民总书记提出“积极发展，加强管理，趋利避害，为我所用”的十六字方针，今后一个时期我们将从规范网吧经营管理入手，本着一手抓监督管理，一手抓教育引导的原则，在总结前期××市开展“青少年文明网上行”活动试点经验的基础上，积极联合信息、公安、文化和工商等部门，在全省范围内长期开展创建“青少年安全放心网吧”活动。具体措施包括：

（1）发挥共青团组织优势，整合各部门工作力量，实现齐抓共管。共青团牵头组成专门领导机构，加紧部门间协调配合，运用法律、经济和市场的手段，扶持一批规模较大、管理规范的网吧，坚决取缔那些无照经营、违法经营、侵害青少年身心健康的非法网吧。公布一批监督电话，聘请一批社会监督员，对群众举报、考核问题严重的网吧，严加治理。同时，将此项工作与“青少年维权岗进社区”工作结合起来，充分整合发挥社区力量，将网吧问题化解在最基层。

（2）加强对青少年的教育，提高自我约束、自我保护能力。通过各种媒体力量，宣传网络的积极作用，增强青少年明辨是非的能力；通过介绍和推荐适合青少年浏览的健康网站、开辟主体聊天室、现身说法等形式，让青少年深刻了解沉溺网络和在不健康网吧上网的危害。注重增强青少年的自律意识，教育青少年不沉迷于网上聊天、游戏等虚拟世界，不浏览、制作、转播不健康信息，不使用侮辱、谩骂语言聊天，不轻易和不曾相识的网友约会，教育青少年自觉遵守互联网道德规范，自觉抵制不良网络信息的侵蚀。

（3）抓好“青少年安全放心网吧”建设。首先，选在条件比较成熟的大中城市，树立一批规范经营、文明服务的网吧典型，以此为样板，带动更多的网吧积极响应。在创建活动过程中，根据《管理办法》有关规定和“青少年安全放心网吧”的条件，规范网吧经营行为，确保网吧具备良好的经营场所、完善的创建制度，按规定安装安全防火设施，张贴青少年网络文明公约，显著位置悬挂警示标牌。同时，利用社会媒体向广大青少年和家长推荐“青少年安全放心网吧”名单，让一些不法网吧失去市场。力争在一段时间内，在全省各个城市建设一大批示范性“青少年安全放心网吧”，使其真正成为青少年自我学习、自我提高、互相促进、共同进步的阵地。

今后一个时期，我省各级团组织将以“三个代表”重要思想为指导，紧密配合各有关部门，高度重视网络与青少年教育问题，力争还给青少年一个文明健康的网络空间。

# 第 10 章

# 函、意见和会议纪要的写作

本章介绍了函、意见和会议纪要的特点及撰写方法要点。

**本章学习要点**

- 函的写作方法要点
- 意见的特点和写作方法
- 会议纪要的写作方法要点

## 10.1 函的写作

### 10.1.1 函的适用范围

函是正式公文的一种。在行政系统，函用于平级和不相隶属机关之间相互商洽工作、询问和答复问题，向有关主管部门请求批准，答复平级机关的审批事项；在党的机关，函则可用于机关之间商洽工作、询问和答复问题，向无隶属关系的有关主管部门请求批准，以及这些主管部门答复请求批准事项等。

函基本上是平行文性质，虽然在党的机关可以用于上下级机关之间，但通常也是在不需要或者不必要动用上级机关权威，与下级机关平等协商讨论相关问题的情况下。

### 10.1.2　函的特点

函的主要特点是：

（1）灵活简便，不受作者职权范围与级别层次高低的制约，也不受内容繁简轻重差别的严格限制。

（2）内容较单纯，一般为一函一事，行事简便。

（3）使用频率高。由于函灵活简便，可以广泛应用于公务联系的各个领域与各个级别层次的机关，所以，在公文中函的使用频率高而且类别繁多。

（4）具有公文的法定效用。函是正式公文的一种，不论是用于商洽公务、询问与答复问题，还是用于向有关主管部门请求批准，均代表着法定作者的意志与权威，传达了发文机关的决策与意图，对受文者的行为有强制性影响。

（5）体现平等协商讨论和研究问题的精神。即或是党的上级机关写给下级机关的函，也应当体现这种精神，要相互尊重，体现协商、协作的气氛。

### 10.1.3　函的结构

1. 函的总体结构

（1）标题。

一般由发文机关名称、事由和文种三部分组成，如《××部关于选拔出国人员的函》；也可省略发文机关名称，如《关于××行政财贸管理干部学院举办成人高等教育专业证书班的函》。在文种的标注上，一般函的标题署“函”即可，但复函须在标题上标明“复函”，如《人力资源和社会保障部关于同意与上海市人民政府共同组建中国上海人才市场的复函》。

（2）主送机关。

标注承担主要办理答复责任的机关的全称，也可用规范化简称。

（3）正文。

通常由开头、主体、结尾三个部分组成，不同种类的函的正文内容有很大区别。

（4）作者。

标注发文机关的全称或者规范简称。

（5）成文日期。

标注发文机关领导签发文件的时间。

2. 函的正文结构

依格式正规、郑重的程度，函有公函、便函之分；依行文主动与否，函又有发函、复函之别。格式正规、郑重、涉及相对重要问题的是公函；相对灵活些（略去标题、发文字号等）并涉及一般具体事项的是便函；作者主动发出、向对方提出询问和请求的是发函；应对方要求回答问题、答复请求的是复函。

其中，发函与复函的正文组成有所不同。

（1）发函。

发函正文主要包括：

1）行文的目的和原因，即为什么要提出协商讨论有关问题或提出请求批准事项。

2）需要询问、商议或批准的具体问题和事项，向对方介绍自己，介绍自己的意愿和方案，陈述有关理由、依据和背景材料。要求观点明确，意见具体，词语得体、清楚，方便对方理解与答复（见［例文34］）。

3）提出希望或要求，如“请复文”、“请予批准”、“望予合作”等，有时以“此致”、“特此函告”等结尾词作结。

向对方请求批准的发函的正文与请示的组成情况相近（见［例文35］）。这种函通常涉及请求审批经费、人员调配、税收、营业执照、招生、专业增减、物资调拨等有关事项。写作过程中，要求理由充分，事项明确、具体、合理，一文一事，用语简明得体，在结尾处除表明行文目的外，还可使用一些致意性词语，态度诚恳、恭敬，力求征得对方的支持。

（2）复函。

复函的正文主要包括：

1）指明所针对的来函（标题、文号、时间等）。

2）答复询问，表明态度、立场和解决问题的办法，提出疑问，陈述有关理由、情况。应当明确表明是否同意的意见并说明理由或提出具体的处理办法。要求用语准确、简要（见［例文36］）。

3）提出希望、要求或致谢，有时以“特此函复”等结尾词作结。

答复对方请求批准事项的复函，其正文组成与批复相近（见［例文37］）。但必须注意，答复对方请求批准某事项的法定审批权实际上并不在自己手中，通常这是在依上级机关的授权代为履行审批权，因此务必注意把握叙事说理的语气和分寸，态度要明确肯定，但语气不能生硬，更不能用上级机关的语气情态讲话。如果对方来文没有用“函”而错误地使用了“请示”时，不能将错就错用“批复”回复，而必须实事求是地使用“复函”。

### 10.1.4 函的写作要点

(1) 行文郑重。撰写公函，必须使用正式公函用纸，具备正式公文的规范格式，拟定标题，编制发文字号，结构要完整，用语要准确，体现出正式公文的严肃性、完整性。

(2) 以简要明确的文字，将需要商洽、询问、答复、申请、知照的事项明确、具体地交代清楚。态度要明确，不应该模棱两可、含糊不清。忌讲空泛的大道理。

(3) 用语谦和，讲究礼节。函应当体现平等协商讨论问题的精神。因此，用语要讲究礼节，语气应得体，必要时还要使用尊称与致意性词语，忌用命令性、告诫性的词语，当然也不能过于谦卑、客套。称呼对方可称“你处”、“你部”，不滥用“贵部”等；自称可用“我处”、“我局”，不用“职处”、“敝局”等。函的受文者通常都不是个人，因此不用“敬礼”等词。

[例文34] 询问问题的函

监察部关于咨询××所提申请是否属于行政复议受理范围问题的函

国务院法制办公室：

××××年×月×日上午，我部收到××市刘××提出的行政复议申请，请求我部撤销××市监察局不予受理其《关于请求制止××区府及其党组成员冉××等人对举报人打击报复的紧急报告》的决定。为妥善处理此问题，现咨询如下：

刘××因土地出让合同纠纷向××市监察局举报××市××区政府城南指挥部及其代表孙××在土地转让中以权谋私等问题。××市监察局按照有关规定，将该信转××区监察局调查核实，并将调查结果告知刘××：举报反映的孙××以权谋私问题查无实据，土地纠纷应通过法律程序解决。因土地纠纷一直未得到解决，××××年×月，刘××又向××市监察局举报××区政府及其党组成员冉××等人对其打击报复的问题。××市监察局答复：目前尚不能证明有打击报复问题，土地出让合同纠纷已进入诉讼程序，应由法院依法处理。刘××对××市监察局的答复不满，于××××年×月×日向我部提出行政复议申请。

经研究，我们认为，监察机关对监察对象给予行政处分以及与之相关的调查行为是一种内部行政行为，不是行政复议法所规定的具体行政行为。从本案看，××市监察局接到刘××的举报后，按照《中华人民共和国行政监察法》、《监察机关举报工作办法》等有关规定，对刘××举报反映孙××以权谋私、冉××打击报复的问题进行了调查、核实，并将调查、核实结果告知了刘××。这种依照有关法律法规履行职责的内部行政行为，并没有侵害刘××的合法权益。因此，我们的倾向性意见是：刘××所提申请不属于行政复议法所规定的行政复议受理范围，我部可不予受理。为慎重、稳妥地处理此类问题，特请你们给予书面答复。

监察部

××××年×月×日

[例文35] 请求批准的函

××市××区××镇人民政府关于申请土地开发的函

××区国土资源管理分局：

为了保持耕地动态平衡，积极配合区政府调配耕地占用指标的宏观计划，在我镇辖区内××村附近发现可开垦的荒山500余亩。经镇属相关部门勘测，基本符合土地开发项目的要求。现特恳请贵局派遣专业人员来我镇实地勘测，并对该土地开发项目实施立项报批等相关工作。

妥否，请函复。

××市××区××镇人民政府

××××年×月×日

[例文36] 答复问题的函

国务院办公厅对《中华人民共和国城市维护建设税暂行条例》第五条的解释的复函

国家税务总局：

你局《关于明确增值税、消费税、营业税扣缴义务人为城市维护建设税扣缴义务人的请示》（国税发〔2004〕14号）收悉。经国务院批准，现函复如下：

《中华人民共和国城市维护建设税暂行条例》第五条中的“征收、管理”，包括城市维护建设税的代扣代缴、代收代缴，一律比照增值税、消费税、营业税的有关规定办理。

国务院办公厅

二〇〇四年二月二十七日

[例文 37] 回复批准意见的函

国务院办公厅关于同意成立广州 2010 年亚洲残疾人运动会组委会的复函

广东省人民政府、体育总局、中国残疾人联合会：

你们报来的《关于成立广州 2010 年亚洲残疾人运动会组织委员会的请示》（粤府〔2009〕75 号）收悉。经国务院领导同志批准，现函复如下：

一、同意成立广州 2010 年亚洲残疾人运动会组织委员会（以下简称组委会）。组委会名誉主席由全国政协副主席、中国残联名誉主席邓朴方担任，组委会主席由体育总局局长刘鹏担任，执行主席由广东省省长黄华华、中国残联理事长王新宪担任。

二、组委会内设机构由组委会根据工作需要自行确定。

国务院办公厅

二〇〇九年八月二十一日

## 10.2 意见的写作

### 10.2.1 意见的适用范围与特点

意见在党政机关均适用于对重要问题提出见解和处理办法。但实际上，这个文种在党的机关用作下行文，由领导、指导机关发送给被领导、被指导机关；在行政系统，意见可以用作上行文、下行文和平行文。这使意见成为行政公文中独特的一种，没有行文方向的限制成为意见最突出的特点。

### 10.2.2 意见的结构

1. 总体结构

意见一般由标题、主送机关、正文、作者、成文日期组成。

（1）标题。

在没有特殊需要的情况下，均为作者、事由、文种三段式标准公文标题。

（2）主送机关。

需要执行文件的机关的全称、规范简称或者统称。如“各省、自治区、直辖市人民政府”。

（3）正文。

下行、平行、上行的意见在正文上区别很大，各有不同的内容。

(4) 作者。

制发公文的机关的全称或者规范简称。

(5) 成文日期。

标注发文机关领导签发文件的时间。

2. 正文结构

意见的正文一般由开头、主体、结尾三部分组成。

(1) 开头，概括性说明提出意见的缘由、目的、政策法律依据或者客观事实依据。通常以“现提出如下意见”一句转入主体部分。

(2) 主体，包括两部分内容：1) 对相关情况和问题进行分析，作出判断，提出自己的明确认识；2) 提出解决相关问题的意见或建议。这两部分内容，可以分开写，形成判断性认识后，写解决问题的办法；也可以融合在一起写，将情况问题划分为几个具体问题，逐一分析每个具体问题，逐一形成判断、提出解决问题的办法。

意见基本上都以分条列项的方式表达，尤其是解决问题的办法特别需要准确划分条项，分类集中陈述相关意见，以便于对方理解和执行。内容较多、篇幅较长的意见，可以用序号或小标题形式对条项进行归类，以使公文结构更清晰。

(3) 结尾，提出对意见的执行要求或者建议。

下行的意见可以在这里明确提出怎样执行自己的各种意见和要求，还可以提出要求下级机关将在贯彻执行中遇到的困难和问题及时上报，或者结合本单位实际情况制定具体实施方案等。

平行的意见通常在这里明确自己意见的建议性质，或者提出与受文各方合作解决相关问题的具体建议。

上行的意见通常在这里提出请求上级机关批示转发的要求，如“以上意见如无不妥，请批转各地（单位）执行”。有的则要明确自己的意见“供参考”，或者请上级机关“批评指正”。需要注意的是，当上级机关将上行的意见批示转发给自己的下级机关执行时，往往将作为附件的意见中的这部分文字略去。

### 10.2.3　意见的写作方法要点

1. 下行意见的写作要点

党的系统的意见，作为下行文的行政系统的意见，在一定意义上就是“指示”或者是“指示性通知”，当文中对贯彻执行有明确要求时，下级机关应遵照执行；只有在公文中无明确贯彻执行要求的情况下，下级机关方可参照执行。因此，下行意见在内容构成与写作方法上基本同指示或者指示性通知甚至决定相近，但又有很明显的区别，写作时应当把握好如下几点：

（1）下行的意见通常是上级机关发现下级机关工作中存在一些新情况、新问题，特别是“例外”情况时，为给下级机关指示方向、提示注意、启发关注而制发的，目的是关心和指导下级机关创造性地去解决自己的困难与问题。因此，对问题性质的把握是非常重要的。如果情况和问题是例行的，是已经有刚性处置规定的，特别是已经有或者必须有明确法律政策规定的，是不需要保留一定弹性空间的，就应当实事求是地制发命令、指示和决定。

（2）保持意见独有的刚柔相济特性。下行意见的出现，实际上是政府职能转变的需要，是“软政策”开始出现在政府管理实践后提出的要求。新时期我国政府管理职能转变越来越强调强化政府的社会管理和公共服务职能，政治统治和强制管制职能保持在必要的限度内。在这种情况下，政府在履行社会管理和公共服务职能时，既需要通过硬性的政令，更需要通过柔性的指导和信息来实现。“意见”的本来之意就是人们对事物的看法和想法，是建设性的建议，通常并不强硬，有必要的弹性空间。上级机关用“意见”指导下级机关的工作，正可以既履行了自己的职能，将自己的见解、判断、希望和要求转达给下级机关，又给下级机关当参谋，帮助它们创造性地工作，为它们实事求是地处置职责范围内的事务创造良好条件。意见的柔性集中表现在：只有在需要下级机关遵照执行相关意见时，才明确提出执行要求；相反，在不明确提出遵照执行要求时，下级机关不需要不折不扣地遵照执行，而只需要执行其基本精神。

（3）给下级机关留有创造性工作的空间。下行意见与命令、指示等在内容方面的最大区别，就是下行意见的内容大都是宣传、引导、说明、阐释、分析方面的，是给下级机关指引方向、启发思考、提高认识、看清路径用的，因此，它并不需要将一切判断、分析、要求都讲“死”，而是留有一定的余地，给下级机关根据自己的实际情况创造性地去工作提供足够的空间。

（4）不使用命令性的强制口气。下行意见是指导性质的，相当一部分内容并不需要下级机关不折不扣地直接遵照执行，因此，要与命令和指示等相区别，态度明确，但语气要相对和缓（见［例文38］）。

2. 平行意见的写作要点

在行政系统作为平行文的意见，其内容对对方的强制性影响是强制阅读和处理这一文件，所提出的各种意见只能供对方参考。撰写这种类型的意见应当注意：

（1）作为平行文的“意见”，主要用途是提出意见供对方参考，因此，要避免用来替代“函”去商请、询问、请批或答复事项，而只能是出于工作需要，针对一部分与自己和受文机关均有相关性，但又是新情况、新问题，缺乏确定性分工和既有刚性处置办法的事项，提出自己的判断、看法和解决问题的参考性建议。

(2) 作为平行文的“意见”，应当充分体现作者与主要受文者之间的平等关系，各种提法、说法、做法都应当是一种建议，而不能强加于人，语气情态也应当更加讲求分寸。总的精神是，要给平级机关当参谋、当助手，而不要试图去当它们的家。

(3) 平行的意见仅供参考，没有强制执行的性质，因此，内容应当侧重以事实为根据，讲道理，不作空泛的议论，不讲“大道理”。平行的意见应当靠事实讲话，靠内容的真理性打动和说服对方，要使对方对形成自己“意见”所依据的相关背景情况、基本事实过程有比较全面、准确的认识，对自己要实现的目的和结果有系统而深刻的了解与理解。

(4) 有一部分“意见”其实是下行的，发送给平级机关只是使这些机关了解相关情况，这时候，要将这部分平级机关列入“抄送机关”范围，以免混淆意见的性质，影响文件的有效性（见［例文39］）。

3. 上行意见的写作要点

在行政系统作为上行文的意见，实际上就是带建议的报告，通常都需要通过请上级机关批示转发的形式，将自己提出的意见升格为上级的文件。上行意见在处理方面有特殊要求，这些要求对写作有很大影响。

(1) 按照国务院办公厅的规定，上行的意见应按请示性公文的程序和要求办理。就是说，对这种意见是需要强制阅读、强制办理、强制复文的。为此，撰写上行意见时，务必慎重，务必把握好行文条件。只有相关事务的规定处置权确实不为自己所有，不能对相关问题直接进行处理时，或只有相关事务的处置确实不在自己的规定职责权限范围内，需要以“建议”方式为上级机关当参谋，请上级机关处置时，才能制发“意见”。否则，对自己有规定处置权的事务应当直接处理，需要汇报和反映相关情况时，应当向上级机关制发“报告”；对确属自己职责范围内的事务，只因没有最终批准权，需要呈请上级机关审批时，应当明确提出完整有效的处置方案，直接向上级机关制发“请示”。

(2) 所提意见如涉及其他部门职权范围内的事项，主办部门应当主动与有关部门协商，取得一致意见后方可行文；如有分歧，主办部门的主要负责人应当出面协调，仍不能取得一致时，主办部门可以列明各方理由和依据，提出建设性意见，并与有关部门会签后报请上级机关决定。

(3) 意见的内容必须明确具体，如果需要上级机关回复或者批示转发，一定要提出明确的要求，以便于上级机关作出有效的处理。

(4) 意见需要较多地作出分析阐释，指明解决问题的办法。在表达方式的应用中，上行意见应当重在用事实说明道理，不作系统全面的论述。

(5) 上行意见大多应当涉及现实工作中出现的新情况、新问题，经过调查研究，提出解决问题的思路和办法。因此，写作时应当注意避免老生常谈、没有新意。

(6) 制发上行意见需要把握好发文机关的位置，发上行意见是在发现与自己职能相关但无权或者无法处置的新情况、新问题后，主动为上级机关分忧，主动给上级机关当“参谋”，因此，意见的表达角度和表达方式，以及语气情态都应当注意分寸得当（见［例文40］）。

**［例文38］下行意见**

**财政部关于推进省直接管理县财政改革的意见**

各省、自治区、直辖市财政厅（局）：

根据《中共中央　国务院关于地方政府机构改革的意见》（中发〔2008〕12号）、《国务院关于编制2009年中央预算和地方预算的通知》（国发〔2008〕35号）以及《中共中央　国务院关于2009年促进农业稳定发展农民持续增收的若干意见》（中发〔2009〕1号）中关于“推进‘省直管县’财政管理方式改革，充实内容和形式，加强县（市）财政管理”和“将粮食、油料、棉花、生猪生产大县全部纳入改革范围”的要求，现就进一步推进省直接管理县财政改革提出如下意见。

**一、总体思路**

推进省直接管理县财政改革，要以邓小平理论和“三个代表”重要思想为指导，深入贯彻落实科学发展观，按照社会主义市场经济和公共财政的内在要求，理顺省以下政府间财政分配关系，推动市县政府加快职能转变，更好地提供公共服务，促进经济社会全面协调可持续发展。

推进省直接管理县财政改革，必须坚持因地制宜、分类指导，各地要根据经济发展水平、基础设施状况等有关条件，确定改革模式、步骤和进度，不搞“一刀切”；必须坚持科学规范、合理有序，要按照分税制财政体制的要求，进一步理顺省以下政府间事权划分及财政分配关系，增强基层政府提供公共服务的能力；必须坚持积极稳妥、循序渐进，保证市县既得利益，尊重实际情况，妥善处理收支划分、基数划转等问题，确保改革的平稳过渡和顺利运行；必须坚持协调推进、共同发展，充分调动各方发展积极性，增强县域发展活力，提高中心城市发展能力，强化省级调控功能，推动市县共同发展。

改革的总体目标是，2012年底前，力争全国除民族自治地区外全面推进省直接管理县财政改革，近期首先将粮食、油料、棉花、生猪生产大县全部纳入改革范围。民族自治地区按照有关法律法规，加强对基层财政的扶持和指导，促进经济社会发展。

**二、主要内容**

实行省直接管理县财政改革，就是在政府间收支划分、转移支付、资金往来、预决算、年终结算等方面，省财政与市、县财政直接联系，开展相关业务工作。

（一）收支划分。在进一步理顺省与市、县支出责任的基础上，确定市、县财政各自的支出范围，市、县不得要求对方分担应属自身事权范围内的支出责任。按照规范的办法，合理划分省与市、县的收入范围。

（二）转移支付。转移支付、税收返还、所得税返还等由省直接核定并补助到市、县；专项拨款补助，由各市、县直接向省级财政等有关部门申请，由省级财政部门直接下达市、县。市级财政可通过省级财政继续对县给予转移支付。

（三）财政预决算。市、县统一按照省级财政部门有关要求，各自编制本级财政收支预算和年终决算。市级财政部门要按规定汇总市本级、所属各区及有关县预算，并报市人大常委会备案。

（四）资金往来。建立省与市、县之间的财政资金直接往来关系，取消市与县之间日常的资金往来关系。省级财政直接确定各市、县的资金留解比例。各市、县金库按规定直接向省级金库报解财政库款。

（五）财政结算。年终各类结算事项一律由省级财政与各市、县财政直接办理，市、县之间如有结算事项，必须通过省级财政办理。各市、县举借国际金融组织贷款、外国政府贷款、国债转贷资金等，直接向省级财政部门申请转贷及承诺偿还，未能按规定偿还的由省财政直接对市、县进行扣款。

**三、工作要求**

为确保顺利推进省直接管理县财政改革，各地要认真开展相关工作，妥善处理好各方面的利益关系。省级财政要会同有关部门抓紧调整管理制度，积极创新管理机制，将有关工作延伸到县；要逐步建立县级基本财力保障机制，加大对财力薄弱县的支持力度，实现“保工资、保运转、保民生”的目标；要规范财政预算外资金管理，全面清理预算外分配事项，理顺政府间预算外资金管理和分配关系；要加强财政管理信息化建设，构建省级与市、县的财政信息化网络，提高工作效率。市级财政要继续关心和帮助县级财政发展，加强对县乡财政工作的指导。县级财政要积极、主动配合省、市级财政做好有关改革工作，增强自我发展、自我约束意识，认真落实财政改革各项措施，提高财政管理的科学化、精细化水平。

省直接管理县财政改革涉及财政利益调整，政策性强，牵涉面广，各级财政部门要树立大局意识，加强组织领导，积极、主动、稳妥地推进改革，细化方案，精心实施。已经全面实行改革的地区，要密切跟踪改革进展，进一步规范和完善。正在进行试点的地区，要总结经验，加快推进。尚未开展试点的地区，除民族自治地区外，要尽快制定试点方案，积极推进改革。

以上意见，请遵照执行。

财政部

二〇〇九年六月二十二日

**［例文 39］平行意见**

**财政部关于进一步做好预算信息公开工作的指导意见**

党中央有关部门，国务院各部委、各直属机构，总后勤部，武警各部队，全国人大常委会办公厅，全国政协办公厅，高法院，高检院，有关人民团体，新疆生产建设兵团，有关中央管理企业，各省、自治区、直辖市、计划单列市财政厅（局）：

根据《中华人民共和国政府信息公开条例》（国务院令第 492 号，以下简称《条例》）和《国务院办公厅关于施行中华人民共和国政府信息公开条例若干问题的意见》（国办发〔2008〕36 号）、《国务院办公厅关于做好政府信息依申请公开工作的意见》（国办发〔2010〕5 号）、《财政部关于进一步推进财政预算信息公开的指导意见》（财预〔2008〕390 号）等文件要求，现就进一步做好预算信息公开工作提出如下意见：

**一、充分认识做好预算信息公开工作的重要性和紧迫性**

预算反映整个国家的政策，规定政府活动的范围和方向。预算信息公开是公共财政的本质要求，是推进政务公开的重要内容，也是各级财政部门和各部门贯彻落实《条例》要求的具体体现。当前，随着社会主义民主政治进程的推进，社会各界对预算信息公开的期望和呼声也越来越高。做好预算信息公开工作，有助于保障公民的知情权、参与权和监督权，推动社会主义政治文明与和谐社会建设；有助于建设高效廉洁政府，提高政府执政能力和办事效率；有助于促进依法理财、民主理财，加强财政科学化精细化管理；有助于提升预算管理水平，提高财政资金使用效益。各级财政部门和各部门一定要高度重视，充分认识当前推进预算信息公开工作的重要性和紧迫性，认真做好预算信息公开工作。

**二、积极做好预算信息主动公开工作**

已向社会主动公开预算信息的地区和部门，要继续按照《条例》要求，进一步做好预算信息主动公开工作；还没有向社会主动公开预算信息的地区和部门，要认真按照《条例》要求，抓紧做好预算信息主动公开工作。在此基础上，还应按照下列要求，进一步大力推进预算信息公开工作。

（一）明确预算公开主体。

各级政府财政部门负责本级政府总预算、决算的公开，各部门负责本部门预算、决算的公开。

（二）主动公开预算、决算。

经同级人大或其常委会（以下简称人大）审议批准的预算、决算要主动向社会公开。公开的预算、决算，一要完整，原则上应包括一般预算收支预算表、一般预算收支决算表、政府性基金预算收支预算表、政府性基金预算收支决算表（参考格式见附件1、附件2、附件3、附件4）等。二要真实，预算、决算要真实反映本级财政收支情况，要将本地区从上级获得的转移性收入按规定列入本级预算、决算，同时在本级预算、决算中反映对下级的转移性支出。三要细化，一般预算收支预算表和一般预算收支决算表的收支项目按照《政府收支分类科目》的收入分类和支出功能分类基本编列到款级科目，政府性基金预算收支预算表和政府性基金预算收支决算表按照具体的基金收支项目编列。

（三）积极推动部门预算公开。

各部门要按照《条例》相关规定，做好本部门预算信息公开工作。凡是《条例》规定应该公开、能够公开的事项，都应及时、主动公开。中央部门在公开部门预算时，原则上应将报送全国人大审议通过的部门预算中的收支预算总表和财政拨款支出预算表（参考格式见附件5、附件6），作为部门预算公开的最基本格式和内容先行公开。

（四）各级人大对于预算、决算报表以及部门预算报表的格式和内容有其他要求的，或要求另行报送其他报表的，按人大要求报送。

（五）大力推进重大民生支出公开。

按照十七大关于着力保障和改善民生的“学有所教、劳有所得、病有所医、老有所养、住有所居”的要求，对预算安排的教育、医疗卫生、社会保障和就业、“三农”、保障性住房等涉及民生的重大财政专项支出的管理办法、分配因素等，要积极主动公开。

除上述按照规定要求主动公开的内容外，各地还可结合当地预算公开的实际情况，按照《条例》要求公开其他预算信息，积极主动做好预算信息公开工作。

**三、认真做好预算信息依申请公开工作**

公民、法人或者其他组织（以下简称申请人）根据自身生产、生活、科研等特殊需要申请获取预算信息的，各地区、各部门要依法受理，认真研究，妥善处理。

（一）依法受理依申请公开事项。

要严格按照《条例》规定接受申请人申请的预算信息公开事项，核实申请的相关信息，对申请的形式和内容进行审查。对一些要求公开项目较多的申请，可要求申请人按照“一事一申请”原则对申请方式加以调整：即一个政府信息公开申请只对应一个政府信息项目。申请材料不符合要求或申请内容不明确的，应告知申请人做出更改、补充。同时，进一步完善申请的受理、审查、处理、答复程序，有关记录应当保存备查。

（二）认真研究依申请公开内容。

要对申请内容进行认真分析与研究，区别不同情况进行答复。符合《条例》规定的，要及时向申请人公开。属于涉及秘密事项的信息，不予公开。属于制作过程中的信息或不存在的信息，以及不属于本部门公开的信息，要明确告知申请人。对申请人申请公开与本人生产、生活、科研等特殊需要无关的预算信息，可以不予提供。

（三）妥善处理依申请公开有关问题。

要妥善处理依申请公开的有关问题，改进依申请公开服务。在办理过程中，应主动与申请人沟通。对于按照《条例》规定可以公开的信息，要在规定的程序和时限内及时予以答复；需要延期答复的，应办理延期答复手续。不能公开的，应明确告知不能公开的理由，并耐心、细致地做好解释说明工作。同时，按照有关规定妥善处理研究课题类的申请。

**四、切实做好预算信息公开相关基础工作**

要进一步提高思想认识，加强协调配合，积极深化预算改革，完善制度机制，共同推进预算公开工作。

（一）进一步统一思想，提高认识。

要高度重视预算信息公开工作，加强组织领导，认真学习《条例》及国务院关于贯彻落实政府信息公开的有关要求，掌握《条例》和文件的实质和精髓，进一步统一思想，提高认识，为做好预算信息公开工作打牢思想基础。

（二）建立协调机制，加强沟通配合。

要建立健全预算信息公开工作协调机制，加强与同级政府信息公开主管部门、人大、审计等部门的沟通协调，预算信息公开工作中遇到的重大问题要及时向上级财政部门和主管部门反馈。要完善预算信息公开保密审查机制，规范审查程序，落实审查责任。省级财政部门要加强对市县财政部门预算信息公开工作的指导，上级主管部门要加强对下属单位预算信息公开工作的指导。

（三）深化预算改革，夯实公开基础。

进一步深化预算管理改革，完善预算支出标准体系和政府收支分类体系，细化预算编制，提高年初预算到位率，增强预算编制的准确性、科学性。加快预算执行进度，减少结转和结余资金，提高财政资金使用绩效。加强政府网站建设，为预算信息公开提供技术保障。

（四）健全披露制度，强化公开责任。

建立健全预算信息披露制度，充分利用政府门户网站、政府公告、新闻媒体、档案馆等途径，拓宽公开渠道。强化预算信息公开责任制度，制定预算信息公开工作考核办法，落实责任，加强考核，确保预算信息公开工作顺利开展。

附件：1. 地方财政一般预算收支预算表
　　　2. 地方财政一般预算收支决算表
　　　3. 地方财政政府性基金预算收支预算表
　　　4. 地方财政政府性基金预算收支决算表
　　　5. 中央部门收支预算总表
　　　6. 中央部门财政拨款支出预算表

财政部

二〇一〇年三月一日

**［例文40］上行意见**

### 关于发挥科技支撑作用促进当前农业抗灾保丰产的意见

今年以来，我国农业灾害多发重发，西南地区发生历史罕见的特大旱灾，北方冬麦区持续低温，东北、西北气温回升缓慢，农业生产形势极为严峻。为充分发挥科技在农业抗低温和干旱等灾害中的基础支撑作用，现提出如下意见。

**一、抓紧实施科技人员深入基层服务农业专项行动**

积极组织动员科研院所、高等院校和农技推广部门等力量，派遣科技人员深入基层开展科技服务。深入开展万人抗旱保春耕科技服务团各项工作，积极推进百日科技服务行动。建立健全科技人员包乡包村联户的责任制度，确保每一个乡镇和村庄都有科技人员服务在生产一线。尽快制定分区域、分品种、分农时的抗低温抗旱、病虫害防控等农业抗灾应对技术和补救措施，进一步完善工作预案，最大限度减轻灾害损失。

**二、加快开展农业抗灾实用技术产品遴选与成果转化推广**

加快农业极端天气灾害中长期预测预报技术应用。根据各地区不同情况，抓紧筛选一批针对性强、实用度高和见效快的作物与畜禽新品种，以及栽培、养殖、节水灌溉、增温保墒等适用技术和产品。西南旱区要重点筛选和推广抗耐旱水稻、玉米、马铃薯等农作物品种，以及节水抗旱栽培技术和产品；北方地区要重点筛选和推广抗耐低温小麦、玉米、马铃薯等农作物品种，以及保墒增温耕作栽培技术和产品，并通过编制抗低温抗旱技术手册等形式，将技术尽快送到农民手中。

**三、切实加强农业抗灾技术研发与储备**

进一步加大农业抗灾技术研发与技术储备支持力度，重点开展监测预警技术和集雨、蓄水等防旱工程技术研究，发挥工程防灾效能；积极推进农作物耐抗逆机理研究和品种选育，发挥生物抗灾作用；大力加强种植模式和种植结构研究，发挥结构避灾作用。抓紧开展农业防灾减灾新技术、新材料和新产品研发，以及农业灾害应急与风险管理研究，并切实加快应用进程。

**四、大力开展农民培训与技术试验示范**

通过农业科技专家大院、农村科普示范基地、农民田间学校、现场观摩会、科技大集等多种形式，进一步加强农民科技培训，确保农民及时掌握各项农业抗灾技术措施要领。按照“科技人员直接到户、良种良法直接到田、技术要领直接到人”的推广机制，加大科技示范户培养力度，切实发挥示范辐射作用。充分发挥粮食丰产科技工程示范点和粮棉油高产创建示范点等项目基地的作用，进一步加强新品种、新技术的集成示范和推广应用，并大力推进整乡整县成建制示范推广。

**五、进一步加大农业科技抗灾投入力度**

积极调整科技经费支出结构，抓紧制定相应资金支持和补助方案，支持科技人员进村入户，加快各项农业抗灾措施的落实进度。各级科技和农业部门要进一步开拓工作思路，探索增加农业科技资金投入的有效途径和机制，积极采取措施引导社会各方面加大对农业科技，特别是对当前农业抗灾技术和产品研发、推广工作的投入。

**六、着力加强组织领导**

强化科技、农业部门间的协调配合机制，抓紧组建农业抗低温抗旱科技专家委员会，加强对科技抗灾工作的指导。积极组织动员各地产业技术创新战略联盟和现代农业产业技术体系投入当前农业抗灾工作，充分发挥基层农技推广体系和新型农村社会化科技服务体系的重要作用，进一步形成农业科技抗灾保丰产的工作合力。

科技部　农业部

××××年×月×日

# 10.3　会议纪要的写作

## 10.3.1　会议纪要的特点

会议纪要是会议文件的一种，机关用以传达贯彻会议主要精神与议定事项，同时也据此检查会议议定事项执行情况。会议纪要的主要特点是：

（1）会议纪要是对会议情况与议定事项的完整而系统的报道，一般制成于会议后期或会议结束之后，用于反映会议的情况与传达贯彻会议的议定事项。

（2）纪要中所记载与传达的会议议定事项，反映了主持单位和与会单位（人员）的共同意志与法定的权威性，因此，对于有关的与会单位或下属单位具有约束力，如认为必要，有权要求有关的受文单位予以遵守或执行。

（3）纪要的性质取决于会议的内容性质与印发会议纪要的目的要求，因此，具有知照性、参考性、规定性、协议性、指导性等多种性质，在机关工作中发挥着汇报与交流会议信息、介绍经验、指导工作以及约束执行的效用。

## 10.3.2　会议纪要的结构

1. 会议纪要的总体结构

（1）标题。

需写明会议名称与文种（纪要），如《全国统战工作会议纪要》。

（2）成文日期。

一般用圆括号标注在标题正下方。

（3）正文。

用于概括反映会议的基本情况，会议讨论与议定事项以及会议的希望或号召。正文部分大都采用分条列项的形式。议定事项一般以一个事项或一个具体问题为一条或一项。反映有关各方认识和意见的内容，既可以逐一介绍围绕同一问题形成的各种具体意见，也可以按发言次序，以发言人为单位，逐个将其各个方面的主要意见集中予以反映。

2. 会议纪要正文的结构

依据具体用途和内容性质上的差别，会议纪要有两大类：一类是带议定事项的议决性会议纪要（见［例文 41］）；另一类是没有议定事项，仅用于反映会议情况的消息性会议纪要（见［例文 42］）。

（1）议决性会议纪要的正文主要包括：

1）导语，概述会议基本情况，如目的、会名、会址、会期、与会者、主持人、主要发言人、报告人、主要议程、会议总体效果等。这一部分可详可略，可采用归纳叙述的方法，也可分设若干项，列项叙述，采用何种方法应根据会议的性质、规模确定。

通常例行性会议可简略一些，如照例按期举行的各种办公会议、局（部）务会议、常委会、党组会等，多采用分条列项的方法，写明会议的时间、地点、主持人、参加人、列席人等，甚至可以简略到指明时间、会议名称即可（如办公会议等）。

专题性大型会议，一般适用归纳叙述的方法，可以比较具体地写明上述内容。如“××××年 2 月 5 日至 8 日，国务院在深圳召开经济特区工作会议，参加会议的有深圳、珠海、汕头、厦门、海南五个经济特区的负责同志，广东、福建、海南三省人民政府和国务院有关部门的负责同志。田纪云副总理主持了会议。2 月 8 日，李鹏总理专程到会听取汇报，作了重要讲话。会议交流了各经济特区的工作情况，讨论了贯彻落实党的十三届五中全会精神，进一步抓好治理整顿和深化改革，更好地发展外向型经济，充分发挥对外开放窗口和基地作用问题。现纪要如下：……”。

用于交换意见和交流经验的座谈会则可概括介绍与会者的姓名、身份、会议议题等基本情况。如“为了做好优抚对象定期定量补助工作，××部于××××年 2 月 25 日至 29 日在北京召开了由山东、江苏、河南、四川、陕西、河北、辽宁、北京等八个省、市××厅（局）优抚处长和山东省××县××局长参加的座谈会，××副部长到会讲了话，××局××同志作了总结发言，会议讨论了××问题、××问题……”。

2）议定的事项，即与会各方共同确认的在完成一个共同目标过程中各方承担和享受的责任、义务、权利、利益，或就某个问题形成的一致认识等。

3）提出号召、要求，或提出执行议定事项的措施或要求。有的纪要也可不单独列出这部分内容，而是将其与第二部分的内容合并叙述。

（2）消息性会议纪要的正文主要包括：

1）导语。这种会议通常不是例行的，导语部分应当比较全面地介绍会议的基本情况。

2）会议议题及与会各方发表的认识、意见。一般应首先写明对会议讨论事项（问题）的分析与评价，如重要意义、成绩与缺点，然后写出各方面的具体意见。如属专题性重要会议，可按会议讨论与议定事项内容的逻辑关系，归纳概括成若干层次，每个层次用序数或小标题表示；如属座谈会，可在分列若干问题之后，再接发言的顺序分别表述；如属于例会，可以按会议讨论的顺序逐项叙述。

3）提出号召、希望、展望或提出一个新问题。有时则以向有关方面致谢或对下次会议作出原则性安排作结。有的纪要也可省略这部分内容。

### 10.3.3　会议纪要的写作要点

撰拟会议纪要时应注意：

（1）会议纪要首先要记“实”。即实事求是地反映情况，特别要注意，只要不是与会各方共同正式确认的，就一定不要写成议定事项。对与会者的发言与议定事项可归纳概括、提炼或作必要的删节，但绝不要按主观意愿随意增添内容，甚至加以歪曲或篡改。对于会后工作的安排，包括责任分工、时限要求，务求表述准确、具体，以利传达贯彻与督促检查。对于会议中出现的重大分歧，应如实记载反映。为了保证纪要的真实性与准确性，纪要写成后应提请会议主持人审核与签发。重要会议的纪要，应经与会者讨论认可。

（2）会议纪要务必要记“要”。纪要不同于记录，它必须有条理，有取舍，抓住要害和实质，不能有闻必录。不同性质的会议其要点有所不同，应集中对这些要点进行深入而具体的阐述、说明，以便于布置和检查工作，使公文真正得以正确理解和执行。应对各种意见和观点进行必要的概括，使其主次分明、简明醒目。

应根据会议性质确定纪要的重点，对于重点部分应作详尽的阐述。对于会议内容应加强分析与归纳概括，以便做到深入浅出、重点明确、语言简明。如对于会议中产生的各种观点，应加以集中归纳与分析鉴别，作出理论上的概括，使纪要具有说理性；对会议中反映出的各种情况，也应认真进行分析，从中提炼出最典型、最具说服力的事例与数据并作概括说明；对于会议的过程与主要情节也应概括介绍，舍弃烦琐的细枝末节。

（3）有些会议纪要既有议定事项，又需要反映有关各方在一些问题上的不同意见，这时应注意严格区分议定与非议定事项，并相应作出有利于读者明确的处理，以各种唤起读者警觉的方式提示其注意两者间的区别。

（4）层次分明，条理清楚。纪要的各个层次除可用分标题、序数表示外，还可使用“会议决定”、“会议同意”、“会议听取了……并经讨论决定……”等专用词语表示。

［例文41］议决性会议纪要

## 营业性车辆燃油消耗准入与退出专项行动计划会议纪要

（二〇〇七年五月二十九日）

2007年5月29日，交通部体改法规司在京组织召开了“资源节约型、环境友好型交通发展模式——营业性车辆燃油消耗准入与退出专项行动计划”（以下简称“专项行动计划”）会议。交通部体改法规司、科技教育司及公路司等部门的领导同志出席了会议，来自地方运管部门、道路运输企业、车辆制造企业、汽车检测机构、大专院校及科研单位的50余名代表参加了会议。

会议就“营业性车辆燃油消耗准入与退出专项行动计划”的立项背景、意义、工作的组织方式、总体目标、主要任务指标、技术路线、参加单位任务分工、实施方案及工作进度计划等内容展开热烈讨论，一致认为：

1. 交通部实施“专项行动计划”研究非常及时、必要，将有效推动公路运输的节能降耗。

2. 车辆燃料支出已占运输成本的25%～35%，汽车运输企业迫切需要油耗低、性能好的运输车辆。

3. 汽车油耗与发动机技术水平、系统匹配技术密切相关，汽车制造企业通过优化设计等技术手段降低现有车辆油耗是能够实现的。

4. 制定车辆油耗限值应注意机动车排放标准加严对油耗的影响。

5. 制定油耗限值应考虑车辆的使用条件，如道路条件、气候条件及车辆舒适性要求等。

6. 车型分类应注意与现行相关分类的一致性，提高标准的可操作性。

7. 新车油耗测试方法不仅要保证有效性、重复性及适应性，还应与在用车油耗测量方法有相关性。

8. 实施油耗退出的难度较大，宜考虑分阶段执行。

9. 处理好营运车辆与非营运车辆标准的衔接问题。

10. 汽车制造企业应积极落实试验车辆等开展项目研究的条件。

与会单位代表一致表示，将按照研究工作方案确定的工作目标、任务及分工、进度计划等要求积极组织力量开展项目研究工作，同心协力完成任务。

**［例文42］消息性会议纪要**

## 文物调查及数据库管理系统建设项目推广工作会会议纪要

（二〇〇九年二月二十六日）

为进一步落实《关于全面推进文物调查及数据库管理系统建设项目的通知》（文物博函〔2008〕1347号）要求，做好文物调查及数据库管理系统建设项目的推广工作，国家文物局于2009年2月26日在广东召开了20省“文物调查及数据库管理系统建设”项目推广工作会。国家文物局数据中心，北京、天津、上海、江苏、福建、山东、广东、内蒙古、重庆、贵州、云南、西藏、青海、宁夏、新疆、海南、吉林、黑龙江、安徽、江西等20个省、自治区、直辖市文物部门领导、有关负责同志参加了会议。会议由×××同志主持，国家文物局副局长××同志出席了会议。现将会议情况纪要如下：

××同志在会上作了重要讲话。他强调，要以科学发展观分析文物调查项目建设工作中出现的新情况和新问题，理清工作思路，明确工作目标，并对下一步工作提出了具体要求。

他指出：文物调查项目具有基础性和长期性、艰巨性和复杂性、探索性和创新性、必要性和紧迫性等四个基本特点，因此，我们要以发展的眼光看待文物调查项目的建设工作，分阶段实现文物调查项目建设的总体目标。针对目前各级文物部门时间紧、任务重、人员和经费紧缺的现状，各单位要以“全面、协调、可持续”为原则，坚持和发扬艰苦朴素、勤俭办事的工作作风，合理安排、统筹兼顾地推进文物调查项目。

××同志还对当前和今后一段时期项目建设提出具体要求：第一，落实配套，加强与财政部门的沟通协作；第二，规范采集，确保文字、图片信息的真实性、可靠性和完整性；第三，加快文物调查项目成果的转化和应用；第四，明确分工，落实责任，确保文物安全。

会议认为：当前文物调查项目推广工作中，主要存在以下问题：第一，统计数据问题。各省普遍反映，其掌握的馆藏文物资源情况与我局公布的统计数字存有一定出入，建议重新核定各省文物数据采集的目标和工作任务量。第二，经费问题。由于2008年的地方财政经费预算已编制完成，若要申请追加难度较大，建议中央财政的文物调查项目经费及早下达，以利各省申请地方配套。第三，人员培训问题。很多代表反映人员编制不足，专业技术人员缺乏的问题，希望在培训班上可以邀请一些试点省的同志来介绍成功经验和试点工作中存在的问题，并提供前往试点省份考察学习的机会。

会议指出：文物调查项目的顺利推进需要各有关单位的紧密合作、通力配合。各省文物行政部门应尽快制定项目建设方案，明确本省（区、市）应进行数据采集的馆藏珍贵文物数量、配套经费数额，并积极争取省级财政部门的支持，落实项目建设所需的地方配套经费。中国文物信息咨询中心应负责指导各省制定项目建设方案，尽快组织开展人员培训，并组织编订《文物调查项目实例汇编》，充分发挥试点省份的借鉴和示范作用。

会议建议：为便于地方配套申请，确保文物调查项目的有序推进，由国家文物局博物馆处积极与有关部门沟通，争取及早下达今明两年项目建设的中央财政补助经费，并配合各省级文物行政部门落实项目建设所需的地方配套经费。

会议期间，国家文物局数据中心主任×××同志回顾了项目建设的历程及试点工作的经验，重点介绍了下一步的工作思路和工作计划。与会代表结合本省文物调查项目的启动情况与实际存在的问题进行了交流和讨论。

## 本章小结

函、意见和会议纪要三个文种的共性特点之一，就是它们都可以更好地服务于机关之间的横向联系。这三个文种都没有严格的行文方向上的限制，函在党的系统、意见在行政系统、会议纪要在党政系统都既可以用作上行文、下行文，也可以用作平行文。这一性质对写作行为和过程有很大的影响，在一定意义上增加了制度规范遵从方面的复杂性。随着我国政府职能转变的不断深化，机关间的横向联系会更加频繁和常规化，函、意见和会议纪要等文种的使用频率会越来越高。

## 关键术语

函　意见　会议纪要　公函　便函　发函　复函　下行意见　平行意见　上行意见　议定事项　议决性会议纪要　消息性会议纪要

## 思考题

1. 函的特点是什么，党的系统的函与行政系统的函有什么不同？

2. 函在语言运用方面有什么特殊之处，为什么会有这些特殊性？

3. 上行、下行、平行的意见各有什么特点，怎样在写作过程中体现这些特点？

4. 为什么在行政系统越来越多地使用像“意见”这样没有行文方向限制的公文？

5. 议决性会议纪要与消息性会议纪要的主要不同点是什么？

6. 议决性会议纪要与会议决定和决议有什么不同？

7. 怎样认识函、意见、会议纪要的共性特点，这些特点对写作有什么影响？

## 练习题

1. 根据如下素材，分别以×县人民政府办公室名义与县人力资源和社会保障局名义撰写一份发函和复函。

(1) 根据县编制委员会的批件，县政府办有行政编制29名，事业编制15名。目前，行政岗位空缺3名，事业岗位空缺5名。由于人员调动，洪涝灾害后重建工作量增大，加上市政府近期连续发文，要求对电子政务、信息公开、政务信息等工作充实力量，保证专职工作人员在岗。因此，人手明显不足，无法满足当前工作的需要。请人力资源和社会保障局同意将以下4名工作人员（附名单及现在所在工作岗位，均为县公安局、规划建设局、发改委的现职公务员）调整充实到县政府办工作，希望支持。

(2) 人力资源和社会保障局收到县政府办来文后，与编制委员会进行了沟通，核实了有关情况。县政府办缺编情况符合实际情况，同意将来函中列出的4名公务员中的3名调入县政府办工作，原所在部门已经联系过，均表示支持，同意这3位同志调出。但名单中所列规划建设局的章××同志，年龄已经过了59岁，再有4个月就要退休，已经不符合调动工作的条件，经与该局联系，对方同意调另外一位副主任科员、39岁的李××到县政府办工作，具体简历附后，请县政府办审查决定是否需要调入。

2. 请将本书［例文29］《关于认真做好推荐优秀团员作党的发展对象工作的

报告》改写为一份下行的意见，发文名义为中共某省委组织部，主要受文者为省内各地市县党委组织部、共青团委。

3. 根据下面的会议记录要点整理一份会议纪要。

××××年×月×日下午2点到6点，县长F同志在县政府320会议室主持召开了县人民政府第十九次常务会议。县委常委、常务副县长G，县委常委、副县长B、N，副县长L、Q、W，县政府党组成员、县长助理E，县政府党组成员、县监察局局长Z，县政府党组成员、县政府办主任X，县政府党组成员、××工业园区党工委书记Y出席了会议。县人大副主任H、县政协副主席P应邀列席了会议。列席会议的还有相关局、委、办的负责人8位：××、×××、××××、×××、×××、××、×××、×××。

会议研究了县人事劳动和社会保障局《关于2009年上半年全县事业单位公开招聘入围人员办理聘用手续的请示》和《关于公务员×××、××调入县规划建设局工作的请示》，县教育局制定的《高考、中考和学科竞赛奖励办法》、《关于落实县农村基础教育设施建设资金的请示》，××工业园区《关于请求支持高碳粉煤灰深加工项目投资建设的报告》，县政府办撰写的《关于组建县人民防空办公室的请示》和《关于进一步加强人民防空工作的意见》。

会议形成的意见是，县直部分事业单位公开招考人员都是有关单位急需的专业技术人员，且都参加了全县公开招考，经过了严格的考试考核，程序合法，成绩合格；几位在乡镇工作的公务员，经过了选调中的考察、公示环节，程序合法，考核合格。同意将79名同志聘用到有关事业单位工作。上述人员由劳动人事部门从××××年×月1日起正式办理好有关聘用手续，并须与用人单位签订不少于5年服务期限的有关协议。同意将×××、××调入县规划建设局工作，请抓紧办理有关调动手续。

多数同志都认为目前县教育质量徘徊不前，甚至在下滑，这与全县经济社会发展形势很不协调，离县委、县政府的要求和人民群众对优质教育的期望还有很大的差距，引起了全县上下的广泛关注，制定出台《县高考、中考和学科竞赛奖励办法》很有必要，有利于调动广大教师的工作积极性。会议决定原则同意该《办法》，要求加注“（试行)”，修改和完善后由县政府印发执行。奖励资金由县政府从教育附加费中每年解决100万元，资金实行滚动使用。会议强调，在实行奖励机制的同时，教育主管部门必须建立和完善对校长、教师的考核办法，做到有奖有罚，奖优罚劣，确保校长把主要精力放在学校管理上、教师把主要精力放在教学上，使全县教育质量能在短期内得到明显提升。

对于《关于落实县农村基础教育设施建设资金的请示》，会议认为，加快农村基础教育设施建设，对于改善办学条件、实现教育公平具有重要意义，在目前县财政集中筹集资金有一定难度的情况下，由相关单位向金融机构融资，是确保农村基础教育设施建设顺利进行的好办法。会议同意以县行政中心大楼土地、房产做抵押，向农发行或国开行先融资××××万元，并要求县国土、房管等部门积极配合，全力支持，确保融资工作顺利进行。

会议认为：××工业园区引进高碳粉煤灰深加工项目，是再生资源利用的一个好项目，但是，在项目实施中，必须处理好利用与稳定、利用与环保、利用与安全的关系，特别是要防止再利用带来的新污染和安全隐患。会议要求，环保部门要尽快提出项目是否可行、是否会影响××湖水质的意见，如环保评估此项目不可行，坚决不能立项。安监部门要提前介入，拿出是否影响灰坝坝体安全的科学分析意见。发改部门在取得环保、安监部门提出可行性意见并由开发方与环保、安监、发改等部门签订有关承诺协议后，负责做好立项工作，指导开发方落户选址，并给予开发方享受招商引资项目待遇。关于资源使用费问题，开发利用方每年需向政府交一定的资源使用费。开发方必须做到科学开发、有序开发，确保环保和安全。

关于《关于组建县人民防空办公室的请示》，同意组建独立的人民防空办公室，落实人防建设人员和经费，认为这是开展人防建设工作的重要保证。县人民防空办公室暂时仍与县政府办公室合署办公，履行人防办的职责，负责人防费的征收，具体工作由县政府分管城市建设口的领导和政府办副主任负责。待机构改革方案出台后，争取单列为县政府组成机构。

关于《关于进一步加强人民防空工作的意见》，与会者都认为，我县是省级人防重点城市，战略地位重要，防空任务繁重，制定和实施《关于进一步加强人民防空工作的意见》，对于各级各部门充分认识人民防空工作的重要性，切实加强人民防空组织体系建设、信息化防空防灾警报和防空工程建设，积极做好人民防空工作具有十分重要的指导意义。会议原则同意县政府办公室制定的《关于进一步加强人民防空工作的意见》，并同意以县政府的名义印发实施，但部分文字需要再调整，部分提法应当和国家相关法律法规保持高度一致。

# 第 11 章

# 公文处理概述

本章介绍了公文处理活动的地位与特性，阐释了公文处理基本原则的内涵，概要叙述了我国党政机关公文处理工作的组织情况。

**本章学习要点**

- 公文处理活动的特性
- 公文处理基本原则
- 公文处理工作的组织

## 11.1　公文处理的基本任务

### 11.1.1　公文处理

公文在各级各类国家机构和其他社会组织（政党、人民团体、企业事业单位等）处理公务的活动中，有着广泛的用途和特定的功能效用，是公务活动的重要工具之一。围绕公文形成并产生功效的过程，存在着以有关国家机构和其他社会组织（为行文方便，以下简称为机关）中各级各类工作人员为主体的公文处理活动，这项活动构成公务活动的重要组成部分，它创造了公文并提供了使其产生实际效用的条件和基础。

公文处理就是对公文的创造、处置和管理，即在公文从形成、运转办理、传递、存贮到转换为档案或毁灭的完整生命周期中，以特定方法和原则对公文进行创制、加工、利用、保管料理，使其完善并获得必要功效的行为或过程。

各类公务活动对公文的普遍依赖性，使公文处理成为这些公务活动的重要组成部分，并对这些活动的方式、程序以及效果产生一定影响。

### 11.1.2　公文处理的基本任务

公文处理在公务活动中所承担的基本任务就是及时、准确、有效地创制、加工、传递、保管、处置公文，为公务活动提供适用的信息。这一基本任务具体分解为：

1. 创制公文

即根据公务活动的需要和要求，对有关的信息材料进行系统的收集、加工、整理，创造出适用的信息，并撰拟成为文稿，经审核、签发等环节完善和确认其正式效用之后，再经注发、整理、印制等步骤，最终形成正式文件。

2. 传递公文

即将创制完毕的文件，根据有关规定递送给收受机关。

3. 办理公文

即根据法定的职责和权限，收受来自有关方面的文件，经过分办、批办、拟办、传阅、注办等工作环节，对文件进行阅读、加工，从中提取有用信息，解决文件所针对的工作问题（包括以创制新文件的方式解决）。

4. 处置办毕公文

即根据一定标准对办理完毕的文件的归宿作出安排：对在规定立卷归档范围内的文件作系统化整理与编目，编立成案卷，并在规定时间内移交档案部门；向原发文机关或其他有关机关清退在规定退还范围内的文件；销毁已不具备留存价值的文件；暂存既不在规定的立卷归档范围内，又不能马上予以销毁的文件。

5. 管理公文

即为使上述四项任务能有效完成，进一步发挥或放大文件的功效，对文件实施科学、系统的保管、料理措施，涉及对文件的收发、传送、登记、分类、清理、用印、签注（注发、注办等）、检索、提供查阅、催办、查办，以及对文件机密与安全的维护等。

## 11.2 公文处理活动的地位与特性

### 11.2.1 公文处理活动的地位

公文处理是使公务活动的重要工具——公务文件得以形成和产生实际效用的重要活动。公务活动对公文的广泛依赖性，公文处理活动对公文形成和生效所产生的影响，使公文处理在公务活动中占有不可替代的重要地位。

1. 公文处理是公务机关实现管理职能的必要条件

公文是对公共事务实施处理和管理的公务活动的产物，公文处理就是为形成公文和使之产生效用，进而为实现各种管理职能提供服务而进行的工作活动。

不管具体业务范围怎样，各种公务机关的管理职能大都由组织①、指挥②、决策③、监督控制④、协调⑤等基本职能构成，而欲使这些职能得到有效实现，就需要得到必要的信息支持，即从有关方面得到适用的信息，如果失去这种支持，就意味着失去这些基本职能活动本身，因为从对这些活动过程的分析可知，它们无一不是一个对有关信息的加工、利用过程——信息从来都是组织的“黏合剂”，是指挥的基础，是决策的前提，是监督控制的依据，是协调的工具。也正是在这个意义上，人们通常认为，管理的过程也是信息的加工和利用过程（见图 11—1）。

当然，在各项管理职能的实现过程中，所需信息有组织地被传递和利用是需要借助于各种信息记录的，而且由于这些信息中的主体部分是与管理性质和特点相适应的权威性与凭证性信息，因此，这些信息记录又主要是可以有效传递权威性、凭证性信息的公务文件。从这样的意义上讲，各项管理职能对信息的依赖又主要和大量地表现为对公务文件的需求，于是，使公文得以形成并产生实际效用的公文处理活动就成为公务机关实现管理职能的必要条件。

---

① 作为一种管理职能的组织，是指将人、财、物等要素以有秩序、有成效的方式组合为一个有机体的活动过程。

② 作为一种管理职能的指挥，是指为实现统一目标，使各有关方面按统一要求统一行动的过程。

③ 作为一种管理职能的决策，是指在充分研究、分析、比较影响管理对象状态诸因素的基础上，将计划、需求、环境状态与管理目标协调起来，拟定几种方案，选择其中一种最佳方案作为行动方案的过程。

④ 作为一种管理职能的监督控制，是指以多种方式了解管理对象的状态，并将其与管理目标需要加以比较，发现偏差并采取措施加以纠正的过程。

⑤ 作为一种管理职能的协调，是指通过统一与调节各项活动、各个方面、各级工作机构和人员相互间的关系，指导达成共同目标的过程。

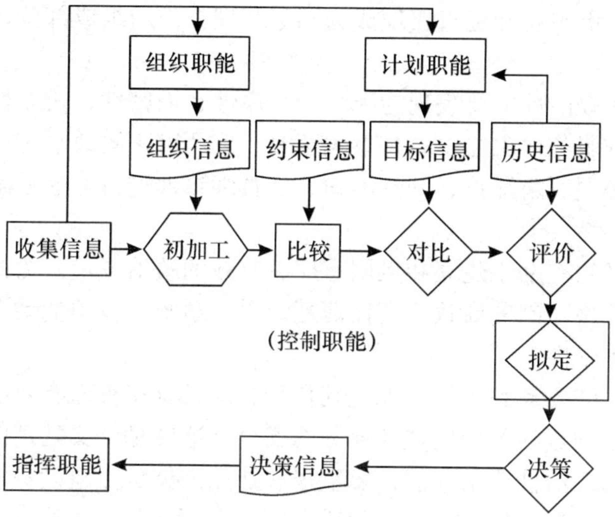


**图 11—1　管理职能实现中信息记录的价值**

2. 公文处理是国家文化事业的重要基础之一

国家的文化事业是由包括档案事业在内的多项具体事业构成的。由于档案是从文件并且主要是公文转化而来的，档案工作的对象是由公文处理活动积累并提供的，因此，公文处理是档案事业的基础，同时也就构成了国家文化事业的重要基础之一。

档案与文件，特别是与公文之间在“血缘”上的密切关系，使公文处理活动对档案事业的兴衰有很大的影响，公文处理活动的质量常常可以制约或促进档案事业的发展，从而对国家整个文化事业的发展产生相同或相似的影响。

综上所述，无论对于公务机关实现管理职能，还是对国家文化事业的发展而言，公文处理活动都是一项条件性、基础性的重要工作。

### 11.2.2　公文处理活动的特性

公文处理是公务活动的组成部分之一，同时，它又具有区别于其他公务活动的特殊属性。认识并理解这些属性是人们掌握公文处理规律，使之产生更大功效的基础。公文处理活动的基本属性主要包括：政治性、辅助性、技术性。这些基本属性分别有一系列特殊的表现形式。

1. 政治性

公务即关于国家或集体的事务，公文就是为处理这些事务而存在的。这一点使以创制、加工、保管料理公文为内容，以使公文完善并获得必要功效为目的的公文处理活动，更主要和更直接地成为国家管理工作的组成部分，因而具有很强的政治性。

公文处理的政治性主要表现为极强的严肃性、周密性、机要性。

公文处理的服务对象之一，是事关至要、威严肃正的政治统治，为此这项活动责任重大，必须严肃郑重、一丝不苟、认真细致地进行，这就是公文处理的严肃性。

公文处理必须有助于建立和巩固有序、有效的政治统治，为此，其自身就必须程序规范而严格、制度周致、责任清楚、手续缜密，各项活动有条不紊，这就是公文处理的周密性。

公文处理关涉要务和机密，为此其自身必须具有完善而有效的保密机制，维护事关国家根本利益的各项秘密和要务的安全，这就是公文处理的机要性。

公文处理的政治性要求我们：要重视和加强人员队伍建设，使参与公文处理的所有工作人员都具有良好的政治素质和职业道德修养；要建立严格的工作制度体系，确保各个工作环节严谨周密；要建立行之有效的保密机制，确保公文中机密的安全。

2. 辅助性

公文处理是公务活动的组成部分，而且是以为解决各种非私事务问题提供基础和条件的方式存在于公务活动中的。这一点，就使公文处理成为国家管理工作的辅助性活动：它自身并非是一项管理职能活动，却能向各种管理职能活动（组织、指挥、决策、监督控制、协调等）提供所必需的有用信息，以这样一种特有的方式，为这些活动的有效进行创造条件、提供可能。

公文处理的辅助性，主要表现为很强的分布性、业务性。

公文处理不是一项管理职能，却能为各项管理职能提供条件服务，这使得它虽有独特的功用和内容，却不能像管理职能那样被分割，被专门的职能机构或人员所独立承担，而必须由承担不同职能、责任的各种机构和各层次的工作人员共同参与、共同承担、共同完成，因而在工作任务的承担上表现出很强的分散兼承的分布性特点。

基于相同的理由，公文处理活动渗透于各项管理职能的履行过程中，与一个机关承担的各项业务工作密不可分，浑然一体。特别是在公文办理过程中，由于办文旨在办事，“质”在办事，为此，其业务性非常明显。

公文处理的辅助性要求我们：要确立系统管理的观念，从整体优化的角度，处理好公文处理与业务活动的关系；要加强全员教育和培训，全面提高所有工作人员的业务素质和公文处理技能水平；要坚持集中统一管理的原则，加强对公文处理过程的有效控制，克服一切各行其是的倾向。

3. 技术性

公文处理活动几乎与人类文明史一样悠久，反复的实践使人们对其中的客观规律性不断有所认识，并逐渐形成和积累起系统而行之有效的经验与应用性的知识、程序、方法及技巧。特别是在近现代社会，随着各种科学原理和技术规律不断被发现、发明并投入实际应用，有关的管理技术、信息技术也不断被公文处理工作采用，从而使这项工作逐渐成为由多种具体门类技术构成的技术性活动。

公文处理活动的技术性，主要表现为较强的专业性、稳定性。

公文处理活动包含有多门类技术的应用，这一点促进了在这项工作中分工的发展。为遵从特有的技术规律，人们需要对这项工作实施专业划分；需要对从事这项工作的人员实施专业培训；需要培养相关的专业人才；需要建立专业队伍，建立专门机构；等等。这就是公文处理的专业性。

公文处理活动的特有技术规律，还要求这些活动自身必须在能适合客观需要的前提下，保证相对的稳定，包括有关的程序、制度、方法、机构设置、人员分工等在内均不宜频繁变更，以确保工作人员能熟练掌握和运用各种技术，并以此推动工作质量与效率的提高。这就是公文处理的稳定性。

公文处理的技术性要求我们：要认真遵行技术规律，不断学习和应用新技术；要注重专业化建设，提高专业化水平；要注意保持公文处理程序、制度、方法、机构设置、人员分工等方面必要的稳定性。

## 11.3　公文处理的基本原则

公文处理是一项有着特定功用、特定方法程序、特定内容与形式的活动，为保证这项活动有序、有效，必须顺应其内在的特殊规律，遵行一定的原则。这些原则是对客观规律的正确反映，既是对公文处理活动的基本要求，又是衡量公文处理活动优劣的质量标准。

### 11.3.1　法制原则

法制原则是指通过法律、法规、规章和制度对公文处理活动加以调整和规范，将处理方法手段、程序手续、行为方式与准则法规化、制度化，在公文处理活动中处处依法、守法，根绝违法行为，同一切违法行为作斗争。具体要求是：

（1）要充分立“法”。使公文处理有法可依、有制可循。

（2）要坚持依“法”办事。在公文处理中应处处事事严格依法守法，不管公文内容还是形式，不管办事的准则还是方法程序，绝不与法律和制度规范相抵触。

（3）要严格执“法”。应坚持同一切违法违制的行为作斗争，有效抵制一切违法违制行为。

（4）要坚决纠正并依法制裁违法违制行为。应建立起有效的监督机制，务使各种违法违制行为得到及时的发现和纠正，并受到相应的处罚或制裁。

在公文处理活动中，坚持遵行法制原则是十分必要的、必须的，也是可行的。

依法行政、依法理事、依法处理公务是现代管理、现代公务活动的特点之一。因此，作为公务活动一部分的公文处理活动也必须有法、依法、执法。只有如此，公文才能产生在法律制度的强制力和严肃性保障之下的现时执行效用，才能使从事公文处理活动的工作人员有所遵循，权利、义务、责任明确，程序手续完整周密，方法措施确定，工作质量稳定，信赏必罚，高效率、高可靠性地履行职责。也只有如此，才能提高公文处理的科学化水平，赋予其行之有效的一系列工作原则、方法、程序以及应有的地位和权威性，保证其能得到有效的推行。

### 11.3.2 实事求是原则

实事求是，是认识问题、处理问题的重要准则，同样也是公文处理原则的组成部分之一。坚持实事求是原则，就是要一切从实际出发，解决实际问题，忠实反映情况，使判断合乎实际，方法措施切实可行。具体要求是：

（1）要克服官僚主义、形式主义、文牍主义，绝不能仅仅为处理公文而处理公文。公文处理的一切活动必须有明确而实际的目的，要充分了解客观实际，积极解决实际问题。

（2）不管在何种情况下，不管对上还是对下，在公文处理中绝不能虚构事物，绝不能有意夸大、缩小或掩饰事物的本来面貌，绝不能对外传递虚假、片面的信息。只有如此，才能避免以假当真、以假乱真，避免因不真实的情况反映导致决策的失误或失败。

（3）一切结论须在经充分的调查与研究，占有足够的事实材料，掌握必要的规律之后才能得出，绝不可妄下断言、草率行事。

（4）解决问题的方法措施要切实可行。公文处理的实质就是处理问题，以切实可行的方法措施解决问题。公文处理过程实际上就是一个寻求或具体实施这些方法措施的过程。为此，在公文处理实践中，必须集中注意于对方法措施的正确提出和有效实施。应力争在情况明、判断准的前提下，提出符合客观实际需要，并有客观条件保证的，经过努力就能行得通、有成效的，合情、合理、科学、有力的方法措施，以保证公文处理活动能取得实效。

实事求是地处理公文，这是由我国公务机关的社会主义性质和做人民公仆、为人民办实事办好事的宗旨所决定的。如果摈弃了这一原则，官僚主义、形式主义、文牍主义就会泛滥成灾，浮夸、生搬硬套、妄下结论、草率从事、虚以应付的腐朽之风就会严重污染公务机关的风气，公文将变成空文、假文、有害之文，公文处理也就失去了其对公务活动的有利作用。

### 11.3.3　全面质量原则

质量是指公文处理活动优劣的程度。全面质量原则是指必须追求公文处理全部构成因素、全部过程、全部质量指标的优化。具体要求是：

首先，构成公文处理活动的所有因素都必须优化。人、设备、工具、物质材料、程序制度、信息资料等都对公文处理质量有决定性影响，因此，这些因素不分大小，不管发挥何种具体的作用，都必须优秀、精良、适用、可靠。

其次，公文处理的全部过程都必须是优化的。构成公文处理活动的各项具体工作环节是紧密相连、不可分割的，它们是一个功能整体，共同创造着工作质量，因此，这些工作环节都必须依照高标准运行，以相互依托，共同创造出适用、可靠、经济、有效的高品质工作成果。

最后，衡量公文处理质量的全部指标都应当是优化的。质量是指一个事物的优劣程度，质量指标正是衡量事物优劣的具体尺度。由若干指标组成的指标体系全面反映着一个事物的全部构成因素和全部过程的质量状态。真正优质的事物总是以整个指标体系全面优化为特征的。对于公文处理来说同样如此，仅仅有一个或几个指标的优化是远远不够的，整个体系全面的优化才是真正的优质。

公文处理活动之所以必须遵行全面质量原则，主要取决于公文处理的特点和质量对该活动的重要性。

公文处理是由多因素参与、由多项活动共同构成的群体活动过程，其最终效果的优劣与每一个因素、每项活动及其每一个具体方面的状态有关。一个点，一个面，甚至一个细节上的微小错漏都有可能在公文现行执行效用的放大之下，衍生为重大错误。俗话说：一字入公门，九牛拔不出。公文处理的结果（用公文或面谈、会议等形式告知有关方面，强制影响其某些行为）作为严肃的公务活动的产物，可以受到法定强制力的保护。在这种情况下，微小的错漏都有被放大为巨大失误的可能性。在历史与现实中，因公文中错用了一个标点、多写或少写一个笔画，从而错误传达了命令或情况，造成一场战争由胜转败的事例并不鲜见；因在公文中多写或少写一个零，标错一个数码而使一次经济活动由盈转亏，甚至造成不可弥补的经济损失的事例同样举不胜举。正是在这个意义上，公文处理中没有小错，必须追求全面质量，力争禁绝一切错漏。

### 11.3.4 时效原则

时效指公文有效的时间限度。时效原则是指在公文处理中，必须有高度的时间观念，要及时而适时地处置各种事务，维护公文在特定时间范围内的有效性，使其对公务活动产生更加充分的有利影响。具体要求是：

首先，要及时，即高度珍惜时间，迅速有效地办文办事，不积压公文，不延误事情的办理。要做到这一点，除了要使各级各类工作人员确立起正确的时间观念之外，还应注意实施科学有效的时间管理，如：采取措施，简化公文运转过程；减少公文在仅有手续性意义的工作环节上停滞的时间；把握公文运转的正确方向，减少不必要的重复过程；提高各级工作人员处理公文的实际能力；完善岗位责任制度；积极采用工作效率更高的公文处理设备和工具；明确规定公文的处理时限；正确区分轻重缓急，保证要件、急件优先处理；等等。

其次，要适时，即注意寻找和把握有效的时机。公文处理过程也是一个不断形成和积累公文生效条件的过程，忽视这一点，一味求快，其结果往往是欲速则不达，空费时间，并给以后有效处理公文制造障碍。特别是在时机未到便贸然行事铸成错误时，往往不得不朝令夕改，从而削弱机关的权威，给各项工作带来被动和损失。

遵行时效原则是由公文处理内在的规律性所决定的。每一具体公文都是有时效的，即它们只能在特定的时间范围内产生效用，在这一时间范围内促成各种公务活动问题的解决。超过这一时间范围，这种效用就会消失。为此，欲使公文处理活动实现其价值，不能不注意充分利用时间，保证公文能得到及时、适时的有效处理。

维护公文处理活动的时效，实质上就是在追求这项工作活动的高效率。工作效率说到底就是一个单位时间的利用价值高低问题。如果能在公文处理活动中，处处事事注意及时、适时，就可以极大地挖掘并提高时间的利用价值，从而使这项工作活动获得较高的效率。社会生活节奏的不断加快，使管理对象状态的变化也随之加快，因而使每一具体公文和相应的公文处理活动的有效期限大为缩短，这就更加增强了维护公文处理时效的重要性，也增添了为之作出努力的难度。

### 11.3.5　集中统一原则

集中统一原则是指在公文处理活动中各级各类工作人员要接受集中统一的领导指导，要遵行统一的公文处理制度，一部分公文处理活动必须由公文处理的管理机构或人员统一进行。具体要求是：

首先，必须接受集中统一的领导指导。公文处理活动须置于机关首脑直接领导下，并由其授权内部的综合部门（办公厅、室等）具体组织、协调、指导整个机关的公文处理工作，其他各部门、各类工作人员均须接受这种集中统一的领导与指导。

其次，必须遵行统一的公文处理制度。有关公文处理的制度应有较广泛的应用范围和较高的统一程度，以保证公文运转过程的顺畅，增加各机关之间在公文处理方面的“共同语言”，减少人为障碍，加快公文处理。

最后，必须由公文处理部门统一承担一部分公文处理作业。公文处理中事关公文运行方向、速度，决定公文生效与归宿的工作环节（如收发、分办、传递、用印、立卷归档、销毁等）须由公文处理的管理机构或人员专门完成。

遵行集中统一原则也是由公文处理活动自身的特点和客观需求所决定的。要使这样一项几乎所有部门和人员共同参与、分散独立进行的工作活动有秩序、有效率，不能不采取集中统一的管理模式。

如果说，机关内部各职能部门像是人体的四肢，机关首脑类似于人的大脑，那么公文处理活动就相当于人体的神经系统，这个系统是网络状的，分布在人体的各个部位。要使这样一个系统处于受控状态，只有“大脑”能做得到。对机关而言，公文处理工作只有被置于机关首脑直接领导之下，才有权威保障，才会使那些各个部门、各级各类人员都参与，都要管，又都管不来的工作能被管起来。

公文处理活动在本质上应当属于信息活动。处理公文就是在处理信息。而我们知道，信息活动的有效性是以“共同语言”为前提条件的。分散进行、人人参与的公文处理活动主要就是靠规章制度这些“共同语言”黏合成为一个整体的，这些“共同语言”通用的程度和范围越高、越广，它们的有效性也就越强。这也就是公文处理有关规章制度应尽可能在最大程度上和范围内实现统一的原因。

之所以要由专兼职机构或人员分类集中处理一部分公文处理作业，则在于一方面可以充分发挥科学分工的作用，以分工造就的熟练提高工作质量与效率，另一方面以控制关键性事务活动环节的手段，达到控制整个公文处理过程的目的。

### 11.3.6　党政分工原则

党政分工原则是指在公文处理活动中，应明确执政党的组织与行政机构的不同责任范围，使其在各自的职责权利范围内专司其职、专负其责，以保证工作的有效进行，从实质上强化作为执政党的中国共产党的领导地位和领导作用。具体要求是：

首先，要明确党政组织的不同职责。办文的实质是办事，事权不清、职责不明就难免以党代政、以政代党，降低管理效能。

其次，党政文件要分开。所谓分开，就是在一般情况下，党组织和行政机构各自只向自己组织系统内部制发文件，只有在必要时，才用级别相同或相近的党政机关的共同名义联合行文。除特殊重要的事务之外，党组织只办理党的文件，行政机构只处理自身行政事务方面的文件。

如果在公文处理中党政不分，不管是以政代党，还是以党代政，都会从实质上削弱中国共产党的领导，降低党的工作和行政工作的总体效能。为此，我们应当努力遵行党政分工的原则，使中国共产党的领导获得实质性的加强，全面提高党政工作的效能。

### 11.3.7　保密原则

保密原则是指在公文处理活动中，应确立保密观念，严格执行保密规定，严格保守党和国家及团体的秘密。

首先，要依法确定公文中的秘密，合理划定保密等级与保密期限，并根据情况的变化及时予以变更或解除。

其次，要自觉做到不失密、不泄密。应：不随便携涉密文件外出，更不携其游览、参观、探亲访友和出入公共场所；不在不利于保密的地点存放涉密文件；不用普通通信方式传递涉密文件；销毁涉密文件时须实施有效的监督。并应自觉做到：对不该说的、问的、看的、听的、记录的秘密，绝对不说、不问、不看、不听、不记；不在私人通信中涉及秘密；不经批准不翻印、不复制、不摘录涉密文件；不随意将文件转借其他机构或个人；不在没有保密条件的地方印制涉密公文；坚决同各种泄密行为进行斗争，发现泄密现象或有关隐患时，要立即采取补救措施并报告有关部门处理。

最后，还要积极采取措施防范并严惩各种窃密行为，做好防谍、防特工作。

对于公务活动机关来说，出于维护国家利益的需要，总有一些事项在一定时间内只限一定范围的人员知悉，而这些事项又往往都记录在各种公文中。为此，在公文处理活动中遵行保密原则就成为必要。特别需要说明的是，在目前世界上还存在两种对立的社会制度，敌对势力、敌对阶级的残余仍旧存在，阶级斗争仍旧存在的今天，在不断改革开放的形势下，公文处理活动中的保密观念、保密措施丝毫松懈不得，相反则必须强化。这一方面是由于我们与世界的交往多了，失密、泄密的可能性也增加了，不怀好意、千方百计想窃取秘密的人的机会也相对增多了；另一方面，现代科学技术的发展使各种合法、非法获取秘密的手段越发先进和多样化。这一切都使保密工作的难度大为增加，同时，也进一步表明强化这项工作的必要性。

### 11.3.8　简化原则

简化原则是指在公文处理活动中，为使工作更有效率，更加优质，应在保证其具有相同功能的前提下，以各种方式将有关事物化繁为简。具体要求是：

首先，要简化公文，使其结构、格式、语言表达高度简练，为其更迅速、更有效地被撰制、阅读与办理提供便利。

其次，要简化公文处理的程序、手续。应取消多余的无实际意义的工作环节，合并相互包含的工作步骤，尽量减少或简化各种手续，以降低各种消耗，减少出错机会。

最后，要简化公文处理的方法。应积极创造并推广应用各种更为简便而有效的方式方法和手段处理公文。

事实证明，精练、简单而功能强的事物才是高效和可靠的事物。对于像公文处理这类工具性、手段性、辅助性的工作活动来说，更是如此。因为精练、简单而功能强的事物才更容易掌握，更有活力，更有广阔的适用性，也更经济。而且，由于结构简单，构成整体的各个“部分”的数量少，出错的比率以及错漏对其他“部分”所造成的连锁反应也比较小，因此，也就更加可靠，更能为优良质量确立保障。由此可见，在公文处理中，没有必要迷信和过于依赖复杂甚至是繁杂的事物。应时刻想到，在这个领域中，简便易行的事物更有生命力，简单就是可靠，精练更加有效。

## 11.4　公文处理工作的组织

### 11.4.1　公文处理工作的组织形式

作为一项管理职能的组织，就是指将事物的构成要素以有成效的方式组合为一个整体的行为或过程。

公文处理工作的组织形式就是公文处理工作组织结构的形式，即公文处理工作要素的具体构成及组合的基本型制。由于组织形式是一项基本的制度，对工作效率、工作质量有决定性影响，因此，必须予以重视，正确地为机关确定与实际需要相适合的公文处理工作组织形式。

公文处理工作的组织形式主要有三种基本类型：集中型、分散型、复合型。

（1）集中型的特点就是根据公文信息处理与管理功能（如输入、输出、加工、存储、控制等）进行基本分工和建立公文处理工作实体。机关内各职能部门只负责创制、办理公文，不再承担其他公文处理与管理职责，这些职责由机关专设公文机构集中承担。这种组织形式使公文处理工作整体性强，便于集中统一控制，但灵活性较差，主要适用于：规模不大、职能简单、业务量和公文量不多、驻地集中的中小型机关和基层单位，以及一部分职能单一、组织机构层次少、分工不明确、驻地集中的大型、中型机关。

（2）分散型的特点就是按机关职能部门划分的结果进行基本分工，把每个职能部门组织为独立的公文处理工作实体，使其具备相对完整的公文处理与管理功能。这种组织形式的长处是灵活性强，公文周转过程相对短捷，但机关总体控制能力较弱，机关综合办公部门主要以统一规范指导监督各职能部门的公文处理工作，自身只负责为机关首长提供公文服务，以及处理和管理一些综合性公文，以审核及控制收发环节等形式控制一部分重要公文的运转过程。分散型主要适用于：规模大、分工明确的大型机关，以及各职能部门办公驻地非常分散的大中型机关。

（3）复合型的特点就是在一个机关中同时采用集中型与分散型两种组织形式。或者，使一部分职能部门成为相对独立的公文处理工作实体，另一部分职能部门则主要负责创制办理公文；或者，使职能部门均获得公文处理工作的有限独立性，除收发环节及部分重要公文的审核经机关综合办公部门负责外，可完整处理和管理权限范围内的公文。关涉机关全局的公文则由综合办公部门直接处理。复合型兼有集中型与分散型两种组织形式之所长，绝大多数大中型机关，特别是办公地点不够集中的，以及公文量在各职能部门分布严重失衡的大中型机关均采用这种组织形式。

### 11.4.2 公文处理工作机构的设置

这里所说的公文处理工作机构是指机关中专设的从事公文收发、传递、审核、制作等公文管理工作的专（兼）职机构。

一些大中型机关大都在综合办公部门下设专职公文机构，如秘书、文电、机要、文印、收发、通信、值班处（室）等。这些机构的层次划分一般不超过两层，以上例举的处室之间就既可以是并列关系，也可以在秘书或文电处下设几个室。

实行分散型或复合型组织形式的一部分机关，在职能部门下的办公室内设置专职或兼职的公文机构，要配备专兼职的公文处理工作人员。

小型机关特别是基层单位一般不设专门公文机构，而是由综合办公部门直接兼管，但需配备专兼职公文处理工作人员。

### 11.4.3　公文处理工作责任的区分

在公文处理工作中，不同类型的工作人员承担着不同的具体工作任务及与之相吻合的责任，为了使公文处理工作确有秩序和质量，应注重对公文处理工作责任的明确区分。

1. 机关首长的公文处理工作责任

机关首长即一个机关单位的负责人。在公文处理工作中，他们的主要责任在于：亲自参与对重要公文的撰拟，审定签发以本机关名义制发的重要公文并承担其法律和行政的后果；阅处重要来文并指示处置原则与方法；直接承办最重要的来文；审定机关公文处理工作方面的计划、规章和标准，确定对公文处理工作系统的重大改造方案，指导解决机关内公文处理工作活动中带有根本性的随机事件等。

2. 综合办公部门负责人的公文处理工作责任

综合办公部门指机关内部设置的办公厅（室）等综合服务、综合管理机构。该部门是公文信息流通的中枢，因此，其负责人对公文处理工作负有全面而具体的多种责任：亲自动手撰拟一部分重要的综合性公文；审定签发以本部门名义制发的公文并承担其相应的法律或行政的后果；亲自审核重要的对外发文；经机关首长明确授权代为审定签发以机关名义制发的公文；阅处或经机关首长明确授权代为阅处部分来文并指示处置原则与方法；直接拟办和承办重要来文；制定本机关公文处理工作计划及实施方案；组织制定公文方面的规章制度和标准并督促检查实施情况；组织规划公文处理工作流程；建立公文处理工作质量与效率保障体系，确保机关公文处理工作的质量与效率；协调机关内外的行文关系；指导解决机关公文处理工作中的一般性随机事件；指导下级机关的公文处理工作等。

3. 业务部门负责人的公文处理工作责任

业务部门指机关内设的具体承担机关某一项或某几项职能的职能机构。这些部门负责人的公文处理工作责任包括：亲自撰拟一部分比较重要的公文；审定签发以本部门名义制发（仅限非正式对外发出）的公文并承担相应的法律和行政的后果；审核由本部门承办、以机关名义发出的公文；阅处由本部门直接办理的来文并确定具体处置方案；直接拟办和承办重要来文；协调与其他部门间的行文关系；指导本部门的公文处理工作，控制其质量，确保工作效率，向机关首长或综合部门反映有关情况，解决部门内部公文处理工作中的矛盾和问题。

按机关公文处理工作组织形式的要求在职能部门设置专兼职公文处理工作机构的部门负责人还负有制定有关计划和实施方案，组织规划公文处理工作流程，指导公文机构工作等责任。

4. 公文处理工作机构负责人的公文处理工作责任

公文处理工作机构又称文书部门、公文处理部门或公文机构。它是在综合办公部门或业务部门内部下设的专门承担公文管理任务的机构。这类机构负责人主要的公文处理工作责任包括：草拟由领导交办的公文；审核公文；拟办、承办部门来文；组织公文处理工作人员集中完成一部分公文处理工作作业；具体协调解决机关内部、外部的一般性具体矛盾关系；具体组织控制部门公文的流程；以多种渠道了解公文处理工作具体情况，直接指导解决或提请领导解决有关具体问题；根据授权提出公文处理工作计划及实施方案，设计公文处理工作制度、标准和规程；规划公文处理工作流程；具体指导下级机关的公文处理工作等。

5. 专（兼）职公文处理工作人员的公文处理工作责任

机关中总需要有一部分专门承担或主要承担公文处理工作任务的工作人员，一般称其为公文处理工作人员或文书人员、文秘人员、机要人员等。他们在公文处理工作中的主要责任包括：分类集中承担一部分公文处理工作作业，特别是其中具有管理性质的作业，如收发、分办、启封、登记、摘编、用印、归卷、清退、销毁、保管、提供借阅利用、组织传阅、催办、查办、印制、注发、对外传递以及审核公文等；组织公文的具体运转过程；辅助设计制定公文处理工作制度、标准和规程等。

6. 一般业务人员的公文处理工作责任

在各职能部门工作的一般业务人员在公文处理工作中的责任就是按质量要求和规定的时限阅处公文，提出拟办意见，具体承接办理公文，解决其中所涉及的问题，起草和修改公文，参与审核一部分公文等。

## 本章小结

公文的产生及功能效用的实现有赖于有组织的公文处理活动。公文处理是一项有着特定功用、特定方法程序、特定内容与形式的特殊活动，为保证其有效、有序地进行，需要研究、探索和认真遵循其特殊的规律，遵行一定的原则，需要对公文处理工作实施科学的组织管理。

## 关键术语

公文处理　创制公文　传递公文　办理公文　处置办毕公文　管理公文　政治性　辅助性　技术性　严肃性　周密性　机要性　分布性　业务性　专业性　稳定性　法制原则　实事求是原则　全面质量原则　时效原则　集中统一原则　党政分工原则　保密原则　简化原则　公文处理工作的组织形式　集中型　分散型　复合型　公文处理工作责任

## 思考题

1. 什么是公文处理，公文写作与公文处理是什么关系？
2. 公文处理的基本任务是什么？
3. 公文处理的基本属性是什么，主要表现在哪些方面？
4. 公文处理在公务机关管理职能实现过程中发挥着怎样的作用？
5. 有人说，在一定意义上，未来的政府管理、企业管理就是依托文件的管理。你怎样理解这句话？
6. 公文处理基本原则的内涵是什么，它们的精神实质是什么，为什么需要遵行这些原则？
7. 公文处理工作的组织形式主要有几种基本类型，它们分别适用于什么情况？
8. 你怎样认识不同类型的工作人员的公文处理责任？

# 第12章 公文处理程序与方法

本章概述了公文处理过程中收文处理、发文处理、办毕公文处置的程序，介绍了公文处理的基本方法要点。

**本章学习要点**

- 收文处理程序与方法
- 发文处理程序与方法
- 办毕公文处置的方法

## 12.1 收文处理程序

### 12.1.1 收文处理程序概述

收文处理是指对来自本机关外部的公文所实施的处置与管理活动。主要包括公文的收受与分流、办理收文、控制办理过程、处置办毕公文四个阶段。收文的处理既是从公文中提取新信息的过程，也是创造新信息的过程；既是通过具体处理公文以推动工作开展的过程，也是使公文真正发挥效用的过程。

收文处理的具体工作活动，依其性质的不同可分为收文办理与收文管理两大类。

## 12.1.2　收文处理一般过程

收文处理的一般程序为：第一，签收、外收文登记、启封、内收文登记、分办、摘编；第二，拟办、批办、承办、注办；第三，组织传阅、催办、查办；第四，处置办毕公文（见图 12—1）。

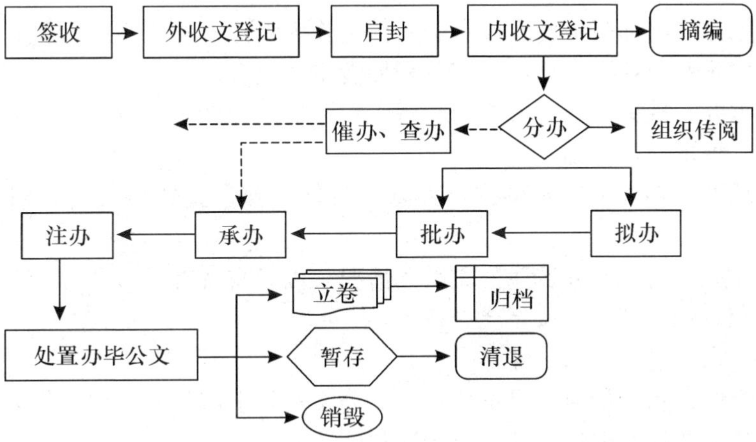


**图 12—1　收文处理程序示例**

1. 公文的收受与分流

具体包括：签收、外收文登记、启封、内收文登记、分办、摘编。

这一阶段工作的主要任务是收受来自各有关方面的公文，并为其确定科学合理的运转方向，提供充分的有效运转条件。

（1）签收。指履行规定的确认、清点、核对、检查、签注手续后，由机关设置的外收发人员、通信人员分别从发文机关、邮政部门、机要通信部门、文件交换站，或者通过计算机网络、自备通信设备收取公文。

（2）外收文登记。即由外收发人员在完成签收工作后，对收文情况作出简要记载。

（3）启封。外收文登记完成后，公文送至机关统一或分别按内部机构设置的内收发部门（或人员），由其签收后，统一启封或直接送有关领导者亲启。

（4）内收文登记。即由内收发人员对收文情况作出较详细记载。

(5) 分办。即经过对收文进行分类筛选后，由指定的人员根据公文的重要程度、各部门职责分工及有关分文制度将公文分送有关领导、有关部门工作人员阅知办理。

(6) 摘编。由文件管理人员对部分准备投入办理的重要文件进行的加工活动，主要是针对这些文件编写文摘、提要、综述，汇集有关数据资料等。

2. 办理收文

具体包括：拟办、批办、承办、注办。

这一阶段工作的主要任务是通过对收文的阅读、分析研究，从中获取信息，了解或解决其所针对的问题。

(1) 拟办。由部门负责人或有关具体工作人员经过对公文进行认真的阅读分析，提出建议性的处置意见，供有关领导者审核定夺。

(2) 批办。机关领导者或部门负责人对公文（包括拟办意见）进行认真阅读分析之后，提出处置意见。

(3) 承办。有关工作人员按批办意见具体承接、处置公文所针对的事务和问题。

(4) 注办。由承办人签注公文承办情况，以备忘待查。

3. 控制办理过程

具体包括：组织传阅、催办、查办。

(1) 组织传阅。指独份或份数很少的公文需经多部门或多位工作人员阅知处理时，使公文在他们中间得到有效传递和阅读的活动。

(2) 催办。由公文处理管理机构根据承办时限和其他有关要求对公文承办过程实施的催促检查。

(3) 查办。由公文处理管理机构对重要公文实际执行情况所进行的核查协办工作。

4. 处置办毕公文

包括：立卷归档、暂存、清退、销毁等。

## 12.2 收文处理的方法

### 12.2.1 收文办理活动的方法要点

1. 拟办

拟办实际上是一项辅助决策活动，目的在于为决策活动提供可供选择的方案。拟办在集思广益，使一般工作人员积极参与决策过程，充分调动其积极性，做好领导者的参谋和助手方面，在节省各级领导者的时间与精力，使其摆脱过于繁重的日常例行具体事务，提高其领导水平和决策水平方面，以及在更迅速、正确、有效地处理公文方面都具有积极的作用。

并非所有的公文都需经过拟办，在拟办范围之列的是那些内容所涉及的问题的最终处置权按规定为上级领导者掌握，而自己对此类问题比较熟悉，有一定发言权的公文，以及由上级领导明确指示须提供处置建议的公文。

要做好拟办工作，应注意：

（1）认真研读公文，真正弄清对方的意图、问题的性质与实际状况。必要时还应以多种方式对有关情况（问题的现状、历史、与其他问题的关联等）以及有关的法律、法规和其他规定作细致的调查研究，掌握处置有关问题的法律政策依据和事实依据，使决策方案科学合理、切实可行。

（2）意见要简明、具体、得体。拟办意见应简短，抓住关键，力争用最简洁的语言反映自己的意图。拟办意见应高度明确，有具体实用的内容。一般均应提出明确的态度、解决问题的方法措施、相应的理由与根据、承办部门或人员、时间要求等。如果同时提出两个或两个以上方案，还应指出倾向性意见及其理由。

（3）同时提出两个或两个以上方案时，应讲究它们的排列次序，一般应将倾向性意见放在前面，以增强效果。

（4）意见应工整、清晰地写在《公文处理单》相应的栏目中，并签注拟办人姓名与日期。

（5）当公文所涉及的问题较易处理，对领导者采纳自己的方案有一定的把握时，也可直接草拟复文文稿供审核定夺。

2. 批办

批办是一项由法定责任者履行法定的事务处置权的决策性活动，批办意见规定了对具体公文的处置方法、程序、具体承办责任、承办原则与要求等，对公文效用的实现具有决定性影响。

我国各级党政机关的公文批办工作实行合理分工、分层负责的制度：机关及下设各部门的正职、副职领导按照分工，批办其职权范围内的公文。对其中全局性、政策性的公文务须由正职领导亲自批办；一般性例行事务的公文可由有关副职领导或经授权的部门（特别是综合办公部门）负责人审批。

在批办重要公文时，可组织集体研讨或征询有关专家的意见，但法定责任者必须勇于负责，不得事无巨细均经会议讨论取得各方认可，不应对每一公文均由上至下逐级批示，不得互相推诿、层层上交或层层下移矛盾，以避免拖延对公文的有效办理。

批办工作的对象也并非所有公文，只有确实需各级领导者行使其事务处置权、决断权的公文，非常规公文，以及确无规定处置方案的业务性公文等才在批办范围之列。

批办公文时应注意：

（1）不得越权批办。批办是有关领导者行使法定职权的严肃活动，越权批办是违制行为，更不能产生法定的效用。为避免积压公文而代他人批办公文时，必须经过授权。

（2）严格控制批办范围，不经批办同样能得到有效办理的公文（经常反复办理的，已有明确、有效的执行方案的公文），已批办过统一的处置意见的公文，他人已有合法、明确而有效批办意见的公文，均不再批办或重复批办，可由有关部门直接处理。

（3）批办意见务须明确、肯定、具体、前后一致、切实可行。不能只阅不批，仅画圈而不签注意见；不能使用模棱两可、似是而非的语言。

批办意见中应明确指出：如何组织实施来文中的应遵应办事项（方法、措施、步骤、要求、承办单位或人员）；承办中的分工（主办单位、辅办单位）；怎样撰拟回复的公文（回复要点、撰稿人）；如何组织阅知来文中的应知事项（传达范围、传达方式、时间要求等）；对相关拟办意见的明确态度（同意与否、需补充或纠正什么等）。

（4）采取有效措施监督批办意见的执行结果，及时发现问题，纠正偏向。

（5）批办过程中，如发现公文所涉及的问题是自己无权或确实无法处置的，可将批办改为拟办，实事求是地提出建议性意见，供上级领导者定夺。

（6）批办意见应工整、清晰地写在《公文处理单》或《公文传阅单》的有关栏目内，并务须签注批办人姓名和日期。

3. 承办

承办公文的方式有多种：召集会议、面谈讨论、电话沟通、实地调查指导、现场协调布置、制发公文等均可有效地应用于工作实践，使性质、作用各不相同的公文分别得以被阅知、贯彻执行或回复，使公文所涉及的问题得到解决。

承办公文是机关各级工作人员的重要职责，承办工作的依据是有关的法律、法规、规章、制度和上级机关领导指导性公文以及有关方针政策，而更为具体和直接的是机关领导者依此而作出的批示、口头指令或以其他形式传授的意图。承办公文时，如已有法定责任者（各级领导者）明确的批办意见，则即以此为依据照办；而如果公文无须批办可直接承办时，则应注意严格依法、依政策规定办事，认真参阅领导者对类似或相同问题批示过的处理意见，必要时可及时向有关领导者主动请示或汇报。如对领导者批办意见有保留或补充时，承办人有权提出或直接向有关方面反映，但除特殊情况外，均应以领导最终批办的意见为依据。

在承办公文时，应注意：

（1）熟悉与公文内容有关的法律、法规、方针政策和上级机关有关公文，熟悉与公文内容有关的业务，高度明确领导者的意图并努力将其更加具体化、完善化。

（2）深入实际，加强调查研究。为使公文所针对的问题得到因地制宜、因时制宜的有效处理，必须了解实际，认真研究问题。领导者的批办意见有时是比较原则、不十分系统和具体的，要将事情办好，了解并实现领导者的意图，还要靠承办人自己动手作出许多努力，特别是在充分调查研究的基础上，实事求是地提出解决问题的具体办法和措施。

（3）加强协商，努力协调各方关系。承办过程中经常需要涉及诸多方面的关系，如本机关或部门与外机关或部门的关系，承办人与机关内部其他一般工作人员的关系，承办人与各级领导者的关系，领导者之间的关系等。为使这些关系得到正确的处理，保证工作目标的实现，应注意做好协商工作，要协调目标、协调步骤、协调方法、协调任务、协调矛盾、协调局部与全局、协调利益、协调行动。应尊重他人，积极主动地征询有关各方的意见和反映，取得有关方面的了解、理解、支持与配合。在需要取得一致意见的场合，务必争取一致，否则承办活动就失去合法性和有效性的保障。

（4）有效运用多种承办方式。承办公文有多种方式，它们各有特定的应用范围，应实事求是，有针对性地选择和运用多种承办方式，不能迷信并单纯运用其中的一种。特别应当注意克服不分对象，不管场合，一切都要文来文往，把办文与办事视为绝对不可分割的同一过程的做法。除了制发公文方式之外，会议、面谈、电话沟通、实地现场办公等多种方式都可被运用于承办工作。

（5）分清主次，区别缓急，科学安排承办的次序。应随时对待办公文进行分类排列，分设“急要件待办”、“一般件待办”、“办结”等文件夹（筐），来文随到随归入文件夹（筐）并按时检查，以利于承办工作井然有序，避免积压延误。特急公文应随到随办，一切优先，力争用最短时间办毕；急件也应优先办理，尽快解决问题；规定限时办理的公文，务必在时限内完成；一般性公文也应根据具体性质与客观条件，尽快办理。总的原则是：急件、要件优先，限时件严格守时，一般件抓紧。

（6）各级领导者应积极参与承办工作。在需要和允许的情况下，领导者具体承接办理公文，直接处置公文内容所针对的事务，既有助于提高承办质量与速度，又对领导者深入实际，养成良好的思想作风、工作作风有很大的助益。为此，不能认为承办工作只是一般工作人员的任务，各级领导者也应以多种方式具体承办公文，亲自动手搞调研，亲自召集会议，参与面谈讨论或商洽，参加现场办公，亲自动手收集材料、起草公文。

(7) 应注重对承办结果的检查与监督。办文是为办事，承办公文不能不注意对其工作效果（即事情的办理情况和结果）的了解与检查监督。承办人有责任向有关方面催询或检查所采取的办法措施的具体实施情况，督促对方采取某些行动。

4. 注办

注办的主要作用是备忘待查，为日后查考了解某一公文的承办过程、承办方式、承办结果提供依据，使管理过程具备可追溯性，有效积累管理知识。同时，这项活动还有利于建立井然有序的公文承办工作秩序，避免重复和混乱。

注办由承办人随手完成。随着承办活动的进行，要随时将反映承办情况的一些内容记录在《公文处理单》相应的栏目内。签注的项目视具体情况而定，通常可包括以下内容的全部或部分：是否办复，复文号及复文日期；召集会议的名称，与会范围，决议与结果；电话沟通时对方的受话人、通话内容与日期；现场办公的参加者，解决问题的方法措施与结果；主要阅件人、承办人姓名，签注日期；等等。

### 12.2.2 收文管理活动的方法要点

1. 公文签收

签收是指经履行规定的确认、清点、核对、检查、签注手续之后，分别从发文机关、邮政部门、机要通信部门、文件交换站，或者通过计算机网络以及自备的通信设备（电报机、电传机、传真机等）收取公文。

确认，即辨别本机关是否为规定的受文者；清点，即计数公文的实际数量；核对，即核查投递单或送文簿上登录的内容是否与实际情况相符；检查，即查验公文封装情况（是否完整，有无破损与私拆现象）以及公文是否按规定时限送达；签注，即在确认无误后在送文簿或投递单上签字或盖章，注明收文时间。

签收工作由专职或兼职的指定人员完成。签收工作绝非一项纯手续性的活动，而是事关公文能否迅速进入生效过程的重要工作步骤，为此，务须以极其严肃认真的态度，一丝不苟地进行。发现问题应及时申明、妥善处置、分清责任。

签收时应注意：要根据有关登记按号逐件检查与清点，确认无误后再签名妥收；如有差错，务必据情追查或要求予以改正、退回；清点时项目务必齐全，没有遗漏。一定要弄清楚：收件是否确应由本机关接收，封件数目、编号是否准确，有无破损、被拆痕迹等。

2. 公文登记

公文登记的形式主要有簿式、卡片式、联单式三种。

簿式指使用预先装订成册的各种登记簿册进行登记的形式。其优点是易于保存，项目按日期依次登录，便于按时间查找公文和检查监督工作。簿式登记的缺点是排列次序固定，不能灵活调整。

卡片式指使用单张卡片进行登记的形式。每张卡片登录一份或者若干份有关公文的相关项目。其优点是在文件数量多时，可由数人同时操作，卡片还能依管理需要灵活排列，满足多角度需求。这种登记方式的缺点是易丢失和混乱，如分类不当时也不便于查找。

联单式指使用一次复写两联式、多联式单据进行登记的形式。其优点是减少重复登记，一次登记可满足多种需要，也可按管理需要灵活分类排列，或者定期装订成册。缺点是易混乱，易丢失，张页薄，不易保管。

登记时应注意：收文与发文，平件、密件与急件一般应分别进行；要分清轻重缓急，急件随到随登，平件分批登，但也应当日到当日登；登记序号应不留空号，不出重号；字迹工整，不滥用简称；所有登录项目都应完整准确；无标题文件应代为拟出简明、确切的标题。

3. 公文启封

公文在启封时应注意：启封一定要由指定的人员专负其责，其他工作人员一般无权进行；封筒标明“亲收”的亲启件，须交有关领导人或领导委托的负责人亲启或代启；启封后应立即检查公文完整情况和有无错发问题，发现问题一定要及时查询、退回或直接转递；封筒内有公文清单的应对单检查；有回执单的应填好退回；公文上漏写作者、日期的，应根据封筒上的有关项目补注；需退回者应即刻退回，来不及退回者，可以先作处理，但一定要同时与对方联系，请其补送合格公文。

4. 公文分办

分办的实质是为公文确定运转方向，它是一项事关公文能否准确、迅速、有效地得到实质性办理的决定性的重要工作。

分办的主要依据是：文件的性质、重要程度、涉密程度、缓急时限要求、内容所涉及的职责范围，以及机关内各部门、各级工作人员的分工、有关程序规定和惯例等。

一般情况下，责任分工明确的业务性公文直接送各有关业务部门；涉及机关综合性事务的公文直接送综合办公部门（办公厅、室等）；回复性的公文直接送原发文的部门；已注明具体阅知对象的公文直接组织传阅；已明确注明中转下发对象及要求的直接下发；不能或不便直接判定发送对象的重要公文，非常规性公文，综合性强、内容涉及多个部门的业务公文，直接送机关领导人或综合部门负责批办或拟办，然后根据其批示性意见再行分送。

分办公文应注意分清主次，分清缓急，分清阅件与办件，优先处置主要的、重要的、紧急的、需直接办理的公文。

分办应有专门登记，有关责任者应同收件人履行交接手续。送出公文前应根据需要将《公文处理单》、《公文传阅单》等附上，使其随文运转。

5. 公文摘编

摘编指对重要公文在投入办理之前所做的加工，包括：编写文摘或提要，编写综述，汇集有关数据资料，汇编公文，等等。摘编的目的主要在于为公文的办理提供便利，节省办理时间，使公文能更加快捷、有效地得到办理。

(1) 文摘即公文内容摘要，它是对篇幅较长的公文的内容所做的简短而精确的再表达，其作用主要是深入、明确地揭示公文内容，节省人们阅读公文的时间(可不必读全文)。编写文摘时应注意客观准确地反映原文，不遗漏重要内容，不作补充解释或评论，篇幅应尽可能简短。在实际工作中应用效果较好的文摘，其内容大都比较周全，主题范围、主要意图、结果或结论、推理过程、重要的事实等均有简要而明确的反映。一般应当能使读者不看原文也能知晓公文的重点与概貌。

(2) 提要即公文的内容提要，它是对公文内容的简要介绍和评价，其作用是向读者概要提示公文内容，向其提供阅文线索，帮助其了解公文与自己的相关程度，了解公文的价值与特点。编写提要时应注意：可以对公文及其内容作出分析评价，但务必言之有据，客观而准确；其篇幅更需简短。

(3) 综述即指针对某一问题，对一段时间内所收到的有关公文进行全面系统的归纳、整理、分析后编写成的综合材料。综述的特点是全面系统而客观地综合叙述诸份公文中所涉及的情况和问题，一般无须加以评论或提建议。综述的作用主要是使各级领导者和其他有关人员以较少的精力、较短的时间对某一问题的内容、历史、现状、水平、意义、发展趋向等有一个完整、系统而明确的认识，以作为制定政策、编制规划、确定发展方向等决策性工作活动的依据或参考资料。综述的题目应具体而不宜过于宽泛，以免反映得不够系统、齐全。其内容应具有较强的倾向性、代表性、政策性、预测性。标题常可以写作：“××简介”、“××动向”、“××概述”、“××纪要”、“××综述”等。

（4）数据资料汇集即指根据一定的需要和题目，对分散在多份公文中的有关基础数据资料加以集合汇编而成的系统材料。其特点是形式灵活，内容直观明了、系统而真实。数据资料汇集可使领导者或其他有关人员方便快捷、系统全面地掌握重要的基础性原始资料和情况，供其了解情况、研究问题、总结经验。数据资料汇集常常成为有关方面制定规划、指导工作、确定政策的依据。数据资料汇集的形式有文章式、报表式等多种，其内容可以是针对某一地区、某一系统、某一机关全面情况的，也可以是集中反映一个方面或一个具体问题的。数据资料汇集的标题常为："××基础数据汇编"，"××基本情况统计"，"××概况"，"××情况总汇"，"××情况统计"，等等。

编写数据资料汇集时，应注意考虑实际工作的切实需要，同时注意严格鉴别数据的真实性、准确性，避免提供虚假的数据资料，必要时应指明数据的出处。

（5）汇编公文是指将公文按照一定的题目范围进行收集、挑选，汇编成册，以提供给有关方面加以利用的一项工作。

汇编公文的基本工作步骤包括：选题、选材、编排、拟写编辑说明、付印和发放。

1）选题。选定汇编题目的依据有两个：一是实际工作的需要，特别是要注重对现实工作的实际有用性；二是要考虑文件材料基础，即本机关有无这方面的公文。

2）选材。确定题目之后，就应围绕题目挑选有关的公文。选材要经过初选、复选、定选三个步骤。初选时收集的有关公文要尽可能多一些，以防漏掉有用的公文；复选重点解决初选阶段未解决的问题，如确定有争议的公文的取舍，通篇考虑各类文件材料的平衡等；定选，即将所有选入汇编的公文交主要编辑者或有关领导作最后审定。

3）编排。主要是对入选公文进行排列、编目等。排列的方法有：按文件时序编排；先按作者分类，再按时序编排；先按作者分类，再按问题分类，最后按时序编排等多种。编目主要是为汇编内的公文编制统一页号，编制汇编目录。汇编目录一般包括公文标题、文号、成文时间、所在页号几部分。汇编目录置于汇编编辑说明之后，正文之前。

4）拟写编辑说明。主要是阐释汇编的目的、意义、入选文书的状况，以及其他需要说明的问题。

5）付印。交文印部门印刷。

6）发放。按规定的范围和手续发放公文汇编。

将公文汇编成册时，应注意：

1）要履行必要的审批手续。汇编本单位制发的公文，要经主管领导批准；汇编上级机关的秘密公文，要经原发文机关批准或者授权。

2）规定不许翻印、复制的公文不得编入。

3）公文汇编本的密级与编入汇编中密级最高的那份公文的密级相同。

文摘、提要可以附在公文上一并送领导者或其他工作人员阅处，也可刊载于《公文信息》、《来文摘报》、《今日来文摘要》等刊物上。综述、数据资料汇集一般则单独成文提供，也可刊载于《信息快报》、《大事纪要》等刊物上。公文汇编则单独提供。

6. 传阅的组织

正确组织公文传阅可使公文得到及时有效的运转处理，避免延误时机、空费时间和精力，从而实现并放大公文的效用。

为使组织传阅的活动能取得更好的效果，应注意：

(1) 要选择合理的传阅路线形式。组织传阅实际上是组织实现信息的沟通。常见的信息沟通的路线形式有三种：树型、轮型、星型（见图 12—2），其中比较适合于公文传阅的是树型，因为采用这种形式时，每个阅文者与传阅的组织者之间只有单线联系，阅文者之间没有横向联系渠道，公文沿这样的路线运行便于集中控制，及时调整阅文次序，有利于避免丢失或积压公文。为此，在一般情况下应为公文传阅选择树型路线形式。

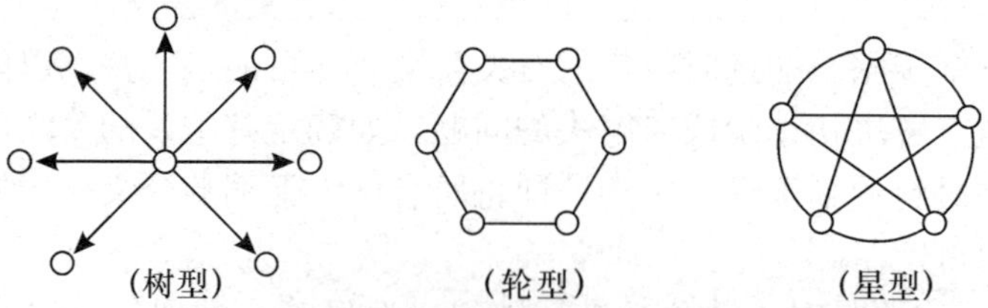


**图 12—2　公文传阅路线形式**

(2) 要正确排序，灵活调整。传阅次序对工作效率影响颇大，错误地确定了这种次序，将增大时间耗费，形成无效或重复的工作过程。确定传阅次序的依据是阅文者实际责任的需要，而不仅仅是看他们级别上的高低。一般情况下，参与办理者在先，单纯知晓者在后；主管领导者、主管部门、主管人在先，其他人在后；涉及先决条件者在前，利用条件者在后。

为避免重复，加快传阅速度，可将常用的传阅次序加以规范化，形成比较稳定的传阅程序规定。也就是对何种文件在何种情况下应采用怎样的次序，在事前便加以明确，并相应规划出多种传阅网。需传阅的公文一进入机关，无须领导者反复斟酌，便可由具体工作人员直接而迅速地将其投入相应的传阅网。当然，传阅次序并非是一成不变的，在具体组织传阅的过程中也需要根据不断变化着的情况，随时加以有效的调整。阅文者无暇或不能尽快阅文或需要提前阅文而无法按原定次序履行的，也应在保证工作过程合法、有效的前提下，作出灵活的调整。

(3) 适当分流。按照工作职责，一份公文的阅文者不外乎有两大类，一是既阅又办的，二是只阅不办的。为提高传阅的效率，可以多种形式适当分流，如复制若干份公文副本，使其同时投入不同的运转过程，阅者与阅办者分别阅文，互不等待、互不干扰，传阅活动就会既快又好。

(4) 积极利用并发展多种传阅方式。为减少时间消耗，提高工作效率，近年来有多种有效方式被应用于公文传阅活动，如：开辟阅文室，定期分批召集有关阅文者集中阅文；利用内部布告栏完成需普遍知晓的公文的传阅；应用传真机、计算机网络、可视电话等现代化通信手段传阅公文；以会议形式集中传达或阅知文件；等等。这些形式的有效利用均可有助于提高传阅工作的质量与效率。

(5) 建立严格而简便易行的传阅登记手续，使阅文者阅毕后能简便而有效地签阅，以明确责任，便于管理。

(6) 及时检查阅读情况与结果，及时将阅毕公文投入具体办理过程，有效组织落实有关领导者阅后批示的意见。

7. 公文的催办

催办是指根据承办时限和有关要求对公文承办过程所实施的催促和检查活动。这项活动有利于加速公文的有效运转，防止失控，有助于避免公文的积压延误，对公文效用迅速有效地实现具有推动作用。

催办有两种，一是内催办，即由本机关专职或兼职催办工作机构（或人员）对机关内部公文的承办过程实施催促检查；二是外催办，指由发文机关内承办文件的部门或工作人员对文件在有关收文机关具体办理情况所进行的了解、催询和检查督促活动。

催办工作的一般过程为：明确对象与对承办工作的要求（时限、方式、原则等）；将有效进行催办工作所需要的情况以《公文催办单》等形式记录在案，作为催办依据；定期或随时向承办部门或人员催询、检查承办工作进展情况；及时协助制定和实施解决问题的方法、措施，保证公文迅速有效地运转；验收办毕公文，综合反映承办工作实际情况与结果，注销已办结公文。

为了做好催办工作，应注意：

(1) 要正确划定催办范围，保证重点。一般情况下，有承办时限规定（法定或领导者批示指定）的公文才需要催办，而其中需花费更大气力、确立特别保障的是那些涉及重大问题、疑难问题、特殊紧急问题的要件、难件、急件。实践证明，所有公文一律催办，或者不分轻重缓急平均使用精力去催办，都是既无必要又十分有害的。

（2）要有高度的时间效益观念。催办工作贵在时间方面的及时与连续。催办工作的目的主要在于维护公文的时效，保证其在有效时间范围内最大限度地实现其效用。为此，必须处处事事注意珍惜时间，充分利用时间。要及时了解情况、反映情况，及时采取措施克服障碍，解决承办中遇到的问题，及时验收和注销。

（3）要因地制宜地采用多种催办方式。催办的方式有多种，它们各有特定的优势和适用的范围，应根据实际情况与需要，实事求是地正确选用。催办的主要方式有：组织专人深入实际现场催询调查；召集会议集中催促核查并即席协商解决具体困难；制发催办单、催办函；电话催询；等等。

（4）积极采取各种有力措施，强化催办工作的权威性、严肃性。该工作活动自身应确立必要的组织保障，确立有效的工作体系。应明确相关机构和人员的责任，制定催办制度并严肃实施。同时，承办部门或人员也必须严格按制度办事，服从调控，维护催办工作的有效性。

8. 公文的查办

公文查办是指核查重要公文的执行情况，督促并协助承办单位全面、具体地落实公文内容，解决有关问题的活动。其主要作用是促进公文内容的具体落实，使文件取得实际效果，解决实际问题，从而克服官僚主义、形式主义，使办文真正为办事、办文真正能办事，提高工作质量与效率。

查办工作的一般过程是：立案，即确定查办对象，决定对哪些公文所涉及的事务进行办理结果的检核或推动；交办，即向有关部门布置查办任务，履行注册登记手续，落实查办人、查办要求等；向承办的部门催询办理情况，核查办理结果；反馈，即由查办人将查办情况和结果反映给有关领导者；采取措施（领导授意或请示其后获准的），解决实际困难和问题，指导或协助落实文件精神；结办，即将查办结果上报领导者；销办，即注销已获结果的承办事项，对办毕公文作出处置。

查办工作的常用方式与催办方式基本相同，并往往结合并用几种具体方式。做好查办工作务求：

（1）一查到底，持之以恒，不达到目的、不出现有效结果就不结束查办过程。

（2）正确选择查办对象，要抓住大事、要事，抓住有典型性、代表性的实质性问题，抓住久拖不决或无人过问、顶着不办的问题，争取做到举一反三，解决多种连带问题。

（3）领导重视，授权充分，维护查办工作的权威性。

# 12.3　发文处理程序

## 12.3.1　发文处理程序概述

发文处理是对所收到的公文进行加工处理的过程，主要包括公文文稿的形成、公文的制作、公文的对外传递、处置办毕公文四个阶段。

发文处理是指机关内部为制发公文所进行的创制、处置与管理活动。

发文处理是一个不断形成和积累有效公文生成条件的过程；是发文机关履行法定职责，表达自身意志和愿望，创造、加工和记录、传递有用信息的过程；是由机关内众多工作人员共同参与的集体创造性活动过程。

## 12.3.2　发文处理的一般过程

发文处理的一般程序为：第一，拟稿、会商、核稿、签发；第二，注发、缮印、用印或签署；第三，分装、发出；第四，处置办毕公文。这一程序具有很强的确定性与不可逆性（见图12—3）。

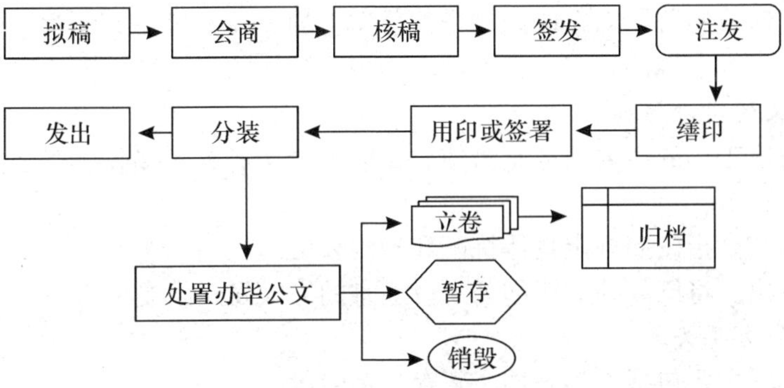


**图12—3　发文处理程序示例**

1. 文稿的形成

这一阶段是发文处理活动的中心内容，具体包括：拟稿、会商、核稿、签发。

(1) 拟稿。即撰拟公文文稿，是一项艰苦细致的创造性工作。具体指经过对有关信息材料的收集加工和再创造，系统地记录了有用信息，使机关的意志见诸文字，草创了供进一步完善的原始文稿。

（2）会商。指当公文内容涉及其他有关同级或不相隶属机关或部门的职权范围，需征得其同意或配合时所进行的协商活动。

（3）核稿。指拟就的文稿在送交有关领导签发或会议讨论通过之前，由部门负责人或经验丰富、水平较高的秘书人员对文稿所做的全面核查工作。

（4）签发。指由机关领导人或被授以专门权限的部门负责人对文稿终审核准之后，批注正式定稿和发出意见并签注姓名、日期的活动。除一些规范性及重要领导指导性公文须经有关正式会议通过，或再由负责人签署即可生效外，其他公文的文稿，一经履行签发手续即为定稿，也就具备了正式公文的效用。为此，签发是绝大多数公文生效的必备条件。

2. 公文的制作

具体包括：注发、缮印、用印或签署。

这一阶段工作的任务，就是以定稿为依据，以手工缮写、机械誊写和印刷等方式，制成供正式对外发出的各种公文文本，形成供实际使用的、具有法定效用的正式公文。

（1）注发。指在定稿形成后，批注缮写印发要求的活动，其作用是使签发意见进一步具体化、技术化。

（2）缮印。即以誊录抄写、印刷等方式制作供对外发出的公文。

（3）用印或签署。即在印制完毕的公文上加盖发文机关的印章，或请有关领导者在公文正本上签注姓名。其作用均为表明公文的正式性质和法定效力。

3. 公文的对外传递

这一阶段工作的主要任务是为使公文能为受文者有效接收创造条件，包括分装、发出等环节。

（1）分装。指按照规定具体拣配和封装公文。

（2）发出。将已封装完毕的公文以适宜的方式发送给受文者。

4. 处置办毕公文

这一阶段主要包括立卷归档、暂存、销毁等。

## 12.4　发文处理的方法

### 12.4.1　发文办理活动的方法要点

1. 拟稿

撰拟公文文稿是发文处理中的核心环节，对创造优质的公文有直接和十分重要的作用。机关各级各类工作人员都需要直接或者间接参与公文文稿的撰拟工作。

撰拟公文文稿是一项特殊的写作活动，是一项艰苦细致的创造性劳动。经过对有关领导“授意”的理解，撰稿人对有关信息资料进行收集加工和再创造，系统地记录了有用信息，使机关的意志见诸文字，草创了文件的原始文稿，从而为形成正式文件，为发文处理其他环节的开展打下了基础，创造了条件。

撰拟公文文稿是机关各级工作人员的职责，不仅各类具体工作人员应积极参与，各级领导者也应亲自动手草拟各类重要公文。这既为法定职责所系，又为提高工作效率、确保公文质量所必需。我国党政军领导机关以文件形式正式规定了这一职责，要求各级领导干部必须亲自动手撰拟重要文件，而不能一切靠秘书和其他工作人员代劳。认真遵行这些规定有利于各级领导者认真履职，承担其所应承担的领导责任、政治责任，避免官僚主义和形式主义，有利于全面提高领导者的能力，增强文件的针对性、权威性和可行性。

撰拟公文文稿是一项特殊的创造性活动，需要遵行特定的规则，需要掌握具有一定特点的方法和技巧，同时更需要加强撰稿人的修养，全面提高其素质。

2. 会商

会商的作用主要是维护公文的合法性、有效性，维护政令的一致性。对于依法依制必须在有关机关取得一致意见的公文（主要是一部分下行文）而言，这是公文形成过程中不可缺少的重要步骤。在实际工作中，机关与机关之间，甚至同一机关不同部门之间，同样“有效”的“正式”文件相互抵触甚至完全对立的现象并不鲜见。这种政令不一现象是十分有害的，它使机关的权威被削弱，更使执行者无所适从，使公文无法产生效用并引发混乱。如能在文件形成过程中正确履行会商程序，将有助于避免上述现象的出现。

会商由发文机关主动组织，就有关问题协商完毕，取得一致意见后，应请这些机关或部门的有关责任者签注会商意见。会商意见应签在“发文稿纸”的有关栏目内，要写明对有关内容是否同意，并亲笔签名和注明时间。会商时应注意如下诸点：

（1）协商的对象应齐全，没有遗漏。为保证公文合法及有效，被公文内容所涉及职权的所有机关或部门都在协商范围之列，应广泛征求其意见，征得其肯定或配合。

（2）协商过程中，如未就有关问题取得一致意见，应及时向有关上级机关反映情况，请求指示。如未获准，不得按自己的意见向下行文。

（3）协商时可采取多种具体方式，可以“跑会”，即主动到对方驻地去面商；

也可以“函会”，即向对方寄发草稿和有关函件，请其签注意见后再寄回；还可以用会议方式同时召集有关机关或部门的责任者一起协商讨论，取得一致意见。

“会商”在实际工作中也被称作“会签”。实际上，这种“会签”与联合行文时发文机关领导共同签发文件的“会签”是不同的。

3. 核稿

从一定意义上说，核稿是拟稿工作的延续，而另一方面它又是终审定稿工作的一个组成部分。这项工作对控制公文数量与质量有着重要意义，同时，还可以节省各级领导者用于审阅批改公文的时间和精力。

审核具有全面性，无论公文内容还是形式或程序都在核查之列，如下几个方面为其重点：

（1）是否需要行文；是否具备行文条件；发文名义是否合适，有无错用。

（2）文种是否正确、规范；行文方向是否正确、准确，有无多头主送、滥抄滥报、违制越级行文等现象；公文能否对受文者产生预计的影响。

（3）公文内容是否合法，是否真实准确、明确具体、界限清楚、前后一致、切实可行、详略得当。

（4）公文格式是否规范、正确，文体是否正确，结构是否齐全完整。

（5）语言表达是否简明、得体、有条理，是否合乎语法、逻辑；是否准确、易于理解、没有歧义；主题是否明确突出；人名、地名、时间、数字、引文是否准确；标点是否正确；字迹是否工整、清晰、规范。

（6）公文是否经一定会议讨论通过，是否经过会商，是否需要上报并已获批准。

审核工作一般由部门负责人、综合办公机构的文秘人员进行，重要文稿的审核还应该有机关领导亲自参与，必要时还可以传阅形式或会议形式，请有关领导者分别或共同审核并批示修改意见。一些内容性质一般或内容非常简单的文稿，也可不经专人审核，由拟稿人自行检查修改后直接送有关领导人核准签发。

审核中发现的问题，通常分别采用提出原则性修改意见后，退撰稿人或其他有关工作人员具体修改或直接对文稿作全面系统的具体修改等方式加以修正。

实践中的审核与拟稿活动（主要是其中的修改工作）是循环往复进行的，改后审，审后再改，直至确认已消除一切可能的错漏为止。

从事审核工作的人员务必要有高度的责任感，具备较高的政策水平、业务水平和文字表达能力，并应注意随时与撰稿人保持联系，及时询问有关疑问、研究修改方案。在与其他机关联合行文时，文稿在本机关审核完毕后应积极做好“会稿”工作，将文稿依次送其他各发文机关审核。审核人在对文稿作出全面核查、确认无误后，应在“发文稿纸”相应栏目内签注姓名，以示负责。

4. 签发

签发是对文稿的又一次全面核查，更是对公文质量与正式效用的最终确认。签发人在批注之前，必须对文稿进行全面审核，及时纠正或弥补文稿中的错漏，确认无误后再行批注、正式发出意见并签注姓名和日期。文稿经签发成为定稿后，其他人不经签发人同意，均不得对其再做任何修改，否则将负行政或法律责任。

根据签发人身份、地位及工作程序的不同，签发被分为正签、代签、核签、会签等数种。正签指签发人在自身法定职权范围内签发公文，如机关负责人签发以机关名义对外发出的公文。代签指根据授权代他人签发公文。核签（又称加签）指上级领导人签发下级机关或部门的重要公文。会签则指两个或两个以上机关联合行文时，由各机关的领导人共同签发公文。

要做好签发工作，必须注意：

（1）不得越权签发公文。只能对自己职权范围内的公文负责，只能签发自身权限所及的公文。越权签发公文不仅违法违制，而且公文也不能产生实际效用。根据国家的有关规定，以机关名义制发的公文，由机关领导人签发，其中内容重要或涉及面广的公文由正职领导人或主持日常工作的副职领导人签发。有些公文也可由机关秘书长或办公厅（室）主任根据机关领导人的授权代签。以机关内设部门名义发文（按照规定，行政机关除办公厅等综合办公部门外，其他内设部门不得对外正式制发公文）时，由部门领导人签发。会议决议、会议纪要等，由会议主持人签发。

（2）必须“先核后签”。需核稿的公文必须审核完毕后再签发，而不得先签发再核稿，以提高工作效率，确保公文有效。

（3）联合行文时，必须做好会签工作，使各机关领导人均履行签发手续，保证公文真正有效。

（4）必须在“发文稿纸”相应栏目内批注定稿及发出意见（如“发”、“急发”等）并签注完整的姓名与日期，不要只签姓或只签名，不要只签姓名不批注意见。如为代签，应标注“代”、“代签”等字样。

5. 签署

签署是指签发公文的领导人亲笔在正式发出、正式使用的公文正本落款处签注姓名的活动。与用印相同，这一活动也是要赋予公文以法定的效力，表明签发人所代表的国家机构或其他社会组织对公文承担法律责任，除个别特殊情况外，既不用印又不签署的公文被视为无效。

目前，我国的公文大都以用印为生效凭证，命令等以领导人名义发出的公文则以签署为生效标志，合同等则往往既用印又签署。

签署权为机关正职负责人所有，副职首长不必联署，除特殊情况（如正职因故离职）外，一般不能由副职代签，公布性公文尤其如此。

### 12.4.2 发文管理活动的方法要点

1. 注发

注发需要根据领导意图（主要是签发意见）以及有关规定和有效表达公文内容的需要进行，其所批注的项目以及相应进行的工作活动包括：

（1）明确公文的具体发送范围；明确公文阅读范围的级别限制；标注公文的缓急时限、保密程度等；规定印制份数、印制和发出时间的限制。

（2）明确公文的制作方式（缮写、机械誊写、印刷）与发送方式。

（3）赋予公文发文字号。

（4）进行版式设计。

（5）向催办部门或人员销办。

上述项目或活动如已由撰稿人、核稿人拟制或进行完毕，就需要逐一加以审查纠正。注发时批注的内容应填写在“发文稿纸”相应栏目内，并在专门登记簿册或单据上加以记录。

注发应由综合办公部门的专职或兼职文秘工作人员负责，注发过程中还可对文稿再做一次技术性审核。

2. 用印

用印就是在公文上加盖印章，以表明印章所代表的国家机构或其他社会组织对公文承担的法律责任，表明其对公文法律效力的认可。除会议纪要和以电报形式发出的公文，以及经法定责任者正式签署的公文之外，必须用印，否则公文将无效。

用印时应注意：

（1）原则上以谁的名义制发公文，就用谁的印章。必要时可为下级机关或部门的公文代章。用代章时应标明“(代章)”字样。公文业务性强，仅涉及某一项专项职责时，可用专用章。

（2）用印前必须履行批准手续，不经规定领导者签发的公文一律不予用印。

（3）用印次数，以领导者批准印发的份数或常规的份数为准，不得随意增加。

（4）印章及供拼装在印版上使用的印模须被保管在文书部门专人手中，使用时须由其监印，用毕迅速退回。以照相、静电复印制成的印模用毕应尽快退回文书部门或由其就地监销。

（5）除军事单位等之外，印章应盖在公文成文日期上方，并注意上不压正文、下压日期。应使用质量较好的印泥。除专用章外，印泥应为红色。印迹必须端正、清晰、完整。

（6）用印情况需要做正式记录。

3. 分装

分装是指按照规定具体拣配和封装公文的活动，其具体步骤一般包括：

（1）由内收发人员清点份数，按领导签发意见和注发要求拣配公文。

（2）由内收发人员进行发文登记。

（3）装封，即把公文装入封筒，填写封皮和回执单（不是所有公文），检查核对，封口，为密件加“密封条”。封装时需注意：封皮项目必须完整、准确；入封时应按规定的分发单位和份数，逐个单位核点份数；发往同一单位的急件、密件、平件应分别装封，不得混装；密件、急件应在封筒上做好标记；入封公文应折叠平整，长宽略小于封筒尺寸，留出封口与启封余地；封口不得用钉书钉代替，绝密件应加“密封条”，待封条干燥后再发出。

（4）捆包（袋），即向同一收文机关发出数量较多公文时对其进行包装，一般也需要装包（袋），填写封皮和回执单，检查核对，封口，加封条等。

（5）将封装好的公文转交外收发机构或人员，并履行签收手续。

4. 公文的对外发出

发出公文就是将已封装完毕的公文以多种方式传递给受文者。这项活动主要是机关外收发部门（通信、机要部门）的职责。其工作步骤主要包括：同内收发人员履行签收手续，接收公文；清点检查数量和封装质量；登记；投送并同接取公文的有关方面履行签收手续。

公文除需直接专门投送给规定的收文机关之外，大多数情况下是通过间接传递通道转投。这些通道主要包括：

（1）普通邮寄。即通过国家设立的公共邮递系统递送公文。普遍邮寄有平信、挂号信、特别挂号信、快递、航空信等多种形式，一般只能用于传递无保密要求的公开性、普发性公文。

（2）机要通信。即通过我国邮政部门为传递党政机关保密公文而单独开辟的特种邮递系统递送公文。密级为秘密、机密的公文一般可用此方式递送。

（3）机要交通。即通过专设机要交通系统传递重要保密性公文。这一系统主要为党政高级领导机关服务。

（4）公文交换。即通过设在城市（或地区）中心的公文交换处（站）定时定人集中相互收发公文。这种方式可在收发双方直接见面的基础上，同时发出和收取公文，保密可靠性较强，工作效率较高。平件、秘密件、机密件可借此方式传递。

（5）专人送达。即派专门通信员向对方机关投送公文。这种方式主要用于需确保机密文件高度安全或情况紧急的场合。

（6）电信。即通过公共电信系统或专设电信系统以电报、传真、计算机网络通信等方式递送公文。电信的主要优点是迅速快捷，但在保密可靠性方面大都具有不同程度的欠缺，使用时应予以足够的注意。

5. 公文发布

规范性公文必须履行公开发布程序，方能产生效力。在发布这些文件时，一要注意发布名义的合法和有效性，二要讲究发布形式、发布途径。按照规定：

（1）法律，经全国人民代表大会或全国人民代表大会常务委员会通过后，由国家主席以令的形式发布。

（2）行政法规，由国务院总理以令的形式发布。

（3）地方性行政法规，经地方人民代表大会或地方人民代表大会常务委员会通过后，以公告的形式发布。

（4）国务院部门规章，由主管部门首长以签署命令的方式予以公布。

（5）地方政府规章，由地方人民政府省长、自治区主席、市长以令的形式发布。

上述规范性文件经批准可在报纸、刊物上刊登，其效力与发文机关正式印发的文本等同。

机关单位制定的规章制度，凡属对外进行社会管理之用的，涉及公众利益的，除法律规定和出于保守国家秘密的确实需要之外，一律公开示之，即以张贴等方式公开，以便于公众了解、理解、监督和执行。

6. 公文撤销与废止

按照法定的权限，机关有权对自己制发的和下级机关制发的公文的效力作出变更处理。

（1）机关有权撤销、废止规定范围内下级机关的公文，有权依法废止自己制发的公文。

（2）公文被撤销，视作自始不产生效力；公文被废止，视作自废止之日起不产生效力。

# 12.5 办毕公文处理的方法

## 12.5.1 处置办毕公文的主要活动

在收文处理和发文处理过程中都存在处置办理完毕的公文的活动。这些活动决定并实现了各类办毕公文（办毕的收文，本机关对外发文的文稿和存本等）的归宿——去、留、存、亡，对充分发挥包括现行效用和历史效用在内的公文的全部功能效用具有十分重要的影响。这些处置活动主要包括：清退、销毁、暂存、立卷、归档。

1. 清退

经过清理，将有关办毕的收文按期退归原发文机关或由其指定的有关单位。清退的意义在于维护公文的机密安全，防止错误的扩散，避免出现工作中的被动局面和不良影响，维护公文的权威性与有效性。

2. 销毁

以各种方式和手段对失去留存价值或留存可能性的办毕公文所做的毁灭性处理。其意义在于保守公文中的秘密，避免无用公文的干扰，减少公文管理中无效的工作量。

3. 暂存

暂时留存保管一部分具有很高查考价值的重份公文（一份已立卷归档）和受多种因素制约、一时难以准确判定是否应予销毁的公文。其意义在于方便日常查考，减少档案部门的工作压力，挽救确有留存价值的公文，使其更充分地发挥效用。

4. 立卷

将办理完毕且有查考利用价值的公文编立成为案卷（公文的集合体，档案管理的基本单位）。其意义主要在于：保护公文，避免其破损与散失；使公文化零为整，将零散公文按特定联系组成新的整体，从而便于查找利用，更有效地满足人们系统查考利用公文的客观需求；为档案工作提供管理对象，为档案事业奠定基础。

5. 归档

将编立好的案卷及案卷目录按规定的时间和质量要求移交档案部门，作为档案保存和管理。其意义在于使办理完毕的有查考价值的公文完成其向档案转化的过程，使公文能更充分地发挥其历史效用。

### 12.5.2　公文清退、销毁与暂存

1. 公文清退的范围与手续

需要清退的公文主要包括如下数类：绝密公文，有重大错漏的公文，被明令撤销的公文，仅供征求意见或审阅的公文，未经本人审阅的领导人的讲话稿，其他由发文机关指定清退的公文等。

清退公文可按规定和要求成批定期进行，也可不定期甚至阅后随即清退。成批清退时应附一式两份《公文清理报告表》并由对方履行签收手续；单份清退时也应向对方索取收据以为凭证。需清退的公文平时要单独保管，任何人不得私自摘录其内容，更不得复制留存。在以各种通信方式传递应清退的公文时，只要公文本身没有解密或降密，应一律按原文标注的密级处理，要严格遵行有关的保密规定和要求。

2. 公文销毁的范围与方式

应予销毁的公文主要包括：所有不具备留存价值的公文，无留存必要的重份公文，在特殊情况下不立即毁灭将造成失密和严重损失的公文，一般性公文的草稿，印制公文过程中形成的校样、印版等。

销毁公文的主要方式是：焚毁、重新制成纸浆、粉碎、清洗消磁（如磁盘、磁鼓、磁带）等。

以各种方式销毁公文时均应履行如下程序手续：由文书部门组织对公文进行鉴定，确认应销毁后逐文逐件核定造册，呈请本机关或上级机关有关领导审定批准，获准后再行销毁。

销毁公文时应由专人（两人或多人）监销，直至公文被完全毁灭。销毁密件时应由专人押运公文并将其护送至销毁地点。

除特殊情况之外，任何个人均不得私自销毁公文。不能将待销公文视同废纸出售。

3. 暂存公文的保管

暂存公文应由文书部门或人员妥为保管。

（1）公文由文书处理部门统一保管，除特例外，不在个人手中保存。党的机关公文应当发给组织，由文书部门统一管理，一般不发给个人。

（2）要合理排列与编号并简单编目，必要时可按公文号、主题、作者或查考利用的其他需要和要求汇编装订成册。

（3）密件与非密件应分别保管。

（4）机关合并时，全部公文应当随之合并管理；机关撤销时，需要归档的公文立卷后按照有关规定移交档案部门，其他公文按照有关规定登记销毁。

（5）工作人员调离工作岗位时，应当将本人暂存、借用的公文按照有关规定移交、清退。

（6）在公文的存放地点，公文应按类别（办毕、未办、未办毕）有条理地存放，应编制简单实用的检索工具（目录、索引等），应将公文置于专门的装具（柜、夹、盒）内，专兼职的文书人员应经常对公文进行清点、核查（实物与登记情况）。

（7）存放公文的地点要具备防火、防盗、防水、防灰尘、防虫害、防窃密、防消磁（对电子文本等）能力，环境条件符合温度湿度标准（温度14℃～20℃，相对湿度50％～65％）。

（8）应定期清理公文，及时剔除确已不需查考和明显无任何留存价值的公文，及时将确认具有长期或永久保存价值的公文重新归卷。

（9）借阅暂存公文时应办理借阅手续。

1）按规定的借阅范围借阅公文。公文借阅范围与公文阅读范围一致。不在阅读范围内的人员要借阅公文时，要经有关领导批准。

2）所有借阅活动必须履行借阅登记手续（审查、登记、归还注销等）。

3）借阅者必须确保公文安全，不得丢失，不得随意翻印、复印公文，不得对公文进行抽页、剪裁、涂改，不得将公文转借他人。

### 12.5.3　立卷归档的范围与基本要求

1. 立卷归档范围

凡是反映本机关工作活动的、具有查考利用价值的、已经办理完毕的公文材料均在立卷归档范围之列。

在立卷归档范围内的公文一般应同时具备三个基本条件：

（1）在本机关工作活动中形成或处理。即这些公文必须是本机关制成的，或者是由上级、下级、平级或不相隶属机关制成，但在本机关得到处理的。只要它们能反映本机关的工作活动，记录本机关的历史，不管具体作者是谁，都应立卷。

（2）已经办理完毕。即公文在本机关已分别履行完收文或发文处理过程中实质性的办理程序。

（3）具有查考利用价值。即对映证机关工作的历史、查考工作依据、研究解决有关问题具备有用性。

1）应注意这种有用性的有无与多少不简单取决于作者的级别，因而不能简单地将作者的级别高低作为判定查考利用价值的标准。

2）也不应以公文是否为正式的收发文作为衡量价值的尺度。受多种因素的影响，客观实际中相当一部分非正式的收发文同样具有较高的查考利用价值。

3）判定价值时应注意从自己机关利用和他人利用两个基本方面去考察公文的有用性，不能只顾及一个方面，而忽略另外一个方面。

4）不能孤立地从一份公文的角度去考察其价值。实践中这种情况并不少见，孤立地看一份公文很可能会得出无价值或价值不高的结论，而一旦将其放在有密切关联的一组公文中去看，则常会发现它对反映一个问题或过程的全貌有着不可或缺的作用。

2. *立卷基本要求*

立卷的基本要求既是案卷的质量标准，又是在立卷过程中应遵行的指导规则。总的要求是：遵循公文材料的形成规律和特点，保持公文之间的有机联系，区别不同价值，便于保管和利用。具体应做到：

（1）卷内公文材料的种类、份数、页数齐全完整。

（2）有密切关联的公文应予以集中，同一公文的正件与附件、印件与定稿、多种文稿文本、请示与批复、转发件与原件、公文与电报不得分置于不同案卷中，一个案件的公文也尽可能集中编立案卷（一卷或数卷）。

（3）不同年度的公文一般不集中在一起立卷。如有跨年度的公文，则应：请示与批复，放在复文年立卷，无复文时在请示年立卷；跨年度的规划放在所针对的第一年立卷；跨年度的总结放在所针对的最后一年立卷；跨年度的会议材料放在开幕年立卷；案件（非诉讼的）放在结案年立卷。

（4）卷内公文应科学排序，为阅读利用与各项管理工作带来便利。应在尊重公文形成时间的基础上做到：批复在前，请示在后；正件在前，附件在后；印件在前，定稿在后；重要规范性公文的历次草稿置于定稿之后；案件材料中结论性的在前，依据性的在后。

反映同一具体情况或问题的若干份文件应相对集中，其中重要程度高的在前，其余的在后。

卷内公文的次序应以页号（对以卷为单位装订的案卷而言）或件号（对以件为单位装订的案卷而言）固定。

（5）不同保存价值的公文要分开立卷。永久、定期保存的公文应分别立卷，不能混编于同一案卷中。

（6）按机构分类管理档案的机关，应注意避免将不同机构（机关内设的组织机构）形成或处理的公文混合编立在同一案卷中。

（7）应按规定的格式和要求填写卷内公文目录与备考表，以及案卷封皮等。

对公文标题不得随意更改和简化，原文无标题的应予拟写；无实质性内容的标题应予重拟，原文缺少作者、日期的应予考证并填入有关项内；会议记录应填注每次会议的时间与主要内容。填写时应用钢笔或毛笔，字迹应工整、清晰，保证格式规范，项目齐全完整，内容准确。

（8）卷内公文要去掉金属物（书钉等），对有破损的公文应予托裱修复，字迹扩散的应予复制并与原件一并立卷。

（9）以卷为单位装订时应采用三孔一线的装订方法，以件为单位装订时应用细线装订。

（10）案卷封皮、卷内公文目录、备考表等用纸的规格尺寸应符合国家标准《文书档案案卷格式》（GB/T 9705—88）和国家档案局《机关档案工作业务建设规范》（国档发〔1987〕27 号）的规定。

（11）卷内公文数量应适当。一般情况下，卷内公文重要或每件公文张页少时，应适当减少份数，使案卷薄一些；在卷内公文不重要或每件公文张页多时，或者卷内涉及的问题单一时，又或者保管期限短时，应适当增多公文份数，使案卷适当厚些。

（12）应注意使案卷与案卷之间有清楚明显的界限，案卷题名（案卷标题）要明确具体，专指性强，力争使读者一阅便知卷内的成分。

### 12.5.4　立卷归档的程序与方法

1. 立卷的基本方法

立卷的具体操作法有许多种，但其基本的方法却是一致的，就是认真把握公文的特征，对公文进行科学有效的分类、组合、编目。

特征即事物间的区别点，公文的特征通常表现为作者、问题、文种、时间、通讯者（相互往来问复的两方机关构成）、地区等诸方面的特征。立卷的基本方法就是以这些特征为依据或者基本线索，将有不同特征的公文分开，将有共同特征的公文组合在一起，最终形成准确、系统反映机关工作面貌的，符合人们查找利用习惯与规律的公文集合体。

（1）分类。

分类即以公文特征为依据，将全部公文划分为若干类别。分类使有共同点的公文归为一处，使涉及同一事件、同一人物、同一时间、同一或同类问题、同一过程的公文，以及具有相同价值的公文，更集中、全面、系统地反映工作面貌，为其利用和保管工作提供便利。

一般情况下，分类时常遵循：先按年度分开，一年为一类；同一年的再按组织机构分开，一个机构形成或处理的公文为一类；同一机构的公文再按问题分开，涉及一个或一种类型问题的公文为一类，带综合性的公文集中作为其中的综合类；相同问题的公文再按保管期限分开，形成永久、长期、短期三类。

（2）组合。

组合即以公文特征为依据，在“同类”公文中选取特征更一致、联系更密切的若干份公文组合成案卷。组合过程中以问题特征为主要依据，并根据公文的具体类型结合运用其他几个特征。也就是要把反映同一问题的公文集中在一起编立成案卷，同时根据不同类型的公文的特点，尽可能使同一案卷中的公文作者相同、文种相同、时间相同等。一些不适合或根本不可能按问题特征立卷的公文，则必须根据其作者、文种、时间等方面的特点去组合，把作者、文种、时间相同的文件组合成案卷，而且尽可能使同一案卷中的公文能有更多一些的共同点，因为，这种共同点越多，就越符合人们集中、系统查考办毕公文的需要和要求。

具体以问题特征为主，结合运用其他几个特征组合案卷时，常根据公文类型上的差异采用如下处理模式：

1）机关管理和业务活动中形成的各种业务公文、调研材料、规章制度等，一般按单一问题组合。

2）会议材料，视文件多少，一会一卷或数会一卷或一会数卷。

3）统计、报表、名册等材料，一般将同种格式、名称或涉及同一地区的材料集中组合为一卷或数卷，材料很少时可将相近格式或涉及几个地区的材料组合为一卷。

4）工作计划、总结等，按作者或文种特征组合，即相同作者或文种的组合为一卷。

5）案件材料，一案一卷或一案数卷。

6）人民来信，按其反映的问题、信件作者或信件处理方式（转办、交办、查办、联合办案、包案等）组合，同一问题、同一作者或采用同种方式处理的组合为一卷。

7）科研、生产、建设管理工作中形成的图表和说明材料，按项目一项一卷或数卷。

8）简报、刊物，按名称一期一卷或数期一卷。

（3）编目。

编目就是对经过组合之后的一组公文加以系统地排列并编列出各种目录和有关材料等。

2．立卷归档的程序过程

公文立卷归档的程序过程是：编制立卷类目、平时归卷、年终调整、拟写案卷题名、排列卷内公文次序并编号、填写卷内公文目录与备考表、填写案卷封皮、包装与装订、案卷排列、编制案卷目录、归档。

（1）编制立卷类目。立卷类目是一个比较详细具体的立卷规划，通常由文书部门与档案部门共同编制。立卷类目有多重作用，既可作为立卷工作的依据，又可用于平时的公文管理，成为检索公文的简单工具。

（2）平时归卷。为立卷类目中的每一条款准备一个卷夹，随时将办毕公文归入其中，即为平时归卷。归卷时应注意及时，注意公文的齐全完整，注意归类的准确性，同时还应对有关条款加以调整、更新，使之更符合实际。

（3）年终调整。一年终了，对平时归卷的情况加以全面检查和调整，使案卷符合质量标准。调整时应认真核查卷内公文是否齐全完整；是否均应立卷；卷内公文的联系是否紧密；卷内公文的保存价值是否大致相同；卷内公文的归类是否准确。

（4）拟写案卷题名。案卷题名即案卷标题，是具体案卷的名称，其作用是概括揭示卷内的主要内容成分，为查找公文提供标志，为档案管理提供依据和条件。

（5）排列卷内公文次序并编号。为便于阅读和管理，应按一定规律排列卷内公文次序。可以以时序、问题间的逻辑关系、文件重要程度、人物姓氏笔画或汉语拼音字母顺序等为排序的依据，应尽量使有密切关联的公文集中排列在一起。

卷内文件排列工作多由立卷人员在年终或次年年初集中进行。

卷内文件通常采用主要立卷特征结合时间或重要程度的方法进行排列。一般来说：形成时间早的文件排列在前，晚的在后；作者级别高的文件排列在前，低的在后；重要文件排列在前，次要文件在后；回复性文件排列在前，问函或请示在后；文件正本排列在前，定稿、草稿在后。

为固定公文排列结果，应依次编页号或件号。以卷为单位装订时，统一在有图文的每页公文的正面右上角、背面的左上角填页号；以件为单位装订时，应在公文右上方加盖档号章，并逐件编件号；图表和声像材料也应在装具或公文的背面逐件编号。

编号时，凡按卷装订的卷内文件有图文区的页面均应编页号。凡单份装订的案卷，卷内每份文件均应在其首页右上角加盖档号章（项目为全宗号、目录号、案卷号、件号）；图表和声像材料等也应在装具上与声像材料的背面逐件编号。

（6）填写卷内公文目录与备考表。卷内公文目录即置于卷首的公文名册；备考表即置于卷尾，用于记载卷内公文情况的表格。

卷内公文目录位于案卷扉页，是用以介绍卷内成分、内容与排列次序的检索工具。其作用在于简要概括卷内文件情况，为保护、查阅和利用文件提供便利。

卷内公文目录的项目及其填写方法如下：1）顺序号。指文件的件号，按卷内文件排列顺序依次填写。2）文号。指发文字号。3）作者。指制发文件的机关（组织）名称或领导人姓名。4）文件标题。一般应照抄原文件标题，无标题或标题不妥者可自拟标题，外加方括号。5）日期。指文件的形成时间。无日期者应认真考证后填写。6）页号。指卷内文件所在页的编号。除卷内最后一份文件填起止页号外，其余文件只填首页号。7）备注。指对卷内文件的变化所做的必要说明。

卷内备考表指附于卷尾、用于注明卷内文件与立卷状况的文字说明。其主要作用在于保护卷内文件，为管理人员和利用者查考提供便利。因此，凡永久、长期卷，无论目前有无需要说明的情况，皆需附备考表，以备日后之需。

备考表由四部分组成：1）本卷情况说明。用于填写卷内文件缺损、修改、补充、移出或销毁等情况。2）立卷人。即立卷者的签名。3）检查人。即案卷质量审核者的签名。4）立卷时间。即用于填写立卷完成的时间。

（7）填写案卷封皮。案卷封皮指为便于保护和管理卷内文件而使用的标准格式的包封。封皮具有保护公文、反映案卷诸方面情况等作用。填写案卷封皮包括填写封面与卷脊两部分，通常使用毛笔或钢笔正楷书写。

封面项目及填写方法如下：1）全宗名称。指形成文件的机关名称。必须使用全称或规范化简称，不得简称为“本部”、“本厂”、“本校”等。2）类目名称。指全宗内分类方案的第一级类目名称。3）案卷题名。4）时间。指形成卷内文件的起止日期。5）保管期限。指立卷时划定的案卷保管期限。6）件、页数。按卷装订的案卷填写总页教，不装订的案卷填写总件数。7）归档号。即立卷类目的条款号。8）档号。由全宗号（档案馆指定给立档单位全部档案的编号）、目录号（全宗内案卷所属目录的编号）、案卷号（目录内案卷的顺序号）组成。9）缩微号。指缩微胶片的编号。

上述项目除档号由档案部门统一填写外，其他均由立卷人用毛笔或钢笔工整清晰地填写，其中案卷题名的字体应稍大并注意使其在封面居中排列。

卷脊项目包括：全宗号、目录号、年度、案卷号。

（8）包装与装订。案卷包装指用于盛装和保护卷内文件的卷盒或卷皮（分软、硬两种）。卷盒、软卷皮主要用于盛装不便于装订的照片、影片、缩微胶片、图纸及珍贵手稿等（先用软卷皮包装，然后放入卷盒中）；其他可装订的文件一般使用硬卷皮包装。

装订指为固定和保护卷内文件，以线装的形式加工案卷的工作。装订之前应去掉金属物，将破损文件修补齐整，未留装订线者需补贴加边，字迹扩散的文件复制后与原件放在一起装订。案卷通常采用三孔一线、左侧装订的方式，要求做到结实整齐。不以案卷为单位装订的案卷，应用细线逐件装订卷内文件。

（9）案卷排列。案卷形成后，为其确定排序，以便于保管和利用。案卷排列应按保管期限、载体形式、类别等分别编排，编排结果以案卷号固定之。

（10）编制案卷目录。案卷目录又称案卷移交目录（或清册），是登录案卷有关情况并固定排列次序的案卷名册，它不仅可作为移交案卷的凭据，而且可作为档案检索的工具。案卷目录是档案的基本登记形式，其主要作用在于固定档案分类体系和案卷排列次序，为统计整理、检索利用档案提供基本工具，并作为文书处理部门向档案部门移交的凭据。

编制案卷目录时必须注意分开保管期限，以便日后进行鉴定和移交工作。具体编制方法有三：一是按年度，可以将一年内各内部机构形成的案卷合编一本目录，其中按保管期限再分为两部分；二是按保管期限，可以将一年中形成的案卷分编为两本目录，然后再按组织机构或问题排列；三是将机关各内部机构的案卷分别单独编制目录，在目录中按保管期限分开登记。

案卷目录应一式三份，一份留本部门保存，两份交机关档案部门。案卷目录的项目包括：案卷顺序、案卷题名、卷内文件起止日期、卷内文件页数、保管期限、备注等。每本目录应有封面与备考表。

（11）归档。归档指文书处理部门每年立卷之后，将案卷移交给机关档案部门集中保管的工作。移交前，档案部门对案卷的数量与质量进行核查，并履行交接手续。为确保归档质量，国家主管部门专门制定了统一的归档制度，其内容包括：1）归档范围。凡在本机关工作活动中形成和使用的、具有保存价值的、各种载体的文件材料，均属归档范围。2）归档案卷的质量要求。归档文件应齐全完整；按照文件之间的联系和保存价值整理立卷；案卷编目确切、清楚；装订结实、整齐。3）归档时间。要求在上半年内将前一年形成的文件材料整理后向机关档案部门移交。

我国档案工作实行集中统一管理原则，各机关均有归档制度，应严格遵行。

归档以交接案卷的双方在案卷目录中的备考表上签字为终结标志。归档后，公文即转化为档案。

3. 立卷类目的编制方法

立卷类目由类别名和条款两部分组成。类别名实际上就是立卷时对公文做类别划分中有实际操作意义的第二级分类（一般是机构或问题）所形成的类别名称；条款则是预拟的案卷的题名。

由于目前现行机关档案的分类方案大都用年度—组织机构（或问题）分类法，立卷时，正常情况下都是一年一归档，因此，立卷类目中的类别名大都为两种情况：一种情况就是以机关内设组织机构的名称为类别名；另一种则是按机关的职能命名，对职能进行认真分解，每项具体职能（实际是大问题）为一类，如综合类、基建类、财务类、人事类……

立卷类目中类别名的排序大都以机关内部各机构习惯的排序为依据。按职能命名类别名时，一般先是综合类，再接其他分项职能。分项职能的排列则可参照主要承担这些职能的机构在机关中的习惯排序或其他线索。

条款的设置可根据历年来案卷形成的情况以及机关在新的一年中的任务、计划等进行。条款的次序应按案卷排列的方法要求编排。条款中各组成部分（作者、问题、文种等）要概括得当，既要有必要的包含量，又不能笼统含混。

在立卷类目中类别名与条款都应编号，类别名号排大流水号。条款编号可以按整个类别名自编大流水号，也可按类别名为单位编小流水号。编大流水号时就应注意预留一部分空号，以便于随时根据具体情况增补一部分条款。

为了使立卷类目的条款设置能符合客观情况要求，编制类目时一定要做好充分的调查研究工作，并积极与有关单位密切配合，认真协作，力争使预测工作准确全面，基本符合实际。

4. 案卷题名拟写的方法与要求

案卷题名的基本构成为：作者、问题、文种三个基本部分，必要时再加上时间、地区、通讯者。与公文标题相类似，作者或通讯者与问题之间常用介词“关于”、“有关”等连接，问题与文种之间加“的”字。原则上，案卷题名应将卷内所有的作者、所有的问题和文种全部揭示出来。如成分过于繁杂时，也可列出有代表性的，并在后边加“等”字。各种事物和概念可用规范化简称或内容明确的概括性提法表达，不言自明的成分可省略。题名中可使用顿号、逗号、引号、书名号等，但末尾不用标点。题名的字数不宜过多，一般不超过50字。

拟写题名时应注意：

(1) 政治观点正确。符合党和国家的方针政策，符合客观实际情况，是非分明，褒贬得当。观点立场要正确，不能出现违法、违制的错误提法。如必须反映错误的提法和各种不实之词，应对其附加引号，不能直接从公文中搬用。

（2）结构应完整规范，不随便省略，不罗列公文标题。案卷题名一般由作者、问题、文种三部分组成。如果是由时间、地区或通讯者特征组成的案卷，还须在标题中标明时间、地区、通讯者，格式为：（地区）[①] ＋作者＋（通讯者）＋（时间）＋（地区）＋问题＋文种。

（3）各部分内容应准确、详略得当，符合语法规则和逻辑规则，没有歧义。在对内容的概括中，既要避免笼统含糊，又要防止冗长。

（4）题名中的各个组成部分应以规范的方式标出。

1）作者：指卷内文件的制发机关，应写全称或规范化简称。如卷内作者较多时，可标出主要作者，其余用“等”字省略，或在“等”字后注明全部作者的数量；也可以采用上位概念加以概括。如作者为个人，则须在姓名前冠以职务名称。作者不得使用不规范简称，不得用“本市”、“本部”、“本厂”的提法。以领导人个人名义为作者时，不能不标其职务。只有在不言自明时，可允许省略作者（如“×省国民经济计划”就不必标出省计委）。

2）问题：指卷内文件的内容。要求做到：概括全面，要反映出卷内所有文件的内容。如内容较多，可概括出主要问题，余者用“等”字省略，也可用上位概念加以概括。主次分明，重点突出。如卷内有重要文件或会议文件，应用副标题加以强调或说明；如为人物与案件的案卷，应注明当事人姓名及其主要问题。用语应精确、简明，要确切而简要地揭示卷内文件内容。

内容的标注不得以偏赅全、略去主要的部分。如题名难以反映问题时，可用副标题形式补充（如：×校教职工代表大会文件——讨论并制定×校五年发展规划）。

3）文种：指卷内文件的文种，应全面具体地标明。如文种较多时，可标出几个主要文种，并按重要程度进行排列，余者用“等”字省略。对于围绕案件形成的案卷、会议案卷、按通讯者特征形成的一般案卷，以及正式文件以外的参考材料形成的案卷，可分别用“案卷”、“文件”、“来往文书”、“材料”等专用名称予以概括。

标注文种时，不能略去有代表性的文种，非会议文件的案卷不得将文种统称为“文件”，非案件材料不得统称为“××案卷”，非用于往复性一般联系的文件不得称“来往文书”。

4）通讯者：指卷内来往文件的作者。写法主要有两种：一种为“××与××关于××问题的请示与批复”；另一种为“××关于××问题与××的来往文

① 括号代表括号内的内容并非必不可少，有就写，没有就不写，后同。

书”。前者强调通讯者，后者强调问题。

5）时间：指卷内文件内容针对的时间。要求做到准确、具体、完整。计划、总结、预算、统计报表及会议记录、简报等内容针对时间明显或按时间顺序形成的文件，应标明具体时间；其他针对时间不明显者可不标。

标注时间时，要写完整的时间，不得使用“今年”、“明年”“三年来”等概念；由计划总结、预算等组成的案卷不能不标注年度。

6）地区：指文件内容针对或涉及的地区。除应合乎公文空间概念表达的一般要求外，还应注意：如地区较少，可一一列出；如地区不全，可用括号注明，如“(除西藏自治区之外)”；如地区较多，可列出主要地区或以其上位概念概括，其后用“等”字或加具体数字简略标明，如“北京市西城区、东城区、延庆县等五区县”。

标注地区时，不得使用不规范的提法，市、县、区、乡、镇等必须标明所属省、自治区、直辖市的名称以及其他相关的上位名称。

## 本章小结

收文处理是对所收到的公文进行加工处理的过程，主要包括公文的收受与分流、办理收文、控制办理过程、处置办毕公文四个阶段；发文处理是创制并对外发出公文的过程，主要包括公文文稿的形成、公文的制作、公文的对外传递、处置办毕公文四个阶段。收文处理、发文处理都有特定的方法与技巧，只有掌握这些方法技巧，才能顺应客观规律，使公文得到真正有效的处理，实现公文的价值。

## 关键术语

收文处理　发文处理　办毕公文处置　收文办理　收文管理　签收　外收文登记　启封　内收文登记　分办　摘编　拟办　批办　承办　注办　组织传阅　催办　查办　公文的收受与分流　拟办　批办　承办　注办　簿式登记　卡片式登记　联单式登记　文摘　提要　综述　数据资料汇集　汇编公文　选题　选材　编排　付印　发放　传阅路线形式　拟稿　会商　核稿　签发　注发

缮印　用印或签署　分装　发出　正签　代签　核签　会签　先核后签　发文稿纸　签署　用印　分装　对外发出　公文发布　撤销　废止　清退　销毁　暂存　立卷　归档　公文清退的范围与手续　公文销毁的范围与方式　暂存公文的保管　查考利用价值　已经办理完毕　立卷的基本要求　卷内公文　公文目录　备考表　案卷封皮　托裱修复　装订方法　组合　编目　编制立卷类目　平时归卷　年终调整　拟写案卷题名　排列卷内公文次序并编号　填写卷内公文目录与备考表　填写案卷封皮　包装与装订　案卷排列　编制案卷目录　归档　立卷类目

## 思考题

1. 公文处理的基本任务是什么?
2. 怎样认识公文处理的地位和作用，为什么?
3. 公文处理的基本属性是什么，它们主要有哪些表现?
4. 公文处理的基本原则是什么，为什么需要遵行这些原则?
5. 收文处理的一般特点是什么，收文处理的基本程序是怎样的?
6. 拟办、批办、承办工作的主要作用是什么，怎样做好这些工作?
7. 公文摘编的基本内容与方法有哪些?
8. 做好传阅工作应注意什么?
9. 催办与查办的基本方法是什么?
10. 会商、核稿、签发的重要性是什么，怎样做好这些工作?
11. 公文被废止和被撤销分别意味着什么?
12. 办毕公文的主要“归宿”都是什么?
13. 公文清退的范围是什么，暂存公文应当怎样保管?
14. 销毁公文应当注意什么?
15. 需要立卷的公文应当具备哪几项条件?
16. 立卷的基本要求是什么?
17. 立卷的基本方法是怎样的?
18. 立卷的程序是怎样的?
19. 拟写案卷题名的基本要求是什么?

# 部分练习题参考答案要点

## 第2章

1.

（1）通告

（2）通知

（3）通知

（4）批复

（5）请示

（6）指示或者通知

（7）通知

（8）报告

（9）通知

（10）通告

（11）会议纪要

（12）决定

（13）命令

（14）决议

（15）公告

**2.**

（1）正确，《国家行政机关公文处理办法》明确规定“函”“适用于不相隶属机关之间商洽工作，询问和答复问题，请求批准和答复审批事项”。

（2）错误，我国没有“请示报告”这一文种，“请示”与“报告”要分开。

（3）错误，“绝密公文”指含有最重要的秘密，泄露会使国家或团体的安全和利益遭受特别严重损害的公文。

（4）正确，将公文分为发文和收文是在机关内根据来源划分的结果，因此，只有一个作者的公文，对作者而言是发文，对其他机关只能是收文。

（5）错误，公布性公文是指直接公之于众的公文，并非所有的不涉密公文都需要和可以直接公之于众。

（6）错误，县文化局和财政局是不相隶属机关，相互间请求批准用“函”。

（7）正确，文种是公文必备的组成部分。

（8）正确，《国务院办公厅关于实施〈国家行政机关公文处理办法〉涉及的几个具体问题的处理意见》中有明确规定。

（9）正确，在行政系统“函”用于平级和不相隶属机关之间，在党的系统“函”“用于机关之间商洽工作、询问和答复问题，向无隶属关系的有关主管部门请求批准等”。

（10）错误，行政规章不得用“条例”而不是“办法”。

## 第3章

**1.**

（1）全国人民代表大会常务委员会公告

（2）中华人民共和国中央军委主席关于嘉奖国庆受阅部队全体指战员的命令

（3）中共中央、国务院关于加强利用外资工作的指示

（4）国务院办公厅关于2010年部分节假日安排的通知

（5）国务院关于坚决遏制部分城市房价过快上涨的通知

（6）司法部关于废止十二件部颁规章的决定

（7）××市财政局关于2009年度信息公开工作情况的报告

（8）××市旅游局关于加强旅游行业管理若干问题的请示

（9）国家税务总局关于进一步推行办税公开工作的意见

（10）国务院批转中国证券监督管理委员会关于提高上市公司质量若干问题的报告的通知

（11）民政部关于推荐全国先进社会组织的函

（12）教育部关于上海交通大学与上海第二医科大学合并有关事宜的复函

（13）卫生部办公厅关于印发《青海玉树地震灾区高原病综合防治指导方案》的通知

（14）全国城市规划工作会议纪要

（15）国家安全监管总局　公安部关于大连中石油国际储运有限公司“7·16”输油管道爆炸火灾事故情况的通报

**2.**

（1）×市×局关于某问题的复函

（2）×区教育局关于召开全区中小学校长工作会议的通知

（3）×局关于严厉打击走私贩私活动的指示

（4）×市人民政府转发国家×委××××××的通知

（5）×市×局关于全市××××年上半年技术改造情况的报告

（6）××××关于建立××大学行政学院的批复

（7）×省教育厅关于建立健全监考制度的通知

（8）×局关于信息资产核定工作的总结报告

（9）××人文大学关于××××的决定

（10）×市人民政府关于处理违纪公务员的通报

## 第4章

**1.**

（1）当否，请即批复。

（2）以上意见如无不当，请批转各有关单位认真遵照执行。

（3）目前，国家发改委正在研究天然气价格及天然气利用问题，将有计划地提高天然气的价格，加快与国际接轨的步伐。

（4）我们一定要严厉打击腐败分子，把反腐败斗争进行到底。

（5）该犯持枪拒捕，当场将我武警战士刘晓阳同志杀害。

（6）我们一定要采取措施，尽可能节省不必要的开支，避免浪费。

（7）本学期来我校进修的有待业青年、学生和一部分企业管理人员。

（8）加强全面质量管理是目前我们搞好企业管理的一个首要的问题。

（9）××公司的上述行为已严重违反《中华人民共和国海关法》，根据该法第×条的规定应当处以50 000元罚款。

（10）经认真协商，双方提出的各项要求和问题均已得到满足和圆满解决。

（11）北京的五月是最美的时节。

（12）离休干部李永同志参加革命的确切时间是1938年8月12日。

（13）据统计，某市15岁以上居民有153万人，约占全市人口的70%。

（14）我们认为，以上三个单位代表的发言，在观点上基本一致。

（15）我们建议把××故居加以修葺，辟为一个新的旅游景区。

（16）研究人员分析了甲企业集团在各个时期同乙企业集团进行竞争时所采取的策略的特点。

（17）结论只有一个：非坚决照县政府指示办不可。

（18）违禁养犬者一律从严处罚，所养犬只一律强制捕杀。

（19）这些事实，充分证明了×××确属知法犯法、明知故犯。

（20）干部和群众，毫无例外，都必须遵守社会主义法制。

（21）你县《关于重新装修县政府招待所的请示》收悉。经研究，我们认为装修方案中拟定的装修标准过高。请按照勤俭办事业的精神重新规划装修方案。此复。

（22）小李同志做任何工作都是非常认真的。

（23）发行的债券有十年期、八年期、五年期三种。

（24）公文的保密等级包括：绝密、机密、秘密三种。

（25）作为一个公民，有义务维护国家的权益。

（26）电话计费卡的面额，分为1元、5元、10元、50元、100元和500元六种。

（27）领导干部要严格要求自己，不要沾染上不良习气。

（28）经过全厂的努力，今年外贸出口额创历史最高水平。

（29）我国生产的棉花，长期不能自给。

（30）××科技开发中心聚集了一批热心于科技开发服务、善于经营管理的专业化人才。

（31）他在培育良种方面花了很多的心血。

（32）我们要走工业化、信息化融合发展的道路。

（33）在这次大会上，各单位就信息化发展问题广泛地交换了意见。

（34）公司领导全面采纳了两位工人的建议，大大激发了公司职工参与管理工作的积极性。

（35）政府部门的经费来源于国家财政拨款，各种罚没款必须依法上缴，不能截留自用。

（36）处理好人与自然的关系，要靠政府的力量，同时也要发挥民间力量在舆论动员、监督检查等方面的作用。

(37) 市政府要求，各高等学校学生公寓的生活用品由学生自主选购，不得统一配备。

(38) 由于技术水平太低，这些产品与沿海地区的同类产品比，不是质量低，就是成本高。

(39) 在激烈的市场竞争中，我们所缺乏的，一是勇气，二是谋略。

在激烈的市场竞争中，我们存在的主要问题，一是勇气不足，二是谋略不当。

(40) 当今世界，自主知识产权所占比重是衡量一个国家科学发展水平的标志，而科学技术进步是国家富强的标志。

(41) 科学的发展逼得反科学的人不得不戴上科学的面具来反对科学。

(42) 这家老字号食品厂规模不大，但从选料到加工制作都非常讲究，生产的食品一直备受新老顾客信赖。

(43) 某市为大部分农民工办理了银行卡，建立了“月支付，季结算”的工资发放制度，维护了广大农民工的合法权益。

(44) 这项基金，是对公益林管理者发生的营造、抚育、保护等支出给予一定补助的专项资金。

(45) 地铁紧张施工时，隧道突然发生塌方，工段长×××奋不顾身，用身体掩护了工友，自己却负了重伤。

(46)“2006 中国沈阳世界园艺博览会”是历届世界园艺博览会中占地面积最大、活动最丰富、演艺最精彩的一次盛会。

(47) 这里，昔日开阔的湖面大部分已被填平，变成了宅基地，剩下的小部分也在以每年 10%的速度缩减着，令人痛心。

(48) 苏通大桥建造的初衷是，拉近苏北、苏南的距离，进一步推动江苏省沿江开发战略的实施。

(49) 农贸市场的货物琳琅满目，除各种应时的新鲜蔬菜外，还有肉类，鱼、虾、牛蛙等水产品，以及各种调味品。

(50) 计算机应用技术的普及，为各级各类学校开展多媒体教学工作提供了良好的条件。

(51) 1992 年，世界上第一条手机短信在英国发送成功，拉开了短信文化的序幕。

(52) 六年间，我国航天技术实现了从单舱到三舱，从无人到有人，从“一人一天”到“两人五天”的进步。

(53) 阅览室图书经常出现“开天窗”现象，这一现象反映两个问题，一是阅读者素质有待提高，二是管理力度有待加强。

(54) 4月23日，全国几十家报社的编辑记者来到国家图书馆，参观展览，聆听讲座，度过了一个很有意义的“世界阅读日”。

(55) 1984年12月26日，中国南极考察队首次抵达南极洲。

(56) 高速磁悬浮列车没有轮子和传动机构，运行时与轨道不完全接触，列车的悬浮、驱动、导向和制动都是利用电磁力来实现的。

(57) 改法一：鸟类的迁徙，往往是受到外界各种条件变化的影响而引起的。

改法二：鸟类的迁徙，往往是由外界各种条件的变化而引起的。

(58) 据统计，全省个人捐资办学万元以上的已有将近500人。

(59) 今年春节前后，全县预计能建造3级公路25公里左右。

(60) 由于加强了生产过程中的生态环境监控，该基地无公害蔬菜的生产量大增，除供应本省主要市场外，还销往河南、河北等省。

**2.**

(1) 你　收悉　兹批复

(2) 接

(3) 据

(4) 展期

(5) 盼

(6) 转发　执行

(7) 附送

(8) 无不当

(9) 欣　贵　热烈祝贺

(10) 系

(11) 施行

(12) 承蒙

(13) 当否

(14) 意见如何

(15) 值此

(16) 提请

(17) 拟

(18) 核发

(19) 以资

(20) 责成

## 第5章

**3.**

（1）不符合，同级机关之间不能用下行文，应当用平行文的函。

（2）符合，教育局办公室与财政局之间可以视作下级对上级，可以制发请示。

（3）不符合，联合行文时作者必须是同级，市政府与市财政局是上下级关系，不能联合行文。

（4）不符合，党政公文应当分开，农业厅如果确实需要向省委主送报告，应当用党组名义。

（5）不符合，军队与地方政府没有隶属关系，不应当制发下行文，应当用函。

（6）符合，在需直接询问、答复、联系一般事项时可以越级行文。

（7）符合，同级政府各部门在行文时可以视作同级。

（8）不符合，就涉及两个部门职能范围内事项对下行文时，双方必须协商一致，不能取得一致时应当请上级机关仲裁，以上级的意见为准，不能为获得批准各自分别向下级机关行文。

（9）符合，受双重领导的机关向一个领导机关主送公文的同时，应当抄送另外一个领导机关。

（10）符合，意见既可以作为上行文、下行文，也可以作为平行文。

**4.**

（1）错误

（2）错误

（3）正确

（4）错误

（5）错误

（6）正确

（7）正确

（8）错误

（9）正确

（10）正确

（11）正确

（12）正确

（13）错误
（14）正确
（15）错误
（16）错误
（17）错误
（18）正确
（19）错误
（20）正确
（21）正确
（22）正确
（23）正确
（24）正确
（25）错误

**5.**

（1）××××年×月×日，我部曾致函贵公司……
（2）2009 年的工作计划请在 2008 年 12 月 30 日前上报。
（3）采用新的技术工艺后，该车间原材料消耗下降了 50%。
（4）这种汽车的最大运载量为 500 公斤。
（5）请于 1998 年 12 月 31 日前书面报告教育部。
（6）全区预计能修复危房 5 000 间左右。
（7）大家费了九牛二虎之力才完成了这项任务。
（8）目前，天津和上海地区的经济发展势头都非常好。
（9）我公司大部分员工的年龄都超过 50 岁。
（10）18 岁及其以上者不能享受这项优惠政策。

## 第 6 章

**1.**

（1）正确
（2）错误
（3）错误
（4）正确
（5）正确
（6）正确

（7）错误

（8）正确

（9）错误

（10）正确

## 第7章

**2.**

（1）

主要错漏：1）标题结构不规范，不是一个偏正词组；2）标题不完整，缺作者和文种；3）一文两事；4）引用公文应先引标题，后引发文字号；5）不同意未讲理由；6）没有涉及设立教研室的具体意见；7）态度含混，“拟原则同意”不妥；8）“有关具体事宜待专门批复”不该涉及；9）结尾不正确，不该用“专此函复”；10）成文日期应当用汉字表示。

（2）

主要错漏：1）标题不完整，缺文种；2）标题中的报告不应当加书名号；3）“照转”一词不规范、不确切；4）主送机关笼统；5）“比较优秀”一词不合逻辑；6）发文机关前后不一；7）“为全面提高我市政府机关档案工作的水平”是半句话，不通顺；8）日期不适当省略。

（3）

主要错漏：1）标题语法结构不正确，不是一个偏正词组；2）标题结构不完整，没有文种，应为通知；3）没有必要作题注；4）主送机关笼统；5）“国家监察部”的提法不规范，应用“监察部”；6）“本部”不能用于称第三方；7）第一次出现《中华人民共和国行政监察法》时没有用全称；8）结尾不能用“特此通报”，应为“特此通知”；9）作者不能用不规范的简称。

## 第8章

**1.**

主要错漏：1）标题缺作者；2）文题不符，没有反映出外商投资企业以外的其他单位也在缴费之列；3）文种应当用通告；4）不应当出现“今年”、“去年”的提法；5）“申请”应改为“申报”；6）“凡未按照规定的期限缴纳……”一句中没有交代清楚缴纳什么；7）“千分之2”中数量的表示不应当混用阿拉伯数字和汉字；8）“四、其他有关事项，另行通知。”没有实际意义，应当删除；9）“特此通知”应当用“特此通告”；10）成文日期应当用汉字表示。

## 第9章

**1.**

(1)

主要错漏：1）标题不完整，缺作者；2）生造文种，没有“请示报告”这个文种；3）党政不分；4）一文数事；5）两件事均没有明确是“请示”还是“备案报告”，更没有讲清楚理由和根据；6）结尾不合作者本意，实际上当与不当都需要回复；7）日期混用汉字与阿拉伯码；8）请示未获批准就抄送下级。

(2)

主要错漏：1）标题结构不规范，不是偏正词组；2）标题不完整，缺文种；3）请示报告混用，让人不清楚究竟哪件事情是要请示的，哪件事情是要备案报告的；4）多头主送，主送个人；5）一文数事；6）几件事均没有明确讲清楚具体方案及其理由和根据；7）结尾不得体，不该用“着即”和“切切”；8）日期中的年份不完整；9）附件标记位置应当在正文之下、作者之上。

# 参考文献

[1] 周锁洪等主编. 公文处理. 北京：高等教育出版社，1996

[2] 曹润芳主编. 文件写作与处理. 北京：中国档案出版社，2006

[3] 赵国俊等. 文件工作的科学管理. 北京：中国经济出版社，1993

[4] 曹润芳主编. 机关文件管理. 北京：中国人民大学出版社，1989

[5] 松世勤主编. 文书学基础（修订本）. 北京：中国人民大学出版社，2007

[6] 张我德等编. 清代文书. 北京：中国人民大学出版社，1996

[7] 东书兰编著. 世界公文概况. 北京：中国档案出版社，1988

[8] [苏] B. B. 特卡琴科主编. 文件标准化概论. 赵艳华等编译. 北京：中国档案出版社，1989

[9] 刘雨樵，彭树楷编著. 公文语言. 北京：中国档案出版社，1987

[10] 房庆等编著. GB/T 9704—1999 国家行政机关公文格式国家标准应用指南. 北京：中国标准出版社，2000

[11] 赵国俊主编. 公文处理基础. 北京：中国城市出版社，2002

[12]《中央企业公文处理实用手册》编写组编. 中央企业公文处理实用手册. 北京：石油工业出版社，2006

[13] 冯惠玲等. 中国电子文件管理：问题与对策. 北京：中国人民大学出

版社，2009

[14] 赵国俊编著．公文写作教程．北京：中国城市出版社，2002

[15] 中华人民共和国立法法．2000 年 3 月 15 日第九届全国人民代表大会第三次会议通过；2000 年 3 月 15 日中华人民共和国主席令第三十一号公布，自 2000 年 7 月 1 日起施行

[16] 中华人民共和国档案法．1987 年 9 月 5 日第六届全国人民代表大会常务委员会第二十二次会议通过；根据 1996 年 7 月 5 日第八届全国人民代表大会常务委员会第二十次会议《关于修改〈中华人民共和国档案法〉的决定》修正

[17] 中国共产党机关公文处理条例（中办发〔1996〕14 号）

[18] 国家行政机关公文处理办法（国发〔2000〕23 号）

[19] 行政法规制定程序条例（国务院令第 321 号）

[20] 规章制定程序条例（国务院令第 322 号）

[21] 中国人民解放军机关公文处理条例

[22] 人大机关公文处理办法

[23] GB/T 15834—1995．标点符号用法．北京：国家技术监督局，1995 年 12 月 13 日发布，1996 年 6 月 1 日起实施

[24] GB/T 15835—1995．出版物上数字用法的规定．北京：国家技术监督局，1995 年 12 月 13 日发布，1996 年 6 月 1 日起实施

[25] GB/T 14706—1993．校对符号及其用法．北京：国家技术监督局，1993 年 11 月 6 日发布，1994 年 7 月 1 日起实施

# 人大版公共管理类教材

## 公共管理类专业教材——学科基础课教材

| 书名 | 作者 |
| --- | --- |
| 现代管理学原理（第三版）（“十一五”国家级规划教材） | 娄成武　魏淑艳 |
| 一般管理学原理（第四版） | 张康之　周　军 |
| 管理学基础（第三版） | 方振邦 |
| 管理学教程 | 方振邦 |
| 政治学原理（第三版） | 景跃进　张小劲 |
| 现代政治学原理（第四版） | 石永义　刘玉萼　张　璋 |
| 政治学教程 | 舒　放　刘琼莲 |
| 公共管理学（第二版） | 陈振明 |
| 公共管理学——一种不同于传统行政学的研究途径（第二版） | 陈振明 |
| 公共管理学（第二版）（“十二五”国家级规划教材） | 蔡立辉　王乐夫 |
| 公共管理学（精编版） | 王乐夫　蔡立辉 |
| 公共管理学（第二版） | 张康之　郑家昊 |
| 公共管理概论（第二版） | 朱立言　谢　明 |
| 公共管理学概论 | 曹现强　王佃利 |
| 公共管理学导引与案例（第二版） | 王丛虎 |
| 公共管理案例 | 中国人民大学公共管理学院 |
| 公共政策导论（第五版）（数字教材版） | 谢　明 |
| 公共政策概论（第二版） | 谢　明 |
| 公共政策学——政策分析的理论、方法和技术（“十一五”国家级规划教材） | 陈振明 |
| 公共政策学 | 杨宏山 |
| 政策科学——公共政策分析导论（第二版） | 陈振明 |
| 公共政策学导引与案例 | 陈季修 |
| 公共政策案例 | 中国人民大学公共管理学院 |
| 公共经济学（第三版）（“十二五”国家级规划教材） | 高培勇 |
| 公共经济学教程 | 秦立建 |
| 政府经济学（第四版）（“十一五”国家级规划教材） | 郭小聪 |
| 政府经济学（第四版） | 潘明星　韩丽华 |

## 公共管理类专业教材——方法课教材

| 书名 | 作者 |
| --- | --- |
| 行政学研究方法与应用案例 | 萧鸣政 |
| 管理定量分析：方法与技术（第二版） | 刘兰剑　李　玲 |
| 公共管理的方法与技术（第二版） | 魏　娜 |
| 公共管理实用分析方法 | 汪明生　胡象明 |

## 公共管理类专业教材——行政管理、公共事业管理专业教材

| 书名 | 作者 |
| --- | --- |
| 行政法学导论 | 姜晓萍 |
| 行政法学 | 朱新立　唐明良　李春燕 |
| 公共部门人力资源管理（第四版） | 孙柏瑛　祁凡骅 |
| 公共部门人力资源开发与管理（第五版）（“十二五”国家级规划教材） | 孙柏瑛　祁凡骅 |
| 公共部门人力资源开发与管理（第三版） | 孙柏瑛 |
| 公共部门人力资源管理（第三版） | 滕玉成　于　萍 |
| 公共部门人力资源管理 | 方振邦 |
| 公共部门人力资源管理概论 | 方振邦 |

| 书名 | 作者 |
| --- | --- |
| 公共部门人力资源管理案例 | 周均旭 |
| 公共人事制度 | 刘俊生 |
| 行政管理学（第四版） | 郭小聪 |
| 公共行政学（第五版） | 彭和平 |
| 公共行政学 | 张康之　张乾友 |
| 行政学导论（第三版） | 齐明山 |
| 行政管理学导引与案例 | 陈季修 |
| 管理心理学（第二版） | 范逢春 |
| 公共组织行为学（第三版）（“十一五”国家级规划教材） | 孙　萍　张　平 |
| 公共组织学（第三版） | 李传军 |
| 行政组织学（第二版） | 张　昕　李　泉 |
| 公共组织理论 | 陆明远 |
| 公共事业管理概论（第三版） | 朱仁显 |
| 公共事业管理概论（“十一五”国家级规划教材） | 娄成武　李　坚 |
| 公共组织财务管理（第三版）（“十一五”国家级规划教材） | 王为民 |
| 国家公务员制度（第四版）（数字教材版）（“十二五”国家级规划教材） | 舒　放　王克良 |
| 国家公务员制度概论（第二版） | 刘碧强　郗永勤 |
| 公务员制度概论 | 李如海 |
| 公务员制度导论 | 孙德超 |
| 行政领导学（第三版） | 朱立言　李国梁 |
| 领导学（第四版） | 邱霈恩 |
| 领导学 | 王自亮 |
| 领导学：理念、行为与艺术 | 祁凡骅 |
| 领导学 | 孙　健 |
| 现代市政学（第四版）（数字教材版） | 王佃利　张莉萍　高　原 |
| 市政管理学（第四版）（“十一五”国家级规划教材） | 杨宏山 |
| 市政学导引与案例（第二版） | 李燕凌 |
| 社区管理（第三版） | 汪大海　魏　娜　郇建立 |
| 社区管理原理与案例 | 魏　娜 |
| 电子政务教程（第三版）（“十一五”国家级规划教材） | 赵国俊 |
| 电子政府与电子政务（第二版）（“十一五”国家级规划教材） | 张锐昕 |
| 电子政府概论（第二版） | 张锐昕 |
| 管理信息系统 | 张维明　黄金才 |
| 行政伦理学教程（第三版）（“十二五”国家级规划教材） | 张康之　李传军 |
| 公共危机管理导论（“十一五”国家级规划教材） | 肖鹏军 |
| 公共危机管理概论 | 王宏伟 |
| 公共危机管理 | 唐　钧 |
| 公共危机与应急管理：原理与案例 | 王宏伟 |
| 行政决策学 | 许文惠　张成福　孙柏瑛 |
| 非营利组织管理 | 吴东民　等 |
| 非营利组织管理（第二版） | 康晓光 |
| 非营利组织管理导引与案例 | 崔向华　张　婷 |
| 当代中国政府与政治 | 景跃进　陈明明　肖　滨 |
| 当代中国政府与行政（第三版） | 魏　娜　吴爱明 |
| 当代中国政府（第二版）（“十一五”国家级规划教材） | 吴爱明 |
| 地方政府学概论（第二版） | 方　雷 |
| 地方政府管理（第二版） | 陈瑞莲　张紧跟 |
| 管理秘书实务（第三版） | 赵锁龙 |

| 书名 | 作者 |
| --- | --- |
| 行政秘书学 | 唐　钧 |
| 公文写作与处理 | 赵国俊 |
| 机关管理的原理与方法（第三版） | 赵国俊　陈幽泓 |
| 公共部门绩效管理 | 方振邦 |
| 政府绩效管理 | 方振邦　葛蕾蕾 |
| 政府绩效评估 | 蔡立辉 |
| 公共关系概论（第二版） | 邹正方 |
| 政府公共关系（第二版）（"十一五"国家级规划教材） | 廖为建　张　宁 |
| 社会管理 | 汪大海 |
| 社会管理——理论、实践与案例 | 陈振明 |
| 西方行政学理论概要（第二版）（"十一五"国家级规划教材） | 丁　煌 |
| 公共行政学史 | 何艳玲 |
| 公共行政学经典理论导引与案例 | 付小均 |
| 西方公共管理名著导读 | 汪大海 |
| 管理思想史教程 | 方振邦　葛蕾蕾 |
| 文化管理学（第三版）（"十二五"国家级规划教材） | 孙　萍 |
| 文化创意产业导论 | 魏鹏举 |
| 卫生事业管理（第二版）（"十一五"国家级规划教材） | 李　鲁 |
| 教育经济与管理（第二版）（"十一五"国家级规划教材） | 娄成武　史万兵 |
| 现代公用事业管理 | 崔运武 |

## 公共管理类专业教材——劳动与社会保障专业教材

| 书名 | 作者 |
| --- | --- |
| 社会保障概论（第六版）（数字教材版）（教育部推荐教材） | 孙光德　董克用 |
| 社会保障管理（"十一五"国家级规划教材） | 邓大松　刘昌平 |
| 劳动经济学（"十一五"国家级规划教材） | 董克用　刘　昕 |
| 劳动法与社会保障法 | 黎建飞　李　静 |
| 人力资源管理 | 彭剑锋 |
| 社会保险学（第三版） | 孙树菡　朱丽敏 |
| 社会保障基金管理 | 李春根 |
| 社会保险精算原理与实务 | 王晓军 |
| 社会保障国际比较 | 仇雨临 |
| 国际社会保障制度教程 | 穆怀中 |
| 员工福利概论（第二版）（"十一五"国家级规划教材） | 仇雨临 |
| 医疗保障 | 王虎峰 |

## 公共管理类专业教材——土地资源管理专业教材

| 书名 | 作者 |
| --- | --- |
| 土地经济学（第八版）（"十一五"国家级规划教材） | 毕宝德 |
| 土地法学（中国人民大学"十三五"规划教材） | 严金明 |
| 土地法学 | 王守智　吴春岐 |
| 土地科学导论 | 叶剑平 |
| 土地资源管理学 | 张正峰 |
| 土地利用规划学 | 张占录　张正峰 |
| 不动产估价（第二版）（"十一五"国家级规划教材） | 叶剑平　曲卫东 |
| 土地信息系统 | 曲卫东　韩　琼 |
| 地籍管理（第五版）（"十一五"国家级规划教材） | 谭　峻　林增杰 |

## 公共管理类专业教材——城市管理专业教材

| 书名 | 作者 |
| --- | --- |
| 城市管理学（第三版） | 杨宏山 |
| 城市管理法 | 王丛虎 |
| 城市总体规划原理 | 郐艳丽　田　莉 |

## 公共管理硕士（MPA）教材——核心课教材

| 书名 | 作者 |
| --- | --- |
| 全国公共管理硕士（MPA）核心课程教学指导纲要 | 全国公共管理专业学位研究生教育指导委员会 |
| 社会主义建设理论与实践（第三版） | 李景治　蒲国良 |
| 公共管理英语（修订版） | 顾建光 |
| 公共管理学（第三版） | 张成福　党秀云 |
| 公共管理学原理（修订版） | 陈振明 |
| 公共管理导论 | 竺乾威　朱春奎　李瑞昌 |
| 公共政策分析 | 陈振明 |
| 公共政策分析导论 | 陈振明 |
| 公共政策分析概论（修订版） | 谢　明 |
| 政治学：基本理论与中国视角 | 任剑涛 |
| 公共部门经济学（第三版） | 高培勇　崔　军 |
| 公共经济学 | 唐任伍 |
| 行政法学（修订版） | 皮纯协　张成福 |
| 行政法学概论（第三版） | 胡锦光 |
| 非营利组织管理概论（修订版） | 王　名 |
| 非营利组织管理 | 王　名　王　超 |
| 公共管理伦理学（修订版） | 张康之 |
| 社会研究方法 | 陈振明 |
| 定量分析方法（第三版） | 谭跃进 |
| 电子政务理论与方法（第四版） | 金江军 |
| 电子政务 | 吴爱明　何　滨 |
| 公文写作概论 | 高永贵 |
| 信息技术及其应用（第三版） | 张维明 |

## 公共管理硕士（MPA）教材——专业方向必修课、选修课教材

| 书名 | 作者 |
| --- | --- |
| 公务员制度教程（第五版） | 舒　放　王克良 |
| 比较政府与政治（修订版） | 卓　越 |
| 当代中国政府与政治（第三版） | 吴爱明　朱国斌　林　震 |
| 公共部门人力资源管理及案例教程（第三版） | 陈天祥 |
| 领导学 | 祁凡骅　刘　颖 |
| 领导学教程 | 常　健 |
| 领导理论与实践 | 邱霈恩 |
| 西方公共行政管理理论精要 | 丁　煌 |
| 社会管理概论 | 唐　钧 |
| 公共部门绩效评估（修订版） | 卓　越 |
| 公共危机管理（修订版） | 王宏伟 |
| 公共部门危机管理（第三版） | 张小明 |
| 公共部门战略管理（修订版） | 陈振明 |
| 城市管理理论与实务 | 杨宏山 |
| 公共冲突管理 | 常　健 |
| MPA学位论文写作指南 | 汪大海 |

# 教学支持说明

（教学课件）

中国人民大学出版社政治与公共管理出版分社秉承“出教材学术精品，育人文社科英才”的出版宗旨，多年来，出版了大批高质量的公共管理、教育学、政治学、政治理论公共课教材和学术著作。

我们为本教材制作了相应的 PPT 教学课件，任何一位采用本书作为授课教材的教师均可免费获得该课件。为了确保该课件仅为授课教师获得，烦请您填写如下材料，并将相关信息通过 E-mail 发送给我们，我们将在收到相关信息后通过 E-mail 给您发送该课件。欢迎您加入我们的 QQ 群（全国政管教师交流群，群号为 236159213），或登录我社官方网站（www. crup. com. cn），注册并认证成为教师会员，以获得更好的服务。

我们的联系方式：

地址：（100872）北京市中关村大街甲 59 号文化大厦 1202 室

中国人民大学出版社政治与公共管理出版分社

电话：（010）82502724　62514775（传真）

E-mail：ggglcbfs@vip. 163. com

QQ 群：236159213

兹证明__________大学/学院__________院/系__________专业________学年第________学期开设的__________课程，采用中国人民大学出版社出版的____________________（书名、作者）作为本课程教材。授课教师为__________，授课班级共______个、学生______人。授课教师需要与本书配套的教学课件。

联 系 人：____________________

通信地址：____________________

邮　　编：____________________

电　　话：____________________

E-mail：____________________

系/院主任：__________（签字）

（系/院办公室章）

______年_____月_____日

**图书在版编目（CIP）数据**

公文写作与处理/赵国俊编著. —北京：中国人民大学出版社，2011.4
21世纪公共管理系列教材
ISBN 978-7-300-13558-8

Ⅰ.①公… Ⅱ.①赵… Ⅲ.①公文-写作-高等学校-教材 Ⅳ.①H152.3

中国版本图书馆CIP数据核字（2011）第048676号

21世纪公共管理系列教材
**公文写作与处理**
赵国俊 编著
Gongwen Xiezuo yu Chuli

| | | | |
|---|---|---|---|
| **出版发行** | 中国人民大学出版社 | | |
| **社　址** | 北京中关村大街31号 | **邮政编码** | 100080 |
| **电　话** | 010－62511242（总编室） | | 010－62511770（质管部） |
| | 010－82501766（邮购部） | | 010－62514148（门市部） |
| | 010－62515195（发行公司） | | 010－62515275（盗版举报） |
| **网　址** | http://www.crup.com.cn | | |
| **经　销** | 新华书店 | | |
| **印　刷** | 北京东君印刷有限公司 | | |
| **规　格** | 170 mm×228 mm　16开本 | **版　次** | 2011年4月第1版 |
| **印　张** | 22.5 | **印　次** | 2020年12月第11次印刷 |
| **字　数** | 402 000 | **定　价** | 38.00元 |